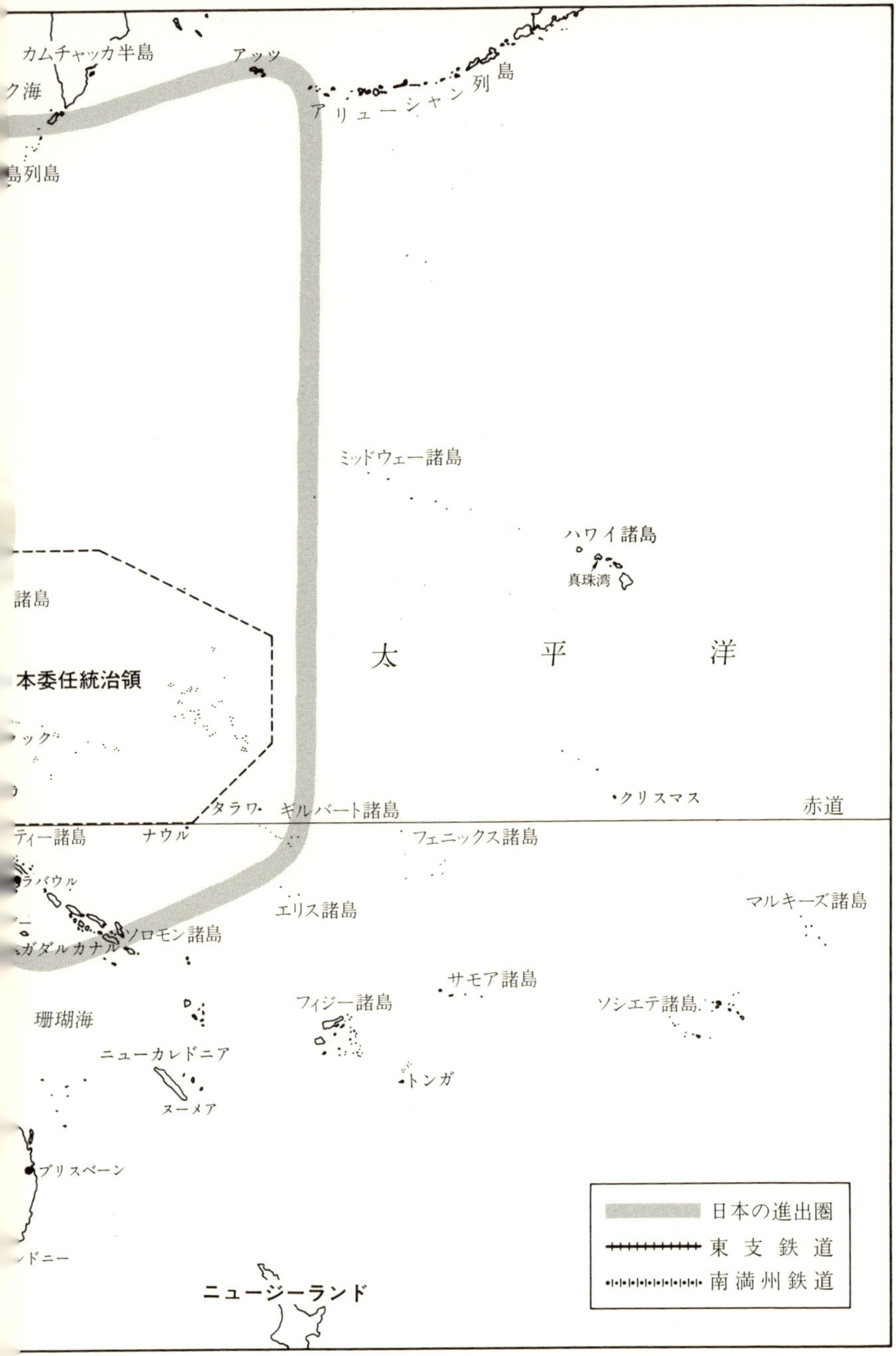
カムチャッカ半島
ク海
アッツ
アリューシャン列島
島列島
ミッドウェー諸島
ハワイ諸島
真珠湾
諸島
太　平　洋
本委任統治領
ック
タラワ
ギルバート諸島
クリスマス
赤道
ティー諸島
ナウル
フェニックス諸島
ラバウル
エリス諸島
マルキーズ諸島
ソロモン諸島
ガダルカナル
サモア諸島
フィジー諸島
ソシエテ諸島
珊瑚海
ニューカレドニア
トンガ
ヌーメア
ブリスベーン
ドニー
ニュージーランド
日本の進出圏
東支鉄道
南満州鉄道

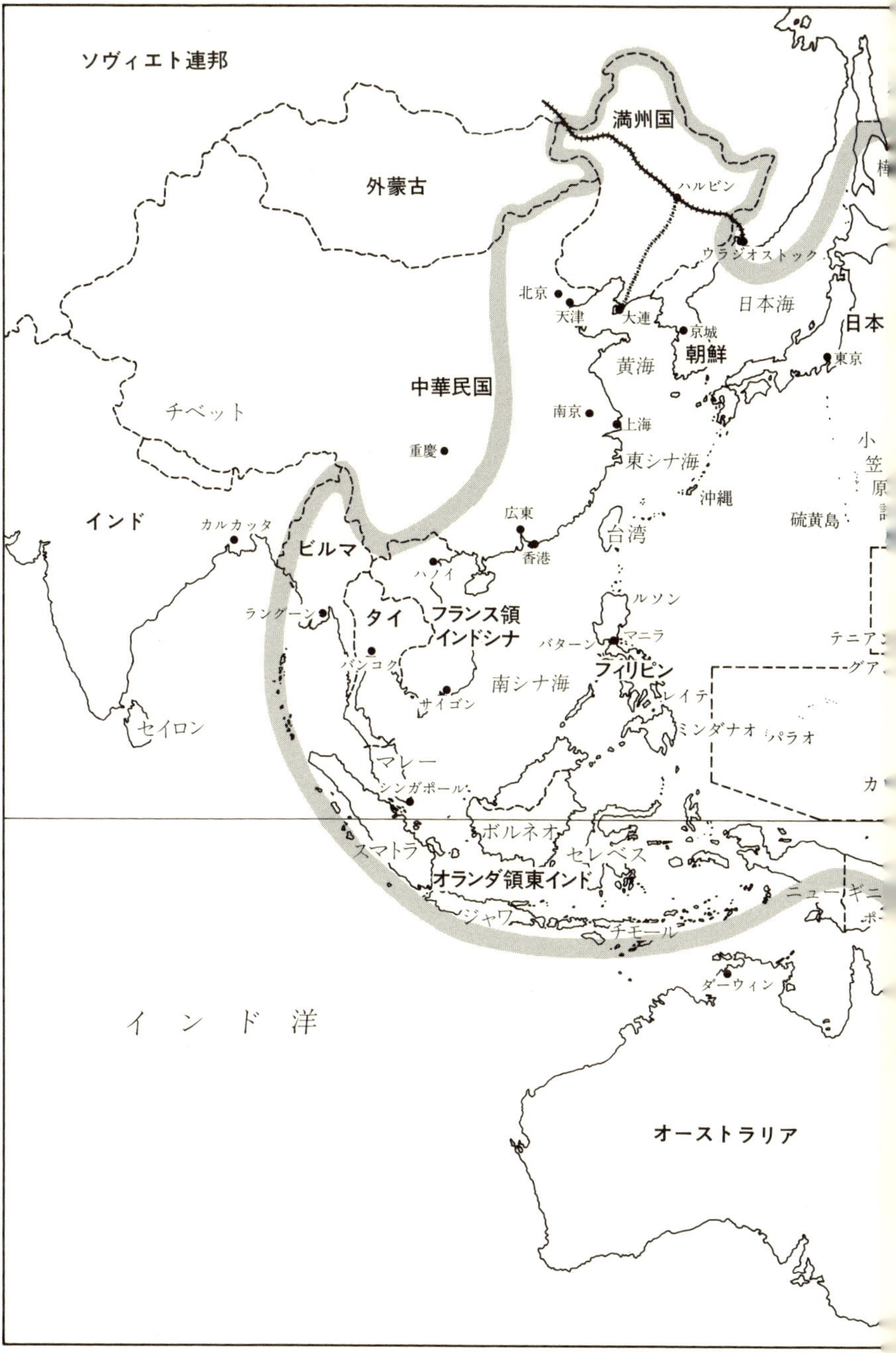
ソヴィエト連邦
満州国
外蒙古
ハルビン
ウラジオストック
北京
天津
大連
京城
日本海
日本
朝鮮
東京
黄海
中華民国
チベット
南京
上海
重慶
東シナ海
沖縄
小笠原諸
硫黄島
インド
カルカッタ
ビルマ
広東
香港
台湾
ハノイ
ルソン
ラングーン
タイ
フランス領インドシナ
マニラ
バターン
テニアン
グア
バンコク
フィリピン
南シナ海
サイゴン
レイテ
セイロン
ミンダナオ
パラオ
マレー
シンガポール
ボルネオ
スマトラ
セレベス
オランダ領東インド
ニューギニ
ジャワ
チモール
ダーウィン
インド洋
オーストラリア

普及版

太平洋戦争とは何だったのか

1941〜45年の国家、社会、そして極東戦争

THE ISSUE OF WAR

States, Societies, and the Far Eastern Conflict of 1941-1945

クリストファー・ソーン

市川洋一=訳

草思社

THE ISSUE OF WAR
States, Societies, and the Far Eastern Conflict of 1941-1945
by
Christopher Thorne

Originally published by Hamish Hamilton Ltd., London
Japanese translation rights arranged
with Penguin Books Ltd., London
through Tuttle-Mori Agency Inc., Tokyo

太平洋戦争とは何だったのか【目次】

＊本書は一九八九年に小社より刊行した『太平洋戦争とは何だったのか』の軽装普及版です。

太平洋戦争とは何だったのか

動乱に巻きこまれたいくつかの国の友人たちに、
この数年間、助けられ、励ましていただいた。
それらの友人たち——ドロシー・ボーグ、ロイド・ガードナー、
アルベルト・ケルステン、マリヌス・マイエル、
緒方貞子、池田清——に本書を捧げる。

まえがき

本書はこれだけで完結したものとして書かれたものだが、内容としてはさきに出版された一九四一～四五年の極東戦争に関する研究、*Allies of a Kind*（邦訳『米英にとっての太平洋戦争』）を補足するものである。前著は極東戦争に関するヨーロッパ諸国の政策、とくに英米両国の関係に焦点をあてたものだが、この主題を追っていく過程で、戦争に巻きこまれたアジアの諸国と社会について私の知るところがいかに少なく、かつ理解が足りないかを思い知らされた。と同時に関心をそそられたのは、この地域に存在するきわめて多様な国家と民族が、いかに戦争の影響を受け、また戦局の推移にいかに影響を及ぼしたかということである。そこで、*Allies of a Kind* を書き上げたのち、この二点について勉強を重ね（結果は、例によって自分の無知のほどをあらためて再認識させられたが）、続篇として何か書くことができるかを考えてみた。

まずここで、二つの点について説明しておくことが必要だろう。第一は、一九四一年十二月から四五年夏にかけての日本とその敵国との武力衝突を、なぜ「極東戦争」と名づけることにしたのかという問題である。とくに日米両国の読者には、この名称は奇異に感じられるだろう。両国では一般に

「太平洋戦争」と呼ばれているからである。この「太平洋戦争」という呼称の意味するところは非常にわかりやすい。だが、これでは戦争の地理的・地政学的側面の性格づけが、とくにその広範囲にわたる影響に関してほとんどなされていないように思われる。一方、それにかわってここに示した「極東戦争」という名称は、ヨーロッパを中心とする世界観から生まれたものとして、おそらく厳しい反対にあうだろう。日本政府が真珠湾攻撃直後に布告を出して、「極東」という言葉は「世界の中心はイギリス」だという忌まわしい考え方を反映したものであるから、今後この語の使用をやめ、かわって「大東亜戦争」と呼ぶこととする、としたのも同じ論拠からだった。だが、それにもかかわらず、とくに本書の論考の目的に照らしてみるとき、「極東戦争」のほうが、満足とはいかないまでもより適切であると思われる。もちろん、単純なヨーロッパ中心的なものの見方や考え方を避けるべきは当然である。ここにいう「極東」の概念には、それぞれ次のように表示される多くの地域、すなわち、東アジア、東南アジア、西太平洋、オーストラレイシアが含まれる。インドもまた、この戦争に多くの面で深くかかわりあったので、南アジアは地理的には極東のなかに含まれないけれども、考察の対象とした。

次に、オランダ、フランス、イギリス、アメリカに関して、その国家だけではなく、地理的な位置からいえば実際の戦闘の場所からは遠く離れたそれぞれの国内社会までをも研究対象に取りあげた理由について説明しておかなければならない。オランダ、フランス、イギリスの三国にとっては、ヨーロッパの戦争こそ文字どおり生死を賭けた戦いであり、そこでの敵は日本ではなくドイツであった。これら各社会を、極東戦争のために時間的にも空間的にもはるかに広範かつ深刻な影響をじかにこうむったほかの社会とならべて論じるのはなぜか。

それには三つの理由があげられる。(それらはまた、極東戦争の影響を、全体としての第二次世界大戦の影響から切り離して論じるのが非常に難しい、場合によっては、おそらく不可能と思われる理由でもある)。第一は、一九四一年十二月に日本が攻撃を開始するずっと以前から、これら西側の国々や社会は、この戦争に巻きこまれることになったアジアの多くの民族と密接な関係を保ってきたことである。もちろんこの関係は、なによりも公式および非公式の帝国主義的なつながりによって維持されてきた。第二は、戦争中、これら西側諸国は極東の地に軍隊を派遣して日本と戦った、あるいは少なくとも戦後の自国の地位にとって非常に重要な存在として、この地に関心をそそいでいたということである。(ロシア＝ソヴィエト連邦は、十七世紀以来中国に対して拡張主義的態度をとりつづけ、終戦間際に参戦したが、その国内社会については、ドイツの場合と同様、検討の対象に含めていない。ただし極東戦争に関連したソヴィエト連邦の立場や政策、とくに周囲の目からみたそれについては、当然考慮の対象とした)。

だが、第二次世界大戦のこの場面になんらかのかたちでかかわりあった西洋とアジアの社会を――たんに国家だけではなく――比較検討の俎上にのせるについては、さらにいっそう広範な意味合いをもつ第三の理由があげられる。それはこうして比較検討することによって、おそらく「西洋世界の歴史と非西洋世界の歴史の壁をとりはらう」ための一つの機会を提供できるだろうということである。ここに引用した言葉は、エリック・ウルフの著書『ヨーロッパと歴史のない人びと』*のまえがきから借りたものだが、それは私の意図するところがけっして新しいものではないことを示している。この

---

* E. R. Wolf, *Europe and the People Without History* (Berkeley, 1982).

ユニークな注目すべき著書は、マルクス主義的な前提は別として、その議論の多くは十分に説得的であると思われるし、ここでこの著書にふれておくことは、年来このような方法にしたがって研究をすすめてきたさまざまな学者の成果に、これまで十分に対応してきたとはいえそうにないわれわれの反省の資にもなるだろう。これに関連していえば、とくにアジア諸国の社会や政治の歴史について、私自身、他の人びとの研究に多くを負っていることは、本書全体を通じてみられるところだが、私が(ここでもまたウルフ博士にならって)あえて試みた、「人間に関するさまざまな学問分野の境界線」を「越えること」についても、やはり初学者であることをここで明らかにしておかなければならない。国際関係の歴史を研究する者にとっては、ふつう社会学者や社会心理学者の領域とみられている分野、あるいは歴史作家もしくはアカデミックな歴史学者の領域と考えられている分野にも探究の手をのばしていくことが、今後ますます避けがたくなっていくだろう。その場合、はじめてなんらかの概念を適用しようとするときとか、一定の評価を下そうとするときには、自分の能力の限界を十分にわきまえたうえでなければならないのはもちろんである。そこで私としては、いまあえてそのような無謀ともいえる行為にのり出したわけであるから、当然、問題の領域について私が素人であることを、ここでことわっておくべきだと思われる。

この大胆な試みの結果、歴史分析の性格に関して一つの幅広い結論が得られたが、ここでも私がいわんとすることは、すでに他の人によって述べられているので説明はしやすい。つまり、セオドア・ゼルディンのいうように、* 「歴史の研究は個人的な経験」であって、「歴史研究のなかの主観的な要素にこそ価値があ」り、「多岐にわたる研究方法こそ、歴史研究のもつ力の源泉であり、いつまでも一般の関心をひきつける」のである。本書のこの研究にしても、とりわけ私の生きてきたこの時代(人種関係や女性の社会的地位のような問題に目を向けさせてくれたこの時代）の影響を強く受けていることは明らかだし、また、質量ともに非常に豊富な史料を利用できたけれども、日本語や中国語の史料を原典に直接あたって読む能力が私にないための限界もある。

因果関係の存在については、随所にその点を示しておいた。これは歴史家のすべてが行うことであり、そこには一定の理論のようなものがかならず見られるが、多くの場合それは意識されてのことではない。** また、この時代を特徴づける諸側面の理解をいっそう深めるのに役立つと思われる問題について、的確な概念を得る方法を提示し、極東戦争に巻きこまれた国家や社会の歴史のなかにみられる一定のパターンもあげておいた。これらに説得力があるかどうかは、根拠としてあげた史料によるだろうが、このような問題をどう受けとめるかという個々の読者の性向にもよるだろう。しかし、ここで強調しておきたいのは、そのような概念やパターンは、ある一つの見方を示しているにすぎないという点である。これらの概念やパターンを用いれば、ものを書くにあたっては便利だし、効果的で、かつ筋の通った説明がしやすい。マーガレット・ミードのいう、歴史家と人類学者が「まったく独自の存在としての独自の事件」のうえに認める「特別な価値***」がそれによって損なわれるとも思えない。社会科学者によって提示された数多くの一般的な仮説から参考になるものは取りいれ、戦争前や戦争中の時期のそれぞれの特徴が、それらの仮説とどのように関連づけられるかを検討してはみたが、問

* T. Zeldin, *France, 1848-1945* (Oxford, 1973-77).

** 三七ページ傍註＊参照。

*** M. Mead, 'Anthropologist and Historian: Their Common Problems', in *Anthropology: A Human Science* (Princeton, 1964).

題の仮説を完全に検証してみようとか、本書の結論として代案を提示しようなどとはしなかった。歴史家の仕事としての基本的な節度——社会科学者のなかにもこのような態度の正当性を認めようとしている人もいる*——については十分に留意したつもりである。

本書の範囲と構成からして、戦争の原因について十分にふれることはしなかった。だが、西側に対する日本の攻撃前夜の国際的・国内的情況だけではなく、それ以前の長期にわたるさまざまな情勢の変化や争点の推移をみきわめることなしには、関係各国の社会と戦争がどのように、またどの程度に影響しあったかについて評価を下すことはできない。したがって、最初の部分でこの間のいろいろな動きをとらえ、おのおの国内社会に関する場合には、個別にではなくテーマごとに、それぞれを比較対照して眺めてみることにした。このような方法は当然危険をともなう。とくに、たとえばアメリカ社会とインド社会のように性格の異なる社会を比較する場合である。両者に共通して見られるある種の特徴や問題点だけをとらえ、両者をならべてみただけでは、大きく異なることの多い社会慣行や環境を全体として同時に考慮に入れないかぎり、ほとんどあるいはまったく、意味のある結果は得られない。(ここでまたマーガレット・ミードを引用すれば、「すべての文化は、切り離すことのできない構成要素としての価値体系を含め、全体として把握されなければならない**」)。したがって、社会間の壁を越えて幅広い類似性が存在するかどうかを考える場合には、まず文化というものの相対性に注目しなければならない。相違点ばかりが目立つ分野では、そのような相対性というものを考慮に入れた場合にときとして類似点も浮かび上がってくるのだともいえるだろう。

戦争の影響という全般的な問題に関しては、一九四五年以降についてまで追究することはしなかった。その検討は、難しくはあっても非常に興味深いことだろうし、戦争犯罪裁判をめぐる複雑な問題***

や、戦争が過去の記憶のなかで薄らいでいくにつれて、全体としてどのように受けとられ説明されていくのか、そのさまざまなあり方についても取りあげる必要があるだろう。しかし、国際、国内の両面から問題を適切に取り扱おうとすれば、それだけでおそらく「極東戦争の結果」とでも題する一冊の本が必要となるだろう。したがってここでは、戦争がもたらした、また戦争中に起こった事態の変化や発展は、すべてが戦後もそのままつづいているわけではないということ、二〇年ほどのあいだに、戦争の国際的な影響に対する見方は、一九四五年当時の人たちの大部分にとって考えも及ばないようなものに変わっていったということ、この二つのことにふれ、日本の降伏後のことについては簡単に目を走らせるだけにとどめた。

実際に戦闘が行われた時期に関しては、この戦争の性格や主な事件についてあまり馴染みのなかった読者のために、まず日本とその敵国との軍事的、戦略的、政治的な衝突を概観することから始めた。その後の論述の順序とか構成の問題についてここで簡単にふれておきたい。まずいっておかなければならないのは、たんに一つの事件や動きについても、その前後関係や全体の情況をすべての面にわた

* Barrington Moore, *Injustice : The Social Bases of Obedience and Revolt* (London, 1978) の序文。「歴史的事実の相互の関係には、ある一定の型があるが……仮説を『実証』するために歴史的事実を無理に理論的なふるいにかければ……事実は消えたり破壊されたりするだろう……そのうえ、政治的行動と科学的理論のどちらの場合についても、それに関連のあるりっぱな知見が必要だとするのは、『関連』ということについての偏狭で俗っぽい考えである。歴史研究にはたんなる好古趣味に堕することとは違った別の目的がある」。

** 'The comparative Study of Cultures', in *Anthropology : A Human Science.*

*** R. H. Minear, *Victor's Justice : the Tokyo War Crimes Trial* (Princeton, 1971), L. Taylor, *A Trial of Generals : Homma, Yamashita, MacArthur* (South Bend, Indiana, 1981) 参照。

って同時にみわたすことは不可能だということである。そのため、そこでは冗漫にならないよう、必要に応じ「以下に見られるように」式に一言つけ加えておいた。したがって、たびたびその箇所にあたってみることが必要となるだろう。だが、根本的な問題は、ここでも因果関係に関してである。主として国際間の衝突の面にスポットをあてた章（第二章）を、同じ時期の国内情勢に焦点をあてた章（第三章）の前に置いたが、当然、逆もありうる。本書の各部はつまるところ、国際、国内両面が一体となったものであるから、国際社会、国内社会間の影響力の流れは、外から内への一方向だけだとは考えないでいただきたい。これは、たとえ章の順序を逆にしても同様である。この二方向の流れはあらゆる場面にわたって見られるが、時と場合、さらには問題によって、流れの強さや方向が大きく変わっているのはもちろんである。*

すでに述べたとおり、本書は、これ自体で完結したものとし、*Allies of a Kind* や、それより前に出された一九三〇年代の極東に関する研究 *The Limits of Foreign Policy*（邦訳『満州事変とは何だったのか』）を前もって読む必要はないようにした。そのため、とくに極東戦争における英米両国の関係に関しては、さきに検討の対象とした主題や資料についても本書のなかでふれないわけにはいかなかった。しかしながらその場合は、問題をできるだけ簡単に取り扱うことにして前著に言及すると同時に、判断の資として新しい証拠や考えを提示することにした。

一般に行われているように「結論」として一章を設けることは、あえてしなかった。本書の場合、ものを有機的にみるという点からいってあまり好ましいとは思われなかったからである。そのかわり、戦前を扱った箇所の終わりのところで述べた問題意識や反省（それらは、一九四一年当時、大きくひろがっていた心配や不安と関連づけて論じている）を、第九章の最後のところでふたたび取りあげ、日本の降伏時に、将来に向けてのいっそう幅広い展望のなかでこの戦争を考えた当時の人びとの見方とならべてもういちど見なおしている。

ヴァーセンナールとブライトンにて、一九七八～八四年
クリストファー・ソーン

＊ 社会科学の「法則」として、国内要因と国外要因（いいかえれば、『国内政治』と『国外政治』）のどちらが決定的かというような議論は、真剣に取りあげることができないのは明らかだろう。そのような「神学的」探究については、Pieter Geyl, *Encounters in History* (London, 1963) のなかの関係論文および私の小論 'International Relations and the Promptings of History', *Review of International Studies*, 9 (1983) 参照。

士卒塗草莽
将軍空爾為
乃知兵者是凶器
聖人不得已而用之

士卒は草莽に塗《まみ》る
将軍空しく爾《し》かく為るのみ
乃《すなわ》ち知る兵は是れ凶器
聖人は已《や》むを得ずして之を用いしを

李白　（小川環樹訓）

戦争は人間的で、恋愛のようにも憎悪のようにも見られたし
……戦争はむしろ医学的なものだということは確かです。……

マルセル・プルースト『失われた時を求めて』第七巻II
（淀野隆三訳　新潮社　昭和三十年　一〇八ページ）

第1部

迫り来る戦争

十二月八日の朝の気持ちを一言でいうとすれば――「ざまみろ」ということだ。

辰野隆（ルイス・アレン『第二次世界大戦の日本文学』

Proceedings of the British Association for Japanese Studies, Vol.2, 1977 の引用による）

現代の知性はまったく混乱している。知識は、世界と精神がその支点をすっかり失ってしまったほどひろがった……知性は混乱していない。というのは、認識が世界を揺り動かしたからだ。それがこうした動揺を治めることができないからだ……それこそまったく再建すべき文明なのだ。

アルベール・カミュ『カミュの手帖―2』

（高畠正明訳　新潮社　昭和四十年　二二一～二二三ページ）

第1章　最初の反応

開戦の不安と混乱、恐慌状態

極東戦争の劇的な幕開きは、その終わりと同様、人びとを瞠目させずにはおかなかった。一九四一年十二月初旬の数日間で、太平洋におけるアメリカの海軍力とイギリスのスエズ以東の海軍力は粉砕された。東南アジアにおける西欧諸国の領土支配は、すべて壊滅の脅威にさらされた。遠くオーストラリアやインド、さらにはアメリカ西海岸までが、新たな攻撃の的となりかねなかった。同時に、それまでの中国と日本との戦いは新しい情況のもとにおかれることになり、一九三九年に勃発したヨーロッパの戦争も、世界全体にまたがる武力衝突の一環となった。西欧列強に対する日本の攻撃につづいて、ドイツとイタリアがアメリカに宣戦布告し、そこに映し出された国際情勢の動きは、一九一四〜一八年の世界大戦の場合よりも、はるかに大きなものであった。

もちろん、すべての人が不意をつかれたわけではなかった。たとえば、攻撃計画を立案していた日本の人びとにとっては、確信をもって進めてきた計画が期待を超える結果をもたらしたのであり、まさに緊張と意気軒昂のときであった。[1] 攻撃に参加した人びとのほとんどは、それまでのさまざまな動きのなかで、祖国の存在が危殆に瀕していると信じるようになっていた。なかには、マレー第二五軍の一高級将校がのちに述懐したように、「日本の運命」は「東亜の運命」だと信じていた人もいた。[2] もっとも、将校も兵士もすべてがそう思っていたというような彼の言葉はもちろん間違っているだろうが、そのような運命共同体意識は、たとえばビルマ独立軍として日本軍とともに自国に進駐するためにタイで待機していたビルマ人の小さな分遣隊にも、根強く存在していた。[3]

だが日本人のなかには、この攻撃についてあらかじめ知っていたにもかかわらず、そして結果はまさに大成功であったにもかかわらず、意気軒昂どころか不安の念にかられた者もあった。真珠湾攻撃の当の計画者、山本五十六提督はその一人であり、天皇の助言者たる重臣、木戸幸一侯爵もまたその一人だった。もっと地位の低い人たちのなかにも、暗鬱たる思いにかられて同胞と喜びをともにすることのできない者がいた。[4]

しかしながら、日本の敵側の人びと、とくに日本軍の猛攻が予想される地域の人びとの当初の不安は、より大きなものだった。たとえば、オーストラリアの『シドニー・モーニング・ヘラルド』は、結果は日本「国民全部のハラキリ」になるだろうと予言しながらも、「まさに祖国存亡のとき」であると論じた。[5] ニュージーランド労働党の機関紙『スタンダード』は、「われわれはいかなる事態にも対処できるようにしておかなければならない。日本軍の中国での残忍ぶりは他に類をみない。彼らは容易には屈服しないだろう……われわれはもはや、これまでのように安易な生活をのぞむことはできない」と警告した。[6] 一部ではそれが不安だけにとどまらなかった。オーストラリア駐在アメリカ公使は、一九四二年一月の私信に、多くのオーストラリア人は「このごろひどくおびえていて、ときには何もかも投げだしてしまいそうに見える」と書いた。アデレードのアメリカ領事も、当地の一般民衆は「かつて私も目撃したことのあるパニック状態さながら」だと書き、「ほんの一日前までは『黄色い小人』の脅威など、どこ吹く風というような顔をして落ち着きはらっていた実業家たちが、いまは心痛のあまり両手をもみしぼらんばかりだ」と書き記している。(7)

このような恐慌状態は、日本からはるかに遠く離れていて、しかも巨大な国力をもつアメリカにおいても見うけられた。ワシントンの記者クラブの著名なメンバー、レイモンド・クラッパーは、十二月九日に上院で真珠湾の悲劇の詳細を聞き、記者席を出たあと、ひそかにこう書いた。

敵機がニューヨークから一時間のところに来ているという噂が議事堂中に流れた。数人の上院議員が、それを耳にしたといっていた。エレベーターボーイの話では、敵機はワシントンからほんの二四〇キロのところに来ているという。彼は気も狂わんばかりだった……国中がパニックに陥ろうとしている……。(8)

敵にいっそう近い西海岸で、しばらくのあいだ平静を取り戻せなかった者のうちの一人は、当地の司令官ジョーン・L・デ・ウィット中将だった。彼は十二月七日の夜には、敵機はサンフランシスコの上空にいたと断言した。(9) 一方、まだ直接攻撃は受けてはいないが、緒戦での日本の勝利ののちいずれ攻撃の的になるのは必至であり、場合によっては戦場にもなりかねないと思われていたインドでもショックは隠せなかった。全インド国民会議派運営委員会の一小委員会は、「マレー半島における戦火の勃発とビルマ空襲のニュースは、空襲の恐怖を増大させ……国民のあいだにパニックの波を引きおこした」と述べている[10]。

新たに戦場となった地域での、日本軍の進撃を迎える人びとの態度と行動は、一まとめにはできないほどさまざまだった。最初から陥落の運命にあった香港では、不屈の態度と恐怖、混乱と無能と勇敢とが入り乱れた。(ここは、香港問題に関するある重要な研究のなかの言葉によれば、開戦前に中国本土から逃れてきた膨大な数の難民を含む「人工の社会」をかかえていた。そのうえ中国人の大部分は、現在自分たちを支配している国家に対して忠誠心をほとんどもっていなかった[11])。フィリピンでは、同じような混乱がアメリカの軍人と民間人の双方でみられた。ダグラス・マッカーサー将軍麾下のマニラ総司令部は断固たる態度を示していたにもかかわらず、混乱と動揺が広がったのである。それは一つには、アメリカ陸軍機がやすやすと攻撃の餌食にされてしまったためでもあった[12]。一方、オランダ領東インドでは、オランダ人たちが、今度は自分たちが勝ち誇った日本軍隊と顔を合わせる番だと予期していたが、いざというときになると、やはりオランダ軍の各部隊のあいだではなはだしい混乱がみられた[13]。

一部の要人や政治団体は、戦争勃発に際してわざと態度を明らかにしなかった。たとえば日本駐在のイギリス大使サー・ロバート・クレーギーとアメリカ大使ジョゼフ・グルーが次のように信じていたことは、当時は知られていなかった。すなわち、ワシントンが東京との事前交渉で違ったカードの切り方をしていたら、衝突は終極的には避けられなかったにしても、その時期をのばすことができたはずだ、と。(二人はその後、本国帰還にあたって、それぞれ以上のような見解を記した報告書を提出し、上司の非常な不興をかった[14])。ほかにも、さまざまな理由から見解を公にすることを避けた例が見られた。とくに、ドイツの侵入に対して必死の戦いをつづけていたソヴィエト連邦は、開戦のわずか数カ月足らず前に、日本との中立条約によってすくなくとも表向きは東部国境の静穏を保障された。これに感謝していたソ連は、公然と東京を批判して現状を悪化させようなどとはしなかった。ほかの国――たとえばドイツ占領下にあるフランス――の共産党とその機関紙も、ほとんど沈黙を通した。[15]

インドシナ領土をすでに日本軍に占領されていたフランスの人びとにとっては、事態はいっそう微妙なものであった。新聞もそれを反映して、新情勢のなかでとにかく中立と安全さえ維持できればと、絶望的な希望を述べていた。[16] インドシナにおいても、フランス本国においても、ヴィシー政府（日本のインドシナ侵略に抵抗するため、アメリカの援助をえようとしたが成功しなかった）の支持者たちは、不実なイギリスとお説教好きのアメリカが、日本軍の進撃にこっぴどく痛めつけられる羽目になったのをみて痛快がるだけだった。フランスのファシストの場合も、とくに一九四一年六月以来、堕落の根源であるソヴィエト連邦を西欧のこの二強国が支持してきただけに、いっそうその思いは強かった。[17]

事前に日本の攻撃開始決定を知らされていたヒトラーは、盟邦の成功を喜び、二、三日思案しただけですぐにドイツをアメリカとの戦いに引き入れた。二、三週間後に彼がひそかに打ち明けたところによると、日本軍の攻撃は、彼にとっては「このうえなく大きな救い」だった――もっとも、彼は多少の不安は感じていた。この「歴史の転換点」は、「白色人種が敗れ……全大陸が失われる」[18]ような結果をもたらすことになるのではないかと考えたからである。ベルリンには、このニュースを聞いて喜んだもう一人の男がいた。前インド国民会議派議長のスバス・チャンドラ・ボースである。彼は、イギリスの手によってカルカッタで軟禁されていたが、一九四一年の初めにドイツへ脱出し、日本は時いたれば立ち上がって、西欧帝国主義諸国に対し劇的な勝利をおさめるだろうと予言していた[19]。ボースにとっては、この新しい戦争はさらにもう一つの意味で歓迎すべきものだった。それは、日本人と中国人のあいだのアジア人同士の争いを、新しい、より明るい展望のなかで見なおす機会を与えてくれるはずのものであった。そして彼によれば重慶政府は、日本（「一九三七年の日本ではない」と一九四四年にボースは書いた）があえてアジア全体の大義に身を挺しようとしているのを認めようとしない、西欧帝国主義者に踊らされている傀儡と見なされるべきなのであった[20]。

当時ボースが代表していたのは、枢軸国側の捕虜収容所のなかから募集した、少数のインド兵からなるインド軍団だけだった[21]。一方東インドでは、民族主義指導者スタン・シャフリル（彼はオランダ当局に対し、政策を変更して、植民地の支配階級と被支配階級が相協力して日本の軍国主義に抵抗できるようにすべきだと説いたが、聞きいれられなかった）は、同胞の大多数が明らかに「日本の勝利を喜んでいる」事実を、ひそかに、そして深い悲しみをもって認めざるをえなかった[22]。このような喜びの感情は、日本ではもちろん、ほとんど全国民が抱いていたものだった。たとえば、東京では開戦の第一報が伝えられただけで、衝撃の一瞬のあとは、道行く人びとののどの顔にも（居あわせたフランス人記者によれば）「安堵と強い満足感」が浮かんでいた。天皇は、アジアに安寧を確立し、世界中に平和の時代をもたらすために戦端を開いたのだ、とラジオは報じた[23]。

広がる安堵感、歓迎される戦争

日本人の気持ちは、喜びと安堵とが入りまじったものだった。西欧諸国の経済制裁に脅かされながら過ごした何カ月間かの緊張から解放された安堵感である。ある作家はのちにこう述懐している。

「暗い雲のような重苦しい重圧感で胸をしめつけられている思いだった。それが十二月八日の宣戦の詔書で、雲散霧消してしまった」と。そして、得るところのないままつづく、いつ終わるとも知れないような中国との戦いにも、一筋の曙光が見えてきたように思われた。それは、東アジアの搾取をいっそう容易にするために、蔣介石を支援してこのまま分割支配を維持しようとしている貪欲な西欧帝国主義諸国との、断固たる戦いの一環なのであった。また、別の作家はのちにこう書いている。「なにかほっとしたような気持ちがあふれ出てくるような思いだった。それは、はっきりと方向が示されたときの喜びの気持ちだった……」と。「生涯でこのようにすばらしい、このように幸福な、このように幸先の良い日はなかった」と書いた作家もいた㉔。さきのフランス人記者が書いているように、このような態度は知識人だけに限られたものではなかった。シロニー博士は次のように述べている。「緒戦の勝利が巻き起こした興奮は全国民をつつんだ。そのなかには、多くの同胞とともに、日本の正当性と最後の勝利を信ずる編集者や作家もいた」と。そしてさらに彼はこう述べている。「全アジアのためというこの使命感は、伝統主義者と革新主義者双方の想像の火をかきたてた。これは左翼、右翼がともに支持できる目標だった㉕」。

しかし、いま振り返ってみて驚くのは、戦争勃発に際して日本人のあいだにはっきりと見られたこの安堵感は、たんにヒトラーやボースなど日本に助力を期待した人びとだけではなく、ある程度は反対側の多くにも見られたということである。たとえばインドでは、激しい民族主義的新聞『ボンベイ・クロニクル』(「日本軍国主義者の拡張主義的・好戦的計画と民主主義諸国の利害とのあいだ」にはいかなる妥協の余地もありえないから衝突は「避けがたい」として、十二月六日にいたるまで戦争勃発が迫っていると説きつづけた)は、真珠湾の翌日、次のように書いた。

危険を待機しているのは、危険そのものよりいやなものだ。数カ月にわたって危険な状態のまま宙に浮いている危機は、人間の神経に非常な緊張を強いるので、いよいよそれが落ちてきたときにはほっとするものだ。これが一般の太平洋戦争に対する反応である……。[26]

『ボンベイ・クロニクル』はつづけて、急速かつ全面的な敗北が、自らの侵略行為に対して日本が支払わなければならない代償となるだろうと断言した。そして、「イギリスやアメリカやロシアの力に挑むのは、貧しく、装備も不十分な無防備の中国を苦しめたり、空から奇襲をかけたりすることとはまったくわけが違うのだ」と書いた。一九四六年に約束されているアメリカからの独立のあと、今度は日本の脅威にさらされることになるかもしれないと恐れていたフィリピンの人びとの気持ちも、同様に安堵と確信の入りまじったものだった。事実、マヌエル・ケソン大統領は日本の攻撃開始直前に、フィリピン国民がアメリカに対する感謝の念を実際の行動にあらわし、長いあいだその庇護のもとにあったこの国の青年たちが、「いかに苦難に耐え、いかに死ぬか」――このことを学ばずしては「一個の国民たりえない」もの――を学ぶ絶好の機会が到来するだろうとまで断言していたのであった。[27]
中華民国の指導者にとっては、日本の新たな行動はとくに大きな救いだった。一九三七年以前から自分たちを悩ましてきた敵の敗北が、いよいよ実現しそうに見えてきただけではない。ワシントンと東京とのあいだになんらかの妥協が成立するのではないか、という一九四一年秋ごろの懸念もいまや消えた。そのうえ、日本の行動が生み出した幅広い国際関係のなかでは、一九四〇年の三国同盟の調印国、日本、イタリア、ドイツの打倒のために誓いを新たにした連合国側の主要メンバーとしての中華民国の地位は、いっそうその重要性を増すだろうと思われてきた。真珠湾攻撃のその日、国民党の要人、孫科は、これからの世界は「アメリカ、イギリス、中国、ロシアの世界」となるだろうと言明した。[28]

延安の中国共産党の指導者も、ヒトラーの対ソ攻撃開始を機として、一九三九年の「帝国主義戦争」にアメリカを巻きこもうとしていたとしてローズヴェルトを非難していたのをやめ、いまや日本軍国主義に対する戦いにおいて、西側の新しい貢献がいかに重要であるかを強く訴えはじめた。[29] 民族主義的反イギリス感情が高まりつつあったインドにおいても、合法性を得た共産党は、ファシズム打倒の大目的のために最大の生産をあげるよう労働者に呼びかけた。そして、(共産主義) 全インド学生連盟は政治声明のなかで次のように述べた。イギリスの支配と資本主義の搾取の悪を許すことはできないが、ドイツのソヴィエト連邦に対する攻撃と、日本のアメリカに対する攻撃は、

戦争の性格を根底から変え……もはや帝国主義戦争としての意味はなくなった。それは、ヒトラー・ファシズム粉砕のために社会主義の祖国防衛に立ちあがった正義の戦争、人民の戦争である……それはまた、かつてない……強力な同盟によるインド解放のための戦いでもある……イギリス政府やアメリカ政府の目的と意図はなんら問うところではない。問題は、そして決定的なことは、両政府がソヴィエト連邦と手をたずさえ、侵略者に対する共同の戦いに立ち上がったというこの偉大な『事実』そのものである……帝国主義的意図を持たないイギリスやアメリカの労働者や人民にとって……そしてソヴィエトの人民にとって、いまや問題は……ただ一つの目的……ファシズムの決定的な破壊である。[30]

この大きな広がりをもつ国際情勢、とくにヒトラーによって開始された戦争も、日本の新しい動きを分析していたオーストラリアとニュージーランドの多くのニュース解説者にとっては、重要な考察の対象だった。たとえば、『シドニー・モーニング・ヘラルド』は十二月九日に、東京の「愚かな」決定にふれて、それは独自の利益の追求から出たものではなく、「ドイツの悲痛な援助要請」によるものだと論じた。同紙はまた、その後の何週間かにわたる日本の行動をさして、「東洋におけるヒトラーの模倣者」、「ヒトラーの新しい陰険な同盟者」で、「ゲルニカでのナチの蛮行や、エチオピアでのムッソリーニの手下の悪党どものやり方にならった」ものだと断じた。[31] 占領下のフランスにおいてもまた、極東における戦いについての論評のなかでどうしても強く出てくる問題は、当然ヨーロッパの戦争との関係だった。たとえば、ド・ゴール派抵抗運動の機関紙『コンバ』は、侵略者ドイツとの妥協という明らかに誤った道をとったヴィシー派の立場からすれば、「いま、枢軸国側との全面的な戦いに突入したアメリカ軍に（極東戦線で）協力することは、反逆行為となるばかりか、まったくの愚行になる」と指摘した。[32]

一方、アメリカ人のあいだでも、とくに日本の真珠湾攻撃の結果について詳細が明らかにされるまでは、戦争勃発に関し、さきに述べたような恐怖だけではなく、歓呼してこれを迎えるような空気があった。『タイム』誌のニューヨーク事務所のスタッフ、セオドア・ホワイト記者（中国から帰ったばかりだった）の回顧によれば、「大喜びだった。とくに私は喜んだ……これは正しい戦争、りっぱな戦争だし、ぜひとも勝たなければならない戦争だった」。ホワイトの雇用主ヘンリー・ルースの場合は、かつて宣教師として中国にいたことのある父親が開戦の翌日亡くなったが、「中国とアメリカがいま、同じ陣営に立つのを見とどけるまで父親が長生きできた」ことは、彼にとって父の死の悲しみに対する一つの慰めであった[33]。著名な銀行家トーマス・W・ラモントも、祖国がいま直面している大業に喜びを感ずる者の一人だった。日本の行動は、彼にとってはショックだった（彼は、十一月の半ばごろまで日本が攻撃をしかける恐れはないとひそかに確信していた）が、すくなくともそれは、イギリス側に立って独裁者と戦うための「大義名分」をアメリカに与えるものであった[34]。

　イギリスの存亡をかけたドイツとの戦いも、ローズヴェルトとワシントン政府の一部の要人にとっては重要な関心事だったが、彼らにとっては日本の攻撃は、ラモントと違って予期しないことではなかった。真珠湾に加えられた攻撃の内容や結果自体は、大きなショックだった[35]。しかしながら、とくに日本の暗号通信解読に一部成功していたおかげで[36]、ワシントンのごく少数の上層部では、何かが起こるだろうことは十分予想していた。たとえば、陸軍長官ヘンリー・スティムソンは、十一月二十五日の日記に次のように書き記している。その日、大統領から、「われわれは、おそらく次の月曜日に攻撃を受けるだろうという重大な発表があった。日本軍は警告なしに攻撃をしかけるので有名だ……問題は、こちらの危険をできるだけ少なくして相手から先に攻撃の矢を射かけさせるように、どうやって仕向けるかだ」と。十二月二日、スティムソンはワシントンに来ていた重慶の国民政府の代表、宋子《そうし》文《ぶん》に、「もう少しの辛抱だ、そうすれば万事うまくいくだろう」と蔣介石に伝えるようにいった。そして、ついに攻撃の知らせが届いたときには、日記に「やれやれ、これでどっちつかずは終わった。この危機で国民すべてが一体になれるだろう」と、「最初の安堵の気持ち」を率直に書き記している[37]。

　ローズヴェルト自身にしても、同じ気持ちだったろう。何カ月ものあいだ、彼はドイツに対抗してイギリスを助け、さらに——同じ目的から——東南アジアの重要資源確保のために日本が南進するのを阻止しようとしてきた。だがそれも、国民の合意と考えられる範囲にとどめてきた。国民の合意は、たとえ大西洋でドイツの挑発に直面したとしても、アメリカのほうから宣戦を布告することには否定的だった。それがいまや東京、つづいてベルリンとローマも、彼が対外関係、対内関係の双方をにらみあわせ、国外、国内の両方の目的を同時に追求することを可能にしてくれた。夫人のエレノア・ローズヴェルトがのちに、真珠湾攻撃当日の「夫の様子は、長いあいだみなかったほど静かな落ち着いたものでした」と語っているのも不思議ではなかった[38]。

一方、ロンドンのチャーチルの態度も、本質的には同じだった。アメリカ大統領から警告を受けるまで、彼は政府内のごく内輪の会議でも、日本が無謀にも西欧諸国に攻撃をしかけるなどという意見にはどうしても与《くみ》しなかった[39]。(東京の考え方の性格や方向を見誤っていたのは、彼だけではなかった。外務大臣の首席秘書官は攻撃の知らせを受けとったときのことをこう記している。「みんな仰天した。イギリスとアメリカを、しかも同時に攻撃するとは思ってもみなかった。きっと気が狂ったに違いない」と[40])。しかし、主導権が西欧諸国の手から完全に奪われてしまった以上、チャーチルとしては、アメリカの全面的な戦争介入ほどイギリスにとって大きな意味をもつものはなかった。そのため、真珠湾攻撃の日の夜、ベッドに横になったときの彼の胸のうちは次の一言につきた。「これで勝った」。そして一九四三年、彼は日本の攻撃について次のように書いた。「イギリス帝国がこのような幸運に恵まれるというのは、めったにないことだった[41]」。

極東戦争がスエズ以東のイギリス植民地に対してもつ意味を、いまあらためて振り返ってみると、当時の、とくにチャーチル自身から出たこのような言葉は、いくぶん皮肉に聞こえないこともない。しかし開戦当時は、ショックと不吉な予感ばかりでなく、安堵の思いと勝利の期待が非常に大きかったのである。その最後の例として、当時イギリスに亡命していたオランダ人たちによって発行されていた新聞、『フリー・ネーデルラント』のことにふれておこう。東インドの情勢の発展に注目して同紙は、いま日本軍と相対することになったインドネシアの人びとは、いっそう絶大な信頼をわれわれオランダ人によせることだろうし、ドイツ軍に対するわれわれの戦いは、彼ら自身の戦いと相呼応するものと受けとめられるだろうと論じた。そして同紙は、東インドの地にこのような好感情を期待して、それを新しい戦争を歓迎する根拠としただけではなく、つづいて一つの壮大な結論に達することになった。それはいまからみれば意外の感に打たれざるをえないが、一九四一年十二月当時は決して常識はずれではなかった。同紙は十二月十三日、「われわれは偉大な時代に生きている」と宣言しえたのであった。[42]

第2章　国際的情況

一九四一年十二月の事件に対する最初のさまざまな反応は、それがどのような性質のものだろうと、過去の情勢の動きとそれに対するそれぞれの認識との関連のなかで初めて理解できるものである。問題によっては、真珠湾攻撃よりかなり以前にさかのぼってみる必要があるが、それはまた一九四一年末から四五年夏の日本の降伏までのあいだに繰りひろげられた戦争に対し、当時の人びとが下した解釈やかかげた目的について考える場合にもいえることである。さらに戦後約四十年たった現在、戦争が国内社会と国際関係に与えた影響に関してわれわれが下す評価も、当然、一九四一年以前の動きや問題についてどのような見方をとるかにかかってくるだろう。戦争前の数年間の各国内の情況については、第三章で扱うこととなる。本章の意図するところは、戦争の起源をくわしく検討することではなく、われわれの目的との関連で、国際的な動きを、当時の人びとのさまざまな情勢認識とあわせて検討することなのである。

一つの戦争の「起源」についてはいろいろな説がある。だがそれらの説は、そこには明示されてはいない、ときにはその著者自身にもおそらく意識されてはいない基準や理論にもとづくことが多いように思われる。戦争が始まったのはいついつだと、いかにも自信ありげに断定されてはいるが、その前提となるものは読者の側で推測しなければならないのである。* 極東戦争に関しては、ふつうその起点といわれている二つの時期——一九三一年の満州事変と一九三七年の中国に対する日本の攻撃——が、第二次世界大戦そのものの始まった時期としてしばしば重要な意味を与えられてきた。(1) 一方、戦後、連合国側が設けた国際軍事法廷における起訴状の第一訴因によると、日本の関東軍の将校たちが満州の支配者、張作霖《ちょうさくりん》を殺害した年、すなわち一九二八年が起点とされている。(2)

以下では、一つの時点あるいは事件を戦争の起源としてあげることはしない。このように一つの時点をあげるという方法は、極東戦争の影響を理解するためには——起源についてくわしく検討しようとする場合も同様だが——それぞれ独自の起点をもつ問題や方針を、一つひとつ過去にさかのぼって追究することが必要だ、という考え方が前提となっている。その場合、問題によっては起点が日本が攻撃を始める直前の年のこともあろうし、あるいはずっと過去にさかのぼらなければならないこともあるだろう。またこのような方法の場合、もちろん程度の問題もあるだろう。戦争の起源については、むしろ衝突がほとんど不可避（歴史家としては使いたくはない言葉だが）になった時期はいつかと問うほうが妥当であろう。したがってここでは、さまざまな情勢の動きから、日本と西欧諸国とのあいだの武力衝突の可能性が増大したのは、現在のわれわれの目から見ても、また当時の数多くの人びとの目から見ても、真珠湾攻撃までの二年間だった、ということを指摘しておけば十分である。一九三九年末から四一年十二月までに起こった諸事件は、国際関係のすみずみにまで広範な変化をもたらした。ナチス・ドイツの軍事的勝利は、ヨーロッパにおけるドイツの優位を圧倒的なものとした。（一九四〇年末には、ドイツ占領下にある地域の年間鋼鉄生産能力は二億一二〇〇万トン、イギリス連邦は一八五〇万トン、アメリカは五〇〇〇万トンだった）[3]。一八七〇年代からのドイツの動きによって、ヨーロッパ体制の均衡はいまや完全に破壊されていた[4]。両大戦間にはなお大国としての外見を保っていたフランスは敗れ、極東におけるその領土は、オランダの場合と同様、本国の庇護を完全に失ってしまった。

インドシナに対する日本の要求を認めて、一九四〇年九月には北部に[5]、一九四一年七月には南部に[6]日本軍の進駐を許してからは、フランスの支配はただ名目的なものにすぎなくなった。とくにこの南部への進駐は、東南アジアにおける戦略的情勢を大きく変えた。マレー半島とオランダ領東インド（日本が石油等の重要戦略資源の大量かつ優先的な確保を要求していた[7]）とは、いまや直接攻撃の危機にさらされることになった。東京側のこのような行動は、他の政治的な動きから一部の人たちにはすでに十分予期されていた。一九四〇年九月の三国同盟の締結によって、ドイツ、イタリアが東洋に

＊　マーダー教授は、「〔極東〕戦争の起源は二重になっていて、〔一九三一年の〕満州事変と〔一九三七年の〕支那事変にさかのぼる」と主張している。しかも同じ本の冒頭に、自分としては「歴史の無理論」説にしたがって、「事の経過を、しかも十分に語る」ことのみを心がけたと強調している。（なお、彼はそのあとで理論の放棄に反して、自分としては歴史的発展の核心としての「人間的要素、人物批評をたっぷり挿入」したと述べている）。*Old Friends, New Enemies*, xi, 254.

おける日本の指導的役割を支持するかわりに、日本もヨーロッパ「新秩序」の建設におけるドイツ、イタリアの指導的地位を認め、それによって日本がナチス・ドイツとファシスト・イタリアの侵略行為に荷担することが明らかとなった。一九四一年四月のモスクワとの中立条約の締結[8]と六月のドイツの対ソ攻撃とは、日本が西欧諸国に対して軍事行動に訴えようとした場合の北からの脅威を減少させた。一方中国に関しては、日本が重慶と延安の抵抗運動の両拠点を破壊して中国北東部と沿岸地域の確保をはかることは不可能だとしても、国家権力をめぐる両党間の内戦の再燃と、国民党のかつての指導者、汪精衛《おうせいえい》（汪兆銘《おうちょうめい》）のもとで一九四〇年三月、南京に日本の傀儡政権が樹立されたことをあわせ考えると、中国の決定的な再生ははるか遠い先のことであると思われた。

長期にわたる中国での戦争は、日本にとって大きな負担となっていた。（一九四〇年には、中国での戦争の費用は国家予算全体の四〇パーセントを占め、戦線には一一〇万人が投入されていた[9]。）同時に、日本の南インドシナ進駐に対する報復措置として西欧諸国がとった石油禁輸措置は、文字どおり存亡の危機に直面しているという意識を日本国内に高めた[10]。これを契機として、日本の政策当局者のあいだでは、権力のバランスに重要な変化が生じた。一九四〇年の初めには、国家の問題を新たな軍事行動によって解決するという方針はまだ確立されていなかったし、たとえ新たな軍事行動がとられるにしても、矛先は西欧諸国よりもソヴィエト連邦に向けられるはずだった。（ベルリンからは対ソ攻撃の実行を、一時強く要求されていた）。ヨーロッパの植民地国家に対する攻撃が決定されたにしても、それはアメリカにまで広げられるということではなかった。しかしながら一九四一年の夏には、ナチス・ドイツとの連携を進めようとする人びとが優位を占め、とくに、軍事的手段による成功の可能性については慎重に検討すべきだとする態度は、だんだん支配的ではなくなってきた。むしろ、残された唯一の道は戦うこと——全西欧諸国を相手に戦うことだとする態度が支配的になった。[11]

一九四一年夏の末ごろから秋にかけて、最終交渉が日本とアメリカのあいだで行われた。それはつづいて起こった戦争が「太平洋戦争」という名で呼ばれたことから明らかなように、この戦争が主として日本とアメリカとのあいだで戦われたことと相応ずるものだった。しかし起源からいえば、この戦争は本質的にはイギリス対日本の戦いであった。細谷教授によると、「アメリカの中国における実際の利害の点からいえば、日本との武力衝突の必要はほとんどなかった。しかしアメリカの全世界的な利害関係からは、アジアにおけるイギリス領土の崩壊をただ漫然と座視するわけにはいかなかった。いずれにしても日本の『東亜新秩序』を目ざす対外政策は、必然的にイギリスとの衝突を招き、それがイギリス、アメリカ両方を相手とする戦いをも不可避にしたのである」[12]。東京のドイツ大使館付海軍武官は、(彼によると、当時の日本海軍の高官たちの意見も、今度の敵はイギリスだということだった)一九三六年の日記のなかで次のように述べている。「今後日本が、経済面にしろ領土面にしろ勢力を拡張しようとすれば、かならずイギリスの地位に影響を与え、その結果、イギリスの抵抗を呼び起こすだろう」[13]。一九三〇年代の中ごろ、日本の一退役海軍将校の書いた『日英必戦論』は日本で一〇〇万部以上も売れた。

日本の全面的な攻撃は、イギリスの権益を広範にわたって危機に陥れた。東南アジアの植民地とドル箱の原料資源、オーストラリアとニュージーランドのみならず、不安におののくインド、香港と同地における投資ならびに中継貿易。さらに、これら貿易や領土のようなさし迫った目に見える問題だけではなく、将来におよぶ重要な問題があった。たとえば、イギリス連邦そのものの性格と今後のあり方に関連して、極東問題の対処の仕方、とくにオーストラリアとニュージーランドに対し、イギリスとして今後、理解と保護を保障できるかどうかの問題であった[14]。一九三八〜三九年、天津のイギリス租界が日本軍によって封鎖されたこと、さらに一九四〇年、東京の要求に応じて中国とのあいだのビルマ・ルートを一時閉鎖したことは、とくに国家存亡の脅威がヨーロッパ方面からも迫りつつあったときだけに、極東におけるイギリスの立場の脆さを強く印象づけた。事実一九四〇年の夏には、ロンドンの政策責任者たちは、一九三二年に外務次官バンシタートが予言したような情況——アメリカが助けてくれなければ、イギリスは「極東では、結局やられてしまうだろう[15]」——に直面することとなった。一九四〇年五月に、参謀総長会議は次のように述べている。「極東におけるわが国の利益を守るためには、アメリカに頼らなければならない[16]」。バンシタートの後任者、カドガンが一九四〇年十月に認めているように、イギリスが今まで長いあいだ維持してきた国際的地位は、本質的には虚勢のうえに築かれていたにすぎなかったのである。「仮面がはがれてしまった」以上、「アメリカの力と好意に頼ってわれわれの重荷を分担してもらう」以外にはなかった[17]。

このような情況は、たんに極東だけにとどまらなかった。ドイツの打倒についても、アメリカの参戦がイギリスの唯一の現実的な希望となっていた。ロンドンの統合幕僚会議のある部が、一九四一年六月に認めているように、「戦争の遂行と終結を成功裏に進めていくためには、アメリカの参戦が必須となってきた[18]」のである。しかしアメリカ側は依然、ドイツとの戦いに全面的に身を投ずることのできない苦しい立場におかれていた。一九四一年八月、大西洋憲章起草のためにローズヴェルトとチャーチルはプラセンシア湾に会したが、そのときローズヴェルトは、チャーチルに次のように語った。「戦争には参加しよう、だが宣戦はしない。開戦にふみきる口実をつかむために……挑発を進めていくのだ[19]」。だがこの段階でもローズヴェルトは、アメリカを交戦国としてよりも「民主主義の兵器庫」

としての役割にとどめておきたいと思っていたようであった[20]。

一九四一年夏の終わりごろ、ワシントンはチャーチルの賛成を得て、アメリカ自身のためばかりでなくイギリスのためにも、東京との交渉を実質上引き継ぐことにしたが（だが結局アメリカは、イギリスに交渉の経過を逐一知らせることはしなかった[21]）、それでもイギリスとしては、極東でイギリスだけが日本の攻撃の目標にされた場合、はたしてアメリカが参戦してくれるかどうか、確信がもてなかった。イギリス側が長いあいだ待ち望んでいた参戦の確約をローズヴェルトが与えてくれたのは、十二月一日のことだった。だがそのときまでに、ある重大決定がほかの場所で行われていた。七月二日、東京で御前会議が開かれ、「目的達成のためには、帝国は対英米戦をも辞さない」こととなり、十一月五日の御前会議では、極東における国際問題処理に関する日本側の条件をワシントンが受け入れない場合は十二月初旬に開戦する、ということが決定されたのである[22]。

人種的偏見、帝国主義的戦争

開戦前二年間の極東における緊張の増大にもかかわらず、日本と西欧諸国とのあいだで衝突が起こりそうだとか、あるいは避けがたいなどと世界中が信じていたわけではなかった。とくにヨーロッパでは、多くの場合、極東に関する無知と冷淡な態度からあまり関心がもたれていなかった。フランスやオランダも、イギリスやドイツ同様、ヨーロッパでの戦争のために極東情勢のほうには注意が向かなかったのも当然だった[23]。アメリカにおいても、中国援助のために奔走している人びとからすれば、遺憾ながら国際問題の関心はもっぱらヨーロッパだけに集中しているように見えた。枢軸国の独裁者たちと日本との三国同盟締結は、アメリカの人びとにも、中国とヨーロッパの民主主義国の双方がこうむる苦難のことを考えさせはしたが、優先されるのはあくまでもヨーロッパ問題であった。*(24) 一九四〇年の一月から三月にかけて行われた調査によれば、カリフォルニアの太平洋岸の住民たちにとっても、ヨーロッパの戦争は、「結局は個人的に影響を受けるだけではなく、自分たちが属している西欧文明自体をも巻きこむもので、それはアジアの戦争にはおそらく見られないもの」だった。(25)

一方、ヨーロッパにも東洋の植民地にも、スエズ以東の情勢が自分たちの生活のさまざまな面に影響を及ぼしてきていると感じてはいても、日本が白人と事をかまえてまでその野望を達成しようとしているという考えには、あまり真剣に耳をかたむけない人々がいた。たとえばシンガポールの人びとにしてみれば、「狼が来た」という叫びもあまり度々なので、その怖さが消えてしまっていた。(26) 香港でも、その地を囲む危機はもう毎度のこと、といわんばかりに無視し去っている者が多かった。（香港の野戦病院長は次のように書いている。「表面的には守備隊の敗北で香港は陥落した。だが実際は、何週間も何カ月も前に陥落していた。心理的にはとうに負けていたのだ」(27))。東インドのオランダ人のなかには、日本の石油優先供給要求には首尾よく抵抗できたと思って安心していた人がいたし、(28) フィリピンのアメリカ人のなかには、誰の目にも明らかなアメリカのこの強大な力に立ち向かってくるほど日本は馬鹿ではないと信じていた人びとがいた。(29)

極東での大きな衝突は回避できると信じていたのは、西欧諸国の利益の擁護についてその衝にはあたっていない人びとや、公的な情勢判断には通じていない人びとだけではなかった。オーストラリア首相ロバート・メンジーズは一九四〇年に、日本人の「顕著な劣等感」から考えて、「中国問題解決に何か援助の手をさしのべて友好的な態度を見せたり……また日本の貿易上の野心を適当に認めてやりさえすれば、極東の平和は簡単に達成できるだろう……(30)」と書いている。日本の攻撃開始二、三週間前ですら、アメリカ国務省の極東特別部顧問スタンレー・ホーンベックは、東京の目的は根本的にアメリカの利害とは相容れないと確信していたにもかかわらず、日本の好戦的な態度をたんなるこけ威しにすぎないとして無視していた。[31] チャーチルもまた、真珠湾攻撃のほんの四日前に国防委員会で、日本の攻撃は「とても起こりそうにもない偶発事件」だと述べていた。[32]

このような確信は、戦争になれば日本はたちどころに敗れるだろうという、しばしば口にされた意見とならんで、一つには日本人を人種的に劣等視する態度から出ていることが多かった。プランゲ教授は彼の真珠湾攻撃の歴史のなかで、「アメリカ人は一般の日本人をまったく軽蔑していた」[33]と書いている。イギリスの極東軍司令官は一九四〇年に香港島を訪れ、国境線越しのすぐ近くに「汚れた灰色の制服を着た人間らしい生きものを見て、あれが日本の兵隊だといわれ」、「彼らが優秀な戦闘部隊になる」などという考えは捨ててしまった。マレー半島の地方部隊の指揮官の一人も、日本軍が上陸を思いとどまればイギリス軍はめざましい勝利をあげることができなくなるから、半島の防備をあまり強化しないようにと希望した。[34] チャーチルにしても、日本側がどのような動きに出ようと、英国海軍の最新鋭艦からなる小艦隊だけで十分「決定的な抑止力」になるだろうと信じていた。この確信から、彼は『プリンス・オブ・ウェールズ』と『レパルス』を派遣し、結果、ほとんど壊滅的打撃を受けることになったのである。[35] オランダのウィルヘルミナ女王も、ドイツが敗れたら日本を片づける時期が来るだろう、そのとき西側は「鼠のように彼らを溺れさせ」ればよいのだと信じていた。[36]

---

* 一九三七年九月に行われたアメリカ世論研究所の調査では、五五パーセントが中国と日本に対して「中立」で、一九三八年二月には、六四パーセントが中国への武器輸出には反対だった。Dpt. of State files, Far Eastern Division memo. of 21 Sept. 1942, 694. 119/360 1/2.

もちろん人種的偏見だけが戦争不可避論を否定する根拠になったわけではなかった。たとえば日本と西欧諸国との意見の相違は、最終的な解決は望めないにしても、一時的にとりつくろうことはできると信じている人びとがいた。東京駐在のイギリス大使サー・ロバート・クレーギー、アメリカ大使ジョゼフ・グルー、銀行家のトーマス・ラモントについてはさきに述べたが、そのほかにも、一九四一年に東京とワシントンとのあいだの外交交渉に口をはさんで混乱させたアメリカ・メリノール・カトリック海外伝道会のような、もっと素朴な人びともいた。(37)

なお人種的偏見には、もう一つ皮肉な説明が必要である。西側の多くの人びとの場合には、人種的偏見は戦争を否定する方向に動きがちだったとすれば、日本の「超国家主義者」の場合は反対だった。彼らはずっとこれまで、西欧とは戦わなければならないし、また戦うべきだと主張し、その根拠として自分たちの国は世界無比の神聖な起源を有し、日本国民は(ライシャワー教授によると)「他国民とはあたかもちがった種」なのだという国民一般の信念を強調してきた。(38)(一九四一年三月の大政翼賛会の宣伝文によると、大東亜共栄圏の建設は、「肇国《ちょうこく》の精神を忘れた機械的な民族平等観に基づくものであっては断じてならない」のであり、この考えは過去四〇年にわたる朝鮮支配の底に流れている思想とまったく軌を一にするものであった)(39)。大日本帝国国民のあいだのこのような厚顔な人種差別感情にもかかわらず、一九四〇~四一年には、日本、中国、満州国の三国を基礎に大アジア同盟を結成し、東アジアの地から西欧勢力を一掃しようという東京の呼びかけに呼応する中国人たち(多くの日本人は、中国自体に対しては尊敬と軽蔑の相矛盾した感情をいだいていて、しばしば中国人たちを蔑称して「チャンコロ」と呼んだ)*(40)がいた。この目的のために、繆斌《みょうひん》やかつての国民党の要人たちは、すでに日中合作のための機関——新民会(一九四三年には五〇〇〇人の中国人がそこで仕事をしていた）――に加入していた[41]。一方、南京の汪精衛傀儡政府によって打ち出された方針も、同じ反西欧の方向を目ざすものだった[42]。（動機は個人個人によって当然大きく異なっていた。この点に関しては、一九四〇年以後のフランス人のあいだでのドイツに対する態度の相違――個人の栄達や物質的利益を第一とする「妥協論者」とドイツの政治主張を支持する「利敵協力者」との区別――を例に引くのが適当であろう[43]）。

注目すべきことに、日本軍がすでに侵略の歩を進めていた地域について見た場合にも、国際政治の大きな流れについて無知、無関心な多くの人びとが存在していた。一九三七年の最初の反日感情の高揚、その後の侵略軍による中国人に対する激しい残虐行為、にもかかわらず、この問題の優れた研究者の一人によれば、「多くの中国人――とくに……農民――は侵略者に対してけっして敵対的ではなかった」し、戦争の結果に対する民族的関心も「いたるところで欠けている」ようであった**[44]。朝鮮においても、何世紀にもわたる独立の時代に培われた強い民族感情にもかかわらず、また日本の支配に対する執拗なゲリラの抵抗にもかかわらず、地主などの特権階級は中枢院や内鮮協和会を通じて日本の帝国主義的支配者と協力し、朝鮮の警察と準軍事警察隊は抵抗をつづける同胞たちを進んで逮捕したのであった[45]。

極東の他の地域の場合も、真珠湾攻撃前のこの時期には、かならずしものちになっての説明にありがちの明確な態度をとってはいなかった。たとえば東インドには、ドイツによって作られつつあるヨ

＊　一九四〇年に東京が蔣介石に事変解決を――苛酷かつ侮辱的な条件で――受けいれさせるのに失敗したことについて、デイヴィッド・ルー博士は次のように論じている。「戦争、平和の両努力とも失敗したのは、結局は中国に対する東京側の軽蔑のせいであった」。Morley (ed.), *The China Quagmire*, 303.

ーロッパの「新秩序」に、うまく適応していく道を探ろうとしていたオランダ人がいた。ロンドンのオランダ亡命政府も、戦争のこの段階で、イギリスと運命を共にしようなどと本心から考えていたわけではなかった。あるオランダの歴史家が述べているように、「現実に妥協」し、ドイツと単独講和を求めるかどうかについて、「激しい、苦渋にみちた」議論が闘わされた。そのような可能性が消え去ったあとでも、イギリスと日本のあいだのどのような争いにも厳しい中立の態度を維持したいという気持ちが強かった。東インドでも、オランダ当局は日本軍に対してきわめて柔軟な態度を示し、東京の申し出た「共栄」の権利をしばらく受けいれようとまで考えた。オランダが「共栄圏」加入の要求を拒否したのは、一九四一年二月であった。(46)

相手が誰かによって態度が大きく変わることがあるのは、驚くにあたらないことである。インド国民会議派の指導者ジャワハーラール・ネルーは、第二次世界大戦のあいだだけとはかぎらないが、以下に見るようにそのよい例であった。彼は——たとえば一九四二年、ニューヨークで発行されたその著書『自由のために』(*Toward Freedom*)の改訂版で——西欧の政治家や読者に向かっていう場合には、スペイン内戦以来、国際情勢の発展を規定してきたものは、根本的な政治課題を担う全世界的規模の戦いであり、戦いの相手であるナチスとファシスト、この両独裁政権は悪の化身であると主張した。(47)しかしながら一九四〇年の一月と二月のガンディー宛書簡では、イギリスがまだインドに独立を許していないからだけでなく、この争いは結局、「帝国主義戦争」、「帝国主義的冒険」にすぎないということから、戦争に「インドが巻きこまれる」ことに対し強い反対を表明した。(48)

ヨーロッパ戦争の勃発から一九四一年十二月までのあいだ、極東でも大国間の衝突が起こりそうだと考えていた人びとにしても、たいていは、それが全世界的な理念上の争いではなく、地域的な現実の利害に関する争いだと考えていた。インドネシアの多くの人びとは――しばしば地方の伝説を持ち出して、そのお告げはあたるといい＊――日本の反西欧運動に期待をよせる一方、民族主義指導者シャフリルと同様、この戦いは「二大国の世界戦争ではなく」、「オランダの植民地支配者がインドネシアにもちこんだ悪、傲慢、抑圧が、ついに神によって罰せられる戦い」だと考えていた(49)。同じくインドシナの民族主義者にとっても最大の問題は、日本の力によってフランスの地位を弱めることだった。もっともこの場合は、日本人も同じように帝国主義的敵だと見なされていた(50)。一方、三国同盟の締結にもかかわらず、またヨーロッパにおけるドイツ軍の劇的勝利に対する東京側の積極的な評価にもかかわらず、日本の政策当局者を支配した考えは、全世界的なイデオロギーの対決でもなければ、反西欧アジア十字軍を組織しなければならないということでもなかった。それは自国の「生存」の確保で

＊＊　一九四四年の河南中部の戦いでは、「農具や粗末な武器で武装した中国の農民たちは、湯恩伯の軍隊が日本軍の前から退却して来るのを襲って、約五万の兵隊の武器を奪い、うち何人かの殺害さえも行った」。Lloyd Eastman, *Seeds of Destruction : Nationalist China in War and Revolution, 1937-1949* (Stanford, 1984), 141. 二股かけた態度は、侵略軍と国民政府軍との境界線越しに盛んに営業をしていた商人たちにとくに顕著であった。日本軍の守備地域を通って国民政府地域に入ってくる物資の量は、香港、マカオ、広州湾からのものだけで、一九四一年の月平均ではビルマ・ルートによるものの約二倍に達した。かわりに日本軍は食糧ばかりか、タングステンのような重要戦略物資や、国民政府が赤十字から供給された医療品なども手に入れた。戦争中、五〇万から一〇〇万の中国兵が日本軍のもとで働いたが、多くは国民政府軍からの脱走兵であった。Eastman, 'Facets of an Ambivalent Relationship', in Iriye (ed.), *Chinese and Japanese*.

＊　ジョヨボヨ伝説によると、白人支配が倒れたのち、黄色い人びとが北からやって来て「一〇〇日」間インド諸国を支配するというのであった。

あり、「帝国の自存自衛のための圏域」の獲得だった。(51)

先の見通しはともかく、極東での一大戦争の勃発を予測する人びとは、東洋においても西洋においても増大していた。たとえばロンドン駐在オーストラリア高等弁務官で前オーストラリア首相のスタンレー・ブルースは、かつては日本とのあいだで包括的な協定が可能かもしれないと考えていたが、一九四一年一月には、「ヨーロッパの形勢が連合国側にとって不利な事態になれば、日本はきっと事を起こすだろう」と考えるようになった。(52)同国の軍事・政治の指導者の多くも、同じ見通しのもとに不安げに日本の侵略を思い描くようになった。(53)「北進か南進か？　太平洋に一撃を加えるぞと脅しながら、日本はどちらを選ぶのだろうか？」とニュージーランドの『スタンダード』は問うた。(54)一九四一年秋には、東京の政策は戦争を目ざして進んでいると、かなり多くのアメリカ人が確信するようになった。(55)その年の五月、インドシナの指導的なフランス系新聞は次のように論じた。

アメリカが自己の目的達成のために、ヨーロッパ戦争への直接介入を余儀なくされることは疑いない。一方、戦火が太平洋に広がることもまた予期しなければならない。日本としては現在、ロシアとの国境方面から攻撃を受ける恐れがない以上、戦争開始は時間の問題にすぎないように思われる。そこに展開されるのは全般的な戦争、真の世界戦争であり、いかなる国民といえどもこれを免れることはできないであろう。(56)

眼前に展開されているのは、本質的には単一の国際的危機であるというこの見通しは、とくに戦略的な意味でローズヴェルトの念頭を占めていた。彼は一九四〇年末、フィリピンのアメリカ高等弁務官あてにひそかに次のように書いた。

三年半余にわたる極東での敵対関係と、一年四カ月にわたるヨーロッパでのそれとのあいだには、非常に密接な関連がある……現在、現実的な利害のために世界的な争いが繰りひろげられていて、一方の側には日本、ドイツ、イタリアが、他の側には中国、イギリスそしてアメリカが位置している。もし日本がさらに南進し、オランダの東インドやマレー半島の各地域を占領するような事態になれば、ドイツがイギリスを打ち破る可能性は増大するのではなかろうか？(57)

ワシントンの他の人びと、とくに財務長官ヘンリー・モーゲンソーや内務長官ハロルド・イッキーズは、イデオロギーの面でこのような見方をとっただけではなく、アメリカを断固戦いに参加させようとはしないローズヴェルト自身の態度を飽き足りなく思っていた。(58)

だが外交官のジョン・カーター・ヴィンセントがひそかにもらした次のような懸念は、この時代のアメリカ人のあいだでは珍しかった。アメリカは今、世界の前に提示すべき社会的・国際的改革のための長期的・創造的計画も持たずに、日本ならびにドイツによって代表される破壊勢力との戦いに立ち向かおうとしている、というのである。*(59) しかしこれは、ヒトラーの戦争開始以来、『ボンベイ・クロニクル』が公然と主張してきた考えでもあった。同紙は東インドのシャフリルと同様、民族主義的傾向が強い一方、最初からナチス・ドイツと日本の軍国主義に対してはっきりと反対の態度をとって

＊　ヴィンセントの懸念はある意味では、結局正しかったが、それについては三九八〜三九九ページ参照。

いたのである。早くも一九三九年九月に同紙は、「アジア、アフリカの大衆」を含め「全世界の三分の二以上」がそのような邪悪な勢力に対抗する戦いの兵士になるだろうと論じた。しかし、決定的な問題が残されていた。

現在の戦争は帝国主義的戦争か？ つまりより正確にいえば、イギリスの政策は帝国主義的なのか？……イギリスは依然誠意ある態度を示していない。国民会議派運営委員会が正当にも主張しているとおり、『イギリスがもし民主主義の維持と拡大のために戦うならば、自分自身の領土における帝国主義支配を廃止し、インドに完全な民主主義を確立することが絶対に必要である。インド人民は自決の権利を有し……自分自身の政策を進めていかなければならない』。……ヒトラー主義の打倒の意味するところはただ一つ、一民族の他民族に対する支配の終焉でなければならない。[60]

当面のヨーロッパ戦争と、つづいて予想される極東戦争は、当時の国際情勢を特徴づけている帝国主義にとって重大な意義を有するものだという確信は、ボース、それからインドネシアの民族主義指導者アーメッド・スカルノの信念でもあった。もっとも彼らの目から見れば、この情勢の発展のなかで日本の果たす役割は、破壊的どころかむしろ建設的なものだった。[61] 反対にフランスやオランダでは、このような論点はそれまでほとんど見られなかった。（ただ一つの例外は、フランス共産党の機関紙『ユマニテ』だった。同紙は――ソヴィエト連邦が戦争に巻きこまれ、それによってヨーロッパの戦争が聖なる戦いに転化するよりも前に――「植民地人民が自己の未来を自由に決定する権利」について特集号を組んだ[62]）。自国の存亡をかけて戦っていたイギリスにおいても、このような長期的な見方は、一般の人びとのあいだではほとんどみられなかった。（ハロルド・ラスキは、労働党のために『これは帝国主義戦争か』と題するパンフレットのかたちで問題を提起したが、彼自身の答は否定的だった。一方、労働党の執行委員会は「すべての植民地人民が、すみやかに自治に向かって前進する」ことを求めた[63]）。追いつめられ、そのうえチャーチルのような人物の指導下にあったイギリス政府のなかでは、このような問題について検討されることはなかった。チャーチル自身は、勝利への道以外のことを考えることに強く反対していたのである[64]。

一方、この時期の世界中の論者の評価は、極東における危機の増大、これがヨーロッパ情勢の進展と結びついて、国際問題全般にわたってアメリカの果たす役割は巨大なものになってきた、というものだった。（当時、そのようなアメリカの役割に対する期待は、とくに極東の将来に関しては、ソヴィエト連邦に対する期待よりもはるかに大きく広がっていた[65]）。このような考えについては、イギリスの政策当局者のあいだでの個人的見解としてすでにふれてきたが、ワシントンと共同歩調をとる必要があるということは、もちろんチャーチル自身の基本的な考えでもあった。もっともこのようにワシントンとの関係に存亡をかける以上、当然、挫折感と冷遇を覚悟しなければならなかった[66]。労働党左派のスタッフォード・クリップスも、一九四二年にはアメリカの高圧的ともいえる態度に対して強い憤りを見せたが、おもしろいことにその彼が、かつて一九四〇年六月に描いた世界は、イギリスが「アメリカの統制下にあるアングロサクソン・グループのたんなるヨーロッパ前哨基地」にならなければ生き残れない世界だった[67]。左翼的信条をもつ科学者、ケンブリッジ大学のジョゼフ・ニーダム博士は、中国に対する文化使節の仕事に専念することになり、その後、アメリカの海外における経済的・軍事的活動に対する激しい批判者となったが、一九四一年三月には『ニューヨーク・タイムズ』

に次のように書いていた。

ナチス、ファシスト、日本の三国同盟は、アメリカに対して二つの道の選択を迫った。三流国の地位に堕し、自分の領域のなかで震えながら静穏を待つか、世界史のこの危機に応じて起ち、自らの文化の母国イギリスと手を携え、ヨーロッパのみならず全世界の人類の未来の創造に最大の役割を果たすかである。(68)

ほかにも同じように皮肉な（一九四五年以後の情勢に照らして見て）論調が見られた。「結局、いちばんの勝利者はアメリカ人だろう。アメリカの役割は時をおって重要性を増している。『ドイツ野郎』に和を請わせるのは彼らである」。ド・ゴール派の秘密機関紙『ヴェリテ』は、一九四一年九月、極東情勢を見てこのように予言した。(69) 一方オーストラリアでは、親英的なメンジーズも一九四〇年には「結局イギリスは敗れるだろう」、その結果、「英語圏の人びとの再編成が起こるだろう」と考えていた。したがって彼自身の関心も、同国の多くの政治家や外交官と同様、アメリカがオーストラリアに注目し、共感をよせ、真剣に肩入れしてくれるようにすることだった。(70) 同じような考えは、オランダがドイツに蹂躙されたのち、同国の外交界、政界においても論議にのぼり、その結果一九四一年には、ニューヨークにオランダ情報部が設けられた。(71)

当然のことだが、アメリカ人自身のなかにも、日本との衝突の可能性も含め、国際情勢が、ヘンリー・ルースが一九四一年二月、誇らかにうたったような「アメリカの世紀」の方向に動いていると意識しはじめた人びとがいた。レイモンド・クラッパーは、その年の一月に次のように書いた。「われわれが自ら指導的役割を担わなければならないのか、それともほかからの圧倒的な支配に甘んじなければならないのか、すべてはこれにつきると思われる」[72]。真珠湾攻撃の翌日、アメリカ・アジア協会の事務局長は、国務省の友人、スタンレー・ホーンベックにあてて、「長い苦しい戦いになるだろう、しかし戦争が終わったのちには、米国政府は世界の代弁者となるだろう」[73]と書いている。

「白色人種」と「黄色人種」

一九四一年十二月より前の二年間における、国際情勢の進展によって、極東問題に関する態度や意見は尖鋭かつ単純なものになってきた。同じ傾向は、それ以前の危機、たとえば一九三一〜三三年の日本軍の満州侵略や、三七年の日中戦争勃発に際してもみられた。* しかし、そのように緊張が高まった時期においても、西側の政策当局者のどのグループのなかでも、しばしば前提や解釈についてさまざまな相違がみられた。極東の国際関係にとって重大な意味をもつ長期的問題についても同様だった。この点の説明に関しては、イギリス政府部内の次の三つの例をあげるだけで十分であろう。一つは、シンガポールの海軍基地建設(極東における強国としてのイギリスの威信のすべてはこれにかかっていた)をめぐり、両大戦間の時期に長々と繰りひろげられた論争[74]。一つは、長期的に見て日本を極東

＊「危機」という言葉は便利な言葉である。厳密にいえば、一九三一〜三三年の極東の動乱のあいだ、直接、間接に関係のあった政府のすべてが、事態を「危機」としてとらえたわけではなかった。もっともその場合の「危機」とは、ハーマンのいわゆる、短時間内に対応を迫られて、事前の計画なしに決定が行われなければならない、しかも問われているのは重大な価値であるという場合のことである。H. C. Kelman, *International Behavior* (New York, 1966), 442ff. 参照。

におけるイギリスの権益にとって潜在的な脅威と考える必要があるかどうかに関する、一九二〇年代半ばの海軍省と大蔵大臣チャーチルとのあいだの激しい意見の対立（チャーチルは否定的だった）[75]。最後に、一九三〇年代の末ごろ、東京のイギリス大使館内での、クレーギー大使のどちらかといえば楽観的な見方と、「日本人のすべてはアジアの『新秩序』を望んでおり、この『新秩序』なるものは結局極東からイギリスを追い出そうとするものだ」とする商務参事官サー・ジョージ・サンソムとのあいだの意見の相違である[76]。同じような意見の相違は、アメリカなどでも見られた[77]。

したがって、極東における国際関係の将来に関し、一九三九～四一年以前に長期にわたって関係政府や他の各界のあいだに存在した複雑な見解の動きについて、ここでみておくことも無駄ではないだろう。だが一九四一年直前の時期については、折にふれて日本と西欧諸国とのあいだの衝突は避けがたいとしてきた人びとのいだいていた見通しについて、若干ふれることにしたい。

十九世紀の後半以来、西欧、極東の両方に、国際関係において決定的な問題は経済だと考える人びとがいた。第一次大戦前には、アメリカにも日本にも、両国の関係を移民や貿易の問題としてとらえ、激しい衝突が起こりそうだとか、衝突は「宿命」だとまで考えていた人びとがいた[78]。（もちろんそのような見解の背後にある考え方はさまざまだった。十九世紀末ごろ日本で広く読まれたマルサスの理論に基づくものもあろうし、あるいは国際経済の必然的な動きと、そのなかでの自国の利益の追求という考え方から出たものもあろう。日本人のなかには、国際情勢の決定的な特徴となってきた「経済戦争」に習熟しなければ、国家として生き残れないだろうと説く人びとがいた）[79]。一九二〇年代末から三〇年代初めにかけての不況のなかで、経済的要素が国際摩擦の潜在的要因としてふたたび強調されるようになった。たとえばイギリス外務省のサー・ヴィクター・ウェルズリーは、もし中国が日本との貿易を打ち切ったら、日本は「やむなく自国の生存のために戦うことになるだろう[80]」と考えていた。一九三〇年代の日本においても、政策立案にあたって主要な要件をなすものは、経済的自給自足のために必要な地域の確保であったし、西側はいろいろな問題に関して日本をけっして対等には扱わないだろうと主張していた者は、当時の日本製品に対する関税障壁や輸入割当制限のことを指摘した。(なかには、この国家的課題の解決策として地域的な「共栄圏」構想をあげ、その裏付けとしてドイツの学者カール・ハウスホーファーの「地政学的」概念を持ち出す者もいた[81])。もちろんマルクス主義者も、とくに帝国主義の発展に関するレーニンの分析以来、日本と西欧諸国が共に独占市場、原料の安定供給、安価な労働力を求めて狂奔している地域では、双方が将来敵対関係に立つことになるだろうと、彼らなりに経済的観点からの解釈をくだしていた[82]。

もちろんこのような議論に対し、当時異論がなかったわけではない。たとえば二十世紀初めごろ、日本が経済問題に直面していたにもかかわらず、利害関係の争いからアメリカと衝突することになるだろうという考えには否定的な論者が多かった[83]。一方、一九三〇年代のロンドンにおいても、根本的な問題は国際関係の経済的側面であるとするウェルズリーの考えよりも、むしろ経済問題はとくにイギリス対日本の関係に関するかぎり、政治的・戦略的協約のような「高度の政治問題」とは無関係だとする大蔵大臣ネヴィル・チェンバレンの見解のほうが代表的であった[84]。しかし、国家の存亡において避けることのできない(社会ダーウィン主義者によると、むしろ望ましい)戦争の役割と、そのような争いのなかの地政学的側面とを強調する理論のなかにも、協力よりも対立がつづいている経済の現実に注目する見方があらわれてくるようになった[85]。このような見方は、(宗教的、精神的信念と結びついて)特定の地域と、その地域が自国の社会の「運命」に果たす重大な役割とに関して、おおいに議論を呼ぶことになった。中国は、日本とアメリカの双方においてこのような関連のなかで論じられた[86]。

さらに、極東問題に巻きこまれた国家や社会の基本的な性格に関するさまざまな分析のなかでも、経済的な側面が時として前面に出てくるようになった。スカルノにとっては、オランダ支配に対するインドネシアの闘争も、東アジア全体を巻きこんだ戦いの一環として理解されることによって初めて最後の勝利に到達できるものであった。彼は一九二八年に次のように書いた。「ヨーロッパのナショナリズムは侵略的性格を有し、自分一個の必要以外には関心を持たないナショナリズムであり、問題とするのは損得だけで、結局滅び去る運命にある商業的ナショナリズムである」[87]。同じような趣旨から（この場合、経済的な面は強調されてはいないが）、スカルノの同輩シャフリルのような論者や、一九三一～三三年危機当時のアメリカ国務長官スティムソンらは、国際的な規模の戦争をほとんど不可避にしているのは、とくに現在みられるように日本社会の根本的な性格であると信じていた。一九三二年のスティムソンの言葉によれば、日本とアメリカのような「まったく違った二つの文明」が、とくに中国の運命に関して正面衝突を避けることは「ほとんど不可能」なことだった[88]。

日本とアメリカのような「対照的な文明」というスティムソンの言葉は、スカルノの「ヨーロッパ人」に関する主張と同様、極東情勢がさらに別の角度から見られていることを示しており、そのなかでは、個々の国家や社会だけではなく人類が、それも厳密な人類学的用語からいえば粗雑で無意味な数多くのレッテルをはられて、互いに相対立する位置関係に置かれているのである[89]。たとえば「有色」「黄色」対「白色」、「ヨーロッパ」「西洋」対「アジア」「東洋」のように。イギリスの中国総税務司サー・フレデリック・メイズが、一九三九年の天津危機を、たんに日本対イギリスではなく、

「東洋対西洋――黄色人種対白色人種」間の対決とみたとき、[90]その見方は遠くローマ帝国やギリシアの都市国家の時代にまでさかのぼれるものだった。ヨーロッパでは、アジア人やアジア社会は本質的に劣っている――「後進的」「非文明的」――という見解が十九世紀にとくに顕著になった。ルネッサンスの息吹に目ざめ、十七世紀の科学革命とともに始まった永遠の進歩の大道を意気揚々と歩いてきた西洋は、活力と精神的啓蒙を二つながらに体現していた。東洋は、とくにマルクスが強調しているように、専制主義、反啓蒙主義、停滞を生んだ。もし東洋が飴と鞭で進歩の道に入ることができたとしても、その変化を計る尺度は、西欧的な思想や制度がどの程度取りいれられたかによるのであった。「中華の一時代よりヨーロッパの五〇年のほうが優れていた」のである。[91]

このような考えは、一九四〇〜四一年の極東危機の決定的段階にいたる年月のあいだに、ヨーロッパ人のあいだにもアメリカ人のあいだにもひろがっていた。(アシュリー・モンターギューは、『人種』はわれわれの時代の魔女であり悪魔払いの道具である。それは現代の神話、人間にとってもっとも危険な神話である」と書いている)。[92]イギリス政府は、中国でまだ治外法権を保持していた一九二九年に、「中国人民全体が、彼らの支配者以上に西欧の法的原理を理解し受けいれるべきである」と主張した。[93](もちろん中国における法典の整備は、西洋より何世紀も先行して行われていた)。[94]中国駐在のイギリス大使サー・アレキサンダー・カドガンは一九三〇年代の中ごろ、次のように論じた。「中国の問題は、中国人に問題があること――すくなくとも西欧の基準に合わないところがあることだ」。[95]人種的に見て、生まれつきヨーロッパ人のほうが優れているという考えは、東南アジアにおいても長いあいだイギリス、フランス、オランダの支配を根拠づけてきた。[96]人種的偏見の力がヨーロッパよりもはるかに強いアメリカでは、多くの白人の見解は、住民たちを「向上させ、文明化し、キリスト教化する」ことがフィリピンにおけるアメリカの任務だと公言したマッキンレー大統領の見解と同じであった。[97] 一九二〇年代、三〇年代のアメリカ政府内でも、東洋で白人の存在を維持し、「白人の責任」を担わなければならないという考えは珍しくなかったし、[98] 同じ考えからオーストラリア同様アメリカでも、アジア人の移民はずっと禁止すべきだと主張された。

しかし両大戦間には、人類を西欧人とアジア人に分類するという考えの周囲には、十九世紀を通じて西欧人のあいだで支配的だった自信と思いあがりをゆるがすような議論や予言があらわれた。一九一四〜一八年の破壊的なヨーロッパ大戦以前でも、ヨーロッパ大陸には、たとえばポール・ヴァレリーのように、[99] ヨーロッパ文明は理性と科学を無批判に信仰した結果、誤りを犯したと主張する人びとがいた。大戦の無駄な流血は、このような主張にいっそう大きく弾みをつけただけではなかった。(マルローは『西欧の誘惑』(*La Tentation de l'Occident*) のなかで次のように論じた。前世紀は神の死を見た、そして今、完全を目ざす楽天的なヨーロッパ人も死んだ、と)。ロマン・ロランのようにアジアに目を向け、そこにヨーロッパの『不安』を癒してくれる刺激と実例を見出そうとする人びともあらわれた。[100] そこには、一九四一〜四五年の戦争のあいだに、とくにパール・バックやその仲間の中国びいきの人びとによって広く一般に知られるようになった考え方があり、* その後、近代ヨーロッパ文明の意味を人類の歴史全体のなかで根本的に問い直すきっかけとなった。**

しかしながら、戦前、西欧人の自信を大きくゆるがせたのは、東洋崇拝の念ではなかった。それはむしろ白人の地位と彼らが今まで築いてきた文明とに対して、東方の地から重大な挑戦がしかけられてきたという大きな恐怖だった。ヴィクトリア朝後期の学者で実務家のチャールズ・ピアソンは次のように予言している。

中国人、インド人、ニグロ……このような人種と高等な白人種との比率は、今は二対一だが、一〇〇年もたてばそれが三対一になるだろう。その間彼らはヨーロッパの科学の力を借りて、自分たちの未開の世界を開発していく、そうなれば白人は彼らの競争の圧力に抵抗できなくなるだろう。白人はあらゆる中立国の市場から追い出され、自分たちだけの世界のなかに閉じこもらなければならなくなるだろう(101)……。

事実十九世紀末には、アメリカの海軍少将アルフレッド・マハンの描いたような東西両文明の決定的な衝突が、早くも頂点に達すると予想する者も出てきた(102)。有名な「黄禍」論を唱えたドイツ皇帝ウィルヘルム二世やイギリスのイーシャー伯爵、フランス社会主義の指導者ジャン・ジョレスなど、政治的立場を異にする人たちが一様に、東洋の人民は一体となって立ちあがるだろうと信じていた(103)。

このような見通しは、一九一七年のロシア革命によっていっそう鋭く切実なものとなってきた。アンリ・マシスらの主張によれば、この革命は、ロシアが二世紀にわたり強引なヨーロッパ化を進めたあげくその起源であるアジアの原始に帰り、いっこう煮えきらず面倒なだけの新しい西洋的なものに対して、アジア的なもののすべてが暴力による攻撃に訴えたものであった(104)。レーニン自身も「数億の被搾取勤労住民を擁する全東洋」の巨大な革命的潜在力を強調していた(105)。イギリスのマルクス主義者

＊ 二四三ページ以下参照。
＊＊ 四三一～三三一ページ参照。

で社会民主連盟の創立者であるH・M・ハインドマンも、第一次世界大戦中に、世界は「東洋の真髄と西洋の真髄を崇高な運動のなかで結びつける」必要があると詳細に説いた。かれはその著『アジアの目覚め』（*The Awakening of Asia*）のなかで、「極東に対する白人の影響は……まったくといってよいほど有害であった」と結論づけると同時に、西側は「アジア人のためのアジア」の原則をただちに実践のうえで承認すべきであると警告した。さらに彼の展開した予測は正しかった。それは、「好戦的な日本」は中国の搾取に熱中してはいるが、「西欧に対するアジアのチャンピオン」たる地位を自ら固めつつあり、多くのアジア人が日本人そのものをいかに嫌っているとしても、西欧に対する憎悪と復讐の戦いでは、その大部分が日本人を支持するだろうというのである(106)。

一九三八年、イギリス外相アンソニー・イーデンが、「極東における白色人種の権威を断固として主張」すべきだと説いていたとき(107)、ハインドマンの警告はますますその重みを増していった。二十世紀の初め、インドの詩人で神秘主義者のラビーンドラナート・タゴールを困惑させた日本の社会や政策の侵略的な性格が、一部の目にはいっそう明らかになってきたとしても、タゴール自身も明言しているように、日本が西欧に対するアジアのルネッサンスのなかで特別な役割を果たす可能性は増大していった(108)。たとえば一九三〇年代のボースやスカルノの主張によれば、日本はすでにボースのいわゆる「極東における白人の威信をゆるがし、西欧諸国を守勢に立たせ」、スカルノのいう「最大……の問題、アジア対西欧」の対決の機が熟しつつあった(109)。シャフリルは一九三七年、遺憾の意をこめて次のように書いた。「私の知るかぎり、わが国の全イスラム教徒はいまや、親日的で……日本人の力をかたく信じている(110)」。

アジアのさまざまな社会の人びとのこのような期待感を強めたのは、一九一四年から一八年にかけて西欧諸国のあいだに繰りひろげられた、相互殺戮の光景だった。それは、当時のタゴールの言葉のように、西欧の物質主義にひそむ自己破壊の本質を余すところなく暴露したものだった[111]。しかしながらそれ以前でも、一九〇四〜〇五年の白人国家ロシアに対する日本の勝利は、インド、中国、ヴェトナムの民族主義者からは、至上の西欧も結局無敵ではない証拠として、さらに、「黄色人種再生」がいまや夢ではない証拠として歓呼して迎えられた*[112]。実際、孫文のような中国の民族主義者も、一時は、日本に対し援助と助言を期待していたのであった[113]。

しかし、「アジア」が「西欧」に対し自己を主張しなければならないと確信するについては、日本に対する信頼が絶対必要だった、ということではもちろんなかった。緊急の国民的課題は隣国の侵略者・日本との闘争であるとする中国人の場合も、国民党支持者、共産党支持者を問わず、世界政治を「黄色」もしくは「有色」対「白色」の関係で見てきたのであった。たとえば中国のマルクス主義者(中国共産党の発展によりコミンテルン内部でスターリン的ヨーロッパ中心主義に反対する勢力が強まった)[114]の一人、李大釗《りたいしょう》ははっきりと、階級闘争は全世界的関係からみれば人種闘争の形態をとってきたと主張した[115]。蔣介石総統とその妻もまた、インドの民族主義指導者にあてた手紙のなかで、このアジアの二国民の共通の特質と世界で共に果たすべき偉大な役割を強調した[116]。一方ネルーも、一九三

＊ だが不安は残った。たとえば小寺謙吉はその著『大亜細亜主義論』(一九一六年)の序文で次のように述べている。「奇なる哉。亜細亜を統馭若しくは圧倒したる欧羅巴に、已に黄禍論の囂(かまびすし)くして、白色人種に征服又は、威嚇されつゝある有色人種間に、未だ白禍を叫ぶ者の寡(すくな)きをや。而も黄禍は魘夢(えんむ)に過ぎずして、白禍は事実なり」。K. Miwa, 'Japanese Policies and Concepts for a Regional Order in Asia, 1938-1940', Institute of International Relations research paper, Sophia University, Tokyo, 1983.

九年、「インドの東」にあるものを見て「われわれの文化がいかに混じりあっているか、われわれのあいだにはいかに多くの共通するものが存在するかを強く感じた」と書いている。[117] 一九二〇年代のアメリカで、その率直な意見によって広く国外にも知られるようになったジャマイカ出身の黒人、マーカス・ガーヴィーにとっても、非白色人種の人種的誇りの回復は、全植民地の被圧迫人民の手による自由獲得の過程のなかで本質的な局面をなすものであった。[118]

一方日本人の場合は、一八五〇年代にペリー提督率いるアメリカの「黒船」のかたちで、突如、強力で執拗な西欧が新しく姿をあらわし、次いで一八六八年には明治維新を迎え、それ以来というもの、彼らのあいだでは世界情勢のなかにおける自国の主体的位置や役割の問題について、暗中摸索のまま激しい議論が渦巻いた。[119] アジアの一部なのか、それとも、アジア大陸の端に位置しているだけで、本質は西欧化したよそ者なのか。一八八〇年代の日本の外務大臣の一人は次のように主張した。「われわれの為すべきことは、わが帝国と国民を変え、帝国をヨーロッパの国々のように、国民をヨーロッパの国民のようにすることだ」。[120] しかし当初からそれは、広く支持を得ていた考えではなかった。もちろん一八九〇年代の山縣有朋のように「白色人種と有色人種とのあいだの、世界にまたがる人種闘争」のことを考えていたのはごく少数にすぎなかった。しかしながらある学者の言によれば、明治時代の民族主義者はすべて、全アジアを率いて白人支配反対に立ちあがることが日本の「使命」だと、「繰り返し、この理想を説い」ていたという。[121] 一九二〇年代、さらに一九三〇年代の右寄りの時代風潮のなかで「超愛国主義者たち」は、東と西との対決は避けられないと叫びつづけた。日本の指導のもとに東洋に一つの「共栄圏」を建設するという考えと結びつけて、それを説く者もあらわれた。[122]

このような意見や予言をここにあげたのは、それらがいつも政策形成に決定的な意味をもったからということではない。また、一九三一年の満州事変から一九四〇～四一年の西欧との対決にいたるあいだでも、日本には、東アジアに、さらにそれを越えて新秩序建設の使命があるのだという信念が、東京でのすべての論議のよりどころになったということではなかった。それはちょうどインドネシアの一般民衆が、その日その日の政治的態度をスカルノが描いた世界政治像にしたがって決めたわけではなかったのと同様である。一九四一～四五年戦争の起源は、たんに経済的性格だけのものではなかったし、また人種的性格だけのものでもなかった。だが以下に見るように、戦争が始まろうとしていたとき、当時の人びとの信念や希望、不安、当局による説明のなかには、一九四一年のずっと以前からいわれてきた議論、とくに人種問題に関係のある議論が、しばしば繰り返されていたのである。

超大国アメリカの登場

これまで極東における国際関係に関してそれをめぐる考え方、意見、見通しのいくつかを、戦争勃発直前の時期だけではなく、さらに以前にさかのぼって取りあげてきた[123]。ここでも強調しておかなければならないが、本研究の焦点のおきどころからして、以下についても、概観にせよ、満州事変あるいは日英同盟にまでさかのぼってみることはしない。まして、国際情勢に関するアメリカの政治的な態度や考え方はどのようにして形成されてきたかとか、日本の場合はどうかといった、一八五〇年代の日本と西洋の出会いよりかなり以前にさかのぼって研究しなければならないような問題は、ここでは取りあげない。以下では、まず個々の国家についてその特徴や傾向をいくつかとり出し、ついでそれを国際的な全体の枠組のなかで見ていくこととする。

日本では、近隣の島々やアジア大陸の各地域を、防衛のためにまず勢力圏におさめ、ただちに併合はできないにしても、順次開発し支配していかなければならないとする考え方が根強かった。* （中国に関しては、中国自身から中国を救い出すことが日本の特別な「使命」だとする考えを説く者もいた）。一方、西欧諸国に対しては、さまざまな態度が複雑にからまりあうなかで、一八五〇年代以後、「尊王攘夷」（天皇を尊び、外敵を撃ち払え）のスローガンに要約される一つの傾向がはっきりと見られるようになった。また日本の利害と行動は、ただ日本独自の価値観念と選ばれた国としての独自の立場から判断すべきだとする堅い信念と並んで、目的達成のためにはすぐに武力に訴えるような傾向が強かった。そして日本特有の政治風土では、丸山眞男教授によれば、国際関係は、「こちらが相手を征服ないし併呑するか、相手にやられるか、問題ははじめから二者択一である」ことになり、長い鎖国状態のなかで国家の存在を超えた高次の規範のないまま、「力関係によって昨日までの消極的防衛の意義は、明日にはたちまち無制限の膨張主義に変化する」のであった。(124)

しかしながらこの点での日本の態度や行動について、一九四一～四五年戦争のあいだ、日本の敵対者に共通してみられたような要約の仕方をすることは、歴史を歪めることになるだろう。一八九四～九五年の中国（当時の日本の外務大臣の意見によれば「頑迷愚昧の一大保守国」(125)）との戦争、第一次世界大戦時の中国に対する圧迫と一九三〇年代の武力行使、朝鮮の征服、これらの事件は極東戦争の前史の研究のなかではかならず大きく取りあげられねばならないものである。しかしそれと同時に、次のことが想起されなければならない。すなわち日本は、二世紀以上に及ぶ「自らに課した鎖国状態」(126)を、事実上大砲の前に放棄せざるをえなかった。そして当時の大国による拡張主義的・帝国主義的『強権政治』のなかで繁栄の道を探ろうとしはじめたときに目にしたものは、第一次世界大戦が終わると同時に国際的な「競技規則」が根底から変わってしまったことだった。そしてこの変化は西欧の基準に基づくものであり、また国際経済秩序をその支配下に置き、イギリス海軍本部第一軍事委員が一九三四年に認めているように、「すでに世界の大半、すくなくともその最良の部分を手中に収め」、「他のものには手を出そうとさせない」国々の主張によるものであった。(127)

新しい国際道徳も、人種差別と白人国家の暗黙の優越意識をほとんど弱めはしなかったという日本人の主張は正しかった（たとえば日本は、人種平等の原則を国際連盟規約のなかにうたわせることができなかった）。西欧諸国は極東地域への自国からの輸出については「門戸開放」を要求しても、他地域への日本の輸出に対しては締め出し策を廃止しようとはしなかった、と日本人は主張した。さらにワシントンやロンドンは、パナマ運河やスエズ運河のような地域は自国の国益の死命を制するものだから、ずっとその支配下におかなければならないと主張しながら、東京が同じような見解や政策（とくに満州について）をとる権利を認めようとはしないともいうのである。日本は十九世紀の終わりに国際条約のかたちで、西洋諸国から表向きは「文明」国としての地位を認められた。そして日本人自身としても、朝鮮併合にあたっての弁明のように、自ら「世界はすべての国が同一水準の文明に達したときに初めて平和を享受できる。文明の低い国の存在は許されない」と宣言した。しかしその後、朝鮮の人びとと同様、彼らもまた白人支配の世界では、『文明』をはかる伸縮自在の尺度のために、永久に低『文明』国の手には届かない平等に向かって、シシュフォスのように働く運命にあることを悟らざるをえなかった。(128)

＊「日本の見方によれば、新しく領土を獲得すると、それはそれでまた隣接地域を緩衝地帯として支配することが必要だった。国益を拡張して再定義したため、帝国の周辺地域は日本をたえず戦略問題のなかに巻きこみ、日本の国内政治をゆがめ、国際関係を傷つけた」。Myers and Peattie, *The Japanese Colonial Empire*, 9.

第一次世界大戦後に宣言された新国際体制は、極東に関しては、一九〇二年以来の日英同盟に終止符をうった一九二一〜二二年のワシントン会議に象徴されている。しかしながらここでも間もなく、会議の中心課題であった中国に対する列強間の協力の原則は、中国との単独交渉を行ったほうがアメリカの利益になると思われる場合に、アメリカ政府によって無視されるようになった。ついで日本の中国に対する直接行動の軍事的・侵略的な面があらわになってきたが、中国における国際関係を秩序ある枠組みのもとに置こうとする望みを打ち砕こうとしたのは、けっして日本だけではなかった[129]。一九三〇年代の日本について入江教授は次のように書いている。「軍部、民族主義者のグループ、大部分の知識人、この三者を結びつけたものは、一九二〇年代は国際協力によって平和的な拡張をはかろうとしても無駄な時代だったという共通の認識である[130]」。

ワシントン会議の結果、たとえ中国に対して国際的な協力行動がとられたとしても、東アジアにおける強国としての潜在的な重要性にもかかわらず、ソヴィエト連邦はそのなかには含まれなかったであろう。とりわけ会議が、中国における外国人の治外法権を撤廃できなかったことからも明らかなように、中国は主権国家として対等には取り扱われなかったであろう。中国では一九一二年の清朝打倒後も、有能にして強力な中央政府の樹立にはいたらず、一九二〇年代末、南京に蔣介石政権が成立してからも、広大な地域が軍閥、共産党、国民党内部の反対派の支配下に置かれたままであった。したがって、中国の運命を最終的に決定するのは他国であり、中国は国際政治行動の主体というよりもむしろその対象であるという見解が、両大戦間もとられていたのは無理からぬことだった。

しかし中国人から見れば、とくに一九一九年の五・四運動に象徴される中国民族主義の立場からすれば、議論は当然違ったものになるだろうし、事実しばしば、次のような主張が展開された。すなわち中国に有能な中央政府が存在しないということは、他国の干渉を正当化するものではない、この状態そのものは、中国の分裂が永続することを自国の利益とする外国が作り出したものなのだというのである。さらに中国人はすべて西欧の法律原則を受け入れるべきだという前述のイギリスの要求にしろ、また中国を新しい時代へと「導く」(一方ではそのなかから利益を得る)のが自分たちの「使命」だとするアメリカ人や日本人の主張にしろ、このようなかたちの文化的帝国主義は、領土的帝国主義と対になったものだという中国人の認識は正しかった。(131)

しかしながら、外からの力は、極東戦争前の一世紀間、中国人民の圧倒的大多数の生活に実際上ほとんど何の影響も与えることはできなかった。それどころか外国人の勢力が強い港湾地域においても、両大戦間の時期には、とくに外国製品の排斥運動については中国側の動きに対して、各国はしばしば受け身にまわらざるをえなかった。一九三三年から三七年にかけて占領地域を満州から華北の地に広げていった意気盛んな日本軍隊でも、その政治的計画に対する民衆の抵抗の根強さを知って、蘆溝橋事件によって全面的な懲罰戦争の口実が得られるまでは、同地域から兵力を撤収することを考慮せざるをえないような状態であった。要するに、一九四一～四五年戦争が中国支配をめぐる日本対アメリカの争いの一面をもっていたにしても、それは幻想の戦いにすぎなかった。中国の運命は、あくまで中国人民自身の手にあった。そしてこの戦争の動きのなかには、一つには一八六〇年代以来、国際舞台における主役の一人としての地位を求めて登場してきた日本の姿があるとすれば、もう一つのそれは今から見れば明らかなように、一九五〇年の朝鮮戦争に対する人民中国の断固たる介入に示されているような中国の地位の急速な変化だった。

さらに、とくに一九四一～四五年戦争との関係でより重要な意味をもつ国際情勢の動きは、国際関係のあらゆる面に深いかかわりをもつ、超大国としてのアメリカの登場である。これまで見てきたとおり、真珠湾攻撃以前においても、世界政治の面にあらわれたこの大きな変化は、すでに当時の多くの人びとが知るところであった。第一次世界大戦中のアメリカの役割、その後における主要な債権国としての地位、アメリカ経済の規模、潜在力、影響力の大きさ、一九二〇年代、三〇年代の軍縮問題との関係におけるアメリカ海軍力の重要性、これらはいずれも三〇年以上にわたって超大国への道を目ざすものであった。両大戦間の「孤立主義」的態度や政策にしても、アメリカ自身がその気になりさえすれば、自ら決定的な役割を担いうることを強調するものであった。

だが極東自体に関しては、一九四一年の戦争以前の諸事件は、アメリカがより深く介入してきたことを示すものではけっしてなかった。一八九八年にフィリピンが領有され、中国に対して熱心な宣教師やそこに潜在的大市場を見た実業家もいたが、実際には極東でのアメリカの利害関係は限られたものだったし、関心を示すアメリカ人もさほど多くはなかった。政治家たちがとくに中国の繁栄について辞句を連ねて論じることはあっても、そのような共感の言葉に実質的内容を盛りこむために、アメリカ国家としてアジア大陸のことに犠牲を払ったり、かかわり合いをもとうとする意図はまったくなかった。一九三七年、中国の都市に対する日本の野蛮な攻撃によってアメリカ人のあいだに多くの犠牲者を出し、大きな同情を呼んだあとでも、アメリカの企業は日本に重要な戦略物資を供給しつづけた。アメリカの産業界は概して、中国の将来に賭けることにはあまり乗り気ではなかった。イギリス、オランダ、日本などの競争相手と比べて、極東全体に対するアメリカの投資額は少なかった。一九三四年の決定では、フィリピンに対して独立が与えられるのは一二年後のことだった(132)。

アメリカは東アジアの強国ではなかった。ヘンリー・スティムソンのようなアメリカ的価値観の伝道者が、極東は「われわれの世界」だと宣言しても、フィリピンのアメリカ海軍基地とサンフランシスコとでは、約七〇〇〇海里もへだたっているのである。この単純な地理的事実から生まれる一つの結論は、ワシントン会議によって西太平洋における日本の優位が事実上認められた以上、フィリピンを基地とする対日封鎖を基本とするようなアメリカ海軍の対日作戦計画は非現実的だということだった。[133]同様に非現実的であるのは、そして場合によってはいっそう危険であると思われるのは、極東におけるアメリカの存在と政策、とくに中国におけるそれは、他の西欧諸国とは違った立場にアメリカをおくものだとするアメリカ人一般に見られる信念だった。アメリカの動機は私心がなく、行動は進歩的だから、ヨーロッパ人には敵対的な態度をとるアジアの民族主義者もアメリカの存在を受け入れ、太平洋の彼方に対し心から指導と示唆をあおぎ求めるだろうというこの考えは、のちにヴェトナム戦争によってはじめて大きくゆらぐことになる。このような信念は、十九世紀のアメリカ人が自分たちの社会の本質とヨーロッパの腐敗した社会の本質とを比較対照したうえで得た確信から生まれたものであるが、それはまた、フェアバンク教授のいわゆる「歴史の偶然」によっていっそう強められることになった。すなわち「われわれアメリカ人は、ヨーロッパの侵略の結果である東アジアでの条約上の特権を、自ら侵略行為を犯す場合に感じる良心の負い目なしに享受できた。それはわれわれの態度を独りよがりのものにした……われわれの態度は自己欺瞞のうえに築かれ、それが現在までつづいてきた……[134]」のである。

アメリカは両大戦のあいだに、太平洋における支配的な国家としての力をたくわえた。しかし東アジアの強国たるためには、代理人によるほかはなかった。その地における代弁者、被後見人が必要だった。それはたんにアメリカのために物質的利益の増大を図るだけではなく、「アメリカ的生活様式」

を指導原理として受け入れ、その社会組織と社会的価値は至高かつ普遍的なものだというアメリカ人の確信を支えてくれるものでなければならなかった。さしあたりこの役を振りあてられたのは中国だった。そして極東戦争が終わったとき、日本がそのかわりをある程度まで務めることになった。

アメリカは東アジアの強国ではなかった。一方、ロシア＝ソヴィエト連邦は、十七世紀から十九世紀にかけての太平洋を目ざしての東進策の結果、西欧諸国に張り合って「不平等条約」を中国に押しつけた。一九〇四～〇五年の日本との戦争における敗北も、つづく日本との協約も、東洋への進出、とくに、一部氷結するウラジオストックの南に不凍港をえたいという彼らの要求を放棄させることはなかった。外蒙古や満州に関する帝政ロシアの計画は、一九一七年にボルシェヴィキが権力を握ったのちも、中国の民族主義運動に対する支持の表明や、二七年までつづいた国民政府との提携にもかかわらず、姿を消すことはなかった[135]。二九年に中国側がソヴィエトの管理下にある東支鉄道を接収しようとしたときも、それを武力で押し戻した。一九三〇年代の初め、日本の満州進出にあたってモスクワは、東京の傀儡である満州政府に東支鉄道を売り渡したが、一九三八、三九年の満州、朝鮮、沿海州の国境地帯における赤軍と日本軍との衝突は、ソヴィエト軍の勝利に終わり、同地域におけるソヴィエト連邦の潜在力の強さをあらためて印象づけた。一九四一年四月に両国間に締結された中立条約の重要性が東京の一部で強調されたことが、それをはっきりと示している[136]。

しかしながら一九四一年の夏以後、モスクワの極東に対する影響力は、西からのドイツの猛攻撃によって当分大きく制限されることになった。間接的ながらドイツは、真珠湾攻撃前夜の極東の国際政治の舞台で重要な役割を演ずることになったのである。だがそれ以前においてもドイツは、第一次世界大戦後、極東の植民地を取りあげられたにもかかわらず、東アジアで経済的・軍事的・政治的に深くかかわってきた。そして長い内部論争のあげく、一九三七～三八年の決定によってナチスの政策の焦点が中国から日本に向けられることになり[137]、その結果、日本の軍部や政界のなかで民主主義諸国に対抗してドイツと手を結びたいと考えていたグループを力づけ、一九四〇年の三国同盟締結となったのである。その後東京は、ドイツ側からソヴィエト攻撃を強く迫られたにもかかわらず、あくまで独自の戦略行動をとりつづけた。しかし一方では、一九三九～四一年のドイツの勝利は、西欧に対する攻撃開始の時期について、日本の政策当局者の判断に重要な役割を演ずることになった[138]。

このドイツの勝利は、一方ではすでに述べたとおり、極東におけるフランスやオランダの植民地を危機にさらすことにもなった。今にして思えば、そしてさらにヨーロッパの国家体制がそれぞれどのような発展の方向をたどっていったかを考えてみれば、第二次世界大戦前においても、遠隔の地にある植民地がすでに宗主国にとっては負担となっていたことは明らかだった[139]。事実、フランスはインドシナを放棄すべきだという主張が、一九三〇年代初頭のパリで叫ばれていた。（ラウール・カストウ提督は、植民地を日本の手から防衛するという考えは「まったくの幻想」だと断言した）。だが、フランスは海外の植民地と固い絆で結ばれているのだという体質的ともいえる信条や、自国の国際的地位に関する抜きがたい現実感覚の欠如（巨大な常備軍や栄光ある伝統は、解体の淵にある政治的統合体の表面を飾る化粧板にすぎなかった）[140]を前にしては、そのような考えは敗北する以外になかった。

オランダの場合、東インド諸島のもつ大きな経済的潜在力は、かねてから植民地に自由を与えるべきだと主張してきた少数の声をはねつけるうえでのいっそう明確な理由となった。（よくいわれていたように、東インド諸島はオランダを浮かべてくれるコルクだった）。しかしながらここでもまた、現実感覚の欠如が見られた。東インド諸島やその他の小さな植民地の保持は、本質的にはヨーロッパの小国にすぎないオランダの地位を高めてくれるものだということが誤って広く信じられていた。同時に、フランスとは違って非常に安定しているオランダ社会は、特有の宗教的・政治的性格と相まって、人びとの意識を国際的な権力政治の乱闘からはなれた超然としたものにしていた。一九一四〜一八年の戦争に巻きこまれなかったことも、その一因だった。一九四〇年のドイツ侵入後も、亡命下にあるオランダの政策当局者たちは、祖国の喪失に対応していかなければならないだけではなく、彼らとしてはほとんど軽蔑の念を禁じえないような国際環境にも（場合によっては鈍い速度で）適応していかなければならなかった。(141)

極東の危機が最終局面に達するかなり以前から、そこでのフランス、オランダ両国の立場は、いずれにせよイギリスに大きく依存していることが明らかになってきた。一方、世界の強国としてのイギリスは、一八七〇年代以来衰退の途をたどり、すでに見てきたとおり、本質的には虚勢をはりつづけることによってその地位を保ってきた。そして一九三九年のヨーロッパ戦争勃発から日本の攻撃にいたるその間に、アメリカとの注目すべき防衛協力関係の基礎が築かれたのであった。しかしこの協力関係の性格は最初から、デイヴィッド・レイノルズの適切な表現によれば「競争的協力」であり、競争という点ではイギリスは、すでに全面的とはいえないまでも非常に不利な立場におかれていた。要するにイギリスが生きのびるためには、外務省の一高官が戦争の最終段階で述べたように、アメリカ依存への道を進まざるをえなかったのである。それは「必要な友好関係を保つためには、基本的には同意しがたい政策でも、アメリカの要求には従わざるをえない(142)」立場だった。

一九三〇年代には、極東ほどイギリス連邦の脆さが鋭くあらわれた地域はなかった。早くも一九〇二年に日本との同盟――インド防衛のための日本の援助も考慮して後日改定された――が必要だとされたのは、要するにイギリスだけの力では極東においては十分でないと考えられたからだった。日本の海軍力――ヨーロッパのはるか彼方に位置していて、英本土近海にあるイギリス海軍の抑止力が及ばない潜在的な敵――増大がイギリスに及ぼす革命的な戦略的影響は、両大戦間にシンガポールの海軍基地建設をゆっくりと進めていくだけでは根本的には変わらなかった[143]。アメリカ海軍の太平洋横断作戦計画「オレンジ」のように、主力艦の一部をシンガポールに急派しさえすれば、（日本がすでに十分留意していたように、洋上飛行が発達すれば主力艦の脆さは明らかであったにもかかわらず[144]）マレー半島の安全のみならず、オーストラリアおよびニュージーランドの安全も十分確保できるというイギリス海軍の考えは、一九三〇年代の後半、ドイツやイタリアの脅威が増大してきたときにはすでに空しいものになっていた。

スエズ以東のイギリスの弱さに気づいていたのは、イギリス国内では政府関係者のなかでもごく少数にすぎなかった。（一九三七年、イギリス外務省員の一人は次のような尊大な言葉を吐いた。「日本がアジア問題で指導的立場にあくまでも固執しようとするならば、アジアの国としてはわれわれのほうが日本よりはるかに強大だと教えてやればよいのだ[145]」）。経済の分野においても、第一次世界大戦後の極東におけるイギリスの業績悪化は激しく、*三〇年代初期、この問題調査のためにイギリス政府か

＊　一九一三年から三一年のあいだに中国の輸入総量は一三パーセント上昇したが、この間、イギリスの対中国輸出量は三分の一減少した。イギリスの対インド輸出は一九一四年の一一億七五〇〇万ルピーから三七年には四億八〇〇〇万ルピーに減少し、両国の貿易収支はインドの輸出超過となった。インドの織物輸入に占める日本の割合は一九二八年から三三年のあいだに一八・四パーセントから四七・三パーセントに上昇し、三四年には、日本はイギリスにかわってオーストラリアの最大の繊維製品供給者となった。

ら派遣された視察団の報告では、このままつづけば「本国は破産するか大損失」をこうむるだろうというのであった[146]。さらにそれほど目にはつかなかったが、極東戦争以前からすでにイギリスの地位をゆるがせていた問題があった。それはオーストラリアとの関係である。オーストラリアでは、国家としての独立意識と並んで、母国の利益とはかならずしも一致するとはかぎらない独自の利益を追求していこうとする傾向が強まってきていた。傲慢なイギリスの官僚や役人たちの多くは意識さえしていなかったが、オーストラリアでは、イギリス連邦組織の本質そのものが、第二次世界大戦の開始とともに重要問題となってきた。(一九四一年五月、オーストラリア首相メンジーズはロンドンから帰ったのち、戦争諮問会議に次のように報告した。「チャーチルは、イギリスの各自治領がそれぞれ別個の自主的存在であるとは思っていない。それにイギリス帝国の中心から離れていればいるほど、彼の関心は低い」)。一九四〇~四一年には、北アフリカとギリシアのオーストラリア駐留軍に対する作戦指揮の問題が事態を悪化させた。いかにももっともらしい保証にもかかわらず、イギリスは日本の手からわれわれを十分守ってはくれないのではないかという疑いが、オーストラリア、ニュージーランドの両政府を不安がらせた。もっともこのために、とくにオーストラリアに関しては、孤立主義的態度が弱まったとか、オーストラリア自身の防衛支出が増大してきたということではなかった[147]。

イギリスのあまりにも広がりすぎた版図は、スエズ以東のイギリス領土にとって大きな問題だった。だがそれらの領土は、当時、国際舞台のうえでは独立した演技者ではなかったから、次章において個々の社会を考察する場合に取りあげることとする。しかしながらすでにスバス・チャンドラ・ボースのことに関連して見てきたとおり、極東戦争勃発前に植民地の民族主義者が直面していた国際的な問題にふれておくことは必要だろう。それは、宗主国が帝国主義国である以上、その敵に味方して自分たちの自由の要求を推し進めていくべきかどうかの問題である。インドにおいては、ボースと『ボンベイ・クロニクル』のそれぞれの態度は正反対だったし、ネルーの態度は曖昧模糊としていた。ビルマでは、アウン・サンとその同志はいち早く日本と運命を共にすることを決めていたが、マレーでは、中国系の人びとが中国本土の侵入者に対して激しい敵意を示すことは明らかだった。他の植民地においても態度は分かれていた。東インドでは、スカルノのような人物は日本軍を歓迎するだろうし、シャフリルのような人物は日本軍を帝国主義的侵略者として排斥するだろう。フィリピンには、ケソンがいかに美辞を連ねようと、ファシスト・スペインとの固い結びつきから見て、政治的主張のために日本と戦うなどとはとても思えない人びとと、島々を支配する勢力と手を結ぶことによってこれまでずっと社会における特権的地位を保持してきた人びとがいた。(148)

これら植民地の一部の人びとにとっては、さらにもう一つの国際的な問題があった。第一次世界大戦中からそれ以後にかけての国際政治の動きは、その後の個々人の行動の実践上・道徳上の指針に関して全般的な疑問をいだかせることになった。たとえばインドのネルーやフィリピンのケソンは、一九三八〜三九年のドイツによるチェコスロバキア併合を目にして、中小国家が軍事力をもつことは、大国からうさんくさい目で見られるだけにすぎないと考えた。ネルーのいうように、「彼らと同じ強さの兵力でなければ、役には立たない」かった。ケソンは、マッカーサー将軍がフィリピン軍建設のために一九三〇年代に実施したすべての策に大きな疑問をいだき、ひそかに次のようにいった。「もし大国が小国を征服することに決めたら、費用をかけて訓練の行き届いた軍隊をつくっても、一体それが何の役に立つというのか?」。(149) 一方、ガンディーは、ずっと非暴力の教えを説いてきた。そして一九四〇年には、ドイツ侵入を目前に予想していたイギリス人に対しても非暴力を説いた。(彼は、「神は私に十分な力を与えてくれたのだから……私は今ここでイギリスの人びとに要求する、武器を捨て、従属する者たちすべてを解放し、『小英国主義者』と呼ばれることに誇りを見出し、世界のすべての全体主義者たちが悪を行うのを軽蔑してかかることを。イギリス人は、無抵抗のまま死に、非暴力の英雄として……この神々しい殉教のなかに倒れるのだ」と書いた[150]。これらの考えも、日本人が真に世界にまたがる戦いを起こすならば、より痛烈な試練にさらされるはずであった。

第一次大戦後の不協和と混乱

一九四一～四五年戦争前の約七〇年間に、極東の国際情勢のなかで、各国の位置や運命にそれぞれ重要な変化が見られた。とくにイギリスに見られるようなヨーロッパ帝国主義国家の相対的な衰退、近代国家としての日本の経済力、軍事力の急速な発展、大きな社会的・政治的変革の前夜にあった中国の胎動、間もなくその超大国としての力が表にあらわれようとしていたソヴィエト連邦の極東における潜在的な重要性、国際政治のなかにアメリカを全面的に関与させようとしている相互依存度を強めてきた世界の様相、これらは、戦争そのものの過程の重要な背景をなすものであった。同時にこの相互依存度の増大は、アメリカが孤立主義的態度を貫くことを不可能にしたばかりか、個々の国の政策や運命を超えて国際的な広がりをもつ問題、たとえば人口の増大、民衆運動、市場と原料の確保等の問題をめぐっての緊張を高めてきた。アメリカのような広大な国でも、「異質な」文化的背景をもつ国からの移民に対しては、それが相対的には少数であっても脅威を感じていた。自分の領域内で膨大な工業資材が確保できるにしても、錫や生ゴムは東南アジアに依存しなければならなかった。(国務省の経済顧問は、東南アジア産のゴムの在庫を「アメリカの安全の指標」と見なしていた[151])。

両大戦間には、いくつかの面で、極東の国際情勢の動きに不協和と混乱がとくに顕著にみられた。たとえば、多くの問題が広範な事態の動きとますます密接に結びついてきているときに、政治家や政策当局者のあいだでは、各地域をそれぞれ切り離して考える傾向が強かった。また国際的な事件の経済的側面を、別個の第二義的なものとして扱う傾向が強かった。一方、経済的観点から見ると、とくに日本の場合、その目ざましい躍進は、政治的・領土的な活動の枠組みに即応していなかった。イギリスの場合もその力は極東との関係にうまく対応していなかった。アメリカにしても、極東における実際の利害は限られたもので、極東情勢の動きに主要な役割を果たすにも必要な経費を払うことには消極的だったし、地理的には離れている。したがっていくら中国について言葉を連ねても、それはこれらの事情には即応していなかった。誤った認識がはびこっていたのはワシントンだけではなかった[152]。ロンドン、パリ、ハーグの場合も同様だった。東京においても事情は同じだった。中国に関する認識も、さらに戦争によって西欧諸国から譲歩をかちとり、経済的自給自足と安全を得ることができるという、自己の力についての認識も同じように誤っていた。（全面的な勝利は期待されてはいなかったし、アメリカの「難攻不落の位置、優勢な工業力、豊富な資源」は、東京における意思決定の過程においてもはっきりと認識されていた。しかし、ワシントンとしては、ヨーロッパの戦争を目の前にし、困難と犠牲に耐えることのできない社会に足を引っぱられて、占領地域を死をもって守ろうとしている日本とは、結局妥協するだろうと東京側は確信していた[153]）。

極東問題の他の側面においてもまたちぐはぐな面が見られた。第一次世界大戦の終わりに日本が西欧諸国に加わって国際連盟規約に署名し、そのなかに謳われた国際行動の価値と規範に従うことを約束したにもかかわらず、一九三〇年代には、極東での日本の政治的態度と他の主要諸国のそれとのあいだの鋭い対立があらわになってきて、それが各国間の対話と協定の重大な障害となった。「帝国主義」の名で知られる現象に関しても、関係諸国の認識と見解は対立していた。たとえば大方の日本人にとっては、極東における西欧諸国の略奪的な帝国主義的存在と、日本がアジアの近隣地域を本質的には防衛のために領有するのとでは、両者ははっきりと区別すべきものであった。*(154) 同様に大部分のアメリカ人にとっても、帝国主義とは本質的にヨーロッパ人の行動であり、アメリカが北米大陸を横断し、ハワイやフィリピンにまで手を広げていくのとは同じ範疇に入れられるべきものではなかった。

一方、一九二一～二二年のワシントン会議の二大強国、アメリカとイギリスは、極東における国際秩序の急激な根本的改革は避けたいと望んでいたにもかかわらず、現状変革を望む日本、潜在的にはその力を有していた日本に対して、圧倒的に有利な戦略的地位を与える一連の協定に同意した。** このことに関してはさらにもう一つちぐはぐな面が見られる。両大戦間の時期は、イギリスとアメリカは、かたや斜陽の、かたや新生の国家だったにもかかわらず、極東問題、とくに対日本の問題に関しては基本的には利害が共通していた。しかし両者の協力は最小限にとどめられ、アメリカ側の反対と疑念（ある点では対抗意識）が一方の不信と憤激を呼んで、協力とは反対の方向に進んでいった。***

大西洋をはさんだ両国の関係がこのように緊張した理由については、部分的には、ヨーロッパの帝国主義国に対するアメリカの態度や、極東との関係におけるアメリカの自己像に関連してすでにふれてきたが、両大戦間の時期は——たとえば一九三一～三三年の危機のときのように(155)——イギリス、ア

＊　日本の植民地統治は、（ミクロネシアを除いては）幾多の点で西欧のそれとは明らかに違っていた。たとえば本土と植民地が近接していること、本土防衛の一翼を担っていること、支配者と被支配者とが人種的にも文化的にも似ていることなどである。金融的動機（他の経済的動機とくらべて）は強くはなかった。一方、とくに

朝鮮における工業化の促進は、西欧の植民地には見られないものだった。一九二〇年代までは日本の植民地統治者のなかには、（台湾や関東州での後藤新平のように）西欧、とくにイギリスの帝国主義にならおうとした人びともいた。しかしマリウス・ジャンセンのいうように、日本では帝国主義は「おそらく……国民の意識のなかで重要な位置を占めることはなかった。日本のキプリングはあらわれなかったし、日本の支配に関する神秘的な解釈もほとんどなかった。国民的な自己満足も比較的少なかった」。しかしながら皮肉にも、一九三〇年代に入って、新たに略奪的な西欧帝国主義とアジアの同胞に対する防衛的な支配との違いが強調されるようになってから、単一の経済圏形成の動きとともに、中国人や朝鮮人に対する日本人の人種的優越が大きく叫ばれるようになった。

日本の統治（西欧の植民地統治に比較すると膨大な数の役人がいた）のもとで、朝鮮、台湾、樺太では初等教育が普及し、健康状態は大きく改善された。しかし教育の狙いはただ従属民の養成におかれ、自治能力の育成というような考えはなかった。台湾では中国人住民は最初の抵抗ののち、本質的には従順な臣民となった。一方朝鮮では、教育の普及は、強い民族的一体感と日本の支配に対する憤りとを呼びおこしただけであった。一九一九年にこの憤りが爆発したとき、日本軍は無残にこれを弾圧し、帝国主義的役割をりっぱに演じた。

Myers and Peattie (ed.), *The Japanese Colonial Empire*; Cumings, *The Origins of the Korean War*, 12.

** 全世界にわたるイギリス海軍の関与と、太平洋、大西洋にまたがるアメリカ海軍の要求とが、軍事支出に対する両国民の反感と相まって、このような事態を生むことになった。ワシントン条約での日本の利点は、日本に割り当てられた主力艦トン数のみならず、各国の現有あるいは潜在的海軍基地の要塞化が凍結されたことにあった。一九三五～三六年のロンドン海軍軍縮会議での日本の脱退は、エチオピアとラインラントの危機の時期だけに、とくにイギリスにとっては不快なものだった。

*** 十九世紀末以来のイギリス、アメリカ両国間の関係に見られるこのような特徴についての最近の研究としては、D. C. Watt, *Succeeding John Bull: America in Britain's Place, 1900-1975* (Cambridge, 1984). 第二次世界大戦中に顕著にあらわれたアメリカ的考え方の徴候が第一次世界大戦中にあらわれた例としては、Woodrow Wilson to Colonel House in July 1917.「イギリスやフランスは、平和に関しわれわれと同じ考えはけっしてもっていない。戦争が終われば、彼らをわれわれの考え方に引き入れることができるだろう。そのときには彼らは、とくに経済の点でわれわれの意のままになるだろうから」。Quoted in ibid., 32.

メリカ間の関係はともすればきしみがちだった。それは、国際連盟規約やケロッグ・ブリアン不戦条約の時代であるからには、国際行動の開明的な基準にそった政策を国民に示す必要があるという認識がもとになっていた。国家の行動が規範に則していないとみられるときは、国際的にも国内的にも批判を免れないような時代であるだけに、国際政治の本質そのものに内在する利己的要求は、(イギリス、アメリカの両政府とも、この要求にそって極東問題に対処した点では同じなのだが)両国間の意思疎通と理解をいっそう難しくしたのである。

だが、ワシントンやロンドンの政治家や役人たちのすべてが、国際間に認められた行動基準を内心無視していたとか、あるいはたんに当面の利己的要求に無遠慮に従ってばかりいたということではなかった。そのように考え、主張した者もなるほどいるにはいた。だが当時は、国際関係の処理をめぐっての不安と混乱がはなはだしかった。たとえば一九三一～三三年の危機には、アメリカ国務長官ヘンリー・スティムソンも、その力強い声明にもかかわらず日記のなかで告白しているように、「心も態度も騒がしくゆれ」ていた。彼は部下たちに次のように尋ねている。

攻勢防御論は失敗だったのか？　ケロッグ・ブリアン不戦条約は人間の性質を変えたから、必要なのは現在の領土の防衛だけということなのか？……青年時代には絶対だったことも、その多くを捨てざるをえないようになった。新しい秩序についてもはっきりした確信がもてなくなった。(156)

あるいはまた、イギリスのさきの保守党内閣の首相、ついで連立内閣の有力閣僚だったスタンリー・ボールドウィンをあげることができよう。彼は軍縮政策に賛成しながらも、満州問題については日本に対し国際連盟規約に従った処置をとれば武力衝突が起こるかもしれないと恐れ、しかも内心では、同盟と軍備の「古い外交」が一九一四〜一八年の大戦を引きおこしたのだと思っていた。これは「恐ろしいジレンマ」だと彼は友人にあてた手紙に書いている。[157]国際連盟に具体化された新しい国際間の道徳を無条件に支持しているように思われたセシル卿のような人でも、国際的な無秩序状態に陥るのを防ぐには戦争以外にないような場合には、いいのがれも例外を認めることもやむをえないとしていた。[158]

したがって当時の根本的な問題の多くは、国家間の武力衝突の原因、つまりは人間の基本的な性質や、さまざまな社会的・政治的組織の本質に関係していた。[159]とくに一九二九〜三一年の金融経済の崩壊の余波を受けて提起された問題は、その焦点が国際経済面に向けられていた。たとえば国際共同組織は、武力侵略のみならず経済侵略も規制すべきか、またそれは可能か、という問題である。（一九三一年アメリカは、この問題検討のための委員会に参加してほしいという国際連盟の要請を断った）。[160]一九四〇〜四一年に、イギリス政府やアメリカ政府の一部で主張していたように、国際経済秩序のためにまったく新しい基礎を見出す必要があったのではなかろうか？[161]

人類が世界全体にわたって調和のある生活を築くことができるかどうかに関して、このような抱負や議論、ジレンマが顕著にあらわれてきたのは、西欧の、とくにアングロサクソン系の民主主義国においてであった。第一次世界大戦の衝撃と、二度とこれを繰り返してはならないという気持ちは、とくにヨーロッパにおいて強かった。救済への道を示してくれるように思われたのは、西欧自由主義の考え方や原理だった。[162]しかしながらこのような不安や議論は、ヨーロッパとアメリカの政治家や民衆だけに限られたものではなかった。たとえば一九三〇年代初期に、フランスで安全保障に関する決定をめぐって意見の衝突が起こったのと同様[163]、東京でも一九三〇年のロンドン海軍軍縮条約の受諾や、二〇年代の日本の全般的な外交姿勢に関して、意見の衝突が起こった[164]。関東軍が、日本の安寧の問題に関する回答を満州での武力行使という形ではっきりと示したとき、国民からほとんど一斉にあがった歓声のなかには、一九四一年十二月と同じような安堵の念、ついにわかりやすい明確な道が示されたという安堵の念が潜んでいたように思われる。

さきに見たように他の面でもまた、国際組織（当時はこのような言葉は一般的ではなかった）の性質や活動をめぐってさまざまな考えが入り乱れていた。たとえば国家よりも人種のほうが基本的な単位ではないのか？　西欧的国際秩序へ新しく加入した者は、どのように「文明的」になれば、真に――形式だけではなく――平等な地位を与えられるようになるのか？　植民地の獲得や力の行使が、西欧の強国によって国際社会に対する犯罪だと見なされるのなら、それらの強国が過去の誤った行為によって得たものをずっと保持し、そこから利益を得ているのはどうしてか？（この最後の問題が強調されるようになったのは、東京の国際軍事裁判での一九四一～四五年戦争に関するインドの判事の主張からである[165]）という問題である。

第一次世界大戦後、国際関係の基本的な性格や基準に対する信頼の念がいかにゆらいでいたかは、第二次世界大戦後の時代に目を向ければ、いっそう明らかになってくるだろう。たとえば、軍備はたんに戦争を生むだけだと主張するどころか、逆に抑止論を説き、自ら核兵器の保持に乗り出したイギリス労働党政府の場合。同盟条約は第一次世界大戦のような大惨事を招くもとだとしていたのに、それを避けるどころか、世界中にそのような保障の輪を作るのに熱心なアメリカの場合。すでに見たように中小国が軍事力を保持することは無益かつ危険をはらむものだと説いていたにもかかわらず、パキスタン、ゴア、果ては中国に対してまで兵力を行使しようとしたネルーの場合。そして、武力を使用できるような能力はもつべきではないという提案をたまたま受け入れた大多数の日本人の場合である。

したがって一九四一～四五年戦争の分析にあたっては、それ以前の国際関係全体がいかに混乱していたかを考えなければならない。さらにこの混乱の主要因、すなわち国際組織そのものを巻きこんだ変化の速度、規模を背景において戦争を考えなければならない。このような背景とそれにつきまとう不安については、一九八〇年代に生きる研究者としては、自ら生きてきた時代が、その輪郭、動きや「競技規則」が一見安定した様相を見せていた一九五〇年代[166]から複雑混乱を極める情況へと動いてきた時代[167]であるだけに、その理解は容易だろう。極東の国際舞台に日本、ロシア、アメリカが登場した十九世紀の後半から極東戦争勃発にいたるまでの比較的短い期間に、古いヨーロッパの勢力均衡は、さきに述べたとおり、ドイツの台頭によって崩れた。そして一九四三年ごろには、ヨーロッパ体制は、ソヴィエト連邦とアメリカの二「超大国」が君臨する世界体制の一環に組みこまれつつあることがしだいに明らかとなってきた。

ジェームズ・ジョルの主張のように、「一九一四年以前の国際関係」を、外交的手腕で操る世界と見るか、平和と理想の達成のために自由主義的原理の適用を必要とする社会と見るか、それとも社会主義革命を待ち望む腐敗した資本主義の産物と見るか、「そのいずれの見方をとるにしても、第一次世界大戦とその結果はものの見方を根本的に変えてしまった。いくら人びとが古い考えを新しい経験に適用させようとしても、実践のうえでも理論のうえでも古い範疇を適用することはますます困難になってきた」のであった[168]。あるいは、「これまでの七八年間、カンボジアのように血なまぐさい場所のことは耳にしたこともなかった」と、一九五三年にチャーチルの口をついて出たこの言葉にも、現実への対応にいらだつ気持ちが読みとれる[169]。国家は戦略面からだけではなく経済の面からも、複雑な相互関係の網のなかに緊密に組みこまれるようになり、国民は仮借なく襲いかかってくる景気循環の波に洗われて、自分たちの福祉の保護をいっそう強く政府に迫るようになった。だが、政府の適応能力は著しく低下していた。科学技術分野の急速な発展は、このジレンマをいっそう悪化させた。科学技術が兵器に応用されると、それに対する高度の軍事的防衛手段を提供することはますます困難になっていく。(「爆撃機は、いつでも飛んで行ける」とボールドウィンは警告した)。つまり国際連盟のかたちで国際行動に関し一つの規範を設定しようとしたことは、ロバート・ギルピンのいわゆる「体制の変化」つまり「国家間の体制そのものの本質的変化」のため、自分たちの足もとで、また自分たちの作っている建物の下で急速に動いていく地盤のうえに、壮大な建物を建設するような結果をもたらすことにもなったのである。このような情況下では、国際社会全体が規範に従った行動をとることがいっそう必要とされるだろう。だが個々の国家としては、——四方八方割れ目が口を開けているなかで、なんとか体勢を崩すまいとして——その場その場の現実的な対応手段をとろうとしたのであった。

一方、民族主義運動と社会主義運動は、一つには西欧の自由主義の刺激を受け、一つにはロシア革命に影響されて、ヨーロッパの外の世界の古い秩序に攻撃の矢を向けた。一九三二年のフランス植民相の言葉のように、それは「間断なく押しよせる進歩の大波、ヨーロッパの動きにかきたてられた土着民族の反撃のエネルギー、その危険は……恐るべきもの」だった[170]。一九四一～四五年戦争も、明らかにこのような急激な大変動の時代に起こったものだった。両大戦間の時期にアルバート・サロールトの耳に聞こえてきた鈍い叫び（たとえば一九二七年、ブリュッセルで開かれた被圧迫民族会議で反帝国主義連盟が組織された）は、三〇年たたないうちに新国家の洪水となってあらわれた。それらは国際連合の一員となったばかりではなく、国際連合の進路までも当初の予測から大きく変えてしまった。一九二〇年代の末、国際連盟のアジアと非ヨーロッパの代表者たちは、ジュネーブを支配したヨーロッパ中心主義の危険について警告した。[171] 一九六〇年には、時代精神の反映は、植民地人民の独立付与に関する国連宣言となってあらわれた。[172] 一九七〇年代には、国際連合が国際連盟にならって基礎を置いた西欧的価値規範の多くが、いたるところで強い拒否にあい、真珠湾攻撃前夜の日本との関係にも内在していた問題の解決が、新しく火急の課題となってきた。それは複文化的世界のなかで相互依存関係にある国家間に、共存の基礎を見出さなければならないという問題だった。[173]

第3章　国内的情況

前章では一九四一〜四五年戦争前の極東における国際関係を取りあげたが、そのなかでも、必要に応じ国内情勢の影響についていくつかふれてきた。たとえば根底にある政治風土、経済状態、政治的対立などである。本章では、のちにこの国際的大事件に巻きこまれることになった各社会のなかのそのような様相を、広く比較検討してみることにしたい。

まず初めに、全般にわたる基本的な問題にふれておかなければならない。一つの研究のなかで国際、国内両面の動きを取りあげ、さらに数多くの社会について、そのなかの動きを相互に比較した場合、次のような疑問が生ずる。すなわち、各社会のあいだに、一つの対外政策に関するそれぞれの国内要因や一定の植民地関係、あるいは一つの国際紛争に対する各社会内の反響といった動きだけではなく、より深く、あるいはより長期にわたって直接関連のあるような動きが、はたして存在したのか、という問題である。

もちろんそれを肯定した者もいた。たとえば日本の「超国家主義者」の一人、北一輝は、一九二四年に次のように論じている。

国内における無産階級の闘争を認容しつつひとり国際的無産者の戦争を侵略主義なり軍国主義なりと考うる欧米社会主義者は根本思想の自己矛盾なり。国内の無産階級が組織的結合をなして……流血に訴へて不正義なる現状を打破することが彼等に主張せらるるならば国際的無産者たる日本が戦争開始に訴へて国際的劃定線の不正義をただすこともまた無条件に是認せらるべし。[1]

この問題に関しては、今まで人類学者、経済学者、政治哲学者らによってさまざまな議論が展開されてきた。たとえば、本国の社会構造と海外領土の双方に対する態度に焦点をあてた議論[2]や、まえがきのなかに引用した著書のなかでエリック・ウルフが述べているような、「現代世界の国際社会体制」の動きと、そのなかのすべての社会の動きとの相互関係に焦点をあてた議論などである。[3]

検討の対象となった時期における変化と連続の問題[4]およびこの点に関する当時の人びとの認識については、本章の終わりで総括的な見解を述べることにする。ここではさしあたって、西欧の植民地国家とその極東領土との関係のような、特有の歴史的発展がみられる領域について問題を明らかにしておきたい。このような帝国主義的関係の中心に経済的な動因が働いていたのかどうか、働いていたとすればどのようなものかという問題に関して、レーニン、ホブソンらはそれぞれの理論を展開した。*しかし、一九四一年以前の時期を特徴づける二つの相関連する動き、すなわち民族主義運動と「近代化」論（もちろんどちらも植民地だけに限定された問題ではない）を見るとき、その根本的な原因に関してさまざまな主張が展開されてきたことに留意する必要があるだろう。たとえばアーネスト・ゲルナー[5]によれば、この二つはともに、「工業化社会特有の構造的要求」から生まれたものだった。すなわち、教育と専門家集団に依拠する「高度」の文化が拡大していく過程に、彼のいわゆる「低い」文化、すなわち古いかたちをそのまま繰り返してきた文化が巻きこまれていく現代の広範な動き、これもまた近代民族主義の主因をなすものだというのである。人類が「工業化社会、生産体制が科学と技術の蓄積のうえに築かれている社会に身を委ね、もはやあと戻りができない」以上、民族主義は「高度の文化によって維持される、相互に代替可能な原子化された個人からなる匿名の非人格的な社会」の反映であり、結果であるにすぎない。したがってゲルナーによれば、当時のヨーロッパ帝国主義支配に対する闘争は、潜伏していた力の「目覚め」や植民地人民の自覚という観点からではなく、不均等な経済的・社会的発展、工業化や新しい社会組織形態の普及、「高度の文化に憧れ」、自分自身に適合した政治単位を望んでいる「低い文化」というような観点から見なければならないことになる。

もちろんこれは、この問題に関する数多くの認識や分析のなかの一つにすぎないが**、ゲルナーによれば、工業化の不均等な拡大から起こる政治上、経済上、教育上の不平等が人種的な不平等に結びつ

---

* 帝国主義の一般的動因の検討は本書の対象外であり、また必要な専門知識も筆者にはない。この分野での経済理論間の論議について簡単に概説したものとしては、A. Hodgart, *The Economics of European Imperialism* (London, 1977)、「低開発国の開発」という考えに関する論議については、R. von Albertini, *European Colonial Rule, 1880-1940 : the Impact of the West on India, Southeast Asia, and Africa* (trans. J. G. Williamson, Westport, Conn., 1982). 科学技術的側面については、D. R. Headrick, *The Tools of Empire : Technology and European Imperialism in the Nineteenth Century* (Oxford, 1981); R. F. Betts, *Uncertain Dimensions : Overseas Empires in the Twentieth Century* (forthcoming). 西欧帝国主義と日本帝国主義との動因の比較については、Myers and Peattie (ed.), *The Japanese Colonial Empire* のなかの関係論文、心理過程の考察については、Mannoni, *Prospero and Caliban : the Psychology of Colonization.*

くときには、民族問題が前面に出てくることになるのである。[6] 一方、教育の内容と方法が「高度」の文化の少数者から多数者への普及と密接に結びついていることを彼が強調しているのは、ある点ではベネディクト・アンダーソン[7]の見解と一致するものがあるだろう。すなわちアンダーソンの主張によれば、民族主義の焦点をなす「社会像」の設定にあたっては、彼のいわゆる「印刷された言葉」が主要な役割を果たし、東南アジアにおける民族主義の発展には、「教育のある青年」が決定的な役割を演じたのであった。ゲルナーの主張は、民族主義の研究者のなかでも歴史的『民族』、民族意識の自覚、あるいは民族主義運動のなかの政治的側面などに注目する人びとの認識とは非常に異なっている。[8] この点を追究していくとすれば現代の民族主義にはさまざまな種類があるのかという点の検討が必要となるだろう。[9] すなわち、社会の質的多様性（以下で考察するテーマ）は、次のような主張と結びつくものかどうかという問題である。それは現在の「高度」の文化に基礎を置く、いわゆる「西洋的」民族主義と、さまざまな集団から単一の民族を作り、「自分たちの創り出したものではない文明のなかで平等の地位を主張」できるように「文化的に再教育」する、そのためには社会的改造過程が必要だとする「東洋的」民族主義、この両者のあいだには大きな違いがあるという主張である。[10]

しかしながらここで意図するところは、民族主義の類型学を打ちたてることでもなければ、対象とした各社会の関係についての一般理論の検証というような大きな目的を目ざしたものでもない。この予備的考察の目的は、極東戦争に巻きこまれたという理由から多くの国家や社会をともに検討の対象とし、それらがすべて、なんらかのかたちで工業化の拡大・変遷の影響を受けていることに注目して、当時の国家や社会の境界を超えた共通の特徴や問題点を引き出そうとするためには、基本的な点で論議のある見方がそこに含まれてくることを、前もって明らかにしておくことである。このような問題を、自身でいっそう深く追究してみたいと思っている読者を励まし、本書のなかの主張や歴史的証拠が、その人たちの研究をいっそう実り豊かなものにしてくれることを期待したい。

西洋と東洋、民主主義と全体主義

世界に存在する各社会をいくつかの種類に分類してみることは、極東戦争前の時期に、専門家も一般の人びともともに興味をいだいた問題だった。すでに見たとおり、しばしば行われる区分は、「アジア」「東洋」人対、「ヨーロッパ」「西洋」人の区分だった。たとえばウェーバーは第一次世界大戦よりも前に、「西洋」人は「その文化のもつ独自の合理」主義によって、他の人種とは区別されると論じた。[11] 一九三一年、シカゴ大学のロバート・パークは次のように主張した。「東洋と西洋の違いでよく知られたことの一つは、この世界の二大文化（culture）の、変化に対する態度の著しい相違で

** 二、三の関連研究をあげるだけで十分だろう。一つの文化の多面的性格とそれらのあいだの変化の違いに力点をおいたものとして、W. F. Ogburn, 'Cultural Lag as Theory', in his *On Cultural and Social Change* (Chicago, 1964).「相互依存の力が……制度習慣のみならず、人間の外的構造までも変化させる」という、ある面では似たような見解として、N. Elias, *The Civilizing Process, Vol. 2: State Formation and Civilization* (trans. E. Jephcott, Oxford, 1982), 232, 320 and passim.「高度」の文化と「低い」文化ではなく、「観念的」文化と「感覚的」文化（前者が重要視するのは価値、普遍的原理、集団であり、後者はより個人的、具体的、世俗的である）の区別を立て、衝突の本質について結論づけようと試みているものとして、P. A. Sorokin, *Social and Cultural Dynamics: Vol. 3: Fluctuations of Social Relationships, War and Revolution* (New York, 1937), 132-3, 373. 一部重複するが、植民地主義と民族主義問題に関する研究として、P. Mason, *Patterns of Dominance* (Oxford, 1979). 衝突の人種的側面により力点をおいた最近の研究として、A. D. Smith, *The Ethnic Revival* (Cambridge, 1981).

ある。西洋人に特徴的な考えや信念や習慣の多くは、変化というものと密接に結びついている」。またそれより前の一九二六年には次のように論じている。「外面的、国際的な面にあらわれた東洋対西洋の争いは、一面では内面的、道徳的な性格を帯びている*[12]」。

ヨーロッパ、アジアを問わずこの基本区分をとる人びとのなかには、自分たちとは異質な社会だと思われるものをけなす人もいればそれに憧れる人もいた。たとえばアジアでは、スカルノのような人もいればシャフリル[13]（彼は、「東洋が……従属から解放されるには西洋の力を利用する以外にない」と主張した）のような人もいたし、西洋では、アンリ・マシスのような人もいればロマン・ロランのような人もいた。しかしながら「アジア人」あるいは「アジア的社会」と定義づけられる実体が存在するという見解は、そこにどのような独自の判断があるにせよ、すでに強調したとおり人類学的には根拠のあるものではなかった。「アジア」と呼ばれる地理的区域には、一九三〇年代には遊牧民族もいれば横浜の市民もいた。日本の著名な社会学者によれば、「日本が、もともとアジアでは異質の社会であった[14]」。シャフリルは「香港や上海や東京には、いったい東洋の何があるのか?」と問い**、「西洋の影響」は、東インドの農村地帯に、「民衆のなかに、人びとの習慣や共同幻想のなかに」浸透していることを認めた[15]。一方、「ヨーロッパ」――社会概念としては中世後期になって初めてあらわれた[16]――はアムステルダムのブルジョア、カラブリア地方の農民、そのいずれにとっても故国の地だった。

そのうえ東洋、西洋の区分は人類学的観点からだけではなく、人びとの意識の点から見ても適切ではなかった。地理的区分を別にすれば、個人や集団がたとえば自分たちを本当に「アジア人」だと意識していたかどうかは疑問である。この点についても極東戦争までの約七〇年間、かなりの混乱と矛盾が見られた。「西洋」に関しては、イギリスと他のヨーロッパ諸国、北イタリアと南イタリア、アメリカの「新しい社会」と堕落したヨーロッパ社会（たとえばパール・バックの徒の一人から見れば、彼が一九四一年に書いているように、「中国人のほうが数多くのヨーロッパ人と比べて、態度や考え方がアメリカ人にずっとよく似ていた」のである[17]）、これらのあいだの（同種という観念に反する）根本的な区別意識を想起すれば足りるだろう。

このような違いは、同年代のアジアにもいっそう広く深いかたちで見られた。たとえば日本人と中国人の相手に対する見方の相違や、自国のなかの西洋の存在に対する中国とインドの態度の違いをあげれば十分だろう。一部の日本人にとっては中国は、そのみじめな姿にもかかわらず、日本の伝統や文化の中心をなす儒教文化の母国であったが、一八九〇年代の中国との戦争のときの外務大臣、陸奥宗光にとっては、その戦争は「西欧的文明と東亜的旧文明との衝突」だった。***[18] 一方、中国でも孫文の

---

* この区別は隠喩、直喩のかたちでもいわれている。たとえばバートランド・ラッセルは、レーニンの印象を「頑固さとモンゴル的残忍性」と評し、一方、ローザ・ルクセンブルクは、ボルシェヴィキの「タタール・モンゴル的野蛮性」について述べた。最近ではキンロス卿がアタテュルクの伝記のなかで、その性格のある一面（否定的な）を「東洋的」と書いている。アタテュルク自身はヨーロッパで生まれ、トルコの「ヨーロッパ化」を望んでいた。*Atatürk: The Rebirth of a Nation* (London, 1964), 392, 423; Henri Troyat, *Tolstoy* (London, 1979), passim; Hay, *Asian Ideas of East and West.*

** 同じことは、地方の農村生活の衰退を嘆いた日本の超国家主義者たちによっても――怒りをこめて――指摘されている。橘孝三郎はこう述べている。「御承知の通り只今の世の中は俗に申せば何でも東京の世の中であります。その東京は私の目には世界的ロンドンの出店のようにしか不幸にして映りません。兎に角東京のあの異状な膨大につれて、それだけ程度、農村の方はたたきつぶされて行くという事実はどうあっても否定出来ん事実です」。丸山眞男『現代政治の思想と行動』上、未来社、一九五六年、四三～四四ページ。

ように、日本を、西欧帝国主義に対する同じアジア人同士の本来の同盟者と考えていた人もいれば、西欧と同様に侵略と拡張の恐ろしい顔をしたまったく異質の国とみる人びともいた[19]。自国のなかの西欧に対するインドと中国の態度の差（もちろん外国の存在のあり方が、両者の場合まったく違っていた）は、一つには最近の研究が述べているとおり「もともとの環境が根本的に異なっていた」からだった。すなわち具体的な要因のほかに中国には、インドと比べてはるかに大きな「文化的独自性、民族的な誇り、根強い自信過剰の念」が存在していたのである[20]。

以上の区分とは別に、とくに一九三〇年代に多くの人びとが用いた分類は、「自由主義的」「民主的」な社会と、「ファッショ的」「全体主義的」「軍国主義的」社会の区分だった。この区分は、「アジア対西欧」のようになんら根拠がないとして退けるわけにはいかない。当時の時代背景のもとでは日本、ドイツ、イタリアは、その価値、目標、特徴からいって、たんなる思いつきから一九四〇年の三国同盟締結にいたったのではなかった[21]。しかしそれぞれの社会の重要な歴史的特徴の多くから見て、いろいろな点でこの区分は是認できるものではなかった。政治哲学、政治組織、政治行動の面についてみても同様だった。たとえば一九三〇年代の日本に「ファシスト」という言葉を適用することによって、ヨーロッパ的な独裁政治と日本とを同列に論じることは、ある面で誤解を生むもととなった。(日本にはヒトラーやムッソリーニに匹敵する地位の「指導者」はいなかったし、下からの大衆運動によって政権が樹立されたこともなかった[22])。西洋の市民的自由、民主主義、個人主義は、明治以後の日本の基本精神、とりわけ一九三〇年代に支配的となった軍国主義とは異質のものだった。一九四一年から四五年にかけて日本を支配した政権は、ある研究者の言葉によれば、「一つの『主義』に基づいたものではなく、戦争前の政治体制が、総力戦という異常な環境に一時的に適応したもの」にすぎなかった(23)。

一九三七年と一九三九～四一年の侵略国家を一グループ、その犠牲となった社会を他の一グループとする単純な分類にも、政治的な面からいっそう強い反対があるだろう。ソヴィエト政権の性質から見ても疑問が出てくるのは明らかだし、極東において植民地支配を維持していたインドシナにおけるフランスのような場合も同様である。一方、もし「ファシスト」という言葉を一九三〇年代の非ヨーロッパ世界のなかで使うとすれば、中国の国民党政権ほどそれにふさわしい政権はなかった。蔣介石は一九三五年、藍衣社《らんいしゃ》の集会で次のように演説した。「ファシズムは衰退しつつある社会の刺激剤である……ファシズムは中国を救うことができるか？　答はイエスである」。一九三七年の日本軍の攻撃以前でも、蔣総統と彼を支持する各派は、イーストマン教授の主張のように、広範な政治参加の要求と、緊急な社会的・経済的改革の必要に応えることはできなかった。彼らからすれば、とくにアメリカ人がふりかざす自由主義的民主主義を中国の指導者たちがその信条としていることは、中国の政治のなかから駆逐すべき毒素であった。（この点では、たとえば英国大使のように、国民党の「親衛隊」長、戴笠とヒムラーとを比較してみるのも、あながち根拠のないことではなかった(24)）。

極東戦争に巻きこまれることになった社会について、当時しばしば用いられた単純な分類法がいかに不適切であるかを、これ以上追及する必要はないだろう。文化や政治風土、社会的・経済的基礎はさまざまであり、そのうえ変化を促す強い力が常に働いている。したがってこの種の分類は、当然大

＊＊＊　丸山は、日本のインテリゲンチャが、一九三〇年代の彼のいわゆる「急進ファシズム」に積極的に荷担しなかったのは、一つには彼らが「教養において本来ヨーロッパ育ち」だったからだと述べている。前掲書、六〇ページ。

きな反対を生みださざるをえない。そこでかわって、極東戦争前、人びとが直面していた大きな課題のいくつかを取りあげることにしたい。ここでもまた強調しておかなければならないが、各社会のあいだにある面で類似点があっても、それは他の面でも同じだということではない。ここで取りあげている各社会のあいだには非常に顕著な違いが存在しており、それについては従来からもしばしばいわれてきたことであるから、以下でもその多くについてふれることにしたい。だが、私のいいたいことはむしろ、本書が一九四一〜四五年戦争の舞台として取りあげた地理的・政治的領域のなかでは、さきに述べたような区分や、交戦国間の境界線を越えて、そこにある種の型を見出すことができるということである。

急激な近代化がもたらした軋み

一八九〇年代に、日本のある外務大臣は、日本の社会は西欧で生まれた「新文明」の旗手だといった。中国は老いぼれた蒙昧の徒、日本は開けた「近代」国家だった。「近代化」の概念は、当時の情勢をさまざまな観点から分析するにあたって、その中心をなすばかりではなく、本書で取りあげた人びとの多くが、その社会にとって決定的だと思われる問題を定義するにあたって、それぞれこの概念を用いたことから、ここでは避けて通ることのできない問題である。しかしながら同時につけ加えておかなければならないのは、本書ではこの言葉は、われわれの時代にいちばん盛んになった考え＊——「近代化」は「進歩」の要求であり、[25] 最近のある研究のなかの言葉を借りれば、「すべて社会的変化は進歩的であり、系統だっていて、直線的である」[26] という考え——に基づいたある種の歴史的な時代尺度として使われているのではないということである。したがって、さきに粗雑な分類の不適切さについて述べたことは、社会を「近代的」、「伝統的」の二つに区分する仕方についてもあてはまるだろう。そしてまた、本研究が場合によってはアジア社会における西欧諸国の存在や西欧思想の影響を強調することになるとしても、それは、これらの社会における社会的・政治的問題や変化がすべて対外的な関連のもとにあるといおうとしているのではない。

このような理由から「近代化」という言葉は、以下では当時の多くの人びとの使い方と同様に、カッコつきで使うことが多い。その場合、彼らが念頭においていた現象の一つは、経済の工業化だった。しかしこれにもさまざまな形態が含まれていた。そしてこのテーマの完全な分析のためには、当然、教育、通信手段、都市化（もちろん西欧人の到来とともに始まったものではない）、雇用形態（失業も含めて）、生産手段の所有形態、とくに国家、官僚、社会の組織形態などの検討が必要となる。[27] しかし工業化現象をもっとも広い関連においてとらえるならば、すなわち科学技術の応用に基づく工業生産の発展を、国際貿易の形でこれとますます密接に結びつくようになった原料の供給者や製品販売市場としての非工業化社会経済とあわせてとらえるならば、ゲルナーの主張のように、それは極東戦争に巻きこまれた社会のすべてに当時も大きな影響を与えていたのであった。要するにギルピンのいわゆる「世界市場経済」の創出は、すでに十分進んでいたのである。**

工業化そのものも、一九三〇年代にはアジアの多くの地域で進んでいた。そしてそれは一般に、西欧諸国の影響が強い都市に集中していた。[28] たとえばヴェトナムには、すでに都市労働者（一九一九年

＊ この考えは、アメリカがこの戦争に勝利を得、豊かになったのち、当のアメリカでいちばん盛んになり、その結果、他の恵まれない、それほど楽天的ではない社会とのあいだを隔てることになったといえるだろう。

から二九年のあいだに約一〇万人から二二万人に増加した）と富裕な商人階級が存在していた。それは民族主義運動の宣伝に格好の舞台を提供したが、同時に、とくに特権商人階級のあいだに大衆の考え方や関心とは無縁な「近代人」的、親西欧的傾向を生み出した。[29]オランダ領東インドでは、大きな織物工場の増加、とくにゼネラル・モーターズとグッドイヤー・タイヤの工場建設によって、工場労働者の数は一九三五年から四〇年にかけて三倍に増加した。だが、所有権や投資、管理は西欧人の手に残された。そして不況は大規模な失業を生み、農村にもさまざまな困苦をもたらした。[30]しかしインドでは、様相はやや違っていた。多くの現地企業家が、それまで圧倒的にヨーロッパの企業が占めていた分野に進出してきたからである。（一九三八年には、投下資本の二八パーセント以上が現地資本、三二パーセントがインドとヨーロッパの共同資本だった）。そのうえ、第一次世界大戦前には輸出品分野の工業化が圧倒的だったのに対して、今度は国内市場向けの消費物資の分野でも工業化が進んだ。そして両大戦間にはイギリス、インド間貿易の双方の業者にとって互いの重要性が薄れ、それが当時の国際経済の混乱と相まって、インド工業のいっそうの成長と多様化を促進する力となった。しかしこのような情勢の好転や社会経済の変化のきざしにもかかわらず、政治的絆とポンド債務によってインドは依然イギリスに結びつけられ、イギリス政府の現地企業家に対する消極的態度やヨーロッパ資本の割合の低さもあって、結局、戦前は工業化のための堅固な基礎を広く築きあげることはできなかった。[31]

これとは対照的に、日本の植民地・朝鮮は、はるかに急速な近代化の過程をたどった。それもその社会構造の本質にはそぐわない速度と方法によってであった。重工業は一九三六年には全工業生産の二八パーセントに達し、そこでの雇用労働者の数は一九三二年から四〇年のあいだにほぼ倍増し、七〇万人を超えた。同じ時期に大都市の多くでは、人口がほぼ三倍にまで増加した。しかしこの急激な経済的変化の主導者は、朝鮮人のなかの富裕な商人階級ではなく、日本の国家企業、銀行、民間大企業だった。現地工業や農業も新しい路線の網に組みこまれ、ブルース・カミングスのいうように、「日本の主要都市との市場関係だけではなく、世界市場組織のなかに」組みいれられることになり、社会のなかの亀裂は急速に深まっていった[32]。

しかしながら独立、非独立を問わず、アジア社会全体のなかで一九三〇年代に工業化の点で際だった姿を示したのは、日本の社会だった。(とくに中国との対照が著しい。一九三〇年代なかば、中国の「近代的」経済部門の生産は約一三パーセントにすぎなかった[33]。明治維新後の日本は、徳川時代の特色のうち生かせるものは生かして、西洋との違いを鋭く感じとると同時に、中国の弱点となっている主因は変化の拒否にあると考え、「富国強兵」のスローガン達成のためには工業化が必須である

** A・J・レイサムによれば、アジア、とくに中国とインドは、第一次世界大戦の五〇年も前から、国際経済にとって非常に重要になってきていた。(*The International Economy and the Underdeveloped World, 1865-1914*, London, 1978, cap. 2.) 当時、西欧の経済的発展が数多くのアジア人の生活にいかに大きな影響を及ぼしたかについては、たとえば一八五九年には四万二〇〇〇人の中国人がオーストラリアの金鉱で働き、一八五二年から七五年のあいだに二〇万人の中国人労働者がカリフォルニアに渡ったという事実からわかるだろう。(Wolf, *Europe and the People Without History*, 377-8.) それより前のアジアにおける西欧の経済活動の結果についてはよく知られている。たとえば何万という中国人が阿片購入によってイギリス人の強欲を助けた。しかしながら同時に、レイサム博士のように(op. cit., 162, 165)、「ヨーロッパ企業の市場拡大努力はアジア人やアフリカ人のエネルギーを解放した。彼らは一八六五年以後、自分たちの前に開かれた新しい経済的機会をとらえた……」ということもできるのである。P. O'Brien, 'Europe in the World Economy', in Bull and Watson, *The Expansion of International Society*.

としてそれを追求した[34]。一八九五年と一九〇五年の軍事的勝利は、第一次世界大戦中のにわか景気とともに、この路線の有効性をはっきりと立証したかに思われた。そして、一九二〇年の景気後退にもかかわらず、また工業労働者の比率が西欧に比べて比較的少数であったにもかかわらず、つづいてとられた前進の道は、次の驚くべき飛躍にとって決定的な重要性をもつ政策と計画の端緒をなすものとなった[35]。一九二九〜三一年の西欧の不況の余波が日本を襲った一九三一年から三四年にかけても、日本の工業生産は八一・五パーセント増大し、また一九三〇年からの一〇年間に鉱工業生産は倍以上になった。都市化もまた急速に進み、一〇年前には二五パーセント以下だった都市人口が、一九四〇年には三八パーセントになった[36]。同じ時期にはまた企画院が設立され、それは一九四五年以後の経済発展の原動力となった。大学の技術教育は、すでにイギリスの場合よりもはるかに工業の発展に貢献していた[37]。

しかしながら、日本の経済発展は日本社会にさまざまな問題や、好ましくない結果をもたらした。円の平価切り下げによって輸出に拍車がかかったにもかかわらず、急速な軍事費増大のために一九三七年の中国との衝突以前でも国際収支にはアンバランスが生じ、インフレが激化した[38]。一九三七年から四〇年にかけては重工業、インフレーションがともに戦争の影響を受けて増大し、その間実質賃金は一七パーセント低下した[39]。すでに一九三一年の不況によって農村地帯の多くは疲弊し、前世紀以来あらわになってきた社会構造のきしみがいっそう増大した[40]。

これらのきしみは、急激な工業化計画に基づく都市と農村との関係の急速な変化からだけではなく、多くの人びとの生活様式の急変から生まれたものでもあった。(さきに述べたように、都市の居住人口は一九四〇年には三八パーセントになったが、このうちの半数近くは農村生まれの農村育ちだった[41]。家族社会から離れ、「貨幣経済の冷徹な合理性にもまれ」たブルーカラーやグレーカラーの新しい労働者たちは、彼らの価値体系、社会観全体に対する挑戦に直面した[42]。しかし別の面からいえば、日本社会内の緊張は、農村的というよりもむしろ従来からの包括的な地位決定要因である家族を単位(家)とする封建制度、それによって形づくられてきた物の見方が依然根強い力をもっていることから生まれたものであった。都市においてもこの伝統の核心は根強く残っていて、社会関係の「家族主義的」基礎は、企業、政治、官僚の世界にまで広がっていた。だがこの家族的な縦の結びつきを補完し、国民全体を横につなぐ弾力的な自然の絆には欠けていた。皇室を宗家とする家族国家という概念も、各地域社会のすべてを一つに結びつける紐帯としては十分ではなかった。「自己の判断によって行動し、自己の主張を貫くような自我」に対して『家』制度の強い抑止力が働き、福武教授のいわゆる「近代的市民の自主的な結束」は排除された。彼は、「明治後期以降、人びとはこの(批判の)目の開くことをおそれ、むしろ閉ざそうとした」と書いている。

その結果、日本人の生活を支配するのは、「慣習の優位」、「権威への服従」、それと「四囲の情勢」の力を引き合いに出すことによって「責任回避」を合理化することだった[43]。したがって日本は、経済的には「近代化」されてはいたが、その強烈な国家意識にもかかわらず社会的には脆かった。丸山教授によれば「国家意識が、伝統的社会意識の克服でなく、その組織的動員によって注入された結果は、政治的責任の主体的な担い手としての近代的公民《シトワイヤン》のかわりに、万事を『お上』にあずけて、ひたすら権威の決断にすがる忠実だが卑屈な従僕を大量に生産する結果となった[44]」。福武教授の結論によれば、「太平洋戦争の悲劇は、つみ重ねられてきた矛盾の最終決算であった[45]」。

一方、この間、工業化とそれに結びついた国際経済、この両者の直接的、間接的浸透は短期の景気後退とは別に、アジアの他の地域に混乱と困窮をもたらした。たとえばインドの農村地帯の大量貧困は新しく始まったものではなかったにしても、インド経済をイギリス経済の要求に従わせることは、農村地域に対する都市の「寄生的性格」をより強めるものだった[46]。東インド経済のオランダによる基本的には自己本位な運営は、同様にジャワの農村の貧困を拡大した。この地域は外部の圧力の影響をもっとも強く受けたところであった[47]。南ヴェトナムでは、きわめて搾取的なフランス統治のもとで表面は近代文明の装いをこらしていたにもかかわらず、農村の債務は一九〇〇年から三〇年のあいだに四倍に増大した。ある研究者が書いているように、貨幣経済の確立とともに地方の制度慣行は衰退した。そして「富は少数の手に集中し、大多数はいっそう激しい貧困に陥った。農村経済においても、土地は、権力への道を支配し、貧農を意のままに搾取する少数の特権階級の所有となった[48]」。

フィリピンでも農村の貧困はさらに広範にわたって存在していた。宗主国に対する経済的依存度は、他の東南アジアの植民地よりもいっそう大きかった。小作人や土地を持たない人たちの状態を改善しようとしたアメリカの政策も、ほとんど実効はなかった。一九三九年には二十歳の青年のほぼ三分の二が学校教育を受けていなかったというような国では、経済の「近代化」も、「農民は相変わらず貧乏で、特権階級だけが裕福」という結果をもたらした[49]。ビルマの大衆にとっても、一九三七年には低地帯の耕地の半分以上が非農業地主に、四分の一がインドの金融業者に属しているという状況のもとでは、いちばんの問題は負債だった[50]。

国民政府の中国においては、地方の広範囲にわたる厳しい困窮の多くは自然災害によるものではあったが、イーストマン教授のいう「搾取的な社会政治体制」や、土地の再分配に気のり薄な政府の態度によるものでもあった。国際経済情勢の動き、とくに中国通貨の基本である銀に対するアメリカの利己的な政策から、一九三一年以後、事態はいっそう悲惨になった（一九三四年の農産物価格は、八年前の半分以下になった）[51]。朝鮮の各地方でも、とくに南部で激しい変化が広がっていた。日本に協力的な富裕地主を益するだけの土地の整理統合によって多くの農民たちは土地を失い、朝鮮や満州の工業の発展に生活の資を求め、あるいは海を渡って日本本国に職を求めて出ていった[52]。

経済的変化によって生じた問題に対する植民地当局の政策や本国からの移住者たちの態度は、それぞれの地域によって大きく異なっていた。香港では一九三七年以後、中国本土からの避難民の波で事態が悪化し、『ノース・チャイナ・ヘラルド』によれば中国系住民の半分以上が「なかば飢餓状態」だったが、その現地住民（ヨーロッパ人を富ませてくれた人びと）の生活情況に対するヨーロッパ人の無関心な態度はF・C・ギムソン（一九四一年に植民相となった）のような新来の人にはショックだった[53]。一方、都市経済の破壊的な影響からマレーの農村社会を保護しようというイギリス当局の一貫した政策は、農村社会の「遅れた」人びとと都市の富裕な中国系住民たちとの格差を拡大する結果になった。（フィジーにおいても似たような問題があった。そこでは農業、とくに砂糖きび栽培に従事するインド人の圧倒的な増大によって、貨幣経済の浸透にともなうひずみがいっそう悪化した[54]。）最近の研究によれば、一九三〇年代の末ごろには、「多くの植民地の不況下の生活水準の貧しさ、ほとんどの工業投資がもたらす現地住民の習慣の大規模な破壊」は、ロンドンの植民省の役人にも「はっきりと意識」されていた[55]。

農業経済からの脱却にともなうこのような問題にもかかわらず、アジアの多くの有識者たちは、社会の「近代化」を必須のことと考えていた。これについてわれわれは、すでにシャフリルの考えにふれてきたし、日本国民が「ヨーロッパの人びとと同じように」なることを望んだ井上馨のことにもふれた。井上のこの考えは、インドにおけるイギリスの任務は「アジア的社会を根絶し、西欧社会の物質的基礎をアジアに据えること」だとしたカール・マルクスの考えのほとんど口うつしに近かった[56]。西欧の植民地支配に反対した人びとの多くも同じ態度をとった。たとえば二十世紀初頭のヴェトナム反植民地運動の指導者ファン・ボイ・チャウも「西欧型の近代的で富裕な国家」を望んだ[57]。ネルーも孫文同様、西洋がアジアにもたらした「科学の贈り物」を歓迎し、二つの文明の衝突による「一連の激しい衝撃だけが、われわれを眠りからゆり起こしてくれるだろう」と述べた[58]。スバス・チャンドラ・ボースは、ある意味ではもっともインド的な民族主義運動の指導者の一人であり、ネルーほど西欧的ではなかったが、その彼にしても西欧型の民族主義概念を受けいれ、（ガンディーとは反対に）東洋と西洋との総合を求め、経済的に「近代化」されたインド、「近代ヨーロッパのいわゆる社会主義とファシズム」の混合物に政治的原理の基礎をおくインドを目ざした[59]。（マーカス・ガーヴィーも、アフリカのみならずアメリカにおいても黒人の自由と尊厳を達成するためには近代化がいちばん重要な手段であると主張した[60]）。

その間西欧においても、工業化のいっそう効率的な拡大が、資本家、社会主義者の双方にとって社会改良の処方箋のほとんどの基礎をなしてきた[61]。しかしこのような計画が緊急を要するということ自体、一面では極東戦争前の西欧の工業化社会のなかで、いかに混乱が長期化し、困窮が広範囲にわたっていたかを物語るものにほかならなかった。事実、一九三一年（この年アメリカでは八〇〇万人の失業者が出た）には、アーノルド・トインビーのように、「西欧の社会組織は……内部からの……崩壊によって……有効に機能しなくなるのではないかと真剣に憂慮する」人びとがいた[62]。

近代西欧文明の本質そのものを問うことは、一九三〇年代にはもちろん新しいことではなかった。

十九世紀末以前でも、かつて「燦たる変化の大道」を意気揚々と進むヨーロッパを讃美したテニソンが次のように問うている。

これでいいのだろうか、われわれが科学をたたえ、時代を誇っているとき、子供たちの心と魂は街の汚泥によごれている[63]

「近代化」と「西欧化」

第一次世界大戦のかなり前から、科学技術についてその破壊的な効果、人間性を奪い疎外するような影響、戦争との関連が憂慮されはじめていた[64]。なかにはさらに進んで工業化の基礎のうえに築かれてきた「大衆社会*」の本質そのものを問題にする人もいた[65]。しかしながら前章で指摘したように、工業化文明に対する疑問、あるいはあからさまな非難の声が叫ばれるきっかけとなったのは、なによりも一九一四〜一八年のヨーロッパ大戦の無益な大量殺戮だった。一部の人にとっては、大戦そのものは広範な現象の縮図ともいうべきものだった。ドイツ人、エルンスト・トラーはこう書いている。「近代技術社会のいやになるほど単調な機構から抜け出せないまま、人びとが戦いのなかから知ったことは、技術の専制が全能であるのは平和のときよりも戦争のときであるということだった[66]」。有名な評論『精神の危機』(*La Crise de l'Esprit*)のなかで述べられているように、ヴァレリーにとっても

＊ これはヨーロッパ人のあいだで、ジンギスカンの「群集」や「黄禍」の「群衆」と結びつけていわれる、アジア社会の「大衆」性とは違ったものである。

戦争は、彼が十九世紀の末に物質主義のための物質主義の追求として非難したものの反映にすぎなかった。それはのちにルイス・マンフォードが述べたように、「目的のない物質主義、過剰な力」だった[67]。アジアから学ぶべき教訓に関して、あるいは西洋が直面するアジアの脅威に関して、意見の衝突が起こることはすでに予知されていたのである。*

西欧工業化社会に対する根本的な批判と、アジアの改革者がいだいた西欧方式にそった「近代化」の要求とが同時に起こったことは、明らかに一つの皮肉である。（一九一九年、一人の中国の知識人が西欧を訪問して次のようにいった。「ヨーロッパ人は、科学万能の大きな夢をみていた。ところが今はその破産を叫んでいる。これは現代世界思想の重要な転換点だ[68]」）。しかしながらこれは、目標と価値の完全な転換ということではなかった。工業化した西欧では、多くの、おそらく大多数の人が自分たちの社会の基礎をそのまま受けいれていた（そしてそれを優れたものと考えていた）が、世界の他の地域、とくに極東では、ヨーロッパや北アメリカに集中している「近代」世界の諸様相が侵入してくることに対して、沢山の人びとが抵抗していた。これは広い意味では、十九世紀ロシアの汎スラブ主義者や、それ以前のピョートル大帝の「西欧化」運動に反対した人びとの行動に似ていた[69]。一九一八年以後のトルコにおいても、ケマル・アタテュルクに対して、「この『近代的』という言葉は何を意味するのか？」と問い、アタテュルクの描くトルコの未来像は「東洋を離れ西洋を目ざすもの」だとして拒否する人びとがいた[70]。スペインにおいても、オルテガ・イ・ガセットらが広範な「ヨーロッパ的」「道徳観」を擁護するのに対して、スペイン独自の価値と文化を固守し、オルテガらの動きを「日本化」と名づけ、油断のならない動きだとして反対する人びとがいた[71]。

極東でも、たとえば十九世紀後半の日本において、一部の人にとっての中心問題は、アタテュルクに対する問いかけ、すなわち「この『近代化』という言葉は何を意味するのか?」ということだった。「近代化」とは「西欧化」と同義語なのか?[72]（それは、たとえばアタテュルク自身が信じていたように、イスラムとは両立しないものなのか?）当時のある研究者のいうように、「共同で行動する集団を特徴づける独自のものという意味での「文化」と、「同じ製品を使用するだけで、一体性のまったくない民衆の集合」という意味での「文明」とを区別することがはたして可能なのか?[73]そのような区別は、真珠湾攻撃前夜に、日本の任務は「アジアのヨーロッパ化をアジア化することにある」とした日本の論者のように、社会的・政治的計画の基礎となりうるものなのだろうか?[74]それとも、一九三一年に、十九世紀以来「全人類は……『西欧化』のとうとうたる流れによって、西欧社会のなかに巻きこまれている」と主張したトインビーが正しかったのか?**[75]

極東戦争に巻きこまれた地域の住民の大部分にとっては、近代化の動きとそれに対する反応は、もちろん知識人のあいだで論議されているものとはまったく違ったものだった。一九四一年にはトイン

* 五八〜六〇ページ参照。

** 「新しい人類」(*homo Europoeus*) の全世界にわたる出現に関するトマス・マサリクの確信に満ちた主張 (*The New Europe: The Slav Viewpoint*, Washington D.C., 1918) 参照。ゴング (*The Standard of 'Civilization' in International Society*, 82-3) は『近代的』、『西欧的』、『文明的』の使い分けの難しさを示す古典的な例」としてオッペンハイムの *International Law* (1905) を引用している。オッペンハイムは次のように述べている、「ペルシャ、タイ、中国、朝鮮、エチオピアなどは文明的である。しかしその文明は国際法の規定を実行できる段階にまでは達していない」と。しかしそれに付け加えて、「それらの国々は国民を教育し、近代的制度を導入し、それによって西欧の水準にまで自分たちの文明を高めようと努力している」と述べている。Bull and Watson, *The Expansion of International Society* 中の関係論文参照。

ビーのいう「西欧化」は、それほど広い地域にわたって進んではいなかった。たとえば、中国においては、前章でみたように、「生産と管理の伝統的組織がもつ抜きさしならぬ力」が進歩に対する根強い障害となっていた。一方アジア全体としては、ある学者の意見のように、「西欧の方式や力がいかに効果的で、有無をいわさないものであっても、またアジア的組織をそれにうまく対応させることができたとしても、大衆と……高度に発達した根強い伝統文化の力をゆるがしたり、克服したりすることはほとんど不可能だった[76]」。

それに、西欧の支配する経済組織のなかに組みいれられ、西洋で発達した製品や方式を広く取りいれたにしても、かならずしも独自の信仰、習慣、忠誠心を放棄しなければならないというものではない。たとえば、東南アジアに関して、ヴィクター・パーセルは、一九六〇年代に次のように述べている。

西欧の一般的な考えは、東南アジアは『西欧化』の過程にあり、そのなかの国々がヨーロッパやアメリカと違うのは、ただ、より『遅れて』いる、『未発達』であるという点だけだとする考え方である。しかしこれはあまりにも単純すぎる。科学技術に対する関心に目覚め、生活水準が改善されてきたにもかかわらず、東南アジアの人びとは……自分たち独自の特徴をずっともちつづけている……これらは、彼らにとっては、おそらく飛行機や衛生や政治的イデオロギーよりもずっと重要なものなのである[77]。

同様にライシャワー教授は、一九四五年以後の日本について次のように書いている。

日本は欧米化したというのが一般の通念だが、事実はそうではない……日本が欧米文明（culture）*から受けいれたのは、……いずれも、西欧自身、ごく近年になって、近代技術への対応として作り上げたものばかりである。この意味において、なるほど日本は「近代化」こそしたが、「欧米化」ではなく、しかも日本の近代化の過程は、固有の伝統文化を下敷きにして進行したのである。欧米の近代化が欧米文化の基盤のうえに成立したのと同工異曲である。伝統文化と近代文明とのあいだに対比と緊張が生じたのはこのためであり、それは日本のみに限ったことではない[78]。

しかしライシャワー自身が認めているように、西洋の優れた技術にふれ、「欧米の科学」は取りいれても「東洋の倫理」は守っていると信じて自ら安んじていた日本人やアジアの人びとも、「技術、制度、価値のあいだにはっきりとした一線を画することができないことに、ほどなく気づくにいたる。これらはいずれも同根であるという認識が生まれたのである[79]」。したがってイギリスの香港領有から日本の西欧諸国に対する攻撃までの一世紀、アジアの多くの人びとが自分たちの社会の生命そのものが脅かされていると感じたのも無理からぬことだった。ガンディーによれば、「機械は近代文明の主要なシンボルであり、大きな罪の象徴」だった。彼は、一九一〇年にインドは「イギリスによってではなく、近代文明によって蹂躙されるであろう」、近代文明は「ヨーロッパの国民」にとっても「日

＊ここでの「culture」という言葉の使用とさきに引用したパークのそれとの違いは、この主題が全体として意味論上、難しい問題のあることを示している。

に日に堕落と破滅」へと導くものだと主張した。[80] 同じようにタゴールは、近代の西欧ナショナリズムの欲望に支えられた機械のような国家は、腐敗と悪の権化だと非難した。*[81] 混乱と不安が生まれたのも不思議ではなかった。ある学者が徳川時代の末期について述べているように、「世界そのものが日本人の目の前で変化しはじめた今、一体日本が立っているのは世界のどの位置なのだろうか？ このことは、徳川幕府の政策というより、国民全体としてのあり方いかんにかかわる問題だった」。[82]「定義の追究」、これは一八八〇年代から九〇年代にかけて日本で闘われた激しい議論のことを述べるにあたって、ある歴史家が用いた言葉だが、この論争は「わが国、わが民族的性格の本質」（当時のあるジャーナリストが使った言葉）の追究にからんで起こったものだった。[83] そして一九三〇年代は、最近ある研究者が述べているように、『民族の本質』に対する関心が日本人の特徴的な思考であった」。それとならんで工業化社会の全体の流れのなかに日本を巻きこんでしまうおそれのある「経済第一」の動きに対し、「文化第一」（それと日本の独自性）を主張しようとする動きが出てきた。[84]

このような自己反省はとくに日本的だとしても、その根底にあるものは、他の極東社会でも同様にさし迫った課題だと考えられていた。[85] 今世紀初頭、伝統的社会の多くの柱（たとえば儒教や村落支配）の力が弱まってきたヴェトナムにおいても、ファム・クインのような穏健な改革者は、西欧的価値と伝統的価値のそれぞれが提供するものの折衷に賛成はしたが、それがどのようなものなのかという点については明確な定義を下すことはできなかった。そして社会、経済、政治の現実の力が繰り返し足もとを掘りくずしてくるのをただ眺めていただけだった。[86] 独立を維持していたタイの支配者たちも「西欧を尊敬すると同時に恐れた」、そして「タイ的であると同時に近代的」であろうとした。一方マレーにおいても、伝統を拒否し新しいものを取りあげるのに熱心な『クアム・ムダ』派と、今までのなじみのやり方に頑固にしがみつく『クアム・トウア』派とのあいだには複雑な社会闘争が繰りひろげられた。[87] 中国でも、とくに農村地域の根幹をゆるがすような社会問題が、一九一九年の五・四運動後の複雑な政治情勢のなかで、「国民政府の指導統制にもかかわらず、つぎつぎと爆発した」。[88] 同時に一八九五年の日本との戦争における敗北や、一九一四〜一八年のヨーロッパ内部の相互殺戮と破壊の光景を目にして議論は左右にゆれ、西欧的な方法の適切さに関して生じた疑問が多くの矛盾した見解や曲解を生んだ。「西欧化の媒介者」だった知識階級が、ここでもまた「多くの相異なる勢力が互いにぶつかり合う場」となった。[89]

ヴェトナムと同様中国でも、儒教と西欧の知識との折衷を目指していた人びとが直面した問題は、儒教は過去をただ機械的に承認しているにすぎないように思われるということだった。一方、タゴールをみて「アジア文明」独特の精神的本質に対する信仰を強めた人びとは、当面の自分たちの国の弱点のほうにより強い関心をもつ急進派からあざわらわれた。[90] 国内の政治や改革と国際的地位との関連は、問題をいっそう複雑にした。「みんなが儒教の教えだけでなく、民族意識や祖国防衛の手段のことについても学ぶようになると、おのずと人びとは国の政治に関心を持つようになってきた」からである。[91] 特異な例としては、一九二〇年代から三〇年代にかけての合作社運動の発展をあげることがで

＊ だがタゴールは、ガンディーの『サチャグラハ』(無抵抗不服従運動)を受けいれはしなかったし、ガンディーのように近代西欧文明のすべてを拒否することはしなかった。彼は一九二四年、中国の学生たちに忠告した。「西洋がわれわれに対して攻撃的であるからには、われわれもまた攻撃的でなければならない。中国のために一つ忠告がある。『速やかに科学を学べ』ということだ。東洋に欠けているもの、ぜひとも必要なものは科学だ」。Hay, *Asian Ideas of East and West*, 235, 276ff.

きる。この運動のなかに貸付制度を取りいれたところでは、一部の幹部勢力が一般農民を犠牲にして急速に勢力を広げていった。[92] 一方農村地帯に設立された工業合作社を、[93] 蔣介石（彼の「新生活」運動は一般大衆に規律と穏健な儒教精神を説いた）は左翼的な破壊的制度と見なした。[94]
「問題は、中国の政治風土が、相対的に変化の緩慢な農業社会に適応したものであり、近代化の要請には適合していないということである」とイーストマンは書いている。[95] このようなジレンマは、極東戦争が終わった年の一九四五年に書かれたジョゼフ・ニーダムの記録のなかでも強調されている。ニーダムは戦時中、中国に派遣され、中国文明に関する彼の注目すべき研究はそこから始まったのだが、[96]彼のこの一九四五年に書かれた記録のなかには、蔣介石に提出された「中国における科学と技術の現状と見通し」に関する報告が含まれている。それは終極的には国民党支配の基礎を非難する趣旨のものだった。国民政府の役人の多くが抱いているような、「科学は、中国にとっては人びとの世界観の至高の変革者ではなく、有用な技術にまつわる神話なのだ」という考えは、まったく間違っていると彼は論じた。そしてつづけて抑圧的な政治体制、回顧的な哲学はいずれも科学の発達にとって有害である、腐敗、搾取、民衆教育の拒否も同様だ、として次のように論じている。

この変革は容易ではないだろう。しかし中国の繁栄にとっては絶対必要なものである……したがって政府は、国民の人間としての要求の大幅な承認、それと国家の安全、この両者に基礎を置いた科学、技術の育成計画を立案すべきである、同時に資産階級に圧力をかけ、この計画に参加させるようにしむけなければならない……。*[97]

社会の多元性との直面

中国のような社会や国家が繁栄への道として工業化を選んだ場合に直面する問題の性質や深さは、すでに工業化していた国家が極東戦争前夜に直面していた問題とは、いろいろな点で大きく異なっていた。しかしその対極にある、たとえばアメリカに目を移した場合、そのなかの「農村色の濃い田舎町」的な社会では、一九三八～四〇年には、九〇〇万から一一〇〇万人の失業者がいた(98)。工業化と、ますます単一化へと進む国際経済の本質的な無政府性、この両者からくる鋭い圧力と問題に直面していたのは、そこでも同様だった。そして科学技術の応用と、政治的・経済的環境の変化がつづいた結果、アメリカの工業生産に、さらに量的にも質的にも大きな変化が起こるとしたら、これら「農村風の田舎町」的社会にも大変動が迫っているはずであった。

一方、一九三〇年代には、のちに極東戦争に巻きこまれることになった多くの社会は、情勢の危機的な変化を促した国内外の経済的な力のため、もう一つの問題に直面していた。それは社会の多元性の問題である。そして、迫り来る戦争は、この問題の進展と人びとの考え方に対しても重要な影響を及ぼすことになった。

極東戦争前の各国内社会におけるこの多元性の問題も、ここではできるだけ広い角度から取りあげることにしたい。一般に「社会の多元性」といえば人種あるいは民族を異にする集団から成る社会に

＊ 丸山は、彼のいわゆる日本の「政治学の不妊性」について次のように述べている。「市民的自由の地盤を欠いたところに真の社会科学の生長する道理はない」。『現代政治の思想と行動』下、未来社、一九五七年、三八四ページ。

ついていわれる場合が多いが、ここではさらに広く解し、たとえば宗教、社会階層、性などに関しても取りあげることとする。つまり社会がなんらかの点で、ある大きさをもった部分集団に「分かれ」、価値観、忠誠心、政治意識のような基本的な面について調和と統合をはかっていくことが、各集団の主な課題となっている場合についていうのである。

各集団の大きさや性格には、たとえば宗教集団の場合のように非常に大きな違いがある。フィリピンのキリスト教徒と非キリスト教徒とのあいだの考え方や「文化の大きな違い」[99]は、当時はインドにおけるヒンドゥー教徒とイスラム教徒とのあいだの社会的対立ほど重大な脅威ではなかった。（ただし、インドのイスラム教徒にとってイスラム教は、のちのパキスタンの分離が示すような、政治的統一の決定的基準ではなかった）[100]。一方、ニュージーランドにおける約八万人のマオリ族（全人口の五パーセント以下）の地位は、アメリカにおける約一三〇〇万人の黒人の場合のような大きな反響を呼びおこす問題にはならなかった[101]。これらアメリカの黒人の地位は、ビルマ（一九三八年に人種間で暴動が起こった）におけるインド人の地位とはまったく性質を異にしていた（アメリカの黒人は「アメリカ国民」なのである）[*102]。またマレーやフィリピンでの経済的に強力な中国人の地位とも異なっていた（アメリカの黒人は『貧しい』アメリカ人だった）[103]。これらの例を通して顕著にみられることは、多元社会の利点よりもむしろ問題点だった。

アジアの地域では、この多元性は、一つには主として各帝国主義国からやって来て、フィリピンや香港でのように大多数の現地人の生活や関心とは無縁な特権的生活をおくっていた、少数の白人たちの存在によるものだった[104]。このような少数の白人の存在によって起こる複雑な社会の動きの例として、マレーをあげることができる[105]。両大戦のあいだマレーにいたヨーロッパ人の多くは、人種間の緊張は存在しないと強調したがったが、マレー自体に対する彼らの態度は矛盾したものだった。そこは「故国」とは考えられてはいなかった（東インドのオランダ人の場合は積極的な一体感がより広くいきわたっていた）が、母国での場合よりも高い生活水準や社会的地位を享受できた。母国は真の「故国」ではあるが、そこに帰ることは、彼らの多くにとっては社会的にも政治的にも有難くないことだった。しかし変化は起こっていた。それは、一つはより広い世界のなかの事件（とくに、一九一四～一八年戦争）、一つはもっと身近の出来事（たとえば、第一次世界大戦後のヨーロッパ人の流入）の影響によるものだった。その間、白人とアジア人とのあいだの文化的な隔たりが縮小した結果、皮肉にもかえって人種の区別が強調されるようになった。この問題に関する重要な研究の一つは次のように結論づけている。

ヨーロッパ人は、一方ではアジア人に自分たちの価値観を説き、自分たちの習慣や娯楽になじませようとした。しかし両者のあいだの距離がせばまってくるにしたがって、自分たちの独自性、つまり優越性に不安を覚えるようになった……かくして、公務員に関する一九〇四年の人種差別性だけが、理由づけはどうあれ、行政の面で、アジア人に対して優位を維持するための唯一の手段となった。[106]

＊ ガーヴィーの黒人分離主義の失敗、全米黒人向上協会や他の黒人指導者たちの分離主義に対する反対は、ほとんどのアメリカ黒人が自分たちの未来を——人種差別については別だが——アメリカと結びつけて考えていることを示していた。

このような白人の帝国主義的存在は、一方ではまた各社会のなかに、一般大衆と現地人の特権階級とのあいだのような別種の差別を生み、あるいはそれをいっそう大きくしていった。役人になるためには、結局はクアラ・カングサル大学を出ておかなければならないマレー人にとって、「社会的差別はどうしてもぶつからなければならない」経験なのであった。[107] フィリピンでは有力な地主階級はアメリカの政策実行の不可欠の手段だった。彼らのなかには、さきに述べたとおり、スペインのファランへ党員に近い政治的・社会的見解の持ち主がいて（彼らは日本の権威主義にもひかれていた）、その利害や態度は、土地を持たない貧農階級とは根本的に対立していた。すでに中部ルソンに高まっていたこれら貧農階級の抗議の声は、一九四二年には『フクバラハップ』運動に合流していった。[108] インドでは、アトリーが「茶色の寡頭政治」と名づけた大企業と一般大衆とのあいだに巨大な亀裂が横たわっていた。もっともインドの大企業家の場合は反帝国主義の政治闘争に参加していた。（「全体の結果を無視し、飽くことなく利益追求に走る個人主義にとって、現地産業資本家は手強い相手になるだろう……彼らは国民会議派のなかに、イギリス企業をさしおいて自分たちの事業の拡大を促進してくれる絶好のチャンスを見出した……」、民族主義運動に大きな共感をよせていたアメリカの一ジャーナリストは、インドを訪れ、一九四二年の日記にこのように書いている[109]）。

ほかにもまた、変革の要因になるような深刻な差別が存在していたが、それは外国の帝国主義とはまったく無関係だった。カースト制度、とくにインドの「不可触民」の地位がその例だが、これは日本の『ブラクミン』（一般に、隔離され下層民として冷遇されていた）の地位とある面では似ていた。[110] 中国における国民党支配の非効率、腐敗、圧制は、その党派的・階級的基盤から生まれたものではあるが、一つには中国の伝統的な政治風土から生まれたものでもあった。アメリカ教育を受けた中国人が、一九四一年に政府の要職に就いたが、その程度ではそれは変わりようもなかった。孔祥熙《こうしょうき》（オベリン大学、イェール大学）、宋子文《そうしぶん》（ハーヴァード大学）、顧維鈞《こいきん》（コロンビア大学）のような人びとは、一般の中国人とはまったく違っていた。それはおそらく蒋介石総統と一般の中国人との差よりも大きかった(111)。

革命的な暴力による以外、権力と上下関係の根本的な変動は起こりそうになかった中国国内の極端な亀裂は、ヨーロッパ北西部の植民地国家内部の分裂や対立とはまったく類を異にするように思われるかもしれない。しかし政治風土がまったく違っている点を別にすれば、フランス社会内の亀裂の深さは、中国社会内の亀裂とそれほど変わりはなかったといえるだろう。* 一九三〇年代の人民戦線や四〇年のドイツ軍侵入をめぐって生じた亀裂の大きさについては、ここで繰り返す必要はないだろう。なおフランス国内の対立について、「革新や資本主義に対する地域ごとの態度の違い」を強調する説のあることは注目してよいだろう(112)。

だが、一九四一年末の激しい対立抗争からもわかるように、フランスの場合はむしろ例外なのだ、とする意見もあるだろう。しかし、程度には明らかに大きな違いがあるにしても、第二次世界大戦前にはイギリス国内でも（その独自の政治風土のなかで）かなりの緊張状態が存在していたのである。長期にわたる失業ばかりか、ネヴィル・チェンバレンの厳しい社会政治哲学にも対応しなければなら

＊ 近代工業化社会への転換に関してゲルナーによって提起された問題（*Nations and Nationalism*, 128）、つまり「支配者は流動的社会、すなわち支配者と被支配者とが浸透しあって文化的連続体を形成している社会を運営していく用意があるか」という問題が、極東の低開発社会はもちろん西欧社会の一部にもなお残っているといえるだろう。

なかった人びとにとっては、第一の敵はアナイリン・ベヴァンの言葉のように、ドイツやイタリアのファシズムではなく、「内部の敵」だった[113]。当時のオーストラリア左派の同様の信念も、厳しさにおいてはこれに劣るものではなかった。一九三九年十月、労働党党首ジョン・カーティンはこういった。「外部の敵を打ち破るためとはいえ、内部の反社会的な敵に力を貸すべきではない」。そして、労働党は戦時連立内閣に加わるべきだと主張していたニューカスル主教にあてて、彼は一九四〇年七月に次のように書いた。

戦時連立内閣に加われば、人民と労働運動は自らの利益を代弁する機関をもたないことになる。結果は不満と内紛と政治的混沌がつづくことになるだろう……オーストラリアにおける労働運動はオーストラリア政治における精神的力である……われわれは、オーストラリアと、搾取や利益の追求に貪欲な勢力とのあいだに立ちはだかるのだ……オーストラリアのためなら、できることはどんなことでも喜んでするつもりだ……しかし反動と資本主義の党を支えるために、労働者大衆を見捨てることはできない[114]。

浮上する社会基盤の問題

ディズレーリは、十九世紀のイギリスを指して「二つの国民」と呼んだが、われわれは人種的、民族的な意味での「多元的」な社会[115]から、ディズレーリのいう意味での多元的な社会へと筆を進めてきた。同じようにして今度は、別の「多元性」の問題、すなわち他の多くの点に関してはそれぞれ非常に違った態度をとってきた各社会が共通にかかえている問題、たとえば女性の地位の問題に行きあたるのである。* それはたいてい、時代の前景というよりもむしろ背景に潜んでいた問題だった。そしてこの場合も、すべてに一つのモデルをあてはめることは、各社会独自の背景を考慮に入れないかぎり、まったくのこじつけに堕してしまうだろう。しかしながら、アメリカや西ヨーロッパで問われていた問題は、たんに女性の雇用の機会ではなくて、社会における地位そのものであるとすれば（シモーヌ・ド・ボーヴォワールは、一九三〇年代のフランスでの生活を次のように回想している。「私の立場」も「男と女が、截然とふたつに分かれた世襲的階級《カースト》を構成している社会における女」のそれだったと。一方、マーガレット・ミードによれば、両大戦間のアメリカでは、ルース・ベネディクトのような女性たちが「伝統的な地位の束縛を断ち切ろうと苦闘して」いた[116]）、それは、変化しつつあるアジア社会のなかでの女性の役割の問題と軌を一にするものであった。

インド、中国、日本の各社会では女性は伝統的に低い地位におかれてきたが、十九世紀の終わりごろから一九三〇年代末にかけての近代化と都市化の進行は、地域によっては、少数者のあいだからではあるが不満と反抗さえも生み出すようになった。ヨーロッパやアメリカに生まれた思想が、彼女らの要求の高まりに重要な役割を果たした。それらの要求のなかには、たとえば中国における纏足《てんそく》の廃止、日本における教育の機会均等、中国、インド、日本における結婚、離婚、財産に関する新しい法律の制定、ところによっては産児制限の導入や政治的解放の要求などが含まれていた。すでに一九二

* 人種的・階級的・性的多元性と偏見の問題には、ある共通の要素が存在するという主張は、女権論者の最近の著作によって知られるようになってきたが、それは次にあげるもののなかにも見られる。Philip Mason's essays on attitudes about empire and class, *Prospero's Magic*; Ashley Montagu's essay, 'Antifeminism and Race Prejudice : A Parallel', in his *Man's Most Dangerous Myth : the Fallacy of Race*, 186ff.

〇年代に全インド婦人会議（一九二七年）や日本の新婦人協会（一九二〇年）が設立され、第一回インドネシア婦人会議が開催（一九二八年）されたとは信じられないくらいである。インドでは女性の社会的地位に関する問題の重要性が、ガンディーやボースのような有名な男性政治家たちによって説かれた。一九二六年にフィジー諸島のある役人が、この太平洋の島々の情況について次のように記している。「今の女性たちが享受している自由は、古い世代をびっくりさせている」[117]。

もちろんアジアの国々では、これらの運動やその成果はきわめて限られたものだった。運動の先頭に立ったのは、女性のなかでも教育を受けたごく一部の人びとだった。そしてどの場合も、大衆の支持はまったく得られなかった。日本では、一九三〇年代の権威主義的な雰囲気、熱狂的な民族主義的雰囲気のなかで、極東戦争前夜には運動は事実上姿を消してしまった。他の地域でも、女性の地位を高めなければならないと信じていた人びとの要求は、当時の男性支配の政治体制のなかでたいていは不安定な限定されたものだった。たとえばインドでは、エバレット博士が強調しているように、女性の平等の権利という思想は「ヒンドゥー教の階層的世界観」に反するものだったし、また運動自体が、平等の権利を要求するものと、目標をたんなる「向上」という低い次元に置こうとするものとに分裂し、人間としての平等を強く主張しているガンディーにしても、女性が社会活動に全面的に参加することまでは要求しなかった。（「性の平等は職業の平等を意味するものではない」と彼は説いた）。一方、国民政府下の中国では、一九三〇年代には女性の教育の機会や経済活動の機会の拡大という考えは、国民党によっていちおうは支持されていたが、党の考えの中心を占めていたのは、「女性の神秘」というヴェールでおおわれた家庭における女性の役割だった。農村における女性の地位が動乱や災害のなかで少しでもゆらぎをみせようものなら、蔣介石夫人は、夫の顧問たちからあまりにも慎みがなさすぎる女、「社会の安定や家庭の平穏にとって危険」な「近代女性」として強い非難をあびる恐れがあった。中国共産党の支配下の地域においても、女性解放運動と党との関係は、エリザベス・クロールのいうように、「ぎくしゃくした、複雑な、ある点では対立する」ものだった。(118)

だがこの女性問題の面から当時の社会的な規範や価値のあり方が鋭く問われていたからこそ——中国やインドに比べて程度はずっと小さかったにせよ、日本においても——後章でみるように、総力戦の大動乱を通じて短期間のうちに社会改革の重要な発展をみたのであった。東インド、中国、インドでは、社会運動としての女性解放運動は、外部の圧迫者に対する民族の運動と結びついたかたちですでに政治運動化していた。インドでは、ガンディーのイデオロギー、とくにその非暴力の戦術は、エバレット博士によれば、「女性を鼓舞して公的活動に参加させ、社会福祉事業や民族主義者の団体に加入することに対する反対の声を打ち破った」。中国でも、スペンス教授のいうように、「女学校の増設……西欧の宣教師である教師たちや中国の改革者たちの影響、女性寄宿舎の設立、非纏足者の結婚促進のためのクラブの設立、中国人女性として初めて海外の大学を卒業した人たちの帰国、女性問題に関する雑誌や新聞の発行、西欧の女性解放運動指導者に関する書物やパンフレットの翻訳、これらすべてが当時の急進的な民族主義運動に貢献した(119)」。

「急進的民族主義」は、広い意味では極東戦争前の時期に、アジアのみならずヨーロッパにおいてもみられた政治上の一つの動きだった。東西にわたる動きのなかから、共通してみられる主張をいくつかとり出すことは可能である。だがそれらは、オーストラリアのカーティンとイギリスのベヴァンとを結びつけるようなものだけではない。また「自由主義的民主主義の衰退」をその一つにあげることは誤解を生むだろうし、イギリス中心的な見方でもあるだろう。この自由主義的民主主義は、それまでにすでに広く根づいていたわけではないのである。だがそれにもかかわらず、のちに一九四一年戦争に巻きこまれることになったアジアの数多くの社会でも、自由主義的民主主義に対して、それもこの主義を信じ希望を託してきた多くの人びとからすれば、そこには欠落していると思われていた自由主義的民主主義に対して、ますます激しい攻撃が加えられるようになってきたのは、戦争前の一つの重要な動きといえるだろう。ヨーロッパ社会についてはくわしく述べる必要はないだろう。自由主義にかわる十九世紀の哲学としての国家社会主義とマルクス主義、工業化大衆社会内部に存在する窮乏ゆえに自由主義に対して加えられた攻撃、第一次世界大戦によって自由主義が受けた大きな打撃、これらはよく知られているところである。ジェームズ・ウィルキンソンが書いているように、「一九三〇年以前に成年に達していた世代には、ヨーロッパの活力は尽きてしまったようにみえた」「西欧的価値に対する絶望」は高まり、ある者は共産主義に、ある者は保守主義や急進右翼に走り、なかには陰険な「知識人の裏切り」(*trahison des clercs*)*に陥る者もあった。そして、個人の価値に対する強い信頼の念、平和的変革の道にそった理性の力による社会改良を目ざした人びとの信念を打ち砕いた。[120]

このような信念は、極東戦争に巻きこまれたアジアの多くの社会には根を下ろしてもいなかったし、場合によってはまったく無縁でもあった。だが、かつては西欧の自由主義的民主主義の原理のなかに、自分たちの民族のための啓示と前進への道を見出した者や集団も存在していた。しかしここでも一九三〇年代には、幻滅が他の道を選ばせた。たとえば中国においては、西欧式教育を受けた孫文にしても同胞たちとともに西欧に対して大きな幻滅を感じ、最初は日本の急進主義が、[121]ついでソヴィエト共産主義が、共感と支持を寄せることのできるものを提供してくれるように思われた。日本においても明治維新以後、西欧型の政治構造を採用したにもかかわらず(憲法上の重要な特徴のいくつかは、ドイツをモデルにしたものであったことは意味深い)、ライシャワーによれば、民主主義は「確固たる制度的枠組みに欠け、広範な支持を情念や認識の次元でかち得るにはいたっていなかったのである」[122]。一方、東南アジアでは、第一次ヨーロッパ大戦の惨状ばかりでなく、孫文の目ざした方向や中国の民族主義が大きな影響を与えた[123]。一九三〇年代の東インドでは、すでにみたようにインドネシア人のあいだで日本の軍事的成功に熱狂する者が増えていき、一方で極端な右翼的傾向が白人社会の一部にあらわれた**。フィリピンではアメリカ側の言明にもかかわらず、民主主義の根は浅く、前にふれたようにスペイン型のファシズムと革命的な農民運動の双方が機をうかがっていた[124]。

われわれはさきに、アジアの地にあらわれた自由主義にかわる政治哲学のいくつかについてふれた。たとえば社会主義とファシズムの総合を目ざした、ボースのインドのための方策はその一つだった。これら反自由主義の教義のなかにも、アジア社会、ヨーロッパ社会に共通して見られる主張があった。一つはいうまでもなく、次第に有力になってきたマルクス主義に基づく分析と方策である。それは両大戦間のフランス政治の動きのなかに見られたし、東インドでスカルノが意図した社会主義、民族主義、イスラム教の統合の一要素としても見られた[125]。またフランスのインドシナ支配に対する主要な反対者[126]やビルマのタキン党[127]のなかに、そして中国における新しい政治意識の形成のなかにみられた[128]。(アジア社会は、とくにレーニンがマルクス主義に基づく根本的な変革計画の対象に取りあげたが、「アジア型共産主義」ともいわれるべきものの要素がすでに存在していた[129])。

---

* 基本的な自由主義原理に対する学者の裏切り。この言葉は、この問題に関するジュリアン・ベンダの有名な本の表題からとられた。四〇三ページ傍註***参照。

** 四五〜四八ページ参照。

以上の例からも明らかなように、マルクス主義は、ヨーロッパとアジアの民族主義と手を結んだ。*[130]だがこの民族主義は、もう一つの反自由主義的政治風潮の主要な構成要素でもあった。その反自由主義の教義とは、一九一七年に高まったマルクス主義に対する一般の恐怖と反感が、偏狭な排他主義的要素と結びついたものであった。各社会のなかの伝統主義者、保守的右翼は一致してあらゆるかたちの社会主義を非難した。十六世紀以来ヨーロッパ社会の基礎として発展してきた、彼らのいわゆる腐敗した物質主義と個人主義に対しても非難を加えた。そして一方では、彼らのいう、独自の、いきいきとした、ゆるぎないそれぞれの民族の特質を強調した。

極東戦争前のこのような動きは、たとえば一九四〇年にヴィシー政府を支持したフランスの政治家たちにみられた。それはフランス革命前、さらにルネッサンス前のフランス社会の姿に復帰することを目ざすものだった。彼らは過去を理想化し、秩序と義務をスローガンにかかげ、規律と精神的価値と社会的連帯に基づいた真に調和のある未来を思い描いた。ペタンは、目標は「外国の卑屈な物真似ではなく、真にフランス的な新しい秩序」でなければならない[131]と主張した。蔣介石は、中国国民のために同じような目標と方策を設定した。それは三民主義青年団が音頭をとり、「礼儀、正義、正直、自尊」の「新しい生活」様式によって、「民族の再生」をはかることだった。[132]日本では、森恪、大川周明らが、内にあっては民族の精神と繁栄の衰退、外にあっては国際的地位の弱化は、いずれも日本独自の価値と規律に復帰することによって改善されなければならないと主張した。大川の言葉によれば、それは「民族の運動による民族の改革」だった。[133]まったく異なった政治的・社会的背景をもつアメリカにおいても、一九三〇年代には、ローズヴェルトのニュー・ディール政策に対して、世界に例のないりっぱなアメリカ社会を作り上げた価値と美徳に対するけがらわしい裏切りだと非難した強力な集団、リチャード・ホフスタッターによれば「アメリカを取り戻し、決定的な破滅から守ろうとした」集団があった。[134] 彼らは内務長官ハロルド・イッキーズのようなニュー・ディール派を、「アメリカ・ファシスト国家の亡霊に取りつかれている」と非難した。[135]

このような心情と主張の持ち主にとっては、外部の敵は、陰険な「内部の敵」よりも、長い目でみれば、ある意味では危険性は少なかった。いきおい、外からの侵略者に対する彼らの態度は、どうしてもゆらぎがちだった。彼ら右翼保守主義者たちと狂信的右翼たちとのあいだには、その主張に大きな違いがあったが、狂信的右翼のほうは、その激しい民族主義感情にもかかわらず外国の同種の運動に賞讃を惜しまなかっただけに、右翼保守主義者たちはともすれば彼らに同調しがちであった。ヴィシー政府を支持した一派のなかには、勝ち誇ったドイツ軍と手を握る者もあらわれた。[136] 中国国民党のかつての幹部のなかにも、日本軍と手を結ぶ者が出た。蔣介石自身は東京と和解するところまではいかなかったが、一九四一年一月、彼の軍隊が中国共産党に対する戦いを再開したときには、日本との和解の可能性は現実的なものになっていた。[137]

侵略者に政治的に相呼応しようとした人びとは少なかったにせよ、すでに戦争は、一九四一年十二月以前にその傷跡を社会ばかりではなく家族や個人のうえにも残していた。しかし、このような状態の否定面だけをとらえることは、おそらく誤解を招くことになろう。たとえばイギリス社会では何年か混乱と分裂がつづいたのち、一九四〇年には、「土壇場のところで」一体感、誇り、目的意識が高

＊ 民族主義的分析と方策、それに対する人種的、あるいは人種差別主義的分析と方策、この両者のあいだには、もちろん緊張が潜んでいた。Anderson, *Imagined Communities*, 135-6.

まった。だが戦争の費用がすでに巨額にのぼっていた国もあった。日本の場合もそうだった。戦争を一つの制度として讃美すること（たとえば一九三四年に発行された軍のパンフレットには、戦争は「創造の父、文化の母」とあった）[138]は、一九四〇～四一年のころには多くの日本人の考えとは相容れなかった。当時日本では、不思議なほどゆるやかな検閲制度のおかげで、人びとは戦争の悲惨さを生々しく伝える映画を見ることができたし、[139]中国征服のための軍事費もすでに公表されていた。*

　中国人のあいだには、民族の主張に対して無関心な人びと、態度のあいまいな人びとも存在していた。一方、一九三七年以降の日本の侵略は、中国に大きな苦難をもたらした。多くの人びとが侵略者の忌まわしい残虐行為の犠牲となった。[140]戦争の全期間を通して、家を失った人は約四〇〇〇万人にのぼると推定されているが、すでに膨大な数の人間や施設や工場が日本軍の進撃を避けて移動し、社会的な大混乱をきたしていた。[141]朝鮮の農民のあいだにも、日本の対外膨張策によって窮乏が広がっていた。それは日本が米の輸入先を、朝鮮から新たに占領したフランス領インドシナに切り換えはじめたからだった。[142]一方西ヨーロッパでは、ドイツの支配とその収奪の苛酷さは、フランスやオランダの国民にはまだそれほどには感じられていなかったが、[143]多くの個人の生活環境は、すでに急激な変化をこうむっていた。空からの間断ない攻撃にさらされていた総動員体制下のイギリスの場合も、[144]また程度の差こそあれ、はるか離れた地からかなりの兵員を送っていたニュージーランドの場合も同様だった。[145]

　真珠湾攻撃前から、アジア、ヨーロッパを問わず戦争によって社会変化が促進されていた分野の一つは、政府と国民との関係だった。質・量両面にわたる政府統制の変化はその顕著な一例である。たとえばイギリスにおいてもまた日本においても、国家非常事態にあって、すでに大きな変化が起こっていた。一九三九年の非常大権（国防）法、一九四〇年の非常大権法、これに基づく行政機構の急速な拡大によって、イギリス政府は人員と物資双方の動員のための、ほとんど無制限ともいえる権限を握った。(「ほとんど」というのは、結局のところ政府は、依然として議会の支持に依存していたからである)[146]。日本では、一九四〇年九月に出された訓令に基づき、政府は部落会、町内会組織の整備に着手した。それは国民生活(経済面のすべてに及ぶ)の組織化ばかりでなく、国民の「道徳的錬成と精神的団結」をもはかるためだった。要するに、ある歴史家の言葉のように、「戦争中心体制にすべての国民を動員するための巨大な社会管理組織」をつくろうとするものだった[147]。一九四一年五月施行の国防保安法のような立法は、日本の政治風土と相まって市民個人の自由をほとんど奪い去った。しかしこのような新しい動きや、一九三八年に施行された国家総動員法の影響にもかかわらず、前に政権の性格について述べたことはそのまま依然として変わらなかった。東条のもとでも政府は、絶対的な独裁権力は持たなかった。経済の分野でも強力な各種利益集団が存在していたことは、完全な中央統制にはほど遠かったことを示している[148]。

　法律に基づく政府介入の増大は、ヴィシー政権下のフランスにおいてもみられた。一方、あまり目だたないが将来との関係からみて同じように重要な変化が、政府と社会の各階層とのあいだに起こっていた。たとえばアメリカはまだ参戦していなかったが、極東での国際危機の増大とともに、スタンダード・ヴァキューム・オイル社のような企業は、ワシントンにおける外交政策の決定にいっそう深くかかわるようになった[149]。すでにニュー・ディール政策によって政府の役割は増大し、ローズヴェルトは長期にわたる「帝王的大統領制」[150]の基礎を固めつつあった。そして、他の民主主義国に対する物

＊ 三八〜三九、一〇〇〜一〇一ページ参照。

資供給者*としてにせよ、戦争に対する準備が進められるにしたがって、企業は威信と機会を取りもどし、企業のなかの個人も一庶民の地位からワシントンの機構のなかに組み入れられることになった[151]。一方、ローズヴェルトの手になるニュー・ディールの提携が崩れはじめたとき労働組合の指導者たちのあいだで議論になったのは、この戦争経済への動きが、社会改革計画に大きな影響を及ぼすだろうということだった。そしてこの場合も、新たに採用された政策路線は、力と操作によるワシントンの介入、そしてそれに対する依存をますます増大させていった[152]。

戦争はまた、政府高官たちの国民全体に対する態度、政策目的と優先順位に対する態度にも影響を与えた。たとえばイギリス情報省の役人たちは、「階級意識」が士気に対する大きな脅威になるだろうと当初は懸念していたが、一九四一年末には、民衆は結局のところ勇敢で、逆境に直面すれば本来団結するものだと知って安堵の念をいだくようになった[153]。ロンドンの植民省についていえば、一九三九年九月以前でも、経済不況が、植民地の社会福祉問題への関心を大きく高めていた。もっとも一つには、窮乏が政治不安に火をつけることを恐れてのことではあった。一九四一年になってようやく支配的になってきた見解——最近のある研究のなかの言葉によれば、「政治が社会福祉への理解を示し、穏健な態度をとらなければ、植民地においては資本主義は存続できないだろう[154]」という考え——は、すでに一九四〇年の「植民地の発展と福祉に関する法律」に具体化されていた。同じ年の、アメリカに対する西インド諸島基地の貸与は、この問題を新しい国際的局面においた。(チャーチルとしては、西インドの福祉制度はアメリカ統治下の地域に劣っているとは思われたくなかったし、ワシントンとしては、西インドの黒人間の不満がアメリカ国内の人種不安に火をつけてほしくないと思っていた[155])。だがその一方でドイツの攻撃に直面し、英帝国内の資源を総動員する必要に迫られて、植民地も新しい統制と指令の網のなかに組みこまれることになり、「植民地体制はいっそう組織化され、植民地社会はいっそう規制を受けることになった」[156]のである。

戦争は、それに巻きこまれた数多くの社会のなかに、政府がよって立つ社会基盤の問題を浮かび上がらせた。たとえば日本では、国家危機の長期化という時局認識のために政党制の影は薄れ、一九三一〜三三年の満州事変以後はかわって軍部の力が圧倒的になった。反対にイギリスでは、ドイツとの戦いは「国民の戦い」だという信念が浸透し、それが複数政党による連立内閣の組織と、そのなかにおける労働大臣アーネスト・ベヴィンの決定的役割となってあらわれた。だが、オーストラリアとニュージーランドでは、「国民の戦い」という考えは浸透していたが、戦時内閣はずっと単独政党によるものだった。さきにみたようにオーストラリア労働党は、H・V・エヴァットが一九四〇年九月に、「戦争によって莫大な利益をあげようと目論んでいる勢力」と呼んだ階層、すなわちロバート・メンジーズとオーストラリア地方党政府を代弁者とする階層に対して、激しい敵意をいだいていた。一方メンジーズのほうは、一九四一年十月に内閣を組織したカーティンたちを「くず、ごくつぶしども」と見なしていた[157]。カーティンの新しい政府と軍の高官とのあいだにも、政治的に強い反感や不信の念が渦巻いていた[158]。元首と政府とが国外に亡命していたオランダでは、ドイツ軍の占領に対する人びとの態度はさまざまで、ゆれ動いていた。(たとえば亡命政府の最初の首相D・J・デ・ヘールは、一九四〇年九月に辞任したのち、ロンドンからオランダに帰国し、自分の行動を弁明しようとしたが、その態度は完全に敗北主義者だった[159])。だが一方では、政治組織の基盤自体を、とくに宗派によって

＊　アメリカの軍需品生産は、一九四一年に二八五パーセント増大した。

政治意識や社会活動に違いがあるような状態、国家を支える柱が分裂しているような状態そのものを問題にしようとする人びとがあらわれた。[160] 政治や労働運動を部分的な利害にとらわれないものに組織化しなければならないというのであった。

この戦争の目的は何か？ このような大動乱の後には何があらわれるのか？ いったいどのような長期の明確な目標があるというので、このような苦難と犠牲を耐えしのんでいるのか？ 極東では一九三七年から、ヨーロッパでは一九三九年から、このような疑問がすでに生まれていたし、すくなくとも情況のなかに潜んでいた。そして前章でみたようにこの疑問は、植民地国家の将来をも含めた国際的な問題にかかわるものだった。だがこれに対してしばしばいわれたのは、各社会が適正な状態となってはじめて安定した正しい国際秩序が創出されるということだった。一九四一年、歴史家アルフレッド・コバンは次のように論じた。「道徳的ニヒリズムの教義の前に国家が次から次へと屈伏していったことは、今日の西欧文明が拠って立つ原理が不適切であることの証拠である」。[161]『シドニー・モーニング・ヘラルド』は「戦後の再建にあたって中心となるのは国際的・社会的安全保障という考え方でなければならない……現実的な感覚からすれば、たしかにこの恐ろしい悲劇の原因は……失業にある」と論じた。[162] E・H・カーは一九四〇年に次のように書いた。「民主主義は、報酬の分配を第一義とする競争的制度から、より豊富で安価な物資の生産を目ざす協力的な制度に変わることによって、はじめて生き残ることができる……」。[163]

包囲下にあったイギリス、占領下のフランス、[164] さらに中国[165]やオランダ[166]の一部においても当面の事態への対処に追われながらも、総力戦下の経験から長期的根本的な社会変革の基礎を確立する必要が意識されはじめた。それはたんに左翼だけにかぎられたものではなかった。一九四〇年のロンドンには、そのような戦争目的を国内・国際両社会のために明確にしなかったことは、チャーチル内閣の誤りだと信じていた者がいた。オーストラリア高等弁務官ブルースもその一人だった。彼の演説草稿には、戦争の防止とともに、「人類の福祉のための生産力の活用と社会正義の実現」が含まれていた。彼は有力な政治家たちに次のように説いた。今要求されているのは、ヨーロッパの他の国々やイギリス連邦内の自治領を奮起させるような、イギリスの「国民的革命」であり、それは「国家の生産力としてすべての市民を共同の事業に組織し」、「最低生活水準の新しい定義」を設定し、「すべての市民に対し、有用労働のための適切な訓練と最大限の機会を与えることを国家の義務」として認めるような革命である、と。(167)

なかには、政府が認めようと認めまいと、根本的な社会的・政治的変革はすでに事実上進みつつあると信じていた人びとがいた。「大衆は動いている」というのが、ハロルド・ラスキがローズヴェルトに事態の説明として述べた言葉だった。(168)「戦争の硝煙の背後では大きな社会的諸力が動いている」と、アメリカの外交官ジョン・カーター・ヴィンセントは一九四〇年に書いた。彼の認識のように、動きは「反社会的な国家権力と反社会的な自由資本主義に対する激しい反抗」、「安定した少数者支配に対する被支配大衆」の反乱へと高まっていた。だから彼は、すでに第二章で述べたように、アメリカが「社会改革と社会目的」を自国のなかに確立しないうちに戦争に巻きこまれることを恐れた。それが戦争努力の波間に沈んでしまわないようにというのであった。(169)

自己批判と自信喪失

極東戦争前の時代を振り返ってみて、国際間だけではなく国内にも、大きさといい深さといい、大きな変革が進んでいたことを思えば、すでに見たように、当時自らの足もとの不安定さに気づいていた者が多かったことは驚くにはあたらないだろう。東インドのシャフリルは次のように書いている。

われわれの世代は今、多かれ少なかれ変化の過程にある。われわれには生活という概念がある、確信もある、しかしまだ成熟していない……歴史のこの時代は……混乱の時代であり、放浪と精神的苦難の時代である……われわれが属しているのは過渡期の世代である……[170]。

このような背景のもとでは、さまざまな国の「超国家主義者」たちがそれぞれ自分たちの社会の特質や使命を声高にうたいあげても、*時にはその底に不安感が流れていたことだろう。ある研究者が述べているように、日本における外国人排撃の叫びの陰には、「多くの俳優たちが舞台から桟敷に移り、ますます大衆社会の一員と化していく……」ことから生まれた「受け身と厭世」の感情が色濃くこもっていた[171]。極東戦争に巻きこまれた多くの社会に共通する著しい特徴の一つは、たんなる疑念ではなく、厳しい自己批判と自信喪失の念だった。インドの民族主義者のなかには、カースト制度を、『ボンベイ・クロニクル』のいわゆる「インドの文化と国家にとって紛れもない恥辱」だとした人びとがいた[172]。また独立闘争と国内の社会悪に対するインド民衆の態度を、国民会議派の政治家たちは「長年にわたる昏睡状態」と評した[173]。「インドネシア人民のなかの最も戦闘的な人びとも……やはりこの受動的な東洋の民衆の一人である」とシャフリルはいった。彼によると、一九三〇年代の日本の成功に**対するインドネシア民衆の熱狂ぶりは、白人に対する潜在的な「劣等感」の一つのあらわれでもあった[174]。一九〇〇年代や両大戦間の時期に、ヴェトナムの民族主義者は、独立は「民族性の変革と再生」、

「精神的復活」がなければ達成できない、と主張した[175]。マレーにおいても、二十世紀の初めごろ創刊された激しいイスラム主義の雑誌『アルイマム』が、「自己批判」に熱中した。そして一九二〇年代のマレーで教師になるために勉強していた青年たちは、自分たちが「国民としては、政治的には無能、経済的には不器用、文化的にも他に劣ると……心の底で信じ[176]」ていたと書いた***。

植民地支配下にある人びとにこのような態度を強いる特有の情況が存在していたことは明らかだった。長いあいだ「中華帝国」における民族の独自性と優れた文化を確信していた中国人[177]のあいだでも、イーストマンによれば、「中国人民にはもともと根本的に間違ったところがある」と感じはじめた人も多かった。一九三〇年代の中国は、時には「文化的絶望状態」にでも陥ったような「苦痛にみちた仮借ない国民的自虐の時代」だった[178]。偶像破壊者が反儒教主義を振りかざし、ある学者のいうように、「古い中国に痛烈な言葉を浴びせる」と、それだけマルクス主義が、西欧の挑戦に抗し自信を回復する方法としてますます魅力あるものになってきた[179]。

ヨーロッパ社会にも同じように強い自己批判意識をもつ人びとがあった。一九三四年、アンドレ・ジイドが自分の周囲に見たものは「嘆きばかり」、それと「奇怪な盲目」だったが、それは彼自身が

---

* 日本人やアメリカ人のなかからこのような声があがる一方、たとえばボースは十七世紀のイギリス、十八世紀のフランス、十九世紀のドイツ、二十世紀のロシアとならんで、インドが「近い将来の世界史において重要な役割」を演ずると考えていた。M. Bose, *The Lost Hero*, 105.

** このような心理過程に関する論議については、Mannoni, *Prospero and Caliban*, passim.

*** この点に関し当時のビルマの指導的な民族主義的政治家アウン・サンが戦後、ビルマ人の性格や資質に対して加えた批判は、検討の価値があるだろう。Maung Maung, *Aung San*, 141.

変わっていたからではなかった。彼のこの意識は「われわれの西欧文明（フランス文明、と私は書こうとしかけた）は最も美しいものであるばかりでなく、まさに『唯一の』文明……」という一九一四年五月の彼の確信とはまったくかけ離れたものだった。[180] 一九四一年十二月、フランスはドイツ軍の力とヴィシー政府の裏切りに直面して、抵抗運動の機関紙『コンバ』が指摘したように、「肉体と精神の同時」喪失の危険にさらされた。[181] ある秘密機関紙は、唯一の救いの道は「過去との完全な断絶のために」戦うことだと主張した。これはおそらくイギリスなどの多くの人びとが主張しようとしていたことでもあった。[182]

このように論じたフランス人や中国人にしても、その背景には彼らの、誇り高い民族の長い伝統があった。一方、オーストラリアでは、明確な一体感をもち、共通の目的意識を生み出すことのできるような、真に有機的な社会はまだできていないと思っている人びとがいた。極東戦争中も強く叫ばれたこのような主張は開戦前からすでに聞かれていたが、それは対独戦下にもかかわらず賃金値上げ要求のストライキなどが起こったからだった。一九四一年七月、『シドニー・モーニング・ヘラルド』は次のように論じた。

極東の事態が最悪の局面へと進んでいる今日、オーストラリアでは産業の面でも政治の面でも対立抗争が目立つというのは、じつに遺憾なことである。国の全力を戦争努力に集中することを妨げているこの不統一は、明らかに一部における現実感覚と責任感の不足、それと、直面する危険の本質に対する無理解によるものである。[183]

一九四〇年末にも同紙は「イギリス国民が今、一体となって再生の道を歩もうとしているのに、不幸にしてここオーストラリアではまだ一歩も踏み出していない」と論じた。そしてつづけて次のように述べ（政治的には保守的な性格の新聞であるだけにいっそう興味深い）、日本が間もなく極東において開始しようとしている戦争の社会的・国際的影響に人びとの目を向けようとした。

この戦争はわれわれの文明の物質的基礎をゆるがせ変えてしまうだろう、その結果、古くからの考え方や社会的・政治的偏見は、時代おくれの危険なものになるだろう。[184]

＊

前章では、「古くからの考え方」が国際社会のなかでいかに不適切なものになってきたか、またジェームズ・ジョルのいうように、急速に変化していく国際体制に対して「実践のうえでも理論のうえでも古い範疇を適用すること」が、いかに「ますます困難」になってきたかを見た。一九四一〜四五年戦争に巻きこまれることになった多くの社会の内部でも、物の見方そのものが差し迫った深刻な問題となっていた。そしてこの問題の理解は、本章の初めでふれた問題の理解と相まって、極東戦争の国内的・国際的背景に対する認識をいっそう深めてくれるのである。

極東戦争にいたる数年のあいだに、変革の規模ばかりでなくその速度も、多くの面にわたって増大してきていた。[185] フェルナン・ブローデルによって提唱された歴史的時間の区分、すなわち急速に動く「個人的」（あるいは政治的）時間、それよりは遅い「社会的」時間、そして最も遅い「地理的」時間（ブローデルによれば「人間にとっては、ほとんど変化のない環境の歴史」）の区分を採用するとすれば、現代は社会的時間の刻みが個人や政治的事件の動きに近くなってきただけではなく、地理的時間のほうも科学的発見や技術革新によって空間や自然的障害が縮小あるいは減少するにともない、動きを速めてきたといえるだろう。

　このような国内的・国際的情況のなかで、当時の人びとの考え方や認識のあり方が問われていたのだが、それはクーンの描いた科学的思考における革命の懐胎時期の情況に、ある面では似ているといえるだろう。[186] クーンによれば、そのような時期にはパラダイム（思考の枠組み）*がその時代の現象と問題にますます対応できなくなっている。（結果は「世界観の変革」、「問題と解決策、この両者の正否決定基準の重大な変更」である）。たとえばアインシュタインは、彼自身の研究に関連する大きな変革の前夜に、科学的パラダイムが不適切なために起こった混乱について、「地面が足もとから引きずられていってしまい、建物を建てることのできるようなしっかりした土台はどこにも見あたらない、そのような状態だった」と述べている。それは広い意味では、とくに一九一八年以後の国際情勢と国内社会の動きに注目してきた人びとの、これまでにあげた言葉とよく似ていることをあらためてここで指摘しておきたい。

　もちろんすべての面で同じというわけではない。たとえば社会や国家の構成、そのなかにおける関心のあり方や思考過程は、科学界のそれとは大きく異なっている。（社会的・政治的思想の基礎概念は、たとえば「エネルギー＝質量×光速の二乗」のなかに内包されているパラダイムが一般に受けいれられたために、急速に変わるというようなものではないだろう）**しかし国内、国際双方の社会組織に関していえば、極東戦争に巻きこまれることになった人びとのほとんどの場合、その足もとで地面が実際に動き出していたのであった。「人類は危機に直面している、そこでは古い方式は何の役にも立たない。すべてが大規模になりすぎた。物理学が心理学を用済みにした」(187) 一九三八年の終わり、イギリスの作家ナオミ・ミッチソンはこのように書いた。一方では古い価値と処方の絶望的な繰り返し、その一方では「新しい考え方」と新しい基礎が要求されている、そしてそのいずれもが知識階級の声だとしても、不安や危機意識はずっと広く浸透していたのであった。*** 極東戦争は、このような情況のなかで起こったのだということをわれわれは知らなければならない。戦争の過程そのものもまた、この動きを促進していったのである。

---

* クーンは、価値を共有し、特定のモデルを皆が信じている場合をあらわすのに、パラダイムという言葉を使っている。(*The Structure of Scientific Revolutions*, 180 ff.) 彼は中心的な論点は科学以外の分野から得たのだと強調している。したがって「それを借り戻す」ことはけっして的はずれではないだろう。

** J・G・ポコックが *Politics, Language and Time* (London, 1972) のなかで強調しているように、パラダイムは政治の舞台でもさまざまなレベル、さまざまな情況下にさまざまな機能を果たしている。彼自身は、クーンが科学者の世界について明らかにしたものとそれほど異質とはいえないような社会的過程について指摘している。「社会の自己認識の変革が広く浸透してくると、思考様式、行動様式も変わり、もう元に戻ることはなかった。だが今まで意識にものぼらなかったような、おそらく今後ものぼることはない伝統的な行動の多くはなお存在しているだろう。しかし変化したのは、社会が現在および将来の自己存在を意識する仕方であり、いったんそのような変化が起これば社会はもはや過去のものには戻らない」。(op. cit., 15ff., 239.) 十七世紀の「科学革命」が「科学的方法と宇宙論における革命だけではなく、大きな社会的・文化的現象」でもあったということは重要である。(*New Cambridge Modern History, Vol. XIII*, 250.) 筆者のように $E = mc^2$ についてなお解説を必要とするならば、J. A. Coleman, *Relativity for the Layman* (New York, 1954) 参照。

＊＊＊　D・G・マーは、一九二〇年代以後のヴェトナムの情況について次のように述べている。「当時世界のほとんどが重大な変革下にあった。最初は小波のように、次には大波となって、衝撃がヴェトナムにも伝わっていった……いまやヴェトナムは、世界史の一部分となった。それはかつて想像もされなかったことだった……前の世代のエリートを動かしたヴェトナムの独自性に対する根強い批判は、ついに大衆のうえにも重くのしかかる夢魔となった。経済的危機は国民のほとんどすべての階層の不安と苦悩を増大させた……」（*Vietnamese Anticolonialism, 1885-1925*, 253, 276.）情況は朝鮮においても同様だった。一九三〇年代のヨーロッパにあって、ノーバート・イライアスは次のように記している。「われわれがどのような動乱と危機のなかに生きているかは明らかである……それは構造的な力だ……それは、今も個人を絶えず恐怖と不安にさらしている緊張と混乱である。国家間の緊張は……個人に絶えず圧迫の増大と深刻な不安をもたらしている……各社会内の緊張についても事情は同じである……経済的な争いの場合も同じだ」。（*The Civilizing Process : State Formation and Civilization*, 329-32.）なお、「技術の異常な発達による変化――生活様式と価値体系に多くの不協和音をもちこんだ――に照らして、われわれの文化を批判的に再評価」する必要についてのマーガレット・ミードの一九四一年の評論（*Anthropology : A Human Science*, 97）と、そのような変化の精神的健康の面に及ぼす影響に関する彼女ならびに他の人びとによる研究（Mead, ed., *Cultural Patterns and Technical Change*, New York, 1955）参照。

第2部

戦いのなかで

歴　史

火事がなければ　地震があつた。
病気がなければ　いくさがあつた。
あひまあひまに　生活《くらし》があつた。
国はだんだん　大きくなつた。
世路はだんだん　嶮しくなつた。
ばらはだんだん　咲かなくなつた。

堀口大學

戦闘とは、支配的習慣をもって戦場を疾駆し、日に照らされてはラジエーターの蒸気管のように流汗淋漓《りゅうかんりんり》となり、雨に打たれては一片の金属みたいに身をふるわせ、こわばらせる、幾千ともしれぬ人間=機械の組織である。われわれは、もはや機械とあまり離れてはいない。

ノーマン・メイラー『裸者と死者』Ⅱ
（山西英一訳　新潮社　昭和四四年　一二二ページ）

第4章　敵に直面して

極東戦争は、実質的には一つの全世界的な戦争の一部分をなすものだった。したがって、インドからカリフォルニアにまたがる地域での軍事的・戦略的情勢の動きを概観するにあたっては、まずそれが、他の地域で繰りひろげられている枢軸国と連合国との戦いの進展によってどのような影響を受けてきたかを一瞥しておく必要があるだろう。たとえば一九四二年、ワシントンとロンドンは、ドイツ軍は北アフリカ沿岸を東進してカフカス山脈を越え、インドを横断してくる日本軍と西アジアの重要戦略地域で合流しようとしているのではないかと恐れていた。一方日本軍にしても、彼らに向けられる西側の──とくにソ連の──軍事力の規模は、ドイツとイタリアの命運に大きく左右された。（この軍事力のなかには、あまり目立たないが重要な要素──たとえば上陸用舟艇──も含まれていた）。他の国々、とくに中国にとっても、ドイツの対ソ戦の結果は、場合によっては極東問題にソ連が介入する可能性もでてくるような重要な問題だった。

ドイツとの戦争が長びくことは、ヨーロッパの植民地国家にとっても、東南アジア情勢との関係のうえで重大な意味をもっていた。フランスやオランダとしては、本国が解放されないうちは、極東の植民地から日本軍を追い出そうにもあまり積極的な活動は望めなかった。イギリスの場合も、一九四三年の後半には軍事力がピークに達し、対独戦争がそれ以上長びけば（アルンヘムのライン川橋頭堡確保に失敗したために長びいていた）、対日戦の最後の段階で重要な役割を果たすには、どうしてもアメリカの力に大きく依存しなければならなくなっていた。両半球における戦いの相互関連については、この他の面について次章以下でふれることになる。たとえば、オーストラリアとニュージーランドが地中海戦域に人員と物資を大量投入した結果、自分たちの領土と財産が直接極東戦争に巻きこまれることになったときに困難な情況におかれたこと、精神的な面では、イギリス軍の士気と名声が、一九四二年前半の地中海と東南アジア戦域での敗北に大きく影響を受けたことなどである。

戦略計画について検討する場合も、広く第二次世界大戦全体との関係で考えなければならない。この面での連合国側と枢軸国側との違いは大きかった。日本とドイツに関しては、両者間の協力や調整はほとんどいうに足りないものだった。[1] 相互協議や戦略資源の相互援助について一連の協定が結ばれたにもかかわらず、一九四二年における有利な情勢展開のなかでも、包括的な共同戦略はついに確立されなかった。両者は基本的にはそれぞれ独自の行動をとった。一方連合国側では、以下に見るような疑念と論争にもかかわらず、戦争全体が、経済資源の管理も含めた総合戦略に基づき、英米二大国のあいだにかつてみられなかったような協調関係のうえに立ってすすめられた。*[2] 敵の暗号解読による戦略情報の入手の点でも、ドイツ自体は一応成果をあげてはいたが、連合国側のほうがはるかに優位に立っていた。[3]

イギリスの戦いからアメリカの戦いへ

各交戦国それぞれの戦争指導機構の活動については、筆者の *Allies of a Kind* などの著作で検討されているので、ここではくわしく述べない。(4) だが、連合国側における戦争全体の指導の一側面について若干の注意が必要だろう。アメリカ側では、これはとくに極東戦争に対する姿勢に影響を及ぼす問題だと考えられていたからである。それは、純軍事的な意味での戦略の立案と、より広範な政治目的の追求との関係にかかわる問題だった。この点に関しアメリカ側では、政府の内外を問わず一般に次のように信じられていた。すなわちアメリカの戦略決定は、できるだけ短期間に敵を打ち破ることをもっぱらの方針としているのに対し、イギリスの戦いは本質的には「政治」戦争であり、当面の軍事的勝利は、長期の利己的な『要求』にくらべれば第二義的なものである、と。ジョゼフ・スティルウェル将軍の政治顧問は次のように述べている。

アメリカの軍人のほとんどは、戦争は軍人の仕事で……国際政治や国際経済のことにはあまりやきもきせずに、できるだけ早く片づけてしまわなければならないものだと思っている……ところがわれわれの同盟者にとっては、戦争の指導は全体的な政治経済政策の機能のなかの一つである。だから、政治および経済面での配慮が常に軍事面の論理に優先するし、時にはそれをくつがえしてしまうこともある。(5)

＊ 二大国間の協力は、西側民主主義国家とソ連との関係が基本的に疎遠であったことからいっそう深まった。一方、中国の国民政府は、とくにアメリカ側が拒否したために連合国側の主要戦略機構に参加することを認められなかった。(Thorne, *Allies*, 183, 319.) オーストラリアやオランダのような小同盟国が戦略問題に大きな影響力を発揮できなかったことについては以下に述べる。

アメリカ側がこの感*をとくに強くしたのは、ヨーロッパの「勢力均衡」に対するイギリスの関心、地中海問題（ヘンリー・スティムソンには、イギリスが地中海で「戦後のイギリス帝国の……基礎づくりに全力を傾注している」ように思われた）[6]、そしてとりわけ極東問題[7]、この三つに関してだった。それは、まんざら根拠のないことではなかった。チャーチルやイギリス外務省などが戦略問題を論ずるにあたって、政治的結果を念頭においていた例は数多くあげることができる。東南アジアの植民地を、太平洋でのアメリカ軍の勝利の結果ではなく、イギリス軍の努力によって日本の手から奪い返したいと望んでいたことは、その顕著な一例にすぎない[8]。これに対して、コーデル・ハルが国務省の部下に対し、戦争に入ったからにはわれわれの主要な任務は陸海軍を支援することだと強く主張したことは、ワシントンにおける最高戦略の担当区分を反映したものだった[9]。ヨーロッパ作戦の後半におけるアイゼンハワーの戦略決定が広い政治的見とおしに欠けていたように、極東においても一九四四年、四五年には、戦後の政治目的のために中国の地位を高めようとしたワシントンの意図と、中国戦域を舞台の袖に押しやったその戦略計画とのあいだには、大きな隔たりがあった。

だがこのように両者を対置させて描くことは単純すぎるし、誤解を招くことにもなるだろう。実際は、長期的な政治的考慮は、大西洋の東西両岸のいずれにおいても、戦略上の意思決定過程で多かれ少なかれ検討の俎上にのぼった一つの要因だった。イギリスにしても、それが常に決定的な問題ということではなかった。たとえば地中海戦域については、ロンドンの統帥部は「専門家としての冷徹な」態度で敵撃滅を最優先として戦略問題の検討にあたった[10]。極東戦争についてもイギリス外務省は、中国に対する物資援助やインドでの中国軍の訓練受け入れのような問題は、政治的な理由からではなく「戦略上、プラス」になるかどうか、戦争の終結を早めるかどうかにしたがって決定されるべきだと、作戦計画の立案者たちに助言していた。[11]そのうえ、たとえイギリス自身の希望がどうあれ、とくに日本との戦争の段階では、政治的打算をもてあそぶような力はイギリスにはなかった。一九四四年には、どの地域に政治的に重点をおくべきかという問題に関するイギリス政府内での議論の前に繰り返し立ちはだかったのは、アメリカに依存しないで独自に計画を立てることができるような力は、自分たちにはないという現実の姿だった。[12]マウントバッテンの東南アジア軍司令部内でも、参謀長自身がひそかに次のように記さざるをえなかった。「われわれは完全にアメリカ軍に支配されているというのが厳しい現実だ……彼らの物質的な援助がなければ……この戦域では何もできない……彼らが承認しなければ何も提供してもらえないし、そうなればすべての計画は、自動的におしまいだ[13]」。

一方アメリカ側でも、戦略立案にあたって政治的な配慮がなされなかったということではけっしてなかった。一九四四年、海軍の主張をおさえてマッカーサーの主張が通り、その結果、日本本土への進撃ルートのなかにフィリピンを含めることになったが、彼の主張は本質的には政治的なものだった。それは彼が「極東におけるアメリカの威信と将来の通商活動を……危うくする」ものだとして、南西太平洋地域の一部を、自分の管轄からイギリス司令官の管轄に移すことに反対したのと同様だった。[14]中国への陸上ルート再開のために北ビルマで作戦を展開するというワシントンの決定も、純軍事的というよりは、戦時、戦後を通じての蔣介石との友好関係の重要さを考えた政治的な配慮によるところ

＊ チャーチル自身の著書も含め、戦後イギリスで出版された第二次世界大戦に関する多くの歴史書にアメリカの熱狂的な冷戦論者が同調して、一九四五年、ワシントンが広大な中部ヨーロッパ地域でソ連を出し抜くことができなかったことを批判した。それがまたこのような考えをいつまでも残しておくことになった。

が大きかった[15]。

極東戦争中、連合国内部でも、戦略立案にあたって互いへの疑念と不一致がかなり多かったことは、以上で十分うかがい知れるだろう。一方日本においても、戦略立案過程における軍内部の各派間の争いは、戦争初期の勝利の時期でも激しかった。（オーストラリアへ進攻すべきか？　インドへは？　太平洋はどこまで進出すべきか？　来るべき北西方面の対ソ攻撃のために資源を貯えておくべきではないか？　等々[16]）。それでも一九四二年の前半までは興奮と自己満足の全般的な空気のなかで、争いながらも大勢に従うという態度が見られた。それは、手腕や決断の点では西側全体から軽視されていた勢力が、一九二〇年代以後の日本側に有利に展開してきた戦略的地位を利用したからだった[17]。

香港の急速な陥落はイギリスやアメリカの政策当局者には予想されていたことではあっても、イギリス海軍の『プリンス・オブ・ウェールズ』と『レパルス』が開戦三日にして日本の飛行機に撃沈されたことは、（今からみれば完全に予見しえたことではあったが）多くの人びとにとって、とりわけチャーチルにとっては、大きなショックだった。イギリスの地位と威信に対し、さらに大きな打撃がつづいた。日本軍はマレー半島を席巻したのち、一九四二年二月十五日、わずか一万五〇〇〇名の損失だけでシンガポールを落とし、一三万名を捕虜にした。時を同じくして行われた東インド諸島地域の攻略は、四月末に九万八〇〇〇のオランダ兵の降伏をもって終わった。その夏、イギリス軍はビルマにおいても（防衛に参加していたビルマ駐留の中国軍部隊とともに）敗れ、ただ一つ残っていた国民政府支援のための陸上道路、ビルマ・ルートは切断された。フィリピンでは日本軍に対して頑強な抵抗が行われたが、かねてからのマッカーサーの自信に満ちた言明にもかかわらず、アメリカ人とフィリピン人の混成軍は五月の第一週に降伏を余儀なくされた。当時日本は、実際はオーストラリアやインドへの侵攻を企図してはいなかったが、日本軍がニューギニアとソロモン諸島に上陸し、大型艦隊をインド洋に出撃させるにいたって、両地域でも深刻な脅威を感じはじめていた。

極東戦域で完敗に等しい敗北を喫しながらも、イギリス、アメリカ両政府は、アメリカ軍指導部が真珠湾事件前に（これは特筆すべきことである）イギリス側の意向とは関係なく独自に決定していた、戦略上の優先順位を再確認した。それは、連合国側の戦争努力はドイツ打倒を最優先とする、ナチ勢力が壊滅すれば「かならずイタリアは崩壊し、日本は敗れるだろう」から、というものだった[18]。だがこのような原則が設けられたとしても、アメリカの戦略指導の責任者たちが、真珠湾とフィリピンでの敗北の打撃に加えて、とくにバターン半島陥落後多くのアメリカ兵捕虜に対して加えられた理不尽な残虐行為のことを耳にしたとき、なおもこの戦略上の原則を守るかどうかは別問題だった。アメリカ国民の大多数も、ドイツよりも日本を「第一の敵」と考えた[19]。海軍作戦部長アーネスト・キングも、マッカーサーや他の軍官の要路の人びとと同じ考えだった。したがって、イギリス側がドイツに対する海峡横断攻撃作戦の延期をその開始前に主張して自ら苦境の種をまき、アメリカの軍事資源がますます太平洋方面に向けられるようになったのは、さして異とするにあたらないことだった[20]*。

オーストラリアとオランダ領東インドを包含した南西太平洋地域がマッカーサー（彼はフィリピン陥落前に脱出するように命ぜられていた）管轄下に入り、太平洋戦域は南方海域やニュージーランドを含め、作戦指揮と地域的戦略立案の両面にわたってアメリカの責任となった。（一九四二年の初め、

＊　一九四三年末には一八七万八一五二のアメリカ兵力が対日戦に向けられた。これは対独戦に向けられた兵力をわずかだが上まわった。艦船数は七一三対五一五、航空機は七八五七対八八〇七であった。

この地域に設けられたA・B・D・A［アメリカ、イギリス、オランダ、オーストラリア］合同軍司令部は、日本軍の急速な進撃の前に数週間たらずで崩壊した）。西側連合国と中国との連絡と補給の問題も、ワシントンの支配下に入った。要するにロンドンは、日本の脅威下にある二つの自治領に対する責任を放棄せざるをえなくなったと同時に、西欧諸国のあいだでは優位に立っていた中国における地位も、日本の攻撃が開始されたとたんに終わりを告げたということを認めないわけにはいかなかった。イギリスの手にゆだねられたインドからシンガポールにまたがる戦略地域においても、チャーチルはローズヴェルトに対し、物資の点では負担が「われわれの手に余る」ことを早々と認めざるをえなかった(21)。

オーストラリア、イギリス、インド、ニュージーランドなどのイギリス連邦の軍隊がこの地域で払ったなみなみならぬ努力とその成果*にもかかわらず、日本との戦争は、アメリカの戦争としての性格が急速に濃くなっていった。そして、一九四二年六月の（勝負のつかなかった前月の珊瑚海での遭遇戦につづく）ミッドウェー海戦で日本軍に敗北を与えたのは、アメリカの海軍航空部隊であり、これによって中部・西部太平洋の長期支配を目ざした日本軍の猛進撃は、事実上終わりを告げた。日本国民は当時この事実を知らなかった（当局によって慎重な手段がとられ、まだ次の勝利が約束されていた）**が、すでに彼らは敗北への道をたどっていたのである。

だからといって、それ以後連合国側は連戦連勝というわけではなかった。たとえばビルマでは、一九四二年から翌年にかけての主導権奪回のための一連の作戦は失敗に終わった。また、日本軍の大きな進出を許さなかったわけでもなかった。一九四四年四月から十二月にかけての中国における日本軍の「一号作戦」は最大の地上攻勢だった。彼らは長沙《ちょうさ》、零陵《れいりょう》、桂林《けいりん》を占領し、インドシナの日本軍に通ずるルートを開いた。[22] 一方、防御戦における日本軍の不屈の自己犠牲精神は、ミッドウェーの敗戦によって毫《ごう》も衰えることはなく、日本本土の上陸作戦では連合軍側はおそらく身の毛もよだつような莫大な犠牲を強いられるだろうと思われた。

だが一九四三年の春には、日本軍は急速に増大する連合軍側の戦力と主導権を前にして、広大な占領地域の防衛に苦闘を重ねていた。ソロモン諸島では陸と海での激しい戦闘ののち、同年二月、ガダルカナルからの撤退を余儀なくされた。ニューギニアではすでにそのとき、さきにオーウェン・スタンリー山脈越えのポート・モレスビー占領作戦に失敗したのち、悲惨な情況のなかで北部海岸のブナを失っていた。一方太平洋では、アメリカ軍は一九四三年十一月にはギルバート諸島、四四年初めにはマーシャル諸島へと、血みどろの大攻勢をつづけていた。このようにして、一つはニューギニアからフィリピンを目ざす、一つは北方の島づたいの、これら二方向からの進撃によって、日本本土は重

---

* たとえばニューギニアにおけるオーストラリア軍、ビルマにおける英印第一四軍。ビルマ作戦における日本軍の死者は一二万八〇〇〇であった。

** アメリカの損失、空母二隻に対し、帝国海軍は空母一隻を失っただけで、「太平洋に制海権」を確立したと放送された。日本側の実際の損失は空母四隻、重巡洋艦一隻、飛行機二〇〇機以上だった。アメリカは空母『ヨークタウン』を失った。The Manila *Tribune*, 11 June 1942. その後日本の海外宣伝は、敗北を勝利と偽ることがいっそう目立ってきた。たとえばオーストラリア向け放送では、沖縄では一九四五年春、『神風』特攻機がアメリカの空母一三隻、戦艦一五隻、巡洋艦四八隻を撃沈したと発表された。L. D. Meo, *Japan's Radio War on Australia, 1941-1945*, Melbourne, 1968, 87. 連合軍側でも、程度はずっと少ないにしても、不愉快な軍事的損失は公表されなかった。A. M. Winkler, *The Politics of Propaganda : the Office of War Information, 1942-1945* (New Haven, 1978), 49-51 ; Hilvert, *Blue-Pencil Warriors : Censorship and Propaganda in World War Two.*

大な脅威にさらされることになった。この作戦は、一九四三年十一、十二月のカイロ会議でイギリス・アメリカ合同参謀本部によって承認された。

だが、この決定によって、対日戦略計画をめぐる連合軍側の激論と動揺がなくなったわけではなかった。アメリカ軍内部においてもマッカーサーと海軍とのあいだには、さきに述べたような問題、たとえばフィリピンの奪回か、海軍側が主張するように直接台湾を攻撃するためフィリピンを迂回するかの問題をめぐって、意見の対立がつづいた。[23] 一方イギリス軍では、極東戦争のジレンマと欲求不満はいっそう大きかった。一九四三年八月の第一次ケベック会談において、ビルマ作戦における士気の高揚と勝利を目ざし、マウントバッテン卿のもとに新しく東南アジア軍司令部が設けられることになった。しかしそれも、ワシントンが援蔣ビルマ・ルートの再開を希望したこともあって、イギリス・アメリカの混合軍的性格を認めざるをえないことになり、アメリカ人が副司令官に任命（スティルウェル将軍）され、さらに同地域における「戦略問題に関し全般的な権限」を行使するのはイギリス軍の参謀長単独ではなく、合同参謀部ということに決定された。両軍のあいだではとくに北部ビルマ作戦と、レドから中国にいたる新道路建設の、どちらに重点をおくべきかで激しい対立がつづいた。アメリカ側では、イギリスの同地域における唯一の関心はイギリスや他のヨーロッパ帝国主義国家の植民地支配の再建にあると広く信じられていた。そのためもあって、蔣介石とそのアメリカ軍事顧問の同意なしに、フランス領インドシナとタイに作戦を展開する権限がマウントバッテンにあるのかどうかに関し、論議がいっそう激化することになった。戦争の最終段階においても、マッカーサーは、実際はロンドンではなくワシントンの提案だったにもかかわらず、オランダ領東インドのジャワその他の島々を、マウントバッテンの東南アジア軍司令部の管轄に移すことには深い疑念を表明していた。

（このとき北緯一六度以南のインドシナも東南アジア軍司令部管轄下に置かれた）[24]。

だが、イギリス軍にとって戦略上最大の問題は、日本に対する最後の決定的攻撃が開始される段階になっても、依然彼らは周辺地域に置かれたままになるのではないかということだった。一九四四年のロンドンでの議論が、ビルマからマレーへ東南アジア軍の作戦を展開することに重点を置くべきか、それとも日本軍に対する主戦力を南西太平洋に向けるべきかという問題にまで広がっていったのは、このような情況を背景にしてのことだった[25]。しかしアメリカへの依存は、どの道をとろうと避けるわけにはいかなかった。イギリス海軍部隊が、太平洋に展開しているアメリカ海軍の大部隊と共同作戦を行うにしても、あるいはイギリス空軍が太平洋の島々の基地使用を認めてもらうにしても（それによってはじめて日本本土の空襲に参加することができる）、そしてまたイギリス軍、イギリス連邦軍を一九四五年に計画されているマッカーサーの日本本土侵攻作戦に加えてもらうにしても、いちいちワシントンの同意を得なければならず、その度にアメリカに対する依存はますますあらわになってくるのであった[26]。

緒戦の惨めな敗北以後、日本を打ち破るうえでイギリスが果たす役割は――アメリカの目から見ても――薄れていった。カイロ会談以後の中国の場合も同様だった。（カイロ会談では、皮肉にも蔣介石の国際的地位は大きく高まったように見えた）。一九四二年には中国の人的資源と国土は、ワシントンの目には洋々たる展望を約束するかに見えた。しかしながら、スティルウェルが蔣介石総統のために近代的な軍隊の核を作りあげようと努力したにもかかわらず、結局、国民政府軍は北西部の共産地域の包囲にあたっていなかった部隊にしても、中国に居座った日本軍に対してきわめて無抵抗な動きを示すにとどまり、侵略者をおおいに悩ませたのはむしろ共産軍だった。中央軍以外は政治的な理由から、蔣介石によって物資の供給を拒否され、将校団には無能と腐敗が広がり、農民兵は苛酷な扱いを受け、あるいは放置されて士気は低下し、一九四四年の日本軍の一号作戦の攻勢を受けて国民政府軍の抵抗はほとんど崩壊に瀕していた。その年、ワシントンは蔣介石を促し、雲南から北ビルマに向けてやっとのことでささやかな作戦を展開させることができた[27]。

一九四四年夏にはアメリカ空軍は、中国基地から日本に対する長距離爆撃を開始した。だが新たに占領したマリアナ諸島の基地を使用するほうがより有利になってきたために、それもすぐに影が薄れてしまった。そのうえ、中国の戦略上の重要性がアメリカの政策当局者の目にも色あせてくるにしたがって、ソ連の重要性が高まってきた。これは、一つには日本が満州と中国北部に保持していた兵力に対する非常な過大評価から生まれたもので、それが頂点に達したのは、一九四五年二月ヤルタにおいてスターリンが極東戦争にソ連を参戦させるにあたって要求した代償に、ローズヴェルトがひそかに同意を与えたときだった*[28]。

一方ビルマ作戦は、連合軍の対日戦略全体のなかでは脇役的位置を占めるにすぎなかったが、それ自体としてはかなりの成功をおさめた。太平洋戦域で展開されている戦闘に匹敵するほどの苛酷な戦いのなかで、一九四四年の春から初夏にかけて行われた日本軍のインド侵攻の企ては、インパールとコヒマで敗れた。つづく英印軍による反撃作戦のなかで、ラングーンは一九四五年五月にウィリアム・スリム将軍の第一四軍の手によって占領され、日本軍と行動を共にしてきたボースのインド国民軍部隊**はほとんど壊滅してしまった。北部ではジャングルのなかでチンディト突撃隊の活動が一九四三年よりもいっそう活発に展開されていたが、スティルウェル指揮下のアメリカ軍によるミートキーナ占領によって、一九四五年一月にはレド公路が開通し、中国との交通が可能になった。(この道路は建設できると確信していた点ではスティルウェルは正しかった。しかし、より広い観点からすれば、イギリス側が懸念していたように、それは本質的には無駄な事業だった。この道路が利用できるようになったときには中国軍の役割はいうに足りないものとなり、補給も日本軍が海岸線の支配を放棄しはじめたために、間もなくすべて海上補給によることが可能となったからである)。

一方中国内では、避難情報組織の運営にあたっていたイギリス軍小部隊の手で、蔣介石よりもさきに香港を奪回しようという計画が、重慶駐在のイギリス大使とイギリス軍司令官の反対にあって実現できなかった。中国とアメリカの意見を無視することになるだけだというのであった。(現地のアメリカ軍司令官たちは、この種の行動に対してはいかなる場合もこれを阻止しようとした)[29]。日本軍に対する共同作戦に中国共産軍を利用しようという、いっそう野心的なアメリカ軍自身の計画も、延安にはアメリカの軍事使節が外交団とともに派遣されていたにもかかわらず、蔣介石と新任のアメリカ大使の反対にあって実行にはいたらなかった[30]。

だが、日本軍に対して最大の圧力が加えられたのは、太平洋戦域だった。日本軍は、一九四四年夏の半ばにはついにソロモンとニューギニアから撤退し、十月には極東戦争中最大の海戦ののち、フィリピンでマッカーサー軍のレイテ占領を阻止することに失敗し、翌年一月にはアメリカ軍のルソン本島進出を許すこととなった。一方、一九四四年夏、アメリカ軍の大機動部隊は、中部太平洋横断反攻作戦のなかでマリアナ諸島のサイパン、テニアン、グアムの島々を日本軍の手から奪回した。そして

---

* 三二〇～三二二ページ参照。
** 一九八、二〇三ページ参照。

翌年春には、『神風』自殺攻撃を受けながらもアメリカ軍は、狂暴な抵抗を排して硫黄島と沖縄の各島を占領し、いっそう日本本土に接近した。B29爆撃機はマリアナ諸島から日本に空襲を加え、一九四五年三月には、低空からの焼夷弾攻撃により日本の都市の広大な地域が火事嵐によって焼きはらわれた。(三月九日の夜から十日にかけて東京隅田川の流域、約四〇平方キロメートルが灰燼に帰し、八万から一〇万の人が死んだ[31])。

このようにほとんど無抵抗のまま空からの攻撃にさらされた日本は、一方ではアメリカ潜水艦によって商船隊が海底に沈められた結果、当時すでに近代戦遂行に必要な重要資源の供給をほとんど断たれていた。(一九四五年三月には戦争勃発時の所有船舶のほとんど九〇パーセントを失っていた)。しかし降伏に傾いていた要人たちは、このときにおいてもまだ最高指導部の戦争継続の決定をくつがえせる地位にはなかった[32]。この情況が変わるためには、沖縄失陥よりもさらに衝撃的な二つの事件が必要だった。八月六日、実質上アメリカ単独の決定[33]に基づいて原子爆弾が広島に落とされ、三日後には二発目が長崎に落とされた。その間八日にはソ連が宣戦を布告し、満州にソ連軍が進入した。

八月十四日に日本は降伏した。翌朝、一部の狂信的な軍人たちが放送を阻止しようとしたにもかかわらず、天皇は録音のラジオ放送によって、国民に対し敵国によって提示された条件を受諾しなければならないと告げた。「堪へ難キヲ堪へ忍ヒ難キヲ忍」ばなければならない、「戦局必スシモ好転セス世界ノ大勢亦《また》我ニ利アラス」。(ロバート・ビュートーのいうように、『敗北』、『降参』、『降伏』などの言葉は禁句」だった[34])。天皇はつづけた、戦争を止めることによって日本は国家として存続できるばかりではない、「人類ノ文明ヲモ破却」から守ることができるのだ、そして今日本国民に課せられた任務は、「国体ノ精華ヲ発揚シ」「世界ノ進運ニ後レサラムコトヲ期ス」ことだと。

終結を迎えたこの戦争も、降伏受諾の詔書によれば、日本だけの利益のためではなく、「万邦共栄ノ楽ヲ偕《とも》ニスル」ための一つの手段であった。詔書はこのように述べている。

曩《さき》ニ米英二国ニ宣戦セル所以《ゆえん》モ亦実ニ帝国ノ自存ト東亜ノ安定トヲ庶幾《しょき》スルニ出テ他国ノ主権ヲ排シ領土ヲ侵スカ如キハ、固《もと》ヨリ朕《ちん》カ志ニアラス

大東亜会議とカイロ宣言

東亜の安定の確保、世界の平和と万邦共栄の達成、これらは、一九四一年十二月八日に発せられた詔勅のなかで、なぜ事態の「已《や》ムヲ得サル」動きのために戦争に訴えざるをえなくなったかの説明として、日本の目的の一つにかかげられていた。* しかし戦争中も日本の公式声明は、戦争目的に関しても、また勝利獲得後どのような国際秩序の建設を意図しているのかについても、きわめて漠然としたままだった。一九四〇年九月の三国同盟条約には、日本の指導による「大東亜」の「新秩序」建設がうたわれた(35)。同年八月、外務大臣松岡は、「大東亜共栄圏」は（一九三八年の近衛公爵の「新秩序」に関する声明では、対象は日本、中国、満州だけだったが、それを超えて）「蘭印、仏印などの南方諸地域」を包含すると、公式に表明していた(36)。

だが共栄圏の具体的内容については、明らかではなかった。松岡の声明は「皇道の大精神」に則る

＊ 一八九四年の日清戦争や一九〇四～五年の日露戦争のときの宣戦の詔書とは違って、この宣戦の詔書には国際法の遵守の必要について故意に言及されていない、と家永（『太平洋戦争』一六二～四ページ）は述べている。

ことを強調しただけで、あとは経済面での協力の必要を訴えていた。占領下の中国においても、日本は——たとえばさきにふれた新民会をとおして——国際、国内両社会にわたって東亜の新体制を作る必要があると繰り返した。北支那方面軍が真珠湾攻撃直後に発表した、西欧列強に対する「思想戦争に関する大綱」では、さらに進んで新しい戦争を「旧秩序と新秩序との戦い、亜細亜解放のための聖戦」と規定していた。しかし、このような誇大な文句が正確には何を意味するのか依然明らかではなかった。開戦当初は南京の汪精衛傀儡政権にはイギリス、アメリカ両国に対する宣戦布告が許されなかったため、不安は消えるどころではなかった。汪政権は自ら宣戦布告することを望んでいた。それによって地位、それに力も日本軍側の期待以上に強まるはずだった[37]。

開戦後間もなく、東条首相が、ビルマやフィリピンが共栄圏建設への協力に同意するならば、彼らは独立できるようになるだろうと語ったとき、東京の意図はやや具体的に示された[38]。だがインドや朝鮮の場合は、そのような保証も与えられなかった。そしてさらに一九四二年一月、東条首相が「共存共栄の新秩序」建設に関する演説のなかで、日本がその「核心」をなし、他のアジアの各民族は「各々その所を得しめ」られるだろうと強調したことによって、すでに実際の場では明らかになっていた覇権主義的な関係がはっきりと浮かび上がってきた[*39]。

このような日本側の声明のなかにいくらか柔軟な態度が見られだしたのは、戦局が連合軍側に有利に大きく傾いてきてからだった。一九四三年一月、汪精衛は西欧諸国に対する宣戦布告を許され、中国の主権と独立の原則が尊重されることになり、占領地域における日本の治外法権は、上海の国際租界の管理権とともに南京政府に返還された。そして形式上は、（実情は違っていたが）中国北部全体の行政は汪精衛一派に徐々に移管されていき、一方東京では、重慶の国民政府とのあいだの平和暫定協定の要綱案が作られた(40)。一九四三年六月、東条はボースに──東京はかなりためらったあげくボースを受けいれることになり、彼はドイツから潜水艦で脱出してきた(41)──インドを独立させる意図のあることを表明した。そして同年十月、ボースがシンガポールに自由インド仮政府を樹立したとき、アンダマン諸島とニコバル諸島の行政権が与えられた。もっとも中国北部同様、実態は違っていた(42)。

この間、日本がアジア諸民族の支持をえようとして行った最大の公式行事は、一九四三年十一月に東京に召集された大東亜会議だった。満州、中国の傀儡政府の要人はもちろん、タイ、ビルマ、フィリピンからも代表者が出席した。（ボースはオブザーバーだった）。さきに南京と東京とのあいだで締結された同盟条約と同様、この会議もまた、「イギリス、アメリカに対する道義的な戦争のなかで日本のかかげる高邁な目的を鮮明にする」ものだとうたわれた(43)。東条は演説のなかでイギリス、アメリカの偽善を嘲り、その「平素唱道する国際正義の確立と、世界平和の保障」とは、実際は「欧州における諸国家の分裂抗争の助長と、亜細亜における植民地的搾取の永続化とに依る利己的秩序の維持」の追求であると非難した。それにかわるものとして、彼は「道義的精神」と圏内各国の「自主独立」に基づく「大東亜」の姿を聴衆に訴えた。さらに、この成果のもたらす影響はいっそう広範にわたるだろうと、次のように述べた。

そもそもの初めから、はるかに優れた文化が大東亜には存在していた。とくにこの文化の精神的

＊ オーストラリアも、共栄圏と新秩序のなかで「所」を得、幸福と繁栄を達成するようにと、日本の宣伝放送で呼びかけられた。Meo, *Japan's Radio War on Australia*, 57, 204ff.

な本質は……世界でもっとも卓越したものである。この文化を世界全体に広め……さらに豊かに純化することによって、人類を物質文明の呪縛から救い、全人類の繁栄に貢献することができると私は信じる。(44)

ここに述べられている「世界の進運」に対する関心は、会議によって採択された宣言のなかにもかかげられた。「人種的差別を撤廃」すること、「共存共栄」の原則に基づく大東亜各国の「経済発展を図」ることも同時にそのなかにうたわれた。このようにして会議では、極東戦争前の西欧、アジアの動きに関連して前章のなかで検討した考え方の一つが表明された。すなわち科学・産業の革命後、ヨーロッパとアメリカで発達した「物質文明」に対する幻滅感である。この幻滅感には人種差別に基づく不正、現在の西欧支配の国際秩序のなかに組みこまれた不正に対する強い憤りの念がこめられていた。だが一方、計画的な経済発展の必要が強調されたなかには、「近代的」西欧的な響きがあったのである。人類全体の「進運」を促進したいという希望のなかにも、それがあらわれていた。そしてこの希望の表明は、日本の戦争目的がさきに西側同盟諸国によって示された普遍的な原則にもそっていることを明らかにすることにより、日本の主張に対して広く支持を集めようという一部の日本の要人、とくに外務大臣、重光葵のような人びとの意図を反映したものでもあった。*(45)

一方、西側連合諸国の戦争目的、とくに極東での戦争目的は、以下に見るように、彼らのあいだで正確に一致していたわけではなかったし、各国民にとっても明確なものではなかった。だが大東亜会議が東京に召集されたときには、チャーチルとローズヴェルトが一九四一年八月に起草した大西洋憲章は、チャーチルが意図していたものよりもはるかに重要な意味をもつようになった。(46)それより前の同年一月、アメリカ大統領は健全な国際社会建設のための基礎となる「四つの自由」を宣言した。すなわち「言論と表現の自由」、「礼拝の自由」、それに十八世紀、十九世紀の古典的自由の規定を超えた「欠乏からの自由」と「恐怖からの自由」であった。そしていまやこの共同宣言において二人の指導者は、「世界のより良き未来のため」に自分たちの希望を託すことのできる「互いの国家政策における共通の原理」を示したのである。彼らは次のように宣言した。両国は「領土の拡大を求めない」、「自由に表明された国民の意思に反するような領土的変更は行われるべきではない」、「すべての国民が有する自分たちの政府を選ぶ権利」を尊重する、「すべての国家が……対等の条件のもとに、貿易

---

* 一九四五年四月の「東亜」諸国の大使会議では、経済的互恵主義、軍備縮小、平和的手段のみによる国際秩序の変更等、十九世紀的、ウィルソン的な自由主義的目標をうたった宣言が採択された。そしてインドネシアにつづいてインドシナの独立、全世界的な国際機構の枠内での地域的安全保障組織の設立が決議された。

入江教授のこの問題に関する注目すべき見解を考えると、次のことを強調しておく必要があると思われる。すなわち、東京のごく少数の官僚によって作られたこの一見自由主義的な国際主義的計画は、戦争前から戦争中にかけての日本の政治の全体の動きとはまったくかけ離れたものだったということである。「両国は現実認識のうえでは接近していた」というような主張のうえに立って、戦争の後半では「一九二〇年代のウィルソン的国際主義の共有」によってアメリカと日本の戦争目的は非常に近いものとなり、もし原子爆弾の使用がなければ両国は「国際関係のおなじみの枠組み」のなかで「世界の舞台に共演者として再登場」できただろうと論じるのは、歴史を歪曲するものである。(*Power and Culture*, 120, 133, 265 and passim.) 戦争目的の違いもさることながら、両国はかつて一九二〇年代の「ウィルソン的国際主義」を「共有」したこともなければ、「世界の舞台における共演者」だったこともなかった。ただ両者は、四五年の原子爆弾の使用の有無にかかわらず多くの点で三〇年代とは大きく変化した戦後の国際関係の枠組みのなかで、活動していかなければならなかったのである。

と、自国の経済的繁栄に必要な世界の原料資源の利用……の推進をはかる」（ただし「現在負っている責任は然るべく尊重しながら」――これはイギリスの帝国特恵関税問題に対する譲歩である）、「労働条件の改善、経済的進歩、すべての人の……社会的安全」確保のために国際的な協力を求める、そして、欠乏と恐怖からの自由達成のために侵略国家の武装解除が、すべての国家による「武力の使用の廃止」と「広範かつ恒久的な全般的安全保障体制の確立」にいたる前奏として行われるべきである、と。

チャーチルのその後の私的、公的あるいは直接、間接の反対にもかかわらず、憲章の原則は全世界に適用されるべきだと広く考えられるようになった。それはローズヴェルト自身の主張でもあったし、イギリス外務省幹部を含めた多くのイギリスの要人たちの考えでもあった[47]。いいかえれば、一部で提唱されているように、あらためて「太平洋憲章」が制定されなくても、真珠湾後の連合国の目ざすべき目標は、当然ヨーロッパの帝国主義国家がアジアにおいて存在しつづけることを許さないばかりではなく、アメリカに対しても、（それほど明確ではないにしても）他国の繁栄と安全や国際経済関係の基礎について根本的に新しい態度を要求しているように思われた。

「平和と安全維持のための……全般的な国際組織」設立という連合国の意図はまた、大東亜会議の直前、一九四三年十月のモスクワ宣言のなかにもうたわれた。それには、イギリス、アメリカにソ連が加わり、さらに注目すべきことに中国も参加した。この間、極東戦争に直接関係する動きとしては、チャーチルとローズヴェルトが同年一月、カサブランカで敵国の「無条件降伏」のみが戦争を終結させると宣言し、カイロでは蔣介石も参加して、日本は「暴力と貪欲によって得た」海外領土をすべて剝奪されると宣言した*。中国から奪われた満州、台湾、澎湖《ほうこ》諸島は中国に返還され、朝鮮は「やがて」独立するというのであった[48]。

日本政府は、このカイロ宣言はある意味で、ワシントンがとくに中国の国民政府に対してきかせた鼻薬（国民政府が望んでいた戦略的援助は与えられなかった）だと思っていたが、それは正しかった。そしてソ連がこれら極東問題に関する討議には参加していないことに彼らは安心していた。十月にソヴィエト外相モロトフが、ドイツが降伏すれば対日戦に参加すると約束したことも、ローズヴェルトがすでに樺太と千島列島を日本からソ連に割譲してもよいと考えていたことも、彼らは知らなかった。東条は、カイロ宣言は敵側指導者の基本的な利己主義と偽善を再度明らかにしたものであり、彼らは日本を含むアジアの搾取拡大に狂奔し、その格調高い原則も西欧諸国の植民地を手放すような実際計画に裏づけされていないと非難した。いずれにせよ、各国民はカイロ宣言と大東亜会議の声明を対照することによって、どちらの側に明るい建設的な希望をよせることができるか、十分知ることができたのである[49]。

敵側の本質的な利己主義というこのような主張とならんで、日本の宣伝戦**のなかでは連合国同士の利害の衝突が強調された。日本に協力的なマニラの新聞『トリビューン』は、アメリカの狙いはとくにイギリスと国民政府を犠牲にして「世界を支配する」ことだと主張した[50]。イギリスはアメリカの利益のために海外領土を奪われ、ワシントンの意思に服させられるだろう、オーストラリア人もアメリ

＊　イギリス側にとってこの宣言は、一つにはアメリカ側の一部に存在していた疑念、すなわちドイツの敗北後は対日戦の遂行はアメリカにまかされるのではないかという疑念を晴らすためのものだった。
＊＊　敵に直接向けられた日本の宣伝。第三者を対象とした日本と連合国双方の宣伝については次の二章でそれぞれ別個に検討する。

カの堕落した帝国主義的計画が自分たちに向けられることを警戒していると、ある宣伝文書には書かれていた。[51] 東京は、西欧の両大国（「アングロサクソン国家」）は同盟国中国を搾取しているだけであり、中国と日本の長いあいだの戦争の悲劇（「日本国民は、中国人を兄弟だと思っている」）[52]も、蔣介石が合理的な基礎に立って交渉しようとしさえすれば、終わらせることができると必死になって宣伝した。[53]

日本側のこの種の希望と努力がもっとも熱心に向けられた相手は、ソヴィエト連邦だった。そしてかたや共産主義国、かたや「アングロサクソン国家」、この両者の「まったく相反する」利害と目標を強調することに重点がおかれた。「双方を満足させるような協定はありえない」、ドイツを打ち破った連合国の代表が「よりいっそう、互いに不信の念をいだきながら」ポツダムを去ったとき、シンガポールの『昭南新聞』はそのように主張した。[54] そしてのちに見るように、一九四五年四月、モスクワが一九四一年の両国間の中立条約を破棄する意思を明らかにしたにもかかわらず、とくにドイツ降伏後は、ソ連に働きかけることによって戦争終結のための基礎条件を受諾可能なものにしうるだろうと、素朴なしかも大きな信頼をひそかによせていた。[55]

日本が西欧敵国の士気をくじこうとしても、また分裂させようとしても（東京の主張では、とくにアメリカ国民が戦争の無益さと犠牲に幻滅を感じてきているというのであった）[56]。ソ連に対する申し出と同様、それは無駄だった。しかし、日本の戦意をくじこうとする西側の宣伝戦組織の大きな努力のほうが、より功を奏したともいえなかった。*[57] 戦争初期には、日本に大敗北を与えさえすれば（日本人は「各国民から嫌われ」「誰も親しくしてはくれない」と「繰り返し説きつづける」ことによっても）[58]、その士気を打ちくだくことができるだろうとか[59]、天皇を軍国主義者の手から救えという訴えが日本国民全体に対して効果的だろうとか[60]、最後には「日本の主要な政治家や軍事指導者」は「優れた現実主義者」ぶりを発揮して降伏するだろうなどと期待されていた[61]。だがそうではなかった。「無条件」降伏の要求も、結局この点では効果がなかった。一九四五年の春ごろ、ワシントン政府(この問題もまたほとんどアメリカ専決の問題となった)は、日本の少数の要人たちによって行われた平和の打診は日本政府全体を代表するものではないと思っていたが、それは正しかった。事実、六月八日の東京での御前会議では、徹底抗戦の決定がはっきりと下された[62]。七月二十六日ポツダムで発せられた連合国の対日宣言のなかでは、天皇個人や天皇制の将来について――ワシントンやロンドンの政府閣僚や高官のなかには、この問題に言及すべきだと信じていた人がかなりいたにもかかわらず――何もふれられていなかったことも、日本政府のなかでもはや絶対に和を請うべきであると確信していた一部の者にとっては不利だった[63]。

戦争終結に向けて双方が大きく動き出していたときに、(八月十日付の日本側の覚え書きに対する回答のなかに、ワシントンは天皇制の存続を認める字句を挿入した)広島のみならず、長崎までも原子爆弾によって灰燼に帰した。この手段に訴えるについての、アメリカの支配的な動機は、日本本土進攻に際して予想される莫大な死傷を避けたいということだった[64]。ワシントンの政策決定者のこのような配慮は、潜水艦による日本本土の封鎖や通常爆弾による都市攻撃の効果にもかかわらず、それまでの上陸作戦での日本軍の激しい抵抗ぶりから見れば、うなずけないことではない。だが、最初の原

* 沖縄作戦では、心理戦活動が日本の軍人と民間人合わせて一万人以上の(異常に高い)投降をもたらした(Winkler, *The Politics of Propaganda*, 142)が、一方、アメリカのラジオ放送は「日本人の心に大きな影響」を及ぼしたということである。(Kase, *Eclipse of the Rising Sun*, 213)。

子爆弾投下につづく二発目の使用は、敵降伏の可能性が政治的にかなり強まってきていたときだけに、真珠湾事件以来ずっとアメリカ自身によって表明されてきた国際道徳の高邁な原則とはまったく相容れない行動だといわざるをえないものだった。*

極東戦争への関心と無関心

恐るべき新兵器が日本に対して使われたことを全世界が知ったとき、日本の敵側のあいだでもその反響はさまざまだった。たとえばカナダ首相マッケンジー・キングは、この爆弾が投下された相手がヨーロッパの「白色人種」ではなく、アジアの人間だったことにひそかに安堵の息をもらした。(65) アメリカ国民のあいだでも(一九四四年末に行われたギャラップ世論調査によれば、アメリカ国民の一三パーセントは戦争終結時に生き残っている日本人は皆殺しにすべきだという意見だった)(66)、かなり多く——おそらく五分の一は下らない——が、「日本が降伏の機会をつかまないうちに、この爆弾をもっと落とすべきだった」という意見であった。(67) 一方、イギリス外務省極東部(原子爆弾の存在については事前には何も知らなかった)は、それによって連合国側の主張に傷がつくようなことになればまことに遺憾であると激しく抗議した。そして日本にあらかじめ爆弾の性能の詳細を知らせて最後通告を発したのち、どうしても必要とあれば、全市民が疎開したあとの都市に示威宣伝として投下したほうがよかったのではないかと主張した。(68)

極東戦争のなかのこの事件一つを取りあげても、その反響について述べようとすれば、前の各章で当時の人びとの考えについて述べようとした場合と同様の難しさに直面する。(69) 戦争そのものの解釈にしても、ネルーの場合に見たように相手によって変わることがある。一九四一年から四五年のあいだに、人びとの認識も重点のおきどころも時によって大きく変化した。この間にそれぞれが経験したことや目にしたことは、実にさまざまだった。時にはそのあいだに際立った対照が見られた。たとえば（国民性や政治のことは別にしても）激しい空襲下におかれた神戸の主婦と、サンフランシスコの主婦のような場合である。**一つの社会のなかの小さな同質の集団においても、個々の経験に大きな違いのあるケースが見られた。たとえばロンドンの郊外でも、息子がシンガポールに出征していたり、あるいは娘が日本の捕虜収容所に抑留されたりしているような家族と、ドイツだけを敵と考えているような家族とでは、極東戦争に対する態度が大きく違ってくるのは当然だった。またインドネシアの民族主義者の場合、今回の戦争に対して、とるべき道は二つあった。一つは、いわゆる「経済戦士」にしたてられて、日本人のために海の向こうのぞっとするような情況のなかで働かされ、事実上忘れ去られてしまうことであり、一つは、故国にとどまって一九四四年に日本軍がスカルノに結成を許した奉公会に入り、東インドに抵抗の精神を培って、一九四五年にオランダ人が戻ってきたときにはその精神で迎えることができるようにすることだった。(70)日本軍に捕らえられた西欧人のあいだでも、各人の経験ばかりか敵に対する認識も大きく異なっていた。フィリピンに居住していたあるアメリカの女性は、フィリピンの収容所における看守と被抑留者との関係について「お互いが好感をもっていた」と書いているが、(71)他の「金網のなかの女性」にとっては、双方のあいだにかわされるものは本質的には監視側の残忍さと、それに対する憎悪でしかなかった。

* ロナルド・スペクター（*Eagle Against the Sun*, cap. 21）は、日本に対する無制限の潜水艦による攻撃と民間地域の無差別爆撃は、戦前のアメリカの言明とは矛盾するものだと強調している。

** このように生活水準の大きな相違が関係する問題については三四六〜四八ページ参照。

ここで、戦時中の人びとの見解や認識に見られる主要な特徴のいくつかにふれておくことも必要だろう。そのなかには、すでに真珠湾攻撃の二、三年前から見られ、戦時中もそのまままつづいていたものがあった。極東の戦いに向けられた関心の程度は、各社会によって大きく異なっていた。アメリカ人の大多数にとっては、日本との戦争は第二次世界大戦の中心をなしていたが、イギリス人にとっては「真の敵」はドイツだった。アンガス・コールダーによれば「対日戦争は、極東で戦っている者の家族はもちろん別として、イギリス国民にはそれほど深く意識されてはいなかった。シンガポール陥落のときを除いて、イギリス軍の進撃も敗退も、本国ではあまり騒がれることはなかった。対独戦争での戦死者二三万五〇〇〇に対し、日本との戦争では戦死者は三万にすぎなかった[72]」。ある将校は本国での休暇を終え、東南アジア軍司令部に帰任したとき、次のように書いた。「イギリスでは、自動車や鉄道で国中を旅行し、ロンドンや他の大都市にしばらく滞在したが、どこに行っても一四軍や、ビルマのことについては、恐ろしいほど何も知られていなかった[73]」。

イギリスの政治家や役人たちも、極東問題にはほとんど関心を払っていなかった。チャーチルの目もヨーロッパと大西洋の問題に注がれ、外相イーデンも、インド以東の世界のことはほとんど知らないことを自分でも認めているようであった。「政府のどの部署も、対日作戦のことにはあまり関心を示さないし、関係もしていなかった」と、一九四二年五月にある外務次官補は書いている。翌年、東南アジア軍参謀長がロンドンを訪れたとき目にしたものは、『あいつら』ときたら……極東問題はまったくそっちのけにして、ヨーロッパのことに……かかりきりになっている」ような状態だった[74]。占領下のフランスやオランダにおいては、当然ながら、はるか彼方の極東問題への関心はいっそう低かった。ドイツ軍の手からフランスが解放されても、また一九四五年三月、インドシナのフランス軍が日本軍から攻撃を受けたときでも、それは変わらなかった[75]。

国民のあいだに極東戦争に対する関心が広く行きわたっているように見えた場合でも、かならずしも知識や見通しがそれに伴っていたわけではなかった。真珠湾攻撃の五カ月後、中国問題やインド問題がしばしばアメリカの新聞の見出しを飾っていたときでも、アメリカでの標本抽出調査によれば、六〇パーセントの人が世界地図のうえで両国の位置を指すことができなかった[76]。それどころか一九四二年九月のギャラップ世論調査（結果は秘密だった）では、四〇パーセントが「この戦争はどういう戦争か」知らないと答えた。同年一月の別の調査では、大西洋憲章のことを耳にしていたのはわずか二三パーセント、憲章にうたわれた項目の一つでもいえると答えたのはその三分の一にすぎなかった[77]。アメリカ人兵士のあいだには「理想主義がほとんど見られない」と公式報告は述べており、その後の研究によれば、『フォーチュン』誌がこの戦争を十字軍としてではなく、たんなる『必要悪』として描いていたのも、一般の態度を反映したものであった。アメリカ国民のあいだに戦争に対する幅広い「高邁な」認識を植えつけようとした戦時情報局のなかの理想主義者たちも、早くもこの点に関して「上部の支持がない」ことに気づいた。（その後、歴史家ブルース・カトンは次のように述べている。政府は「目的地もはっきりしないまま、腰までつかり四苦八苦しながら沼地をわたってい」た。このように「戦争の基本目的に関するあいまいさ」が払拭できないために、役人たちは辞任したり、あるいは自分の仕事をいっそう狭く解釈するようになっていった[*78]。

戦場にある日本の兵士にしても、ヨーロッパ戦域のことや、そこでドイツやイタリアが演じている役割について関心を抱いているようには思われなかった。自分の国の戦争についても、一九四二年に南西太平洋地域で戦死したり戦傷を受けたりした兵士たちの日記や手紙のなかに普通に見られる考えは、「偉い人たちが戦争に踏みきった以上、きっとうまくいくのだ」という、それだけのことだった。(79)アメリカの外交官ジョン・エマソンが、のちに日本の捕虜に尋問したときも、日本政府が表明した広大かつ「高邁な」戦争目的に対する彼らの態度は「冷ややか」だった。日本国内においても、すくなくともある日記作家の見るところによれば、一般市民の関心は、国家の大義よりも自分自身の問題にもっぱら向けられているようであった。(80)

したがって、極東戦争に巻きこまれた人の大部分が、この戦争を広い見とおしと理想のもとに眺めていたという見解には、にわかにうなずくことはできない。しかし見逃してはならない重要なことは、日常生活のなかで戦時下の危急事態の対応に忙殺されながらも、同時に広い目で事態を見ていた人びとが、知識階級だけではなく「普通の」男女のなかにも、かなり多く存在していたということである。その一つの好例は、軍需作業に志願したランカシャーの一主婦の公刊された日記のなかに見られる。情勢に対応する彼女の姿は、以下に時々引用されることになるだろう。(81)彼女、ネラ・ラストにとって戦争とは、頭上のドイツの「悪魔の飛行機」のお相手、火災の不寝番、大幅に供給の減った食糧で家族の食事をまかなうこと、これらをうまくこなしていくことだった。だが同時に、イギリス社会の本質と将来、目の前に行われている戦いの目的、人類全体の前途について考えさせてくれる機会でもあった。ソロモン諸島のブーゲンビルで敵の再度の来襲を待っていた日本陸軍のオオクマ少尉の場合も、その日記に記されている考えや事柄からうかがわれる幅広いものの見方は、「しかるべき変更を加えれば」ランカシャーの一主婦と同じものであった。

昭和十九年九月十三日、ただ一つ心配なのは金甌《きんおう》無欠の歴史を持つ大日本帝国が今敵の攻撃にさらされていることだ。何とかしなければならない！　東京が危ない！……わが方が攻撃に転じ、日章旗がこの南海の空に翻る日を見るまで、生きていなければならない。日章旗がはためくのを見ればこの苦しさは喜びに変わるだろう。一日も早くわが飛行機を見たい！

九月十四日、日本軍のなかでも、飢えてくれば古い友情が壊れてしまう。誰もがいつも自分の飢えをみたそうとしている。これは敵の攻撃よりもずっと恐ろしい。われわれ同士のなかで忌まわしい戦いがつづけられている。戦争に敗けているというだけで、こんなにも精神の力が堕落するものなのか？[82]

歪められ強調される「敵」の姿

各交戦国政府は、人びとの認識の程度に関係なく「この戦争はどういう戦争か」について、自国民に対して（他国民はもちろん）あらかじめ用意した見解を熱心に説いた。だが政府自身の、あるいは政府後援のこの種の活動のたびに、露骨で単純な情報や見解が流されたということではなかった。たとえば、太平洋問題調査会がアメリカ政府から委託を受けて極東戦域へ出征するアメリカ兵士のために作成したパンフレットは、時には公平に欠けるところがあったにしても、広く歴史的な話題あるい

＊　イギリスにおいても、情報省国内情報班の一九四二年三月の秘密報告では次のように述べられている。「国民は戦争目的について明確な理解はもっていない……あるのはあいまいな考えだけで、今までに得たものの保持という考えと、正邪の観念とのあいだでゆれている」。（McLaine, *Ministry of Morale*, 149）オランダ人のあいだでも当初は戦争に対する長期的な見方はごく限られていた。Leurdijk, *The Foreign Policy of the Netherlands*, 76.

は当時の話題を取りあげ、知識と理解を深めようとしたものだった。* しかしながら公式宣伝はたいてい、戦争の背景や敵の性質に関して、露骨な、大きくゆがめられた、あるいはまったく間違ったイメージを植えつけようとしたものだった。もちろんこれは、ある程度は意識して国民の気持ちをあおりたてようとしたものである。とくにチャーチルなどは、日本軍が連合国側の捕虜に対して加えた残虐行為——けっして捏造や誇張ではないが——を広く知らせることによって「日本人に対する憎悪の念が生まれ」、イギリス国民の努力を極東戦争に向けさせるようになるとひそかに信じていた。一方日本においても、とくに連合軍の反攻が始まってからは「敵愾心をかきたてる」必要が強く叫ばれた。(83)

日本国民に知らされる戦争関係の情報は、ミッドウェー海戦について見たように、当局の厳重な管理下に置かれていた。日本放送協会も同盟通信社も、事実上政府の道具だった。映画会社は、「国民意識高揚のための全体計画」のなかの一翼を担うことを求められた。とくに学童に対しては、支那事変の年から始まった徹底的な教育計画にしたがって、「大日本帝国の道徳的原理」が教えこまれた。そのなかには、長期にわたる軍事訓練、日本の最近の行動の正当化を内容とする教科書の頻繁な改訂、「個人主義、自由主義、功利主義、物質主義」のような西欧的悪に対する徹底的な攻撃が含まれていた。(84)

敵には深い精神的・道徳的素質が欠けているという主張は、双方の公式宣伝のなかで繰り返されただけではなく、広く一般にも信じられた。日本側ではとくにアメリカ社会が繰り返し軽蔑の対象となった。「西欧文明」は「名前だけは文明だが精神的価値を失い、物質至上主義にこり固まっている……崇拝するのはお金と、お金で買えるものだけで、人間性のなかでいちばん大切なものを養うことはまったくないがしろにされている」というのであった。(85)

金もうけはアメリカ人の人生の唯一つの目的である。金をもうけてぜいたくな暮しをし、妻や娘たちに無駄な高い教育を受けさせ、よけいなおしゃべりをさせている。本当の文化に欠けていることは、ジャズが好きなことでもわかる……アメリカ人は殺伐な開拓時代以来ずっと野性のままである。強盗、殺人、誘拐、ギャング、賄賂、汚職、黒人のリンチが今もつづいている。政治、経済、労働、スポーツは不正だらけだ。性関係は自動車の発達とともに乱れてきた。離婚が大はやりだ……アメリカは科学、発明などの創造的活動には優れている……だが外面は文明化していても、中身は腐敗と退廃だ。(86)

緒戦で日本がいち早く大きな勝利をおさめたことから、西側軍隊の惨めな姿は根本的な退廃のあらわれだといいふらされるようになった。東京での喜びぶりを目にしたある外国人の意見によれば、このような考えは、日本人の心の底にある「劣等感」を倒錯したかたちであらわしたものだった。(87)一方西側では、この日本の勝利によって、日本の戦闘力を低く評価していた戦前の考えを早急に根本から

＊ 三一六～一八ページ参照。太平洋問題調査会のパンフレットのなかには次のようなものがあった。*Know Your Enemy: Japan; Our Far Eastern Record; China, America's Ally; Meet The Anzacs.* 同アメリカ支部ではアメリカ中の学校のために膨大な教材を用意し、さらにラジオ番組や、とくに労働団体に貸し出すための日本に関する映画を用意した。当時同支部が主張したように「仕事は……無限で――しかも期待は大き」かった。*IPR in Wartime: Report of the American Council, 1941-1943* (New York, 1944); *Windows on the Pacific: Report of the American Council, IPR, 1944-46* (New York, 1947).

改める必要に迫られた。ジャングル戦の場合など、日本兵は「超人」とまでいわれるようになり、戦場にある連合軍の指揮官たちにとっては士気に関する重大問題となった(88)。

だがそれと同時に、日本の不意打ちを機として西側政府、とくにワシントンでは、「日本人の性格」に対する評価は、徹底して否定的なものになった。そしてそれはある面で、日本政府の行動を反映したものだった。極東部長から「第一級」と評された内部報告書のなかで国務省の一役人は、民族としての日本人の「文化的劣等性」、「精神的貧困」、「抽象的正義の意識の性格的……欠落、正、不正についての無感覚、真の道徳感の欠如」をあげている。この報告書の結論によれば、日本人は「ずうずうしくて、うぬぼれの強い成り上がり」者で、「鎖国状態から抜け出て」以来、「物質的利益、私欲、虚栄以外には何も目標を持たない」国民、他に類を見ないほど「従属民族や隣国の人からは憎まれ、世界全体からは不信の目で見られ、嫌われ」ている国民だった(89)。宣伝戦のなかでしばしば強調されたところによれば、日本人には「強い群居本能」があり(90)、「ヨーロッパ的な規範」は彼らにはまったく無縁のものだった(91)。

そのうえ、西側における日本人像は、何よりも軍国主義的・侵略的色彩に色濃く染めあげられていた。アメリカ映画『汝の敵・日本を知れ』の解説によれば、日本人は「狂信的な国民」、「神道の狂信的教義」を信奉し、「二枚舌と裏切り」の技をみがく『武士道』の伝統を誇りとする国民だった(92)。これはたんに一般民衆に対する宣伝の言葉ではなかった。たとえば国務省の日本問題の専門家の一人、ジョン・エマソン（戦後かなりたって出版された彼の回想録では、調子はいくらか違っていた）は、一九四二年の初めごろ、一連の秘密報告のなかで、日本は「昔から戦いと兵士を讃美して」きたと強調し、次のように書いている。

支配者のあいだの収賄汚職の話は、昔からつきない忌まわしい物語である……しかし日本の民衆は、高い地位にある人びとの贈収賄の話には妙に無関心である……真の支配者は、日本の『政府』として世界の前に立っている精巧な機構を、陰で操る少数の野心的な戦略家や軍国主義的市民たちの一派である。この政府は国民に支持されている……日本語の視覚的なあいまいさは、『日本精神』の模糊とした定義づけのためには格好の手段である。日本精神はどのような詩的イメージをもつ言葉で表現されようと、容易に、国家の公敵に対する侵略を、神聖な目的で飾るための道具になりうる。狂信は日本精神から生まれた。そこでは理性と正義はほとんど出る幕がない……日本は西欧的な知識をねじまげて、残忍無法な帝国主義の型にあてはめた。太平洋を平和な海にするために物資、発明、創意、好意的な提案、これらのすべてがアメリカから日本に伝えられた。それを自分のものにしながら、平和を公言し、裏では計画を練り、戦争を始めた……彼らはわれわれから得たものをすべて悪用したのである。(93)

交戦国双方は、互いに相手を「非文明的」、侵略的とよび、同時にその残忍さを強調した。日本側は戦争当初から西欧諸国の残忍さを——たとえばインドやインド人に対するイギリスの態度について(94)——口にしてきたが、戦局が連合軍側に有利になってきてからは、それがとくに声を大にして叫ばれるようになった。一九四三年、竹田中佐は次のように書いている。

アメリカの歴史は血にまみれている。ピルグリム・ファーザーズは清教徒としての教えを忘れ、アメリカ・インディアンを虐殺した。つづいて黒人を奴隷にした……黒人たちは今なお、クー・クラックス・クランのような組織からむごい仕打ちを受け、リンチは日常茶飯のことである。フィリピンにおけるアメリカの歴史は残虐行為の長い物語である……ハワイやアメリカ西海岸の日本人移民の成功はアメリカ人のねたみの的になり、移民の制限や、他の反日宣伝をひき起した……大東亜戦争の勃発にあたっては、日本人居住者は乱暴に狩り立てられ、侮辱的な待遇をうけ、犯罪者扱いされた……戦場においても、日本人捕虜は残虐行為を受け、蒸気ローラの下敷きにされた。あらゆる国際法規に反して日本の病院船一〇隻が攻撃をうけ、無防備の漁船が敵の潜水艦によって攻撃された。このような残虐行為を止めさせるには、アメリカ人を皆殺しにする以外、方法がない(95)。

だがこのような非難が頂点に達し、「あらゆる人びとの生命、幸福、権利、利益を完全に無視」し、日本人戦死者の頭蓋骨を、記念にアメリカに送るような冒瀆行為を犯す「アングロサクソンの近代的野蛮人」とまでいわれるようになったのは、日本の都市に対する爆撃が開始されてからだった。(この日本人戦死者の頭蓋骨に関する非難は、フィリピンへ派遣された教皇使節の口から出たものだった(96))。*

一方、日本軍の残忍性は、生命軽視の狂信性とともに、戦争当初から西側の宣伝や通俗読物のなかに描かれてきた。ここでも、戦争の進展とともにそれが強調され、過激になっていった。ワシントンやニューデリー政府は最初いくらかためらったものの、西側の威信が他のアジア人の目から見てこれ以上低下するのを懸念し(97)、一九四二～四三年に一般市民の抑留者や捕虜に対する日本軍の残虐行為の詳細を発表した。**そして連合軍が日本軍の占領地域に進撃するにしたがって、それはよりいっそう詳しいものになった。激しい抗議の声がとくにアメリカ（とりわけバターンの死の行進について）、オーストラリア、ニュージーランドで起こった。*** 一九四四年初めの『シドニー・モーニング・ヘラルド』の主張は、その典型だった。

この恐ろしい事実によって、アジアの覇権をねらう民族の本性はついに暴露された。日本人はこれまでもしばしば残忍で油断がならなかった。彼らの残虐行為の物語は、身をかがめた野獣のように太平洋の白い隣人に襲いかかる前に、おびえ震える中国の国土全域に血をもって書き記された。

＊ 日本兵の遺体の一部を酒の席でもてあそぶことは、作戦中のアメリカ兵の一部に見かけられた。「記念品」のなかには、太平洋の島々で死んだ日本女性の身体の一部があった。（M. P. Motley, ed., *The Invisible Soldier: The Experience of the Black Soldier, World War II*, Detroit, 1975, 78, 103）ヴェトナムにおいても一部のアメリカ兵の野蛮性を示す同じような行為がある。この点に関しては Drinnon, *Facing West* 参照。アメリカ海兵隊の一帰還兵の鋭い反省については、S・ターケル、『「よい戦争」』中山容他訳、晶文社、一九八五年、七九ページ参照。

＊＊ 日本軍が連合軍の戦争捕虜を軽蔑したのは、降伏を武人の最大の不名誉とする倫理の反映でもあった。一九四二年一月に日本陸軍省によって公布された規定では、捕虜になった帝国軍人には死刑が科せられた。一方戦場での兵士には、もし負傷して敵の手に落ちるようなことがあれば「意識の回復しだい速やかに自決せよ」と教えられていた。W. W. Mason, *Official History of New Zealand in the Second World War: Prisoners of War*, Wellington, 1954, 188. 個人の場合の影響や、日本および連合国の記録にあらわれた例としては、三五五～五六、三七六ページ参照。

＊＊＊ 日本軍が人間をモルモットとして細菌戦の実験に使っていたことは、当時、西側では知られていなかった。そして戦後もしばらくはアメリカ当局との共謀で明らかにされなかった。'How Japan Planned to Unleash a Plague', *The Guardian*, (London), 2 April 1982.

しかし今までは、少なくとも無力な捕虜の扱いに関しては、自らがその一員に加えてもらいたがっていた文明国の例に倣うだろうと思われていた……しかし今日、仮面はついにはぎとられた。戦前の日本が外の世界に向けていたにこやかな優しい顔つきは、いまやどこにも見られない。かわってあらわれた、ずるそうな猿のような顔は、東京のラジオがわが兵たちの降伏をあざけったとき、——まるで日本軍に虐待、拷問、殺害の権利が与えられたかのように——ぞっとする笑いにゆがんだように見えた……。*(98)

したがって日本を敵とする兵士の多くにとっては、この戦いは最後まで戦い抜かなければならないものだった。ニュージーランド労働党の機関紙の言葉を借りれば、「マオリ族の一人が土を一つかみつかんで、『これが東京だったのだ』というまで、またアメリカ議会にあてたチャーチルの言葉によれば、「日本の都市や軍事施設を満足のいくまで十分に焼きつくし」てしまうまで戦いはつづくだろうと思われた。(99) 一九四五年八月には西側一般に広くいきわたっていた考え、さきに述べたアメリカの世論のような考え、すなわちオーストラリアの一新聞の言葉を借りれば、「この残忍な民族……武器のうえでも、欲のうえでも、兵士たちを十二分に訓練した民族に原子爆弾を使用することは……まったく正しい……彼らは敗北を受けいれようとはしないから」**(100) という意見は、このような情況のなかから生まれた。そして日本が降伏したとき、占領軍とともに日本に到着したオーストラリアやニュージーランドの軍人や新聞記者たちは、「媚びるような笑いを満面にうかべ、ばかていねいに頭を下げ、なんとかご機嫌をとり結ぼうと奴隷のようなへらへらした態度」で迎える人びとを目にし、戦場での実態にその歓迎ぶりを重ねて見て、ますますこの連中に不信の念を「いだくようになった」。(101)

要するにどちらの側にとっても、敵は悪の化身、「暗黒の国」、「誤った信念」にかられた人びとだった。(102) またこのような敵の姿が広く宣伝されたために、一九四一年以前に見られた人種的偏見が、新しい、しかもさらに残酷なかたちで、前面に出てくることになった。つまり敵は異質の、下等な人種に属するものだと頭から決めつけられていたのである。

現代の総力戦のもとでは、敵を十把ひとからげにして烙印を押すことは、たとえ真実をゆがめるにしても、ごくあたり前の現象だと主張されるかもしれない。(103) しかし第一次世界大戦では、ドイツ軍はベルギー市民を虐殺した「野蛮人」と呼ばれていたにもかかわらず、西部戦線のイギリス軍兵士のあいだではドイツ兵に対して多少は仲間意識が存在していたのである。そこでは、一九四一〜四五年戦争で太平洋戦域におけるアメリカ海軍の著名な指揮官の一人、ウィリアム・ハルゼー提督が、立ち向

---

* 捕虜たちのなかには、少数だが「真の日本精神をふみにじった軍隊の、あまりにも原始的な性格」を哀れむ人びともいた。ラウレンス・ファン・デル・ポストは回想している。「われわれは……日本人が非常に気の毒に思えてきた。まるでわれわれのほうが自由で、彼らのほうが囚われの人——心の奥深い『秘密の土牢』のなかに自分を閉じこめている——のようだった」と。*The Night of the New Moon* (London, 1970), 36-7, 134.

** たとえば、エロル・フリンの映画『ビルマを目ざせ』(*Objective Burma*)（一九四五年一月アメリカで封切り）の一場面では、アメリカの一従軍記者（架空の）がアメリカ軍将校の惨殺死体を見て叫ぶ。「これが文明を自称する国民の仕業だ。文明だと！　やつらは自暴自棄の道徳的白痴だ！　鼻つまみの小野蛮人だ！　一掃してしまえ、地球上から一掃してしまうんだ！」と。興味深いことにアメリカ軍の研究によると、「太平洋戦域に投入された古参将兵たちの日本軍に対する態度は、ヨーロッパ戦域に投入された古参将兵たちのドイツ軍に対する態度にくらべ、より復讐心が強かった」が、「アメリカ本国で訓練中の兵士や、ヨーロッパでドイツ軍と戦っている兵士の日本軍に対する感情にくらべて、日本軍と戦闘中の兵士たちの復讐心は、目立って弱かった」。Stouffer et al., *The American Soldier : Combat And Its Aftermath*, 157.

かってくる「下等な猿ども」をもっと殺して、「猿肉」をたくさん作れと、部下をいつも督励した[104]ような情況になることはなかった。第二次世界大戦では、アメリカやカナダの宣伝文書、映画、漫画は、ヨーロッパ戦線に関するかぎり、主としてヒトラーやムッソリーニ個人が対象だった。しかし極東戦線の場合は、日本国民そのものが邪悪なけだものとして、攻撃の対象となった。ドイツ系、イタリア系の人びとはたいていの場合、迫害の対象にはならなかったが、日系人は、次の章でさらにくわしく述べるように、アメリカ西部軍管区司令官デ・ウィット将軍の下した宣告に基づいて抑留された。(抑留中にすっかり健康を害する例がしばしば見られた)。一九四三年、彼は「ジャップはジャップ」だといって釈放に反対したのである。*

イギリスにおいても、ドイツ人はナチズムの悪のために文明状態から脱落した国民だと公然といわれてはいたが、日本人に対しては、ある研究によると、「まるで新しく発見された新種の動物にでも使うような言葉」が一般に用いられていた。[105] この「新種」に対するイギリス人の態度が時に「あざけり笑い」になってくると、** ハルゼー提督が使った種類の言葉、アメリカ、オーストラリア、ニュージーランドでは毎日のように使われた言葉が、しばしば用いられるようになった。たとえばハロルド・ニコルソン(もと外交官で作家、当然人柄の点ではハルゼーとはまったく違った人物)は日記のなかで、日本軍の初期の勝利を苦々しげに回想して「猿ども」と書いた。[106]

要するに大多数の白人にとっては、極東における戦争は明らかに、「猿に似た小さな殺人者」、「悪魔の顔と悪魔の精神をもった小男」相手の戦いだった。とくにオーストラリアやアメリカの多くの人びとにとっては、オーストラリアのポスターに出ていた、「われわれはずっと日本人を憎んできた」のようなスローガンは、おそらく彼らの本当の気持ちの反映であった。それは、たとえば戦争の終わりに『シドニー・デイリー・テレグラフ』によって主張された次のような考えについてもいえることである。同紙は、この敵を無害なものにするためには、「頭ではわれわれの文明が生んだ技術や知識を理解しながら、心は棍棒を武器とし、雷は神の声だと信じている未開人同様の野蛮な精神の……二〇〇〇年の遅れをとり戻す」ことが必要だと主張した[107]。

「日本国民は、近所の狂犬同様、撃ち殺す必要がある[108]」、「アメリカの残虐行為をやめさせるには、アメリカ人を皆殺しにする以外に方法はない[109]」、この二つの宣伝文句は、表現も内容も非常によく似ている。もっともローズヴェルトが、（スミソニアン博物館の自然人類学主事の示唆をうけて）日本人の「邪悪さ」の原因は頭蓋骨の形が白色人種のものよりも発達が遅れているためだと信じていたような、肉体的な人種差別[110]は、日本の側にはあまり見受けられなかった。しかし日本の宣伝者たちには、「日本が急に西欧文化のなかへ引き入れられたために生まれた劣等感」だといわれるような感情が共通して見られた***。

一方戦前の時代に関連して述べた、民族としての独自性・神聖性への日本人の信仰のなかには、もともと人種差別的な面がひそんでいて、それが一九四一年から四五年のあいだに大きく目立ってきた。それは、たとえば日本の炭坑や工場で「事実上の奴隷」としてやとわれ、しばしばひどい虐待をうけた多くの朝鮮人****に対する扱いの底に流れていた[111]。白人についても、捕虜に対する態度や、ずるい悪魔

* 三七〇～七二ページ参照。

** 情報省の映画 *War in the Pacific* (1943; Imperial War Museum film archive, No. CVN212) のなかでは、当時の北アメリカ、オーストラリア、ニュージーランドではほとんど普通になっていた――イギリスでも一般に使われていた――「ジャップ」ではなく、「ジャパニーズ」が使われていたということは興味深い。

（この言葉は一九四二年の東京空襲後に使われた）、「白猿」、「あらゆる人間性を失い、日本に対して残忍な非人間的復讐をとげようと狙っている肉食獣」というような宣伝文句のなかにそれがあらわれていた。[112]

「生存」をかけた戦い

もちろん敵の性質に対する認識は、戦争そのものの性格や起源に関する見解と結びついていた。いったん戦争が起こった場合、この点に関してどのような変化が起こったか――普通は意識されていないが――を検討することは、興味あることである。たとえばすでに見たとおり、アメリカ駐日大使ジョゼフ・グルーは、一九四一年十月の娘あての手紙に書いているように、間際まで日本との危機は戦争なしに「切り抜け」られると信じていた。しかし一九四三年末には一般向けの演説のなかで、この戦争は、日本の政治を支配している「ギャングども」、「ずっと以前から戦争を望んで」いた男ども、「ただ準備ができていなかったから……控え」ていただけで、今（一九四三年九月）でもまだ「征服の使命」達成の決定的手段として、アメリカ「侵攻を目論」んでいる男どもが始めたものだと述べている。[113]同様に銀行家トーマス・ラモントも真珠湾事件前には、日本はアメリカを攻撃するつもりはないと信じていたが、一九四二年九月には、本当は彼らは「何年も前からアメリカに対して邪悪な意図」をいだいていたのだと思う、とひそかにもらした。[114]同じような変化は、ジェームズ・ドラウト神父の心にも起こった。彼は一九四一年、日米間の外交交渉に非公式にかかわり、結果は逆効果だったが、彼がそのような行動に出たのは、一つには東京の合理性と善意を信じていたからだった。しかし一九四二年には、彼も「肚《はら》黒い悪事をたくらんでいる邪悪な精神」の権化である敵が「かねてから狙

っ」ていたのは、アメリカの徹底的な破壊だと語っていたということである。(115)

日本はかねてから西欧に対する攻撃を準備していた、だからこの戦争は自分たちの存亡をかけた戦いである、という考えは、連合国側の政府、国民のあいだに広がっていった。「日本がこの戦争を始めたのは、重要な原料資源をもつ国を征服し、自分の国民を移住させるためだった。だから生存をかけて……われわれは戦わなければならなかったのだ」と、あるフィジーの高官*は国民に語った。南太平洋のオーストラリアにおいてもジョン・カーティン首相は、一九四二年夏には新聞の論調と同様に、わが国は生死の危険にさらされていると説いた。(116)『シドニー・モーニング・ヘラルド』は、「敵の目的

*** 竹田、『大東亜戦争と思想戦』。彼は同胞に次のように保証している。「知的能力ではわれわれは劣っていない。ホノルル、サンフランシスコ、ロサンゼルスの日本人の子供は知能検査では一番高かった……日本人の子供は背は低いが、がっしりしていて体格はりっぱである。仕事の速度や機械の操作では日本人は世界で一番優れている。身長が低いのは実生活、とくに海軍や工場ではけっして不利ではない」。一九四二年のアメリカの宣伝文句、「水泳や二、三の特殊な種目を除いては、運動競技ではアメリカ人に劣っていることを日本人は知っている。アメリカ人のスポーツマンシップが不屈の闘志を生んだことを示せ」FO 371, F 4684/200/61 と比較せよ。

**** 一九四一年には一四〇万の朝鮮人が日本で働いていた。さらに五〇万人が四五年までのあいだに日本に送られた。終戦時には日本の労働力の実質的部分を構成していたのは彼らだった。(Cumings, *The Origins of the Korean War*, 28-9.) 戦後の韓国での韓国人に対する多くのアメリカ人の人種差別的態度については同書三九〇ページ参照。

---

* サー・ラトゥ・ララ・スクナ(彼はサーになった)は、第一次世界大戦のとき西部戦線のフランス外人部隊のなかで差別と戦った。第二次世界大戦ではフィジー軍の徴兵官となり、一九四三年にはフィジー省顧問(のちに大臣)となった。Scarr, *Fiji: the Three-Legged Stool*, 286-8.

はわれわれの徹底的な破壊である」と主張した。「アジアの潮流に対する防壁」シンガポールが陥落したとき、人びとはみな「オーストラリアの戦い」が始まる、「オーストラリアの危機が迫っている」と信じた。(117) ニュージーランド国民党の機関紙は、「問題は攻撃を受ける『か、どうか』ではない、その『時期』なのだ」と警告した。一方、社会党も一九四二年五月には「ジャップは今われわれに迫って『きている』」と繰り返し主張した。(118) これよりさき二月に、社会党機関紙は一九二七年の「田中メモランダム*」の抜粋を掲載し、「日本の太平洋進出政策」はけっして「新しいもの」ではない、「最大の攻撃」は、機が熟するまで延期されていたにすぎないと主張した。(119)

田中メモランダムというこの「証拠」は、フランク・キャプラによって作られた映画『戦争への序曲』のなかで大きく取りあげられている。この映画は、アメリカ陸軍参謀総長ジョージ・マーシャル将軍の命令によって、「なぜ軍服を着るのか」、なぜ「死をかけて戦わなければならないのか」をアメリカ国民に明らかにするために作られ、シリーズものの第一巻として一九四二年十月に封切られたが、このシリーズは、キャプラの言葉によれば、「この戦争はどういう戦争なのかを何千万の観衆におそらく初めて知らせることになった」(120)。そしてこの映画によると極東戦争は、田中メモランダムにあらわれているとおり、アジア征服後「東進してアメリカを粉砕し」ようという日本の意図によるものだった。この映画の解説は、一九三一年満州で始められた戦いは、もしアメリカ人が死をかけて戦わなければ、首都ワシントンにまで及ぶだろうと述べ、つづけて次のように述べている。

そうだ。勝者日本軍のペンシルヴァニア街行進。それが最後の目標だ……南京、香港、マニラでの最近の事件を考えれば、彼らがワシントンの通りに進軍してきたときの狼藉ぶりは想像にあまりあるだろう。

国務省内で描かれていた情景のなかでも、多少おだやかになってはいるものの、「征服狂の軍事独裁者」（エマソンは、日本の支配者をこう呼んだ）に対する戦いは「死を賭」するものだった。[121] 一方、イギリス人にとっては、自分たちの存在を脅かすものは、当然日本よりもドイツだった。日本軍のイギリス本土侵攻は問題にならないし、それに大多数のイギリス国民にとっては東南アジア植民地もインドも、それを保持しなければ「存亡にかかわる」ほど絶対必要な領土ではなかった。しかしイギリスにおいても、日本人は「冷酷な奸計と悪辣な征服」により、かねてから「世界支配」を夢みてきた国民なのだった。[122] 戦時中の世論調査によれば、イギリス国民は、チャーチルがナチスの脅威が去ったあとも日本が完全に敗れるのを見とどけるまでは最後まで戦いつづけると、アメリカに対して約束したことを、圧倒的に支持していた。[123]

フランスにしても、オランダにしても、国家の運命は全面的にヨーロッパにおける戦争の帰趨いかんにかかっていた。にもかかわらず、両国の亡命政治家のみならずレジスタンスの新聞までが、東南アジアにおける領土の奪回は、国家の安寧と地位の回復のためには必須の条件であると主張した。したがって、すくなくともこの意味では、極東戦争――『コンバ』によれば、日本人が細部にわたって

＊ この文書は、当時の日本の首相、田中義一大将が、中国、アメリカ、インド、中央アジア、東南アジア、「さらにヨーロッパまでも」征服するために作成した計画だといわれ、広く日本の世界侵略計画の証拠とされてきた。しかしそれはおそらく、中国人か田中に反対する日本人が作った偽物だということである。J. Stephan, 'The Tanaka Memorial (1927): Authentic or Spurious?', *Modern Asian Studies*, XII, No. 4, 1973.

準備し、過去二〇年間待ち望んできた戦争[124]――は、それぞれの生死を賭けた戦いだった。ド・ゴールはこう主張した。

われわれにとって戦争の帰結は、フランス全領土の回復、フランスの遺産の回復、フランス国家の全主権の回復、この三つの同時達成でなければならない[125]。

フランス共産党とヴィシー政府も、この問題については同意見だった。すなわち、フランスはその領土と「偉大さ」を回復しなければならなかった。ヴィシー政府は、フランス領インドシナの日本軍占領に同意を与えた（当時の騒然たる情況にもかかわらず領土を保全できたのは、この協定によるものだというのであった）。ヴィシー政府の支持者たちは戦争初期の「アングロサクソン」の大敗北を、「痛快がっ」た。また極右の評論家たちは、日本の『武士道』を賞讃し、日本が日本精神の真髄に立ち返ることによって（かつてのフランスのように）活力を取り戻したことに拍手をおくった。だがそれにもかかわらず、日本の勝利が従属民族の心のなかにもたらした白人の威信の急墜――これこそアジアからあらゆる外国勢力を排除しようとする日本の狙いなのだ――そのためにフランス自体がこうむる影響を無視することはできなかった[126]。

オランダにおいても、レジスタンス運動のなかで植民地人民に対する態度が、共産主義者とカルヴァン主義者のあいだで大きく違ってはいても、共産主義者の地下機関紙『ディ・ヴァールハイト』の主張のように、「オランダとインドネシアは分離してはならない」という点では一致していた。反革命党の秘密紙『トロウブ』は一九四四年夏、次のように論じた。

もし東インドがわれわれの手から奪われたならば、わが国は国際関係の大動乱の波に翻弄される、取るに足りない小国になり下がるだろう。もし東インドを失えば、わが国はヨーロッパにおけるイギリスの「出先」同然の役割しか果たせなくなり、国家としての重要性はすべて失われてしまうだろう。反対に東インドを保持すれば、われわれは八〇〇〇万の人口を擁し、世界の大帝国に伍する強大な帝国たりうるのである。[127]

一方、日本人にとって極東戦争は、西欧諸国よりもより直接的な意味あいで生存をかけた戦いだった。だがここでもまた、日本での解釈と、その敵側における解釈とのあいだには顕著な類似が見られた。日本側の見方では、アングロサクソンはずっと以前から東南アジアばかりか、東洋のすべてに手をのばし、支配しようとしてきた。とくにアメリカの場合は（アメリカのなかのユダヤ分子のせいで）*それは「世界支配」のための一段階にすぎなかった。

すでに見たとおり、西欧の圧力の増大に直面しながら日本の生存と行動の自由を確保することは、この戦争に先立って東京で行われた政策決定会議での中心課題だった。その後、軍事的勝利がつづいたために、一時はより「楽観的な」意見が支配したが、連合軍の日本本土に向けての進撃が始まり、日本政府にとっても国内の批判と不安を抑えることがますます困難になるにしたがって、以前にもま

＊　日本の宣伝戦の、この反ユダヤ主義的一面にもかかわらず、ヨーロッパからのユダヤ人難民のなかで日本に受けいれられた人びとは、敵意や迫害などをあまり受けなかった。M. Tokayer and M. Swartz, *The Fugu Plan* (London, 1979).

して強くこの点が叫ばれるようになった。(「勝つか、負けるか?」、早くも一九四四年二月に、毎日新聞はこのように問いかけた[128])。日本は「自分の生命を守るために」一九四一年十二月に立ちあがらざるをえなかったのだというのである。そしていまや敵は、無条件降伏を押しつけるだけではなく、「かつて世界に例を見ないような残虐行為によって……地球の表面から日本に関する記憶を永遠に抹殺し」ようとしている。この凶悪な目的達成のために彼らは、

わが国の比類無き国体を破壊し、神社仏閣を焼き払い、六大都市を彼らの軍隊をもって占領し、教育の自由を奪い、彼らの博物館をわれわれの歴史の財宝で充たし、工場のすべてを破壊し、民衆を虐殺し、婦人の貞操を蹂躙し、雑婚によってわが民族の血の純潔を汚し、完全な風紀壊乱状態におとしいれようとしている[129]。

というのだった。

敗戦国日本の処理計画

日本が敗れた場合に加えられる懲罰については、すでに見たとおり、厳しい意見が連合国の一般民衆からも出ていた。日本国民の根絶という考えも、アメリカ国民の多くに強く訴えただろうし、戦後日本の処理計画立案にあたっていた、ワシントンの国務陸軍海軍調整委員会の海軍側の代表委員も、「日本人を民族としてそのほとんどを抹殺してしまうこと」にはっきりと賛意を表明していた[130]。ウィルヘルミナ女王がさきに「鼠のように日本人を溺れさせる」と語ったのに対して、今度はハルゼー提

督が、わずかにやわらいだ表現だとはいえ、「このさき、戦争を二度と起こすことができないように、去勢してしまう」必要があると強調した。[131] ローズヴェルトが、すくなくとも一時いだいていた考えは、日本人を日本本土に強制隔離する、そうすれば、東洋に平和な安定した状態を築くために人種間の交配を進めていく過程で、彼らの先天的非行素質が混入してくるのを避けられるだろうから、というものであった。*[132] ほかにも『ロンドン・デイリー・メール』のように、「ハンセン病患者収容所のような不潔なところにいれ、他の世界から完全に隔離する」ことが、「人間以下であることがはっきりした」人種にはいちばんふさわしい処置だと考えていた人びとがいた。[133]

戦争末期から戦後にかけて西側では、たんに軍国主義の根絶だけではなく、天皇裕仁に対する、見せしめのための処罰を要求する声が高まった。とくに『シドニー・デイリー・テレグラフ』によれば、天皇は「われわれがその絶滅のために戦った蛮行のシンボル」であり、「世界支配の野望と、人種的優越感を生んだ社会体制の中心」をなすものだった。アメリカにおいても、一九四五年七月、八月に行われた世論調査の結果では、約三分の一が即時処刑、約五分の一が監禁もしくは追放で、現状のまま認めるというのは三～四パーセントにすぎなかった。**[134] とくにオーストラリアとニュージーランドでは、日本の「扱いは仮借ないものでなければならない」という考えが圧倒的だった。そして、占領当初のマッカーサーとアメリカの顧問たちのやり方に対しては、これら両国に大きな不安と怒りが起こった。それは、ある新聞によれば、「降伏した敵を、犯した罪に対する処罰にはまったくふさわしく

＊ レジスタンス紙 *Défense de la France* (February 5, 1943) も、日本の政治的な無制限の人口増大策を防止する必要があると強調した。ローズヴェルトの指示に基づいて検討された広範な移住計画（彼の素人流儀と誇大妄想癖は、この面ではとくにひどかった）については H. Field, *'M' Project for F.D.R.* (Ann Arbor, 1962) 参照。

ない寛大さで遇する、とても納得できかねる処置」だった。一九四五年九月に『ウェリントン・スタンダード』は、(外交界、政界のなかの声に呼応して)次のように論じた。「今までいたるところで犯してきた蛮行を、今後も犯しかねないこの国民は、糖衣にくるんだ薬のような甘いやり方では『再教育』はできない、彼らには薬の苦味を味わわせてやるべきだ[135]」。

しかし戦争初期のころにも、西側のとくに外交界や、「外交政策界」と呼ばれる私的グループのなかには、彼らのいう日本政治のなかの「自由主義的」分子の戦後の活動に望みを託す人びとがいた。彼らは『現実政治《レアル・ポリティーク》』の立場から、日本に対しては、戦争終結後は武装を解除する一方、できるだけ短期間のうちに国際社会のなかに再び迎えいれるべきだと信じていた。たとえばジョン・エマソンは、一九四二年一月の国務省報告のなかで矛先を若干ゆるめて、次のように補足している。

日本国民を侵略の道に導き、各国民の権利を破壊しようとした世界観には与《くみ》しなかった人びとが、日本にもいる。日本の将来に希望がもてるかどうかは、新しい指導者と、太平洋に平和が回復した場合に生まれる新しい哲学、この二つにかかっている。それは、日本の敗北と、これにともなって起こる日本および日本人の精神の変化から生まれるものである[136]。

国務省のなかの、たとえばヒュー・ボートンや、ジョゼフ・グルーのような、在日経験のある少数の人びとも、専門知識と主たる関心を中国に傾注していた極東部の同僚たちからは疑いの目で見られながらも、このような考え方を推し進めていった。また戦時情報局のなかでもジェフリ・ゴーラーやルース・ベネディクトたちは、日本社会の分析によってすくなくとも安手の固定観念を打ち破ろうと努力していた[137]。イギリス政府部内でも——外務省内の広い支持を得て——サー・ジョージ・サンソムのような人びとは、日本の過去は「多くの重要な点で、たしかに恥ずべきもの」ではあったが、「クラブに加入を許され、規則を守り、つまはじきされるようなことがなければ、立ち直りの機会」があるだろう[138]、今は、好戦分子が「したい放題」をやり、国を「悲惨な混乱状態」につき落としたが、そのうちにきっと「自由主義分子（より正確には、穏健な、常識ある分子）の復活する」機会が到来するだろうと主張していた*[139]。

事実、戦争終結の二、三カ月前には（すくなくとも環境が変わり、周囲の要求も、当面の対応策も変わってきた結果）、ワシントンの一部でも、日本人そのものは、一九四二年に根っからの軍国主義、独裁好き、外国人嫌いとして特別扱いされた国民とはまったく違った人種だと見られるようになった。一九四五年七月には海軍省さえも、「多くの日本人」は、日本政府が降伏すれば「喜んで民主主義の原理を受けいれ、その発展に寄与する」だろうと強調していた。この点ではアメリカの当局者たちは、

＊＊ 東条大将ももちろん西側の怒りの的だった。しかし真珠湾攻撃を計画した山本海軍大将も、太平洋問題調査会アメリカ支部から発行されたパンフレット、*Modern Japan*（W. H. Chamberlain, 1942, 80）には、まったく事実には反するが、「人種意識の強い東洋人として、そして日本の提督として、この二重の憎悪で西側を憎み」、「かねてからイギリスとアメリカの艦隊と戦うことを望んで」いたと書かれていて、一九四三年の彼の死まで西側の怒りの的だった。

＊ 戦争中でも、西側諸国のなかには政府の内外を問わず、ハルゼーのような人びとが日本人に対して使った極端な人種差別用語に抗議した人びとがいた。Merrill, *A Sailor's Admiral*, 53, 73-4 ; letter from the 'Good Companions of the Christian Social Order' (Australia) to Curtin, April 9, 1942, Curtin Papers, CP 156/1.

連合国の各国政府や国民の意向とは離れていた。イギリスの当局者でさえ、アメリカ側の日本「再教育」計画を、非常な疑念をもって見ていたように、日本国民を根底では信用していなかったし、嫌ってさえもいた(140)。(この「再教育」とは、たとえば中国を「二十世紀にふさわしいように教育」したり、南ヴェトナムを「国家建設」活動の対象としたりしたのと同様、多くの点で日本国民をアメリカ化することだった)*。

戦争が終結に近づくにしたがい、これらの問題に関連して行われた連合国の各政府内や政府間での政策論議の詳細については、筆者や、他の著者たちによって別に述べられているからここでは繰り返さない(141)。それらはたとえば、天皇個人あるいは天皇制は現状のまま維持すべきか?(連合国側の宣伝の、この問題の扱い方は慎重だった)(142)。中国の延安政権のもとに(毛沢東の軍隊とともに戦った朝鮮義勇軍のマルクス主義者たちのように)亡命していた日本のマルクス主義者が計画する社会政治革命——おそらく共産主義革命——が、敗戦の余燼のなかに起こる可能性は(143)? 連合軍の占領地域は日本全土か、あるいは二、三の戦略地域のみに限定すべきか? 非武装化のみならず工業力の破壊措置も講ずるべきか? 巨大な金融・製造企業合同体——財閥——解体の方法は? ソヴィエト連邦の果たす役割は? 等々であった。

これらの問題の論議にあたって配慮された点は、憎悪の的である敵、すくなくとも不信の相手であった敵に対して不当に寛大であると見られて、自国民のあいだから抗議の声が起こるようなことは避けなければならない、ということだった。イギリスの政府閣僚や役人たちは、この点についていささか迂闊だったために不利な立場におかれていた。また彼らが尊大にかまえて、アメリカ政府部内やその周辺の人びと(とくに太平洋問題調査会の国際会議に出席していた人びと)に情報を提供しなかったことから起こった問題もあった。それらの人びとはいつも、イギリスが「日本との寛大な講和に傾いている」と非難していた。だが、ロンドンが反対したのは、新日本を作り、太平洋を民主主義にとって安全なものにするのは、アメリカの計画、アメリカの人間の仕事だとしたワシントンの決定だった。アメリカ側では、極東戦争はアメリカが独力で勝利に導いたのだという意見（間違ってはいるが、その理由がないわけではない）が圧倒的だった。したがって講和も、当然アメリカの手で行うというのであった。

しかしながら講和の締結となると、敗北した敵の処置以外に重要な問題が存在していた。日本と連合国とのあいだの対立点に関しても、戦争を概観するなかですでに見てきたように、両陣営とも戦争中も自国の生存と領土の確保だけでなく、さらにそれを超えてさまざまな目的や原則を主張してきた。そのうえ、その間の声明、宣伝、時にはその行動は、日本と敵国とのあいだの単純な対立関係とくらべてはるかに複雑な内部関係の網のなかで、さまざまな反響を呼び起こしてきた。

極東戦争は広範かつ奥深い側面をもつ点では、テニスのシングルスとは様相を異にしていた。ネットのどちら側でも、それぞれ考慮にいれなければならないパートナーがいた。しかし「混合ダブルス」（とくに連合国陣営では、数はいっそう多い）にたとえるのも、一九四一年から四五年にかけて起こった事件の比喩としては十分ではない。さらに観客がいた。これはいわば自分の意思には反しな

＊ 一九四五年の初めごろ、エマソンが次のように警告したことを付け加えておかなければならない。「アメリカは日本を改造することはできない、日本人に無理にアメリカ的『生活様式』を押しつけようとすれば、怒りと失敗を招くだけだ」。(Memo. on 'Communism and the Future of Japan', February 16, 1945, St. Dpt. files, 894.00/2-1645.) Benedict, *The Chrysanthemum and the Sword*, 221-2 参照。

がらも、この試合場に引っぱりこまれた人びとである。その人びとのことを配慮し、できれば彼らを動かし、説得し、味方に引きいれようとしてきたのは、戦争期間中のためばかりではなく、戦後の利益を考えてのことでもあった。次にわれわれが目を向けなければならないのは、戦争のこのような国際関係の面のことである。

第5章

友と未来の獲得——日本とアジア

大東亜共栄圏と植民地解放

一九四二年三月、フィリピンからアメリカ軍を駆逐しつつあった日本の第一四軍は、三七年前の奉天の戦いで日本軍がロシア軍を破った記念の祝典を、とくに盛大に挙行した。マニラの軍司令部は、自分たちの戦いは明治三七年に始まった赫々たる勝利の戦いの続きであり、白人支配を打ち破る東洋の戦いである、「歴史は今、フィリピンの地で繰り返されている」[1]との声明を発表した。

日本の目的はアジア全体の目的であるという主張は、両陣営の政治声明合戦に関連してすでに見てきたところである。それは文書、ラジオ、映画を通じて、日本の支配下におかれた人びとに対し、繰り返し強調された[2]。第一四軍司令官の言によれば、シンガポールの陥落は、「アジア民族征服の意図も……東洋の国々に対する領土的野心ももたない」日本の手によってはじめて「アジア人のためのアジア」が達成できることを示すものだった[3]。マレーの勝者、山下奉文将軍は、シンガポール（いまや昭南と命名された）のイギリス軍降伏の翌朝発せられた布告のなかで、次のように述べた。

我々が望むところは、暴虐不義のイギリスを掃蕩し、万民と苦楽を共にし、相互にあい和すことである。各民族、各個人はその能力に応じて所を得さしめ、『八紘一宇』の大精神を基礎とする正義によって、新秩序を建設することである。(4)

同年秋には、日本の目的に関するさらにくわしい声明のなかで、「新マレー」の人民に対し、この「新秩序」には「亜細亜民族」に関するかぎり西欧の帝国主義と共通するところは何一つないと、次のように述べられた。

日本は東亜の地に帝国主義的勢力圏を建設しようとは考えていない。それは日本の主義に反するところである。新秩序は根本的には、共通の民族的、文化的起源を有し、地理的に接近する善隣国同士が共通の安全を確保し、共通の安寧と繁栄を促進することを目的に、自発的な合意にもとづいて設立した結合体である。新秩序内の関係を律する基本原理は『八紘一宇』であり、その意味するところは、「あらゆる民族が一つの家族をなし、それぞれそのところを得る……」ことである。*(5)

「アメリカの侵略的モンロー主義に対するアジア的モンロー主義」、すなわちすべてのアジア人、とくに中国人を助けて政治的・文化的・精神的自由と自己表現に対する西欧の凶悪な侵害を排除すること、「大東亜における民族的復活を意味するこの聖戦」にすべてのアジア人が献身すること、これらは、一九四二年の日本軍の快進撃にともなって出された声明や説明の基本的な内容だった。(6) ジャワの第一六軍によって出された布告第一号では、日本人とインドネシア人は同一人種に属し、オランダ人が主張したような区別と特権は、もはや過去のものになったと宣言されていた。[7]「アジア民族」の人びとに対して説かれたことは（たとえば新民会を通じて中国じゅうに伝えられたように）、「日本は西欧相手の共通の戦いで、当然指導権……をとるべき国家である、東アジアからイギリス、アメリカの勢力……を駆逐したのは日本の力だ」、アジア人同士の結びつきの基礎は共通の文化的起源と文化的機会にあるということだった。そして、

新秩序のなかには中国の古代文化が存在している。それはアジア文明の基礎をなすものであり、アジア民族の文明はすべて、そこを起源とするか、あるいはその強い影響を受けている。日本文化も例外ではない。日本古来の文明は、初期に中国文化の強い影響を受けて非常に豊かになった。今後インドが自由と独立を得れば、東洋の宗教の誕生の地インドの古代文化は、新秩序を支える力となるだろう。

アジア文明は、本来倫理的、審美的ではあるが、科学的要素に欠けていたために非常に弱かった。しかし日本は東洋、西洋両文化を融合し、今までにない豊かな新しい型の文明を作りあげようとしている。このような基礎のうえに立って新秩序は、人類の遺産の最良のものを取りいれた、調和のある……大殿堂をうち建てるであろう[8]

＊ この考えは日本社会内における家族の位置づけから出た。一〇〇〜〇一ページ参照。

というのであった。
東洋、西洋の「二つの文明」が提供する最良のものの融合、というこの考えは、連合国側でも見られた。しかし、このような考えにもかかわらず日本は、長いあいだ西洋の専制支配下にあった人びとを促し、アジアの真の主体性に目ざめさせ、フィリピンの民衆に対して説かれたように、「はるか彼方の国から借りてきた不自然な文化、物質文明の有害な汚物を投げ捨て」させようとした。「諸君は自分たちが東洋人であるということの事実を変えることはできない」と、第一四軍司令官は新しく自分の管理下におかれたフィリピンの人びとに説いた。[9] そしてこの主張は、侵略者と運命を共にすることに決めた現地の政治家によって繰り返された。「われわれはその本質と精神から見て東洋人である」と、これら対日協力者の一人は主張した。戦前の政府閣僚ホセ・ラウレル、ホルヘ・バルガスらも、日本の勝利を「アングロサクソン帝国主義」に立ち向かう「全アジア民族の威信を立証するもの」として歓呼して迎えた。日本で教育を受けることになったフィリピンの青年たちに対して、バルガスは次のように説いた。「諸君は『東洋思想の聖地巡礼』に旅立とうとしている。諸君は知るだろう、『大東亜は……西洋の冒険家や搾取者たちに汚されるがままの退廃した世界ではないし、今までもそうではなかったのだ。そこには、すたれることのない慣習と太古からの伝統のうえに築かれた古い文明が存在している』と」。[10]
中国の周仏海《しゅうふつかい》、繆斌《みょうひん》、ビルマのバー・モー、アウン・サン、東インドのスカルノ、日本と協力したアジア人のなかでもとくに際立っていたボース、これらの人びとは、日本との緊密な協力によってはじめて「アジア民族を解放」[11] し、「自由で、幸福で、繁栄した大東亜」(ボースの言葉)を建設することができると主張した。なかには、戦局が連合国側に有利に展開しはじめてからも、同じ趣旨を口にしつづけ書きつづけた者もいた。たとえばスカルノは、一九四三年以後、「これまでにもまして、日本の戦争をインドネシアの戦争と考え」るようになり、「われわれはアメリカをやっつけ、イギリスを一掃するのだ」と繰り返した[12]。ボースは、一九四三年末には、枢軸国はすべて敗れるだろうと内心思いはじめたふしがうかがわれたが、公にはあくまでも日本の勝利に対する確信を表明していた[13]。

日本自身は、激しい攻撃にさらされるようになるにしたがって、さきに一九四三年十一月の大東亜会議と、(『マニラ・トリビューン』のいわゆる)「アジアの崇高な戦争目的」の宣言に関してふれたように、新しい帝国内の人びとの協力をかち得ようと懸命の努力をつづけた。日本側によって次々と改革計画のなかに加えられたさまざまな項目をつなぎ合わせてみると、政治面のみならず、広く経済的・社会的変革をも包含したこの計画のなかには、希望の光がほの見えるように思われたかもしれない。その主張によれば、共栄圏は地域的経済協力の新しい体制を組織するものだった[14]。『昭南新聞』によれば、この「新社会秩序」は、「過去とはまったく違った」ものだった[15]。その基本目標の一つには、「すべての者の幸福」――ホセ・ラウレルのいう「普通の人の幸福」、東条の言葉では「共通の繁栄と福祉」――があった[16]。さらに、そこにかかげられている原理と実践は、東亜の各民族のみならず全人類がそのうえに立ってはじめて、永久平和、社会正義、精神的豊かさを築きあげることのできる土台であるとも主張された。ボースが一九四三年十一月の東京からの放送で述べたように、「光は再び東からやってくる……その成功いかんに……全世界の将来はかかっている」というのであった[17]。

しかし戦争の後半においては、日本が占領地域の民衆に与えた印象は、革新的な新秩序の建設者というよりもむしろ、保護者、「平定者」だった。連合軍の進撃にともなって、当然のことながらスローガンはますます絶望的な調子をおびてきた。「生きるも死ぬも日本とともに」、「一丸となって敵にあたれ」、「『解放』にまどわされるな」、「旧世界のあらゆる伝統を破壊して新しい世界――ユダヤ的アングロサクソンの世界――を作ろうとしている敵の企てに抵抗せよ」[18]。モンテ・カシノ修道院の徹底的な破壊やドイツの都市への爆撃なども、「野蛮人」、「アングロサクソンの獣」の脅威がよみがえってきた証拠だと、日本側は東南アジアの人びとに宣伝した。彼らによれば、戦争は次のような二つの文明間の戦いになってきたのだった。

二つの文明、一つは時代の遺産を文化の香りで包む、理想と情操と人間的価値の文明……一つは物質的財貨と蓄積を第一におき、それを力と人間的威信の唯一のよりどころとする低級な文化[19]。

この点に関し、日本の宣伝の対象としていちばん大きく取りあげられたのはアメリカの社会だった。また「アングロサクソン人」のアジア民族に対する利己的な残忍さの例として取りあげられたのは、イギリスのインド領有だった。大西洋憲章の偽善が云々されたのもこの点からである。クリップス・ミッションの失敗、つづく「インドを出てゆけ」暴動のあとで、一九四二年、ニューデリー政府がとった弾圧策に対しては、これと対照的なものとして日本側のインド亜大陸解放の声明があげられ、ボースの『自由インド』仮政府やインド国民軍との緊密な提携も大きく取りあげられた。さらに一九四三年のベンガルの飢饉が日本側の大きな宣伝材料となり、イギリスがインド人民に許した唯一の自由は、「餓死の自由」だと宣伝された[20]。

南アジアや東南アジアでは、日本軍の現地代表者の性格や信念によっては、民衆とのあいだに好ましい関係が築かれたこともあった。たとえば藤原岩市少佐（マレーでインド兵捕虜の協力を得ようとした）、鈴木敬司大佐（ビルマの民族主義者の協力を促進した）は、アジアの同胞を解放することが日本の「使命」であり、平等の基礎に立って、共通の利益のために活動を共にする必要があると、心から信じていた。[21] ジャワの第一六軍司令官、今村均中将は、インドネシアの独立運動に共感をよせ、インドネシアの人びとと日本人とは、真の「兄弟」だと信じていた。[22] 東条さえも、占領地域からの訪問者たちに好印象を与えた。バー・モーは戦後にこう書いている。「彼は本当にわれわれの問題を理解していることがわかった[23]」。

日本軍は、自分たちが表明した「新秩序」や共栄という目標が偽りのないものであることを示す確固とした証拠として、藤原少佐らの努力を通じ、東南アジアにさまざまな組織をつくった。マレーでのインド軍兵士の捕虜、約四万五〇〇〇人のうち約二万人が、モハン・シン大尉の率いるインド国民軍（当時、ボースはまだドイツにいた）に参加した。このインド国民軍に対応する政治組織が、すでに存在していたインド独立連盟である。[24] ビルマでは、戦争前、日本で訓練を受けたアウン・サンとその同志が、一九四二年八月、ビルマ独立軍（約二〇万の兵力に成長していた）にかわって七大隊を有するビルマ防衛軍を組織し、日本軍のいっそう緊密な統制下におかれることになった。[25] ジャワでも郷土防衛義勇軍「ペタ」が結成され、約三万四〇〇〇の兵力を擁した。もっともこの場合は、インド国民軍やビルマ独立軍とは違って、政治的な配慮よりもむしろ、東インドに対する連合軍の反攻開始にともない、一九四三年に日本軍の兵力を補強する必要が意識されてとられた措置だった。

東インドにおいても、「自由インドネシア学校」や「過去の習慣と政治組織研究委員会」など多くの機関が民族主義意識の育成にあたり、その一方で、とくに『プートラ』運動のような大組織が、占領下の中国における新民会のように、汎アジア－アングロサクソン反対闘争を支援するための世論動員にあたった。[26] フィリピンにおいても一九四二年末、すべての政党にかわって『カリパビ』運動が結成され、「大東亜共栄圏建設に奉仕し」、フィリピンの日本軍を支援することになった。さらにフィリピン警察隊が組織され、治安維持活動を強化し、ゲリラ活動（とくに『フクバラハップ』）の脅威に対抗することになったが、一九四四年十一月にマッカーサー軍が上陸してきたときには、現地住民からなる軍事的性格のいっそう濃い組織が急遽編成された。[27] インドシナの場合は、ひきつづきフランス政府の統治下におかれていたために、いくらか違った情況にあった。しかしそこでも、南ヴェトナムのカオダイ派やホアハオ派の指導者たちは、時には日本軍と協力し、他の政治グループに対する自分たちの立場を強化しようとした。[28] 日本の植民地であるミクロネシアの島々では、「現地住民の好意と忠誠心」のおかげで、戦争勃発にあたって数多くの義勇隊が組織された。[29]

日本軍は、自身とその主張に対する占領地域の支持を確保するため、とくに青年層に意を用い、彼らのために特別な組織をつくった。たとえばジャワの『セイネデン』、マレーの『ケサトゥアン・ムダ・マレー』、フィリピンの『青年カリパビ』である。日本の支配下にあったこの時期の、このような動きは、戦後に大きな影響をもたらすことになり、これらの青年たちは、「日本の支配が東南アジアの多くの地域の植民地解放運動に残した最大の革命的遺産」であるといわれた。[30]

一方、戦場での勝利ののち、新しい行政組織の構成員として現地人を登用したことは、あとあとまで大きな影響を及ぼすことになった。香港は、この点いくらか例外的な情況におかれていた。日本軍が、香港は日本国土の一部分だと宣言し、イギリス軍が戻ってきたあとも独立は与えられなかったからである。しかしここでも、日本の直接管理する行政機構の下級組織ばかりか中級組織も中国人によって占められていた。中国人社会の要人たちも（ある場合には脅迫され、ある場合には脱出するイギリス人の頼みに応じて、しかしそのほかは心からの日本びいきの気持ちから）新秩序に対する支持を表明した[31]。一方、ジャワの行政にたずさわったインドネシア人は、とくに行政官として赴任してきた日本人の多くが不適任であることを知った結果、政治的な観点から見て現地人の役割をいっそう重要視するようになった[32]。またマレーにおいても、若いマレー人の役人を登用したことは、「日本人は汎アジア主義を真剣に考えている」という評判を高めただけではなく、住民全体の信頼をも博したようであった[33]。

日本は、さらにその支持を高める手段として、また他国のための神聖な戦いに乗り出した精神性の高い国家という印象を植えつける手段として、国内的にも国際社会のなかでも強い影響力をもつ宗教にとくに注目した。キリスト教にも、日本のため、日本の使命のために特別な役割が振りあてられた。日本国内のプロテスタント教会の連合組織、『日本キリスト教団』（政府の強い影響下にあった）は、東洋の全キリスト教徒に対して、帝国主義と人種差別主義を支持する西欧の誤った信仰を拒否し、日本のキリスト教のなかに体現されている純粋さと理想主義に目を向けよと説いた。（キリスト自身は東洋人であるから、彼の教えをいちばんよく理解し解釈できるのは東洋の人間であると、日本の神学者は論じた[34]）。日本軍の提言に応じ、フィリピンのローマ・カトリック教団からは、日本の使命に対して深い理解と共感が表明された[35]。

ビルマでは日本軍は、両国における仏教の存在を利用しようとした[36]。一方、東南アジアのイスラム教徒に対しては、日本の「このうえない宗教的寛容さ」を強調した宣伝が行われた[37]。ジャワでは軍の宗教問題担当部が、イスラム教指導者のために、『キアイス』講座、『ウラマス』講座を作り、「時局に対する洞察を深め、軍政府に対する協力精神を植えつけ」ようとした。そして進歩的な『ムハマディヤ』運動から、超保守的な『ナフダトゥル・ウラマ』党に及ぶ各イスラム教団をその傘下に結集する単一の組織を作り、イスラムの力をインドネシア民族主義の対抗勢力として利用し、大東亜戦争を忠実なイスラム信者たちの「聖なる」戦いとして公式に宣言させようとした[38]。

しかしながら東南アジアにおける日本側の最大の宣伝項目は、日本と西欧との政治的対決に関してすでにふれたように、植民地地域に対する「独立」の約束ないしは付与だった。そしてこれこそ、日本の軍事的進出と新秩序が白人の帝国主義とはまったく質を異にする明白な証拠だと主張された。また大川周明らの狂信者がかねてから主張し、東条自身も一九四三年十一月の東京での大東亜会議で強調したように、共栄圏の建設は、運命と神の意思によって日本に課せられた私心のない事業であるというのであった[39]。

一九四三年の中国に対する「新政策」（これによって日本は、中国の「主権と独立」を保証し、同盟国として「喜びと悲しみ、生と死」を共にすることになった[40]）の発表とならんで、同年八月一日、ビルマは「独立」を与えられた。そして強調されたのは、この地位の「回復」は、五〇年にわたってイギリスの不法な占拠がつづいたあとなのだ、ということであった。タキン党員たちも、バー・モーを長とする政府の樹立を助けた。一九四〇年にはイギリスによって監禁されていたバー・モーは、戦後の証言によると、当時、日本の方面軍司令官と「親密な」関係にあった。アウン・サンの国防相就任とともに、ビルマ防衛軍はビルマ国民軍となり、日本軍に協力して西欧に対する最後の勝利を目ざして戦うことを誓った[41]。

フィリピン独立の日は一九四三年十月十四日だった。この日は「リサールの夢が実現した」日だと、主な対日協力新聞は報じた*[42]。ホセ・ラウレル大統領（日本側では、バルガスよりも広い支持を得ることができると思われていた）のもとで、新政府はさっそく東京と軍事同盟を締結した。ラウレルは当初、アメリカに宣戦を布告することには反対した。しかしマニラがアメリカの爆撃を受けるに及んで一九四四年九月、ついに日本と共同歩調をとることになったのである[43]。

ボースの場合、インドを共栄圏に加盟させることができなかった。それは彼が、（アンダマン諸島やニコバル諸島に対する名目上の権利以上に）インド領土を実際に統治する政府を組織できる地位にはなかったからである。しかしながら東条からは、日本軍がイギリスの手からインド亜大陸の支配権を奪回すれば、独立を与えると保証されていた。彼はインド独立連盟総裁、再編成されたインド国民軍**の最高司令官、さらに自由インド仮政府主席として、一九四三年十月、シンガポールに彼の政府が樹立された日の二日後、日本の主張に対する支持の表明として、イギリスとアメリカに対したためらうことなく宣戦を布告した[44]。そして一九四四年、日本軍のインパール攻撃作戦開始にともない、インド国民軍の兵士たちは、自分たちに課された任務はたとえわずかなものとはいえ、「インド解放の戦い」がまさに始まったのだ、『チャロー・デリー』（「行け、デリーへ！」）の叫びはたんなるかけ声だけではないのだと思った。だが、自分がベンガルに入れば、「すべての人が反乱に立ちあがるだろう」というボースの信念を試す機会はついにこなかった。そして日本軍がインパールとコヒマから退却するにともない、この作戦に参加したインド国民軍は病気や弾丸、それと逃亡によって崩壊したのである***[45]。

この間、インド国民軍とインド独立連盟は、マレー半島の政治情勢のなかで一時、ひときわ目立つ

＊　ホセ・リサール（一八六一～九六年）はフィリピン民族主義の優れた唱道者で、スペインの植民地支配者によって処刑された。

＊＊　最初のインド国民軍は一九四二年末に解体された。二一〇～一一ページ参照。

存在となっていた。マレーでは、日本側は「独立」の付与などかつて問題にしたこともなく、中国系住民は日本人に対して深い敵意をいだいていた。（ヴィクター・パーセルによれば、マレー抗日人民軍とその政治組織は共産党の支配下にあったが、「政治的信条に関係なく、中国人青年の最良の分子を引きつけていた」[46]）。日本側は、これらの中国人に対するマレー人の反感をかきたてて利用し、またマレー人のあいだに反白人の民族主義感情をあおりたてた[47]。

日本軍は一時、マレー半島とスマトラ島とを一つの行政単位にまとめた。一方、ゆくゆくは単一の独立国家のなかに全マレー系住民を包含する（フィリピン人もそのなかに加えられていたが、フィリピンの「独立」でそれが不可能になった）というのが、ジャワのスカルノの構想だった。だがこの構想は日本側に拒否され、スカルノとしては、オランダ領東インド地域を領土とする独立国家を考えざるをえなくなった。しかし日本側とくに日本陸軍がジャワ島を一つの独立した地域とすることを主張し、また今村中将にかわって司令官となった山本茂一郎将軍☆が民族主義運動に共感をよせていなかったこともあって、この東インド地域を領土とする独立国家実現の望みは、以後遠のいてしまったように見えた。しかしながら一九四四年九月、東条の後継者、小磯国昭大将は、ジャワ単独ではなく、インドネシア全体として独立を与えることを約束した。そのための準備組織が日本側の手によって設けられたのは、戦争の最終段階に入ってからだったが、民族主義者たちとしては、新しく設立された奉公会を使って広範な地域にわたり支持を集めることができるようになった。インドネシア人民に日本からの贈り物として公式に独立が付与されるよりも前に、日本は降伏した。だがその地域における政治情勢の発展は、もはや情況を一九四一年当時に復帰させることを許さなかった。一九四五年八月十七日のインドネシア共和国成立の宣言は、真珠湾攻撃以来の事態の変化がいかに大きなものであったかをはっきりと物語っていた。*[48]

熱烈な歓迎から嫌悪、敵意へ

一九四一年以後の年月をバタヴィアで過ごしたあるフランス人は、次のように主張している。「日本人は一般的には敗れたといわれているが、アジアのこの一角では『戦争に勝った』のだ」[49]。共産党と国民党とが相対峙していた中国の情況が日本の手によって変えられてしまったように、東南アジアの多くの地においても日本の動きが影響して、革命的情勢、あるいは革命的情勢の萌芽、すなわち白人支配の安易な復帰を許さないような情勢が生まれることになったのである。** 戦前はマレーの役人、戦争中は対日政治宣伝に従事したヴィクター・パーセルは、この変化について次のように述べている。

*** トイ (*Springing Tiger*, 119ff.) によれば、前線に送られた六〇〇〇のインド国民軍兵士のうち、約四〇〇が戦死、約八〇〇が降伏、約七一五が脱走、約一五〇〇が病気と飢えで死んだという。日本軍はインド国民軍(一九四四年末にもなお二万以上を数えた)を軽蔑しはじめた。敵側のインド軍の態度も同様だった。

☆ 訳注 ここの記述は誤り。偕行社の資料によれば、山本茂一郎は今村均の後任ではない。今村均中将は一九四二年十一月に第一六軍司令官から第八方面軍司令官に転じたが、山本茂一郎大佐は一九四三年三月、第一六軍軍政監部総務部長に任ぜられた。

* 日本の旧植民地・朝鮮では、一九四五年九月六日に南部で朝鮮人民共和国樹立が宣言されることになっていたが、右派の朝鮮民主党や重慶にあった自称朝鮮臨時政府によって反対された。また、急速にかつての対日協力者のほうに傾いていたアメリカ軍政府の承認も得られなかった。

太平洋戦争は東南アジア政治のなかにまったく新しい型を生み出した——一九四〇年の情況に親しく接した者が、その後一九四八年まで同地を訪れることもなく、その間いろいろな報告を調べて最新の事情にふれることもなかったとしたら、おそらく自分の目を信じることができなかっただろう。(50)

このめざましい進展は、一つには日本が直接、意識的にもたらしたものだった。しかしそれは、日本の意図をはるかに超えていた。それは一九四五年八月より前から日本を、そして(より長期的には)白人の帝国主義国家をも不利な立場においこんでいたのである。日本は、その宣伝のなかにうたった全アジア人民の団結を生み出すことはできなかった。中国の数百万の人びとに加えて、新たに占領された地域の数多くの人びとが、自称救済者に執拗に反対した。たとえばシャフリルと、彼とともに東インドで新秩序に反抗した人びとと、『フクバラハップ』などのフィリピンのゲリラ、*マレーの中国人と、マレーを去ったイギリス人に対してなお忠誠心を保持しつづけたマレー人たち、カレン族、カチン族のようなビルマの山岳民族(タキン党員のなかにも、日本軍に反抗して地下に潜り、イギリス軍の秘密工作を助けた者もいた)(51)、日本軍の進撃に抵抗するオーストラリアのゲリラ隊を仲間たちが援助したために、かわって犠牲となった東チモールの数多くの住民たち(52)、おだてと、時にはひどい虐待にもかかわらず、イギリスに対する忠誠を守り、インド国民軍に加わることを拒否したインド兵の捕虜たちである。(53)インド軍自体は、直接日本軍の攻撃を受けなかったので、兵士の数は増大していたが、多くの勇敢な働きでドイツ軍や日本軍との戦いに貢献しただけでなく、白人の主人に対して顕著な忠誠ぶりを示した。**

だが日本軍が初めて西側の植民地に歩を印したとき、現地住民のかなり多くが、黙って従うか、あるいは熱狂と協力の態度をはっきりと示して彼らを迎えたのも事実だった。パーセルによれば、「数多くのマレー人」は当初、侵略者を歓迎した。(54) イギリス軍を助けて国土を防衛することにはまったく気乗り薄だったビルマの人びとは(ビルマ総督はこの様子を知り、ひそかに悲嘆の念をもらした)、

＊＊ 日本軍は、一九四五年三月までインドシナに残っていたフランス当局に対して、民族主義指導者や民族主義感情を積極的に利用しようとはしなかった。しかし日本がフランス軍の権威、威信を急激に失墜させたため、情況が実際にも心理的にも大きく変化したなかで、民族主義者たちは一九四五年夏から本国に対する戦いを再開した。(ホー・チ・ミンを長とするヴェトナム民主共和国は、同年九月初めハノイで成立が宣言された)。D. Lancaster, *The Emancipation of French Indo-China* (London, 1961), 96ff. ; Chen, *Vietnam and China*, 99ff.

＊ 『フクバラハップ』団(「抗日人民軍」)は一九四二年三月に結成され、中部ルソンで活動した。最初は三〇〇以下の勢力だったが、一九四四年には一万〜一万二〇〇〇に増大した。ある推定によれば、日本人約五〇〇〇、フィリピン人の対日協力者一万五〇〇〇以上を殺害したといわれている。フィリピン共産党員(一九四二年初めに結成された抗日統一戦線の主勢力)は、『フク』団のなかで重要な役割を演じたが、それを支配していたようには思われない。本質的にはこの運動は、地主に対する強力な(主として非暴力的な)農民運動から発展したもので、真珠湾の一〇年以上も前からつづいてきた。(一〇二ページ参照) 彼らは抗日運動だけではなく、自分たちで地方自治政府をも樹立した。アメリカ軍の指導下にある、それほど活動的ではないゲリラグループとは関係がうすかった。アメリカ軍がフィリピンに戻ってきたときには、その多くは強制的に武装を解除された。日本軍に協力的だった特権地主階級が勢力を回復するにしたがって、『フク』団に対してさらに激しい攻撃が加えられた。一九四八年には彼らは、「人民解放軍」としてフィリピン政府に対し公然と反乱を開始した。Kerkvliet, *The Huk Rebellion* 参照。

＊＊ ビルマ作戦に際しては、二七のヴィクトリア十字勲章が授与されたが、そのうち二〇はインド軍所属の兵士に与えられた。P. Mason, *A Matter of Honour* (London, 1974), 472ff.

日本軍の勝利が明らかになってくると、熱狂的な興奮にわいた。[55] ジャワの大多数のインドネシア人が、「日本軍の勝利を喜び」、オランダ人が追放されたのち、一時は「まったくの日本びいき」だったという、第一章でふれたシャフリルの苦い思いも、当時のフィルムや目撃者の証言がそれを裏づけている。現地駐在のあるイギリス士官によれば、日本軍が完全な支配を確立する前でも、多くのオランダの植民者たちは、「一〇〇年以上にもわたって従者として仕えてきた現地人たちから、命からがら逃げ出さ」なければならなかったという。その地で活動しようとしていた連合軍の秘密部隊も、その後三年ものあいだ、ほとんど援助は得られないままだった。[56]

だがここで付け加えておかなければならないが、(一九三七年から四一年にかけての中国の情況に関してさきに述べたように)日本軍を表面上、熱狂して迎えた人びとの動機は人によってさまざまだった。一つのグループ――たとえばインド国民軍に加わることに同意したインド兵の捕虜たち――をとってみても同じだった。[57] しかし一般的には、日本軍自体に好意をよせていたというよりも、反白人感情、反帝国主義感情の強い場合が多かったのである。たとえばパーセルによれば、一九四一～四二年のマレー人の態度は、自分たちをまるで「昔の夢」(自分たちの土地ではなくなっているのに、あくまでも本当は自分たちマレー人のものだと思っている)を追う「特権階級の子供」のように扱ってきた植民地政府の「我慢のならない態度」に対する「誇り高い民族の反発」だった。[58] シャフリルも、同胞の日本びいきの態度は、オランダの主人から長いあいださげすまれてきたことに対する積年の恨みによるものだとし、「挫折した自由への欲求の反映」だと表現した。[59]

同じような主張は、たとえばマレー作戦ののち、一時、日本軍と運命を共にした二人のインド軍将校の証言のなかにも見られる。インド国民軍の最初の指導者モハン・シン大尉には、日本がかかげたアジアの解放という目標と、「イギリス人たちは、戦後は完全な自由を与えるというカラ約束さえも与えなかった。『人類の解放のために戦え』とか、『民主主義の危機』というような彼らのスローガンは、まったく空虚で無意味に聞こえた」という事実とのあいだには、決定的な差があるように思われた。彼は次のように書いている。

日本軍の勝利はアジア人の士気を大いに高めた。武器がイギリス人の手から日本人とインド人の手に移るとともに、英知もまたわれわれの手に移った。とくに日本人がイギリス人よりもずっと折り目正しい聡明な態度をとりはじめたので、アジア人全体が、イギリス人を低級な人種のように思いはじめた。(60)

モハン・シンは日本軍との協力を決意するにあたって、藤原少佐の人格とその確信にみちた言葉に大きく影響をうけた。同じシーク教徒で、イギリス陸軍士官学校出のサルダル・ナランジャン・シン・ギルは、戦前のイギリス軍士官のなかに見られたインドの政治的な願望に対する理解と共感の欠如(彼は「意識するしないにかかわらず、われわれは一方ではガンディーの影響をうけた」と述べている)、日本軍のマレー攻撃に対するイギリス軍の抵抗が意外にも急速に崩壊したことによる衝撃、この二つを戦後の回想録のなかで強調している。(61) 一時、インド独立連盟の運動に日本の支援を求めた民間人で、戦争勃発時はシンガポールのインド人協会会長、その後すぐにシンガポールにおけるインド政府の代理人に指名されたS・C・ゴーホも、次のように主張している。

イギリス帝国の人間が官民そろって逃げ出したことは、マレー中の人びとの心に非常に深刻な印象を与えた。それは白人全体の名誉を大きく汚すものだった。[62]

イギリス人、オランダ人に対する告発――せっかく手に入れた獲物を有色人の攻撃から守りきれなかった帝国主義者*――が、戦いの余燼さめやらない現地住民の態度に大きな影響を与えたことは明らかだった。** しかし数カ月もたたないうちに東南アジアの一般住民と、特別に日本軍に協力した人びとの双方の側に、日本軍に対する当初の親善の気持ちにかわって、恐怖、嫌悪、敵意が生まれてきた。たとえばゴーホは、「日本軍は、われわれにはとても理解できない言葉をしゃべっている動物のようだった。いきおい、イギリス人の罪などはすぐに忘れられてしまった」と書いている。モハン・シンやギルも、(彼らとの連絡にあたっていた藤原少佐が交替したあとは)今度の新しい日本人は、インド独立運動をもっぱら自分たちの目的に利用することしか頭にないのだと思うようになってきた。ギルは、インド国民軍の諜報員を使ってインド駐在のイギリス軍へ情報を流していたのが発覚し、日本軍の手によって投獄された。モハン・シンは、現地の日本軍将校との激論ののち、一九四二年十二月にインド国民軍を離れ、その後ギル同様、日本側から苛酷な扱いをうけた。[63] 一方ビルマでは、(モハン・シンはビルマにおける征服者の苛酷な支配と、それまでイギリス人のもとで享受していた自治の大幅な削減について述べている) バー・モーによれば、日本人と現地住民とのあいだの人種的な「対極性は徹底したものだった」。[64] ジャワでも、(共通の祖先や宗教的寛容をいかに説いても、イスラム教徒にすれば「異教徒」である侵入者、日本の立場を変えることはできなかった) シャフリルによれば、インドネシア人は「苛酷な経験を通して日本の秘密警察に対する憎悪、恐怖をいだき」はじめた。[65] ミクロネシアにおいても、「住民の感情に鈍感で、島民を軍事施設建設のための労働力としか考えない日本の陸海軍軍人が大挙進出してくるにともない、当初の好意はすぐに消え去ってしまった」[66]。フィリピンにおいては、日本のスローガン「アジア人のためのアジア」は、実際は「日本人のためのアジア」の意味だと、最初から広く信じられていたようであった[67]。

日本人自身についていえば、一九四一年までの何年間かにわたる大東亜共栄圏建設についての議論にもかかわらず、すでに征服にとりかかっていた地域の管理の指針とするために遅まきながら用意したお座なりの計画をもって、東南アジアに（さきの中国侵略と同様）乗りこんできた、というのが実情であった。共栄圏や新秩序の構想には、地理的な境界について一致した考えがあったわけではなく、傘下各国に樹立されるべき政府の基本的な性格について明白な共通の見解が存在していたわけでもなかった。東南アジアとのあいだに確固とした通商関係の基盤も存在していなかった（戦争前、東ヨー

＊　東インドでも、マレーやシンガポール同様、その敗北は惨憺たるものだった。五万五〇〇〇の日本軍が一〇日間でジャワを落とし、テル・ポーテン将軍の軍隊はほんのわずか抵抗を試みただけで降伏した。(van der Post, *The Night of the New Moon*, 62. なお、本書一四六〜四七ページ参照)。しかしオランダ海軍部隊は——短期間ながら——優勢な敵に対し、植民地防衛のために勇敢に戦った。D. Thomas, *The Battle of the Java Sea* (London, 1968).

＊＊　日本人の考えも及ばないことだが、マレーのあるインド人の役人はのちに次のように述べている。「理性的には徹底的に反対なのだが、本能的にはアングロサクソンに対する戦いで日本人と肩を並べることに共感を覚えていた」。W. H. Elsbree, *Japan's Role in Southeast Asian Nationalist Movements, 1940–1945* (Cambridge, Mass., 1953), 163. エドガー・スノーによれば、ネルーさえも、日本の戦いに対する「共感の気持ち」を語ったということである。E. Snow, *Journey to the Beginning* (London, 1959), 269.

ロッパにドイツが築きあげた地位とは対照的だった）し、言語についても同様だった。（日本軍が、アングロサクソン人の手から救い出そうとした人びととのコミュニケーションの手段としてよく使われたのは、皮肉にも英語だった）。占領地域の管理責任がそれぞれ細かく分かれていたのと同じく（たとえば海軍はボルネオ、セレベス、モルッカほか、第一六軍はジャワ、第二五軍はスマトラというように）、一つの地域についても、（しばしば対立関係にあった）各行政組織のあいだや、軍内部の派閥のあいだ、現地当局と東京の当局とのあいだにはたいてい協力関係が欠けていた。たとえばジャワでは（終戦時には二万三〇〇〇を超す日本人役人がいた）、インドネシアの民族主義者によせた今村将軍の共感も、若い参謀たちや東京の大本営からは不評と反対をうけていた。一方東京では、一九四二年十一月の大東亜省設置の決定は、外務大臣、東郷茂徳の辞任を招き、占領地域全般にわたっていた混乱に終止符を打つことはできないままであった。[68]

しかしながら、日本の占領政策の重点がどこにおかれていたかは明白だった。それは、一九四一年十一月以降、東京で作成された一連の文書のなかでひときわ目立つ事項、「国防上欠くべからざる……南方……資源の獲得と開発」だった。現地住民は、「各々その所を得て、帝国の指導のもとに共栄圏……建設に協力すべき」ものだった。[69] したがって、フィリピンの軍司令官が、現地の人びとに、領土の獲得は日本の考えではない、と断言したあとに述べたように、[70] 現地の住民としては協力するか、「全力でぶつかって砕ける」以外に道は残されていなかった。現代日本の、あるすぐれた歴史学者たちの意見によれば、[71] 当時、日本の役人の大多数は対等の地位にあるアジアの同胞のための使命、という考えに対しては冷淡だった。すでにふれたように、同じような態度は戦争後期の日本兵捕虜グループへのインタビューでも見られた。藤原少佐のような「心からの信奉者たち」は批判にさらされ、たいていは連絡将校の地位からはずされた。マレー人、ビルマ人、インドネシア人らに対する支配者的な態度は――中国人に対するのと同様*――彼らは下等民族である、という確信から出ていた。日常生活のなかで、現地人は日本人の優越性と日本の天皇の神性を認めることを要求された。そして勝手気ままな体罰の対象となり、軍事警察『ケンペイタイ』の蛮行は、ヨーロッパ人や華僑ばかりではなく、現地住民にも加えられた。全般的な管理という点からいえば、東京から「独立」を与えられても、日本軍による厳しい統制の手は、けっして弱められることはなかったのである。

* だがさきに述べたように、中国自体に関しては、日本には矛盾した態度が存在していた。そして（これは日本人と西欧人の双方に見られる残忍な敵という意識のなかで、皮膚の色にまつわる人種的要素がいかに強いかを示す証拠なのだが）日本人と中国人が肉体的に似ていることは、一部の日本軍人の心に影響を与えたようであった。ある軍人は日記に次のように記している。「中国の軍人や市民を見ると、日本人とよく似ているので妙な感じがする……今、死をかけて戦っている敵がまるで近所の人と思えるほどわれわれと似ているのは、愉快なことではない」と。（Wilson, *When Tigers Fight*, 3-4）これに関連してロナルド・ドーア教授は、戦前から戦中にかけての日本人と西欧人の「地理的概念」の相違について、次のような見解を筆者によせている。「『アジア』はヨーロッパ人にとっては意味のある社会的範疇である。だが日本人の場合は、十九世紀に『西洋に加わる』か、それとも『アジアと共にある』かという形で自分たちの針路を規定しようとはしたものの、『アジア』は彼らにとってそれほど意味のある範疇ではなかった。ヨーロッパ人やアメリカ人にとって、世界は白人の世界とその他とに大きく二分された。日本人は、二十世紀に入って多少世界を見まわったのち、三区分に傾いていった。すなわち儒教的黄色人世界、このなかには日本人も含まれていて、ここでは彼らはシシリー島におけるイギリス人同様、違和感は覚えなかった。（そのうえ自分たちは支配者たる運命にあると信じていた）。次に白人世界、彼らはここの名誉会員になりたいと思ってはいたが、気の許せるところだとは思わなかった。そして最後に、他のアジア地域からはじまって、いっそう未開なアフリカの海岸にいたる残りの下層世界、そこは力のある狩猟者にとってかっこうの狩場だとされた」。（六二ページ参照）

経済面では占領地域は、東京の指令にしたがって日本の利益のために利用された。それとともにできるかぎり各地域の自立がはかられはしたが、たいていは悲惨な影響をこうむることになった。日本の経済政策と戦争が各国民にもたらした経済的・社会的結果については後章でくわしく検討するが、日本の経済政策と実践が東南アジアに残したものについて、ここで若干ふれておく必要があるだろう。たとえば東インドでは、おそらく三〇万にのぼる多数の男女が「経済戦士」にしたてられ、日本人のために東インド、タイ、ビルマなどで労働に従事した。このようにして送り出された人びとのうち、故国に戻ることができたのは、約七万人にすぎなかった[72]。そして、日本のさまざまな公的、私的グループが対立しあうなかで、育成の対象となった生産物もあったが、その他のもの——とくにゴム——は放置され、衰えてしまった。(ジャワでの一九四三年のゴム生産量は一九四一年の五分の一にすぎず、スマトラではさらに少なかった。戦前二二〇あったスマトラの製茶工場のうち一七〇が閉鎖された)。住民たちは自給作物の栽培を奨励されたが、貿易の全般的な衰退と日本の少数大企業への集中が、米穀輸入の大幅な減少と重なって(これらの動きはアメリカ潜水艦による日本の船舶輸送の圧殺によっていっそう拍車がかかった)、多くの人びとの困窮を招くことになった[73]。フィリピンにおいては、一部の田園地帯で、好収穫とそれまでの貯蔵によって占領下でも食糧供給が好転したところもあったが、都市への米の供給量の減少が一九四四年の春には危機状態を生み、困窮が広がり、経済が混乱状態に陥った。戦前、盛んだった製糖業は衰え(日本は砂糖を台湾から輸入した)、その代替となるはずだった綿花栽培は失敗に帰し、インフレが——東インドと同様——荒れ狂った[74]。

一方、文化面では、日本側は、西欧の影響の痕跡を拭い去り、アジア人の目の前で白人の面目を失墜させようとしたばかりでなく、占領地域の人びとに無理やりに日本式の考え方や態度を学ばせ、さまざまなかたちで押しつけようとした。たとえば選ばれて特別な訓練を受けることになったフィリピンの青年グループに第一に要求されることは「『皇道』精神と日本的世界観を完全に体得する」ことだった。[75]神によって選ばれた国、日本は「親」であり、共栄圏の人びとは「子供」であるという考えに基づいてすべてが行われた。新聞は共栄圏の人びとのために、日本精神、日本の力、日本の道徳、日本の礼儀のそれぞれの真髄と偉大さを説きつづけた。マレー人、フィリピン人、インドネシア人のすべてに自己修養と崇高な目的への献身の手本が示され、こぞってそれを見習うことが要求された。日本の言葉と習慣の基礎的な教課が新聞に掲載され、日本語教育はジャワの学校では必修となった。そこでは、日付は日本の暦にしたがい、すべての公的な集会では初めに東京、つまり天皇の居所の方向に向かって一斉に拝礼をしなければならなかった。[76]

だが日本側のこのような努力も、結局はほとんど実らなかった。スカルノ、バー・モー、ラウレル、ボースらの協力にもかかわらず、征服者たちは各地域に指導権を確立して、人民大衆を日本の理想に引きつけておくことはできなかった。たとえば東インドでは、スカルノのもつ力の源泉は民族運動にあったが、その運動自体は同地のイスラム組織と同様、戦局の進展につれて親日ではなく反日の方向に動いていった。また他の指導者、とくにシャフリルやモハマド・ハッタらは、アミル・シャリフデンのような地下の共産党員たちと同様、スカルノ自身の侵略者寄りの態度にはもはや同調しなかった。行政機構の一員として日本側に雇われ、日本統治のもとでよろしくやってきたインドネシア人たちも、住民の大部分から遊離していった。フィリピンでは、住民の大多数と、新秩序と手を結んだ寡頭体制のメンバーたちとのあいだの隔たりはいっそう大きなものだった。[77]

日本のあからさまな自己優先の態度、多くの現地代表者の傲慢と苛酷な仕打ち、そのためにますます多くの東南アジアの民衆が、長いあいだ同じ体験を重ねてきた中国人や朝鮮人と同様、すべてのアジア人のために神聖な戦いを遂行しているのだという日本の主張を欺瞞だとして、冷たい目で見るようになってきた。(「吐き気を催すような偽善」、熱烈な民族主義新聞『ボンベイ・クロニクル』は戦争勃発当初、このように述べた)。[78] なかには、さきに見たフィリピンのゲリラやマレーの抗日人民同盟のように、最初から武装抵抗路線を推し進める者もあった。[79] ジャワのブリタルでは、郷土防衛義勇軍『ペタ』の一大隊が一九四五年二月、インドネシア独立の名において、日本軍に対して短時間ながら攻撃を加えた。[80] ビルマでは長い本格的な抵抗が行われた。一九四四年九月には、のちの反ファシスト人民自由連盟が組織されてゲリラ活動が開始され、東南アジア軍司令部のもとで行動していたイギリス特別情報作戦部隊、フォース一三六のメンバーと接触をもった。そして一九四五年三月には、ついにアウン・サン指揮下のビルマ国民軍部隊が公然と反乱を開始した。

連合軍の勝利がいまや明らかになってきたという事実や、幻滅から生まれた激しい反日感情が、どの程度、ビルマの反乱行動の起爆剤となったかは明確ではない。しかし反日感情の存在は明らかだった。マウントバッテンはさっそく、スリムの第一四軍によるラングーン攻撃の援助として、政治的紛糾を顧みずビルマ人の抵抗を激励した。[81] 一方、独裁者ルアン・ピブンの指導のもとに、戦争当初から日本と同盟を結び、フランス領インドシナやマレーの領土割譲の恩恵にあずかっていた、表向きは独立国家であるタイでも、日本の保護から脱け出したいという強い希望が広がっていた。摂政ルアン・プリーディに率いられた自由シャム運動は、イギリス、アメリカと接触を保ち、一九四五年春には、連合軍の将兵はタイ国内をかなり自由に動きまわることができた。[82] 同年夏の初め、二メートル近くもあるイギリス特別情報作戦部隊のヴィクター・ザーク准将が、バンコクじゅうを制服姿で車を走らせていたという事実は、当時の日本の成果が、日本軍が無敵だと思われ有頂天になっていた一九四一〜四二年のころの約束と、いかに大きく隔たっていたかを物語っている。

イギリスへの幻滅、アメリカへの不安

しかしながらさきにもふれたとおり、日本軍としては、自らが生み出した敵意にもかかわらず一九四五年の夏には、すくなくとも極東における西欧の存在をくつがえすという目的は実質的には達成されたと主張しえたのであった。とはいえ彼らが、極東地域の人びとのなかに「新たな」意識を生み出したわけではなかった。それは、極東における西欧の帝国主義的存在をめぐる緊張と問題が、一九四一年になって急に表に出てきたわけではないのと同じである。戦争開始後数カ月の日本軍の目ざましい勝利は、その後の宣伝活動と相まって植民地の住民たちを促し、真珠湾攻撃前の事態のあり方に対する反対の気運を強めていった。白人の地位は、ゴーホがマレーに関して述べたように、けっして回復することはなかった。マレーのジャングルのなかで戦っていた中国人のゲリラは、スペンサー・チャップマン（彼は中国人ゲリラと行動を共にした）によれば、イギリス人に対して一片の信頼も寄せなくなってしまった[83]。インドネシア人から見たオランダ人の地位にしても同じようなものだった[84]。フィリピンではマヌエル・ケソン大統領が戦争当初、アメリカ軍がフィリピン人民を保護できなかったことを厳しく批判し、アメリカに難を避ける前にローズヴェルトに対し、ただちにフィリピンに独立を与え、進攻してくる日本軍と自ら交渉できるようにしてほしいと頼んだ（もちろんこの事件はワシントンによってもみ消された[85]）。

香港の中国人のあいだにも同じくイギリス人に対する幻滅が、日本人に対する憎悪とともに広がっ

たが、その一方では自己の文化と民族についての意識が高まった[86]。インドでは、真珠湾攻撃の翌日、西欧諸国の手による日本の速やかな処罰を期待した『ボンベイ・クロニクル』が、一九四二年三月にはシンガポール防衛戦の「大失策と無能ぶり」を酷評し、西欧ではなく中国を「侵略に対する英雄的な戦士、アジアの未来への希望を担う者」と讃えた[87]。その後間もなくネルーに、その一友人が、イギリス軍将校全体について、「嘆かわしいことだが、彼らの無能ぶりにはうんざりさせられる」と書きおくっている。一方、国民会議派運営委員会のメンバーたちも、マレーとビルマにおけるイギリス軍の戦いぶりにあきれ、われわれインド人民は、日本軍の攻撃を受けた場合、「自分たちの力だけを頼りに、体制を整え」られるように準備しておかなければならないと主張した[88]。一九四二年五月、中国駐在のオーストラリア公使は、「極東におけるイギリス帝国のよって立つところは威信だった。しかし、その威信がいまや完全に粉砕されてしまった」と語った[89]。

　西欧民主主義国が当初の惨状から立ち直り、極東のみならずヨーロッパにおいても反攻に転ずるにしたがって、アジアの人びとの目に映る彼らの姿も、幾分かは好転していった。とくにアメリカの力は、戦局の動きの実際を知る者には強い印象を与えた。とりわけローズヴェルトは、帝国主義後の新しい秩序を生み出すうえで、共感と援助を与えてくれる重要な人物だと見られていた[90]。一九四五年夏のイギリス労働党政府の誕生も、アジアの一部からは、イギリスのいっそう理解ある態度を示すものとして、また『ボンベイ・クロニクル』の主張のように、「世界は当然左に動くだろう。それは明白かつ抑えることのできない動きである」ことのしるしとして期待された[91]。このアトリー一派の勝利に感動したアウン・サンは、ビルマで次のように論じた。「新しい精神が世界に広がっている。各国民はそれぞれ本来の自己の姿に戻りつつある[92]」。

しかしながら西側におけるこのような動きも、戦争当初、白人の屈辱的な姿が残した印象を拭い去ることはできなかった。[*] 一九四五年にビルマに帰任したあるイギリスの役人が述べているように、「かつての絶対的な信頼は——どちらの側からも消え去っていた。われわれはビルマから追い出された。ビルマ人たちはそれを見ていた。陳腐ないい草だが、歴史は二度と繰り返さなかった(93)」。そして、日本に味方したボースらがアメリカに対して向けた経済的帝国主義の非難は別として、以前のヨーロッパ人と同様アメリカ人に対しても、意図的かどうかはともかく、彼らの富と力を用いてインドのような国を搾取するかもしれないという不安の声が広く叫ばれるようになってきた(94)。ローズヴェルトにしても、一九四二年の夏には、インド独立の問題についてチャーチルを説得することはあえて避けていたようだったし、[**] 結局は彼も、東洋の従属民族より現在の西側国家にとって有利な平和を選ぶのではないかという疑いの声が聞かれるようになった(95)。たとえばテヘラン、カイロの会談について、中国の略奪された領土の回復に関して与えられた保証は、各方面から歓迎されたにもかかわらず、警戒の声があがってきた。『ボンベイ・クロニクル』は次のように論じている。

「四大強国」というのはいんぎんな作り話である。新しい世界を二つに分け、両方をともに支配し

* アジア人に対する権威のこのような失墜を免れた白人国家の一つは、ソヴィエト連邦だった。ドイツに対するその戦いは大きな賞讃を博し、当時の「統一戦線」の方針は、植民地の共産主義者はもちろん、社会主義者にも強く訴えた。Thorne, *Allies*, 608 ; Jog, *In Freedom's Quest*, 204 ; Dahm, 197ff., *Bombay Chronicle*, 9 and 23 Jan., 28 July 1942 ; AICC Working Party Statement on U.S.S.R. and China, 28 Dec. 1941, AICC Papers, file no.2, part 1.

** 二九五ページ参照。

ようという本当の狙いを隠すために慎重に計算された偽善である。「三大強国」がヨーロッパを直接支配する、そしてヨーロッパに対する指揮権とアジアとアフリカにおける「権益」とを通じて、アジアとアフリカをも支配する……ロシアがこの不法なたくらみに……同調するかどうかはわからない……しかし意図するところは明白である。二つの世界が作られつつあるのだ。一つは白人の帝国主義的「ヨーロッパ」の世界――そこにはアメリカが含まれる。もう一つは、アジアとアフリカの有色人種からなる「従属国」の世界である。そのなかには、独立国として認められてはいるが、世界の問題に関しては対等の資格で実際の運営にたずさわることは認められていない中国のような国が含まれる。それはまさに三位一体の支配である。(96)

このような疑念や憤りは、アメリカ国民や政府が、蔣介石とその部下に対していかに讃辞を呈し、希望を託しても、中国の政治家たちの念頭を去らなかった。インドに駐留していたアメリカ兵たちは、彼らの目にした「ワッグ」(うす黒)に対して人種差別的な侮蔑感をしばしばあらわにしたが、同様に中国で勤務についていたアメリカ兵の多くも、そこにいる「スロピー」(うすのろ)たちに対して軽蔑の念を隠さなかった。(97) GIたちの態度は、アメリカの理想にあこがれていた中国人の学生たちの気持ちまでも離反させることがしばしばだった。ジョン・イズリアルは、昆明《こんめい》の情況について次のように書いている。「勤務時間外に酒やセックスなどの気晴らしにふけっているGIの姿は、彼らの数が増え、民衆の目にふれる機会が多くなるにしたがってますます非難の的になってきた(98)」。国民政府の要人たちとしては、このような気持ちの離反のうえに、さらにワシントンが対日戦争の指導に関して重慶政府に重要な役割を与えようとしないことに対する怒りの気持ちが重なっていた。と同時に、アメリカの政治家や企業家がともに、戦後の中国経済の指導について発言権を望んでいるらしいことにも不安をいだいていた。(「中国はアメリカの植民地ではない」、国民政府経済部長は、主要な事業計画がアメリカ企業にならって行われるようにというワシントンからの圧力に関して、ひそかにそして苦々しげにこう述べた[99]。とくに戦争の後半、蔣介石政権の腐敗と非民主的性格*に対するアメリカ側の批判が高まるにつれて、重慶からの反発はいっそう激しくなっていった。蔣総統自身も、のちに見るように、その著(代作)『中国の命運**』のなかで、西欧の政治理念はその物質主義同様、彼の目には中国社会の安寧に対する重大な脅威として映ると述べている[100]。

一方、延安の共産党政権は、一九四四年から四五年のあいだに重慶政府から延安入りを許された、アメリカの外交官やジャーナリストたちから、理想化までされるほどの賞讃を受けた[101]。毛沢東や周恩来も、一時はワシントンとの友好関係確立に関心をもった。しかし一九四五年の春には、アメリカの対外対内政策のさまざまな側面から見て、望ましい成果は期待できないように思われた。その後、延安のアメリカ帝国主義攻撃は強化されていった。友好関係樹立の可能性が実際問題としてどの程度存在していたのか、とくに当時の毛沢東やその同志たちの態度がマルクス主義の教義との関係でどの程度柔軟性をもっていたかは学問的には論争のあるところである[102]。それに延安からすれば、アメリカ――そしてもちろんイギリスその他の極東に君臨する西欧帝国主義諸国――は世界の「都市」であり、それに対して「農村」が、究極のしかも必然的な勝利を目ざして戦わなければならないことは、「半

* 二七八〜八〇ページ参照。
** 四〇五、四〇九ページ参照。この本は一九四三年に中国語で出版されたが、当然のことながら、当時は英訳は禁止されていた。

植民地」国家、中国が完全な独立達成のために戦わなければならないのと同様、おそらくは自明のことだった。[103]

インド民族主義の迷走

西欧民主主義国との関係が問題になった場合でも、重慶や延安では、目下の急務である対日戦争のほうが当然、重要視された。だがインドの民族主義者の場合は、イギリスの敵の主張を無条件に支持してボースに加わった人びとや、反対にファシストや軍国主義勢力と断固戦うために民族自決問題をしばらく保留した人びとは別にして、戦争に対する態度は極端にゆれ動き混乱した。一九四〇年、会議派運営委員会は、本土で「土壇場に」追いつめられていたイギリス人に対するガンディーの徹底的な（非暴力）闘争の呼びかけを拒否した。一九四一年五月に表明されたガンディーの考え、すなわち「意図はどうあろうと」、ヨーロッパ戦争の両側に「本質的な違いは見られない」という彼の見解に、インド人の多くは賛同しなかった。[104] 一九四二年の前半、日本軍のインド侵攻の可能性が問題となったときも、意見の不一致が起こった。ガンディーは最初、「この戦争は、何が理由で、誰のために、何を目的として戦われているのかまったくわからない。ファシストやナチの勢力と連合国とのあいだには何の違いも見られない。どちらも目的達成のために必要とあれば、どんな無慈悲な手段にも訴える搾取者たちだ」と主張していた。そしてインドが今、日本の攻撃の危険に直面しているのは、自分たちの土地にイギリス軍がいるからだ、彼らはすぐにも撤退すべきなのだと論じた。

しかし、ガンディーは一九四二年においても、日本はインドの盟友だとする見解を受けいれなかった。たとえ日本軍が「イギリスのくびき」を首尾よくはずしてくれたにしても、それは「かわって彼らがくびきを掛ける」だけのことだと主張し、ボースが日本をうしろだてにした政府を作るためにインドにやってきても、「われわれの抵抗にあうだろう」と力説した。だが戦争そのものに対する彼の態度は、この時期にさらに大きく動きはじめた。彼は一九四二年六月、イギリスが極東の領土を守ることができなかったことを非難する一方、独立を認められたインドは、「感謝の念から連合国の同盟者となる」だろう、*インド人は「自分自身の戦いとなる場合にのみ、真の不屈の勇気を発揮する」ことができるのだと主張した。そして七月には、イスラム系の新聞記者に次のように述べた。「今こそ、インドがこの戦争の運命にめざましい役割を演じる時だ。それにはイギリスの奴隷の身から解放されなければならない」(105)。

ガンディーが自分の主張をやわらげはじめたかに見えたとき、ネルーの極東戦争に対する態度も、まったく混乱し、曖昧模糊としたものになってきた。一九四二年四月、彼は日本をインドの来るべき「解放者」だとする考えをばかげているとして退け、ローズヴェルトに対しては、わが同胞は「われ

---

* そのような同盟は非暴力主義とどのように合致するのかとの問いに、ガンディーは、「いい質問だ。だがインドは『何もかも』が非暴力であるわけではない」と答えている。一九四四年に釈放されたのち、彼は「戦争中は連合軍の作戦の要求に応ずるという条件のもとで全インドの完全な独立を即座に承認する」ことを求めた。しかし第二次世界大戦は「人民の戦争」となったというインド共産党の考えはとらなかった。一九四四年七月に彼はこう書いている。「ロシアと連合国との限定された同盟は、いかなる意味においても、ナチ連合に対する帝国主義戦争を人民の戦争に変えることはできない」。Gandhi, *Collected Works, Vol. LXXVII* (Delhi, 1979), 387, 434. 日本軍のインド侵入の場合にとるべき行動について、彼の初期の意見は、「侵略者はそのうち精神的にも肉体的にも非暴力の抵抗者を殺すことに飽きてきて、殺害をやめるだろう……という確信」のうえに立って「非暴力」の抵抗を行うべきだというのであった。*Collected Works, Vol. LXXVI*, 7, 197.

われの有する莫大な戦争資源と……巨大な人力を動員して……インド防衛のために最善をつくし、自由と民主主義の大義に献身することを……切望」していると確言しながら[106]、二週間もたたないうちに会議派の名前で支持者に対し、日本軍が実際にインド領内深く侵入してきた場合にとるべき態度について、次のような指示を書いた。

一、侵略者に屈服したり、命令に従ったりしてはならない。
二、彼らに取りいったり、賄賂を受けとったりしてはならない。しかし、敵意をいだいたり、彼らの不幸を願ったりしてはならない。
三、彼らが土地を取りあげようとした場合は、抵抗すれば命を失うようなときでもけっして渡してはならない。
四、彼らが病気にかかったり、のどの渇きにたまらず助けを求めてきたりした場合は、拒んではならない。
五、イギリス軍と日本軍とが戦っているところでは、非協力運動は無益無用である。現在は、イギリス軍に対する非協力運動を制限する。イギリス軍が戦っているとき完全な非協力を実行すれば、われわれの国土を故意に日本軍に委ねることになる。したがってイギリス軍の妨害をしないことが、日本軍に対し非協力を表明する唯一の方法である。しかし、イギリス軍を積極的に援助してはならない……。

そして二、三日後、この「簡単な非協力の原則」の前に次のような言葉が付け加えられた。

日本の戦いの相手はインドではない。彼らが戦っているのはイギリス帝国である……インドが解放されれば、最初にわれわれのやらなければならないことは、おそらく日本との交渉だろう。国民会議派は、イギリス軍がインドから引き揚げても、日本軍であれ他の侵略者であれインドを攻撃するものがあれば、自らの手で防衛することができると確信している[107]。

ネルーや会議派運営委員会のこのようなこじつけ論に対する親会議派の『ボンベイ・クロニクル』(編集者、シェド・アブドゥッラーフ・ブレルヴィはイスラム教徒の民族主義者で、彼自身会議派のメンバーだった)の論評は、まさに的を射ていた。同紙は、この「簡単な原則」はまったくの「支離滅裂」だときめつけた。さらにつづけて、この危急のときにあたり国民会議派がインド人民に与えた全般的な指針について次のように述べた。

そこでは一〇〇人が一〇〇の声でしゃべっている。だから人びとが直面している危険に対しては、明確な行動は何も示されていない。会議派の指導者のなかには互いに公然と批判しあっている者がいるかと思えば、来るべき日の戦いに備えよと人びとに訴えている者もいる。だが戦いの本質は何か？　目的は一体何なのか？　そして人びとは、どのような備えをすればよいのか？……

そして、七月に会議派が再びイギリス軍に対して市民の一大不服従運動を展開しようとしたとき、同紙は、そのような運動は「重大な災害」をもたらすだろうと主張し、ネルー自身の頭のなかに存在する混乱を次のように指摘した。

この時にあたってのイギリスに対する不服従運動は重大な紛糾を巻きおこし、一時的には日本を利するということは、ネルー師自身にはよくわかっている。しかし彼は、「われわれがどのような行動に出ようと、その要求と意図ははっきりしている。われわれは中国の運動やインドの防衛に損害を与えたくないのだ」として、自己満足している。しかしわれわれの行動が、中国の敵であると同時にインドの敵でもあるものに有利になるとすれば、われわれの要求や意図はいったい何の役に立つというのか……。(108)

この主張はガンディーの心を動かしたようであった。彼は八月の初め、「もし、イギリス軍がわれわれのもとを去れば、われわれはどういうことになるだろうか」と問い、自らの答として次のように述べた。

その場合は日本がやってくるだろう。そうなれば、中国の、そしておそらくはロシアの終わりをも意味するだろう。私はロシアの敗北を招く道具にはなりたくないし、中国の敗北を招く道具にもなりたくない。もしそういうことになれば、私は自責の念にかられるだろう。イギリスはインドを憤激させてきた。にもかかわらず、われわれは卑怯なまねはしたくない。われわれは真の紳士としての態度を十分身につけてきたから、そのような振舞はしたくないのだ。

会議派運営委員会は、ガンディーともども、イギリス、アメリカ両軍が日本軍の侵略に抵抗し中国の戦いを支援するために、独立インドに駐留することに同意した。[109] にもかかわらず、「インドを出てゆけ」運動は、一九四二年八月には一般市民の不服従と妨害運動にまで広がり、ガンディーと会議派指導部はただちにイギリス官憲によって逮捕された。インド共産党はつづいて起こったストライキと暴動を、「自由の名によって防衛を破壊する、気の狂った愛国者の悪あがき」行動だと非難した。そして騒乱のあいだ、交通と産業の麻痺の防止に努め、ボースとその一派に対しては「侵略者日本軍のために……混乱状態を拡大しようとしている裏切り者の第五列」をひそかに力づけるものだと非難した。彼らは、イギリスはガンディーを釈放し、真に民族的な政府を樹立すべきであると主張し、さらに次のように論じた。

だが同時に労働者は、ファシズムがわが国にとって恐ろしい危険を意味することを理解し、自ら立って生産活動における役割を果たすようにしなければならない。さらにまた自ら愛国心を鼓舞し、民衆を統一してソ連、中国、アメリカ、イギリスの人民との同盟のもとに祖国を防衛することは、いまや祖国の自由と独立のために戦うことと一体であることを理解しなければならない。[110]

この「インドを出てゆけ」運動が全国的な暴動であったかどうかは、長いあいだ論議されてきた問題である。[111] 国民会議派以外にこの運動を支持した政党はなかった。シーク教徒は、抗議する側の暴力も、官憲の行使する暴力も、ともに非難した。パキスタンの分離運動に熱心な回教徒連盟は傍観していた。最下層カーストのスポークスマンは、「野蛮人が門口まで来ているときに」反乱など起こすべきではないと説いた。M・N・ロイの急進民主党（共産党の二〇万に対して、四〇万の労働者の支持を得ていると主張していた）は、社会不安にも、国民会議派の要求している政府のインド化に対しても非難の矢を向けた。（「閣僚としては、話のわかる反ファシストのイギリス人五人のほうが、保守的なインドの産業資本家五人よりもましだ」というのであった）。

だが、クリップス・ミッション*の失敗につづいて起こった、当初はイギリス支配に対する自然発生的な怒りの爆発は、組織的な大衆運動という説明を正当化するようなものになっていった。混乱は地方にも広がり、ある歴史家によれば、ガンディーが「弁護はしなかったが是認した」暴力沙汰**(112)を巻きこみ、ビルマでの対日作戦の準備は大きく行きづまり、インドにおけるイギリス軍の地位にも暗影を投げかけた。一九四三年、イギリス・インド省の軍事担当次官は次のように書いている。「インドは戦争中はもちろん、たぶんその後もしばらくは、占領下の敵国と考えるべきだ(113)」。暴動のあと、インド最高裁判所長官は、インドにいる「数多くのイギリス人」は「自分自身も、他の何ものも信じなく」なったと記している(114)。ウェーヴェル卿が認めているように、***――彼の態度は一九四二年、インド軍総司令官だったときと、一九四三年、インド総督のときとでは、大きく変わっていた――独立の意思は非常に強固なものとなってインド中に広がり、チャーチルの反動的な頑固さばかりでなく、イギリス政府自体の慎重な態度、冷淡な態度までもまったく時代錯誤のものにしてしまったのである。

「アジア」という概念への意識

日本の対敵宣伝戦に関連して見てきたように、東南アジアの日本軍占領地域でも、西欧の帝国主義支配の復帰は許さないという主張は強力なものになってきていた。民族主義の主張と社会主義ないしはマルクス主義の主張とを結びつけたようなこの動きの幅広い内容については、すでに一部、戦前の情勢に関連してふれてきたが、のちの章で一九四一年から四五年のあいだのそれぞれの国内情勢の動きを扱う際に、さらに深く検討する。だがここでふれておかなければならないのは、この運動の国際的な広がりについてである。パーセルの戦後の言葉にいう、東南アジアにおける「まったく新しい型」の政治、それはまたヨーロッパの人びとにもアメリカの人びとにも同じように大きな影響を及ぼすことになったのだが、その実体は、日本と西欧諸国とのあいだの、狂気じみた、だがある意味では皮相な軍事的衝突の陰で形づくられていった。スカルノは東インドで民族主義、イスラム、社会主義を結びつけ、それをすくなくとも、オランダの安定支配の再建をおしとどめることのできる力に育てあげていった。ホー・チ・ミンはヴェトナム独立連盟を、インドシナから中国南部の国境にまたがる民族主義運動に発展させ、共産主義者を中核としてさらに広範な分子を結集した。(115) アウン・サンは、連合軍の対日作戦に協力する条件について、そしてさらにその協力のビルマにとっての政治的な意味

* 二五八〜五九ページ参照。
** ガンディーは一九四二年五月にこう書いている。「悲惨な奴隷制度を払いのけるためには、あえて暴力に訴えなければならない……私は現在の統治制度よりもむしろ無政府状態のほうを選ぶ。現在のこの組織された無政府状態は真の無政府状態よりも悪いからだ……われわれは暴力を避けるためには最善を尽くす。だがそれにもかかわらず暴力が起これば、それは神の意思だ」と。*Collected Works, Vol. LXXVI*, 160. 政府統計によれば、暴動による死者一〇二八名、重傷者三二一五名、逮捕者は六万〇二二九名にのぼった。破壊されたり大きな被害をうけたりした鉄道の駅は三一八、数多くの鉄道線路や電信線が切断された。一イギリス人の目撃者の回想として、I. Stephens, *Monsoon Morning* (London, 1966), 3ff. 参照。
*** 二五六〜五七ページ参照。

について、事実上対等の資格でマウントバッテンと交渉した[116]。

重要なことは、スカルノにとってもまたアウン・サンにとっても、日本軍との協力は、(この点、ホー・チ・ミンの態度とは対照的だが)民衆のあいだでは障害にはならなかったことである。フィリピンにおいても、『フクバラハップ』などのゲリラ・グループを除いては、寡頭制支配者側が侵略者に協力することは民族に対する裏切りだとほとんど見なされなかった。一九四五年以後も同種の人物が政治的にも経済的にも引きつづき幅をきかすことができたのは、マッカーサーが富裕な友人であるファシストたちを支持したからだけではなく、このような一般的な風潮のためでもあった[117]。ボース(終戦時に飛行機事故で亡くなった)や、彼に従った人びとに関し、日本の降伏後、インド国民軍の主だったメンバーをデリーのレッドフォートで裁判にかけるというイギリス当局側の決定は、民族主義者たちの頑強な抗議の声を大きく巻き起こした。一九四五年十月、ガンディーは被告たちについて「インドは彼らを尊敬する」と書いた。ネルーは、一九四二年にはインド国民軍の日本との同盟を嘆いたが、戦後はそれを一つの便宜的手段と認め、国民軍の戦時中の行動を「インド解放運動に対する熱烈な願い」から出た「勇敢な行動」だと賞讃した*[118]。

帝国主義支配からの民族解放運動(中国の場合は一八四〇年代以来、手にすることのなかった完全な独立と主権の回復を求めて、朝鮮の場合は三〇年にわたる日本への隷属からの脱出を求めて**)は、一九四五年には、直接、間接に日本の暴力の大波に巻きこまれた多くのアジア民族の支持を集めることになった。そして同時に——これまた、さきに見た戦争前の時期の一つの特徴がより強まったものだが——政治的・社会的・精神的存在としての「アジア」という概念が、日本軍やその協力者以外の人びとからますます強い関心をもって見られるようになった。ネルーの妹、V・L・パンディット夫人は、利己的な西欧と奴隷状態のアジアとのあいだの深い溝が、極東戦争の中心問題だと主張した(119)。そしてインドでは、このような考えと結びつけて、とくに日本軍に対する中国の抵抗が賞讃の的となった。*** インドの新聞には、国民政府軍の「勝利」がひどくおおげさに取りあげられた。そしてさきに見たように、すでに一九四二年に中国は、「アジアの未来への希望を担うもの」と讃えられた。そして「勇敢な同盟者」たる西欧諸国自らが中国の同盟者たるにふさわしいことを示さなければならないと論じられた(120)。国民会議派もアジアの兄弟の名において東インドやインドシナの民族主義運動を讃え、インドの来るべき独立を、「他国の支配のもとにあるすべてのアジア民族の解放への序曲」だと説いた。日本人についても、一九四五年に『ボンベイ・クロニクル』は、「軍国主義者と支配階級の一味」に惑わされたのだから、西側は報復的な講和条件を課すべきではない、インドと中国はともにそのような事態が起こらないようにしなければならないと力説した****(121)。

* だが復帰したインド国民軍兵士に対する独立後のインド政府の扱いは、彼らに（年金などに関し）非常に苦い思いをさせた。Mohan Singh, *Soldier's Contribution to Indian Independence*, cap. 28.

** 三九五〜九六ページ参照。

*** 社会主義者ネルーと会議派はすくなくとも戦争中は、本質的にはファシストである蔣介石にこのような賞讃をおくっていた。（ネルーによれば、「偉大な指導者」である蔣とその妻は「中国に熱と生命を吹きこむシンボル」だった）。一九四五年には『ボンベイ・クロニクル』（一月二十七日、八月二十八日）は、連合政府をもって国民政府にかえるという延安の提案を支持した。だが依然、蔣介石を統一の過程における中心的存在と見なしていた。

**** 同紙はまた（八月十三日）天皇制は不可欠の社会制度として日本に残すべきである、それを欠けば日本国民の民主主義的救済は不可能だと論じた。

蔣介石は一九四二年二月のインド訪問に際し、ニューデリー政府にとっては大いに迷惑だったが、インドの独立要求に対して共感を表明した。(もっとも、その後の蔣夫人のネルーあての手紙には、繰り返し「インドの苦難が蔣夫妻に強い同情と怒りの念」を生んだこと、インドのためにアメリカの世論に働きかけるつもりであることが述べられ、それとともに日本の脅威が非常に尖鋭化してきた今日、イギリス人に対しては「最大限の忍耐」が必要であるという趣旨の総統の伝言がそえられていた)(122)。蔣の同志、宋子文が、一九四二年夏、イェール大学で、「アジア」は「市場や利権の対象としてしか見られなかったり、ゴム、錫、石油の供給源、原料加工の労働力供給源としてしか見られなかったりすることには飽き飽きしている」と訴えたときも、インドの人びとの喝采を博した(123)。中国共産党の場合も戦時中の経験から、一九四五年以後はそのマルクス主義的分析や規定は、ますます「アジア」を中心としたものになっていったが、これは、モスクワがずっと蔣介石を中国の支配者として扱い、ソ連の対日戦参加にあたって中国に高価な代償を支払わせたことからして、いわば当然のことだった(124)。

もちろんインドから太平洋にまたがる地域の住民の大多数が、戦争中、日々の日常生活のなかで自分たちを「アジア人」として意識していたわけではない。このような意識は、たいていは政治家、政治評論家、インテリたちのものだった。*だがおそらく多くの「普通」のアジア人たちも戦争の動乱の影響を受け、それに敵側の宣伝や約束もあって、人種関係、とくに「白人」と「有色人種」間の関係について意識するようになっていった。すなわちこの問題に関する戦争の影響は広範囲におよび、たんにガンディーがローズヴェルトに対してアメリカにおける黒人の苦難について注意を促したとか(125)、中国人やインド人がワシントンに対し移民制限の廃止を要求したというだけには止まらなかったのである。たとえば一九四二年のビルマ撤退の大混乱(ヨーロッパ人は無事に脱出できたが、何千というインド人は船や飛行機が確保できず、陸路さえも安全な道をとることができなかった)ののち、ガンディーや会議派運営委員会は、「人種差別」や、「何かにつけて」あらわれる現地イギリス当局の「非人間的な、侮辱的な」態度を非難したが、その背後には民衆のあいだに大きく広がっていた苦い思いがあった。[127]**

一九四一年末、戦争努力を高めるためにビハール州に召集された会議に一人のキリスト教徒のインド青年が参加し、西欧対日本の戦争のためではなく、やがて来るべき白人対非白人の戦いのために軍

* このように当時の認識が限られたものであったことは、たとえば「カレン族やカチン族は自分たちの地域の外の世界のことはほとんど何も知らなかったから」、連合軍の秘密部隊が、ビルマの山岳民族に連合軍の進攻を宣伝しようとしたが無駄だったことでも知られる。Cruickshank, *SOE in the Far East*, 233.

** すくなくとも四〇万人が陸路ビルマからインドに避難した。ある推計によれば、途中一万から五万の人が死んだ。ビルマの役人の行動は例外もあったが、たいていはまったく不適切だった。その場に居合わせたインドの役人の一人は、途中のインド軍の略奪などの無軌道ぶりを回想して次のように述べている。「少数の例外はあったが、イギリス人の将校はたいてい誰にも救いの手をさしのべようとはしなかった。部下のことは顧みず、できるだけ早く自分たちだけが脱出しようとした。役人たちも、例外はあるが、まったく同様だった。そこに繰りひろげられているのは、道徳的退廃の恥ずべき姿だった。インド人兵士が——比較的少数のイギリス人兵士もたいていが——ますます狂暴になり、抑えきれなくなってきたのは当然だった。(Hunt and Harrison, *The District Officer in India*, 168). シンガポール総督兼マライ連合州高等弁務官のサー・シェントン・トマスがペナン脱出に際して、軍隊がヨーロッパ人に優先権を与えるのをとめることができなかったことについては、軍の「無能、混乱、無規律」に関する彼自身の言葉とともに、B. Montgomery, *Shenton of Singapore: Governor and Prisoner of War* (London, 1984), 98-9, 133-4 参照。

事訓練はおおいに歓迎だと述べたが、この考えは彼の行動と同様、おそらく一般的なものではなかった。[128]だが、白人の手による人種差別的な扱いにはもはや我慢できないという気持ちが、アジア人のあいだにますます増大してきたことは明らかだった。それについて、たとえば在米オランダ領東インド委員会議長、G・H・C・ハルトは、一九四三年に政府の同僚にあてた私信のなかで次のように述べている。*

女王の演説［オランダ帝国の将来の国家体制に関する一九四二年十二月のラジオ演説］のなかで、人種差別の廃止ほど国外にいるインドネシア人に強い印象を与えた箇所はなかった……この人種差別の廃止は、素朴なインドネシア人の船員［オランダ船の船員、彼らはヨーロッパ人の船員よりもずっと給与は低かった］にとっても……一つの原則になった。それは同じ危険を冒し、これまで以上にさまざまな国籍の人間とつきあうようになってきただけに、彼らにはよく理解もできるし、深い共鳴を呼ぶ原則なのである。[129]

一つには日本の意思に基づいて、そして一つには日本の身勝手な傲慢さに対する反抗のなかで、「古い考え方」は大きくゆさぶられていった。しかし極東戦争で戦った西側の人びとは、どの程度この事態を認識していただろうか？　比較的単純な日本の領土拡張の問題に対してだけではなく、このような情勢にも対処しようとしていただろうか？　もし対処していたとすれば、その方法は？　そしてこの点についてもまた、『シドニー・モーニング・ヘラルド』が一九四〇年にその必要性を予見したように、他の問題同様、長年にわたる「思考習慣や社会的・政治的偏見」が「時代遅れの危険なもの」になってきたことを彼らは理解しようとしていただろうか？

＊ 第一次国民軍の指導者モハン・シン大尉の、ある二人のイギリス人将校に関する回想は、対照として引用の価値があるだろう。この二人の将校は日本の降伏後、モハン・シンを尋問し、インドに護送した。彼はこう記している。「今まで支配者として激しく憎んできたこの民族の高潔さが、今、光のように私の目に映った」。Mohan Singh, *Soldier's Contribution to Indian Independence*, 362.

第6章　友と未来の獲得——西欧とアジア

汎アジア意識と「黄禍論」

前章の終わりに引用したG・ハルトの言葉は、極東戦争を背景にしてアジアの人びとの態度や政治勢力のあいだで深刻な変化が起こっていることに、西側の人びとも気づきはじめたことを示している。極東の動きに注目していた西側の人びとは、すでに戦争当初から、長いあいだの極東における白人の地位に対し戦争が及ぼす影響について重大な関心を寄せていた。たとえば日本軍の進攻が開始されたときも、国務省の極東部長は、もしシンガポールが陥落すれば南アジアや東南アジアでは、「白人、とくにイギリス帝国やアメリカの威信は……はかり知れないほど低下」するだろうと警告した。[1] その後、連合国側の政府関係者の多くも、オランダのファン・モーク博士（植民相、のちに東インドの副総督）のように、日本が目標としてかかげる「アジア人のためのアジア」の確立の「心理的なアピールの力」をひそかに認めるようになってきた。[2] 一九四二年八月、対日宣伝戦略委員会の極東小委員会は「このアピールの力は二重に働く」として、次のように論じている。

第一に、東アジアの人びとはすべて、多かれ少なかれヨーロッパ諸国の直接支配や干渉を経験し、それにともなう傲慢な人種差別的態度や経済搾取に対して怒りを燃やすようになってきた……第二に、日本はアジアのなかでは、自らを近代化し独自にヨーロッパ諸国に対応してきた最初の国である……したがってアジア人としての立場からアジアの各民族を率いて西洋に反逆したいという気持ちを強くいだいている。この思いは軍事的成功の度ごとに強まってきた……この軍事的成功は……アジア民族はその意思さえあれば、すくなくとも西欧諸国と対等に伍していけるという日本の主張を正当づけているように見える(3)。

したがって今後の問題として、日本自体について、またコーデル・ハルのいう「その影響力の復活」について、どうしてもこの種の不安がつきまとった。日本が敗北の瀬戸際に追いつめられようとしていたときでも、ハルは、日本は「西欧の帝国主義諸国によって……雄図をくじかれた解放の戦士を自認して……自ら政治的『焦土』作戦」に出るのではないかと恐れた(4)。一九四五年の二月になっても『ニュージーランド・スタンダード』は、「もし日本軍が東アジアのあらゆる物的人的資源を手中に収めるようなことになれば、それはわれわれが今まで目にしてきた文明の死を意味するだろう」というアメリカ海軍次官の警告を熱心に支持していた(5)。

重慶駐在のオーストラリア公使の言のように、たしかに「汎アジア主義」は「アジア人の心を引きつけた」、しかしこの汎アジア意識は日本の宣伝よりもむしろ、東南アジア軍司令官マウントバッテンの政治顧問の主張のように、「戦争という環境によってかきたてられた」ものだというのが根本的な考えだった。*(6) ローズヴェルトの長年の友人で、当時インドで彼の代理人をつとめていたウィリアム・フィリップスが、一九四三年にローズヴェルトにあてた次のような警告の声が、オランダやイギリス、アメリカの政府部内でも、また太平洋問題調査会の会合に出席する「外交政策界」のメンバーたちや『アジアと南北アメリカ』などの雑誌のなかにも、数多く見られた。

有色人種としての意識が……現在ますます前面に出てきたし、今後も大きくなっていくにちがいない。西洋人に対する強い嫌悪感や不信感など多くの共通点をもつ東洋民族の一大ブロックが、われわれの前にたちはだかることになるだろう。**(7)

なかには、スタンリー・ホーンベックが一九四三年、ハルあての文書のなかで述べているように、自分たちの前に口を開けているのは「西洋と東洋とのあいだの深淵」だけではない、さらに「皮膚の

* エズラ・デニングのこの分析は、アジアの世論を遊離させるような苛酷な対日講和条件に対する警告が直接の目的だった

** このように「アジア」を一つの統一体として論じているのは、政治家やジャーナリストだけではなかった。たとえばアメリカのアジア研究大学の学部長、J・F・ノーマノ博士は『アジアと南北アメリカ』の一九四四年六月号のなかでこう書いている。「アジアは世界の中心である……アジアは西欧的形態の機械的移植に憤りを感じ、それと戦っている。アジアは『野蛮人』から技術を受け継ぐ一方、自分自身の顔を保持したいと思っている……西洋では文明が栄えそして亡び……その間、アジア文明は何千年の歳月を数えていることを、アジアは知っている……『アジアは一つ。ヒマラヤが分けているのは、結びつけるためだ』という言葉は、今なお正しい」。

色のあいだの深淵」もあると主張する者もいた。(8) つまり汎アジア主義に対する不安は、アメリカ国内の黒人たちが国境を越えて非白人たちと手を結ぶかもしれないという恐れとからみ合っていたのである。(国務省や内務省内でも、日本の宣伝はすでに黒人のあいだに共感を呼んでいるのではないかという懸念があらわれていた。(9) 遠く南アフリカでも、『なぜ日本と戦うのか？　われわれは白人に圧迫されている、日本人のもとでもこれ以上悪くはならないだろう』と現地人たちが語っているのを私は耳にした」とジャン・スマッツが書いている(10)。しかしながら一九四二〜四三年のあいだにワシントンが恐れていたのは、中国が日本と妥協するのではないか、インドがイギリス人に対して反旗をひるがえすのではないか、ということだった。一九四二年、国務省極東部長は次のように書いている。もしそのような事態になれば、「日本は当然、心理的に、アジア人種——世界の全有色人種とまではいかなくても——の指導者としての確固たる地位を手にするだろう、そうなれば、連合国が日本を打ち破ることはあやしくなってくるかもしれない(11)」。

ローズヴェルトと顧問たちは、とくにイギリスの政治家や役人たちとの話では、繰り返しこの問題にふれた。中国とインドが連合国の戦列に加わっていることだけが日本の汎アジア主義のアピールをくじき、この戦争が人種的性格を帯びるのを防いでいるというのであった。勝利がもはや確実になってきたときでも、同じ趣旨の意見が強く主張された。たとえば「中国人を反白色人種の方向からそらすことが重要」であること(一九四五年一月のローズヴェルトの言葉)、民族主義勢力と和解し、「アジアにおける白色人種の威信」を維持する必要があること(同年春のフィリップスの言葉)、「『アジア人のためのアジア』運動の今後の動きを考慮」に入れる必要のあること(同年五月の当時国務次官であったグルーの言葉)などである。(12)

だが、アジアあるいはアジア人との関係における西洋とその権益の将来に関する不安は、より広い範囲にわたっていろいろな形であらわれた。たとえばさきにあげたランカシャーの主婦、ネラ・ラストは当時のヨーロッパの惨状を思い、一九四三年の日記に、非常に大胆な疑問を書きとめている。「この戦争の結果、権力を握っている白人の時代が終わり、有色人種が徐々に頭をもたげてくることになるのだろうか？　戦後の『われわれ』の行動はこのことにかかっている――ちょうど風向きを見ることで足取りと方向がきまってくるのと同じように」[13]。さらにまた長いあいだ東南アジア社会に対する中国系移民の影響に注目してきた役人たち、あるいはインド政府の外務部長サー・オーラフ・キャローのいわゆる「中華帝国主義の歴史」[14]を研究してきた役人たちの結論によれば、ファン・モークがいうように戦後中国の「政治的浸透」の動きは、現在の日本以上ではないにしても、それに匹敵するような脅威になるだろうということであった[15]。

さらに、オーストラリアやニュージーランドのように本質的には白人の社会であるところでも、将来はアジア人の「大波」「集団」に呑みこまれてしまうだろうと見ている人びとがいた。そこには、しばしば人種差別的な見解や意識がともなっていた。オーストラリアやニュージーランド（両国に危険が迫っているように見えた一九四二年三月、アメリカの海軍作戦部長アーネスト・キングが述べたように、両国は「白人の国」なのであった）[16]では、政府の内外で、広大な国土のずっと北西にまで生活圏が広がっていくと、「白人だけ」の移民許可政策の廃止が要求されるような事態になるかもしれないと懸念されていた。（日本の宣伝放送は、オーストラリアは一億から二億のアジア人を受けいれることができると宣伝していた）[17]。この移民問題が連合国内部で取りあげられないよう「巧みな回避」策をとることが、一九四四年、両政府間で内々に決められていた[18]。だが一方では公然と、白人人口の急速な増大が叫ばれていた。「この大陸をいつまでも一握りの人びとの手に保持できると考えるのはばかげている」と『シドニー・モーニング・ヘラルド』は論じた。ニュージーランドにおいても、移民協会は「植民か死か」というスローガンを採用した。[19]

アジア人を、将来の隣人や社会的に対等な者とすることに反対していたのは、この二国だけではなかった。アメリカ植民地のフィリピンにおいても、アメリカ戦略事務局調査分析部の調査が認めているように、「白人と有色人種は極東の他の地域と同様、社会的に分離されていた」。[20]またアメリカ国内においても、アジア人の移民が禁止される前に首尾よく入国できた人びとにしても、日常生活の面だけではなく法律上でも、差別や敵意に出くわすことがしばしばだった。中国のための宣伝や親中国感情の高まりにもかかわらず、基本的な態度は戦争中も変わることはなかった（インドについても基本的には同様だった）。アジア人に好意が寄せられるようになったとしても、そのあいだにはやはり距離がおかれていた。移民禁止の解除を検討していた役人たちは、議会でも労働界でも強い反対にあった。[21]中国人の入国を認める特別措置が取りあげられたときでも、理由はアメリカ人――そして白人――の利益に対する配慮だった。一九四三年、中国人移民禁止廃止市民委員会は次のように論じた。

中国は、戦後貿易のオアシスとして大きく浮かびあがってきた。ここには工業化のための世界最後のフロンティアの一つがある……平和で友好的な中国は、近代的工業化によって利益を受け、世界全体の経済水準を高めるのに役立つだろう……われわれが中国人を、他の国から来た人びとと同等には扱ってこなかったことを日本人は知っている……中国がたとえ東京のおだてにのって……アメリカよりも日本のほうがより協力してくれると思ったとしても、誰も中国を責めることはできない。中国の好意が得られなければ、再び戦争の危険を招くだろう、その場合、白人の支配権は、東洋人の公然たる挑戦に直面することになるだろう。[22]

極東戦争の進展にともなって大変革が起こるかもしれないという不安は、極端なかたちでは、二十世紀初頭の「黄禍」論の再現とも見られるような人種差別的な信念と結びついていた。上院議員エルバート・D・トマスは、一九四三年三月、国務省のある諮問委員会の会議で次のように警告した。もし今、アメリカが中国に多くの援助を与えて激励すれば、「ジンギスカンのヨーロッパ侵入」のように、「将来、世界を押し流してしまうような巨大勢力を、今日、アジアで解放することになるだろう」。下院議員チャールズ・A・イートンもこのような黙示録的光景に同意して次のように述べた。「望むのは、東洋民族が独立した文明国家をもつことである。だが結局はヨーロッパの帝国主義者ばかりか、アメリカも追い出されてしまうだろう……将来は黄色人種と白人とのあいだに人種戦争が起こり、われわれは一掃されてしまうかもしれない[23]」。

アジア新秩序と中国の存在

これら議会人たちのおしゃべりとは別に、日本の宣伝が他のアジア人たちのあいだに呼び起こす反響を恐れるあまり、彼らアジア人たちの気持ちに応える必要があるのではないかと一部で考えられはじめた。そのうえ、西欧諸国側には、アジア民族とのまったく新しい関係の確立を必要とする、より積極的な理由が数多く存在していた。これらの理由には、一連のさまざまな要求が結びついていた。そこには、第二次世界大戦自体に直接関係するものから、戦後の情況に関するものまでが含まれていた。すなわち、総力戦の経験が二度と繰り返されないようにするための方法を見つけだすこと、今、犠牲と苦難を強いられている人びとに保証と希望を与えること、ヨーロッパの独裁者が――そしてまた一九一七年の革命が――提供したものとは別種の、そしてそれよりも優れた社会経済計画を提供すること、一九三〇年代の混乱と苦難の再来はおそらくないだろうということを立証すること、などであった。[24]

一方、一部から見れば、アジア社会の本質や、アジア社会に対する西側の今までの歴史そのものが、連合国側の態度や政策の変更が要求される明白な積極的根拠であった。そして、極東戦争のあいだにアメリカと中国とが同盟国としてともに武器をとって戦うような情況が生まれ、それを機にパール・バックやそのアメリカの仲間たちが、*一九四一年以前の時期に関してさきにふれたような見解をあらためて提起することになった。(一九三七年から真珠湾事件までのあいだ、アメリカが中国を支援しなかったことが、アメリカ人たちのあいだに多少とも罪の意識を呼びさまし、おそらくそれもあずかって中国びいきの言葉がかなり受けいれられることになった)。とりわけ強調されたのは、西側の人びと――とくに一九三九年に再び共倒れの戦いを始めたヨーロッパの人びと――は、アジアの兄弟たちから大いに学ばなければならないということだった。パール・バックは、中国人は「人間関係の学問においてはわれわれよりもはるかに進んでいる」、インドの民衆の「宗教の概念と実践」も「われわれよりはるかに優れ」ている、インド人も中国人も「われわれの知らないような人間精神の法則と肉体との関係をよく知っている」と主張した。そしてさらに次のように論じた。

われわれ西洋の人間に今、要求されているのは、これまでとは違って、精神的な豊かさである。

物質に適用される科学の驚異に目をうばわれたわれわれは、人間はパンのみで生きるものではないという真理を忘れている……東洋の人びとこそ……この真理を再びわれわれに教えてくれるに違いない。[25]

『アジアと南北アメリカ』誌上でバック女史と並んで、ある作家が戦後の「中国の世紀」の到来を予言している。[26] ハイスクールでは、蔣介石は「現代の最大の偉人の一人」で、「中国の運命を世界の民主主義国民の運命と結びつけた人だ」と生徒たちは教えられた。**[27] ヨーロッパの帝国主義国、とくにイギリス帝国の不正をかたく信じていた多くのアメリカ人の目には、南アジアや東南アジアの植民地の人びとの姿は、十八世紀における東部十三州の戦いのように、圧制からの解放を求めて戦う一つの連合体のように見えた。同様の趣旨は、一九四二年、インド問題に関するチャーチルとのやりとりのなかで、ローズヴェルトの口からもはっきりと表明された。[28] 一九四五年初めごろのアメリカの世論調査では、「イギリス人は植民地から不正な利益を得ているということでしばしば圧制者と呼ばれてきたが、この非難は正しいと思うか？」という質問に対して、五六パーセントがイエスと答えている。[29] あるジャーナリストは「太平洋時代の夜明け」と題する論説のなかで次のように論じた。「アメリカ革

＊　ベストセラー『大地』（映画も）の著者パール・バックは「この戦争中、アジア、オーストラリア、ニュージーランド、南北アメリカの一般の人びとの相互理解をいっそう深めるために」設立された東西協会の会長となった。（ヨーロッパ人が含まれていないのは偶然ではなかった）。彼女の夫、リチャード・J・ウォールシュは、雑誌『アジア』の編集者だった。この雑誌は一九四二年末に『アジアと南北アメリカ』に改名され、東西協会の正式な機関誌となった。真珠湾事件の翌年には街頭での売行が倍以上になった。

命には二つの問題があった。すなわち自治の問題と統治の主体の問題である。前者は植民地支配に対する反抗であり、後者は民主主義のための戦いだった。東洋で今日問われているのは、この二つの問題である[30]」。

アメリカ人の多くは「被搾取民族」――太平洋問題調査会アメリカ支部発行のパンフレットにいう「アジアの捕囚集団[31]」――の運命を考えるとき、パール・バックが口にした懸念と同じ気持ちになった[*]。彼女は一九四三年十一月に次のように警告した。

> われわれがとくにイギリス帝国と手を結べば、アジアやアフリカの人びとからすれば、われわれはイギリス帝国の一味ということになる。この帝国に対しては、彼らのすべてが必死になって武装を始めるだろう。このような武装は、第一次世界大戦後ロシアが採用したような冷酷きわまる方法によってはじめて可能になる。反対に、われわれアメリカ人が自分自身の精神に従ってすべての人びとと友好関係を保持し、誰ともとくに緊密な同盟関係を結ばなければ、アジア、アフリカの民衆は――それにロシアの民衆までも――もっと自由に、ゆったりと生きていけるだろう……だから戦後の中国との関係は、一に帝国主義との関係いかんにかかってくるのである[**][32]。

ここではロシア革命に言及されているし、また「アジア、アフリカの民衆」が戦後は「もっとゆったりと生き」ていってほしいという希望が述べられている。それは共産主義の挑戦に対するアメリカの懸念と関連してくるが、これについてはこの章の後半で取りあげよう。一九四四年にアメリカのある現地外交官が述べた、「今日、東南アジアやその周辺の島々では、西欧の政治的支配の解体を示す

** アメリカ政府もまたこのようなイメージを促進した。フランク・キャプラのシリーズ映画『何故われわれは戦うか』の一つとして一九四四年秋に封切られた『中国の戦い』は、延安政権のことには全然ふれずに、中国を一つの統一された自由主義社会として描いていた。(Imperial War Museum collection, ADM/18) この映画を見たアメリカ人は一九四五年七月までに三七五万人を超えた。この間、国民党の腐敗と、重慶と延安との対決に関する新聞報道は増大していった。(Short, *Film and Radio Propaganda*, 184) 興味深いことに一九四五年春のアイオワでの世論調査では、「蔣介石政府は日本に全力で抵抗してきたか」という質問に対し、四七パーセント強が否と答えている。「重慶政府よりも中国共産党のほうが日本を打ちやぶるうえで頼みになることがわかれば、軍事援助を共産党に移すことに賛成か」という質問に対しては四〇パーセントが賛成と答えた。(*Asia and the Americas*, June 1945) 一方、国民政府は自身の適切なイメージをなんとかアメリカ国内に伝えようとした。宋子文は一九四二年十月、カーネギーホールで次のように述べた。「中国の建国の父たちの民主主義的理想主義の火と革命的信念は、アメリカ独立の父たちから受け継がれたものである」。蔣夫人も一九四三年、ワシントンの記者団にこう語った。「われわれ中国には何千年ものあいだ、つねに社会的民主主義が存在していた。今日わが国の新聞に負うところは大きく……やがてわれわれのあいだにも政治的民主主義……の真の実現を見ることだろう」。Material in Hornbeck Papers, boxes 49 and 79.

* この問題について論じたのは、やはりジャーナリスト、役人、学者たちだけではなかった。たとえば、日系二世のあるグループが一九四二年の夏、「われわれは何のために戦っていたのか」と論じあったとき（彼らはアメリカの安全に危険をもたらすおそれがあるとして収容所に抑留されていた。だがここでの「われわれ」という言葉はアメリカの主張との完全な一体感を反映していた）、核心をなす問題は、「連合国の勝利は、たんに白色人種間の混乱の解決だけではなく……全世界の混乱の解決になるのか」ということだった。その一人はのちの日記で次のように記している。「われわれはインド、中国や他の『被搾取』民族の問題に取り組むことができるだろうか？　もしできなければ、われわれの努力は目的を達成できたことにはならないだろう。問題の大きさに心はたじろいでしまう」。J. Modell (ed.), *The Kikuchi Diary: Chronicle From an American Concentration Camp* (Urbana, Ill., 1973), entry for 8 May 1942.

激しい動きを容易に目にすることができる」という意見[33]は、アメリカの全世界的な地政学的利害関係からすれば、心穏やかならぬ意味合いのものだった。そこにあるのはまったく特異な種類の願望であり、場合によってはアメリカ社会内部の根本的な変革をも包含することになるものだった。それは西欧諸国に対する日本の緒戦の勝利にともなって、とくにグンナー・ミュルダールが指摘したように、アメリカ社会の黒人住民のかなりの部分が世界の出来事を白人対有色人種という「皮膚の色の図式」にしたがって分類するようになってきたからである[34]。それと同時に連合国が戦争目的として掲げた、あらゆる民族に対する自由と機会の付与は、アメリカの黒人のあいだに国内の社会秩序に対する深い不満の念（この問題についてはのちの章でふれる）を強めただけではなく、マーカス・ガーヴィーが二〇年も前に呼びかけたような、世界中の抑圧された非白色人種との一体感をも高めることになった。

このような現状認識は、寝台車ボーイ組合の戦闘的な組織者、A・フィリップ・ランドルフの言葉のなかにもっとも尖鋭なかたちであらわれている。彼は次のように主張した。「これは自由のための戦いではない。『白人支配』と……有色人種の搾取とをつづけていくための戦いである[35]」。全米黒人向上協会事務局長、ウォルター・ホワイトは一九四二年に、公私両面からローズヴェルトに働きかけ、イギリスがインドに自治政府を与えるようにしむけようとした。そしてさらに日本軍撤退後の東南アジアにおける植民地帝国の終息を要求し、中国に駐留するアメリカの白人部隊の人種差別的態度に注意をうながし、白人のみに移民を制限するオーストラリア（そこでは、アメリカの黒人兵士の入国について多くの苦情がもちあがった[36]）の政策を非難した。彼は、この戦争が終わっても「世界の黄、黒、褐色の人びとに対する白人支配がつづく」ならば、「アメリカ、西インド、南アメリカ、アフリカ、太平洋地域の有色民族の困窮はつづき、次の戦争は避けられない」と警告した[37]。

黒人、白人を問わず、アジアにおける新しい時代の夜明けを待ち望んでいたアメリカ人は、ヨーロッパ人に対して今まで見てきたとおり、この点についてどうしても批判的な態度が強かった。しかし、ヨーロッパ側においても、政府の内外を問わずかなり多くの人びとが、戦争中から極東の古い秩序が衰退しつつあることを知り、そのような変化をめぐる問題に対し基本的には積極的な態度で臨んでいた。変化を認識し、進んで受けいれようとする態度は、一つには当人たちの位置や役割からもきていた。たとえばロンドンの外務省では、ニューデリーの役人やインド省の役人たちとは違って、「近代中国は根をおろしてきた」という認識がいち早く広まり、「中国を独立の主権国家として扱う」ことによって、「過去と未来とを完全に切り離した」ことを明らかにする必要があるという声が高まった。またインド政府の反対を押しきり、戦争努力の一環として中国軍の訓練がインド領内で行われることになった。[38] 一方、経験だけでなく、個人の性格がそのような態度の形成を助けたこともあった。日本側では、藤原少佐がアジア人同胞のための事業に献身していったのは、たんにインド兵捕虜とのあいだの連絡将校としての任務からだけではなかった。またサー・レジナルド・ドーマン・スミス（前保守党下院議員で農業相）がチャーチルの激しい反対にも屈せず、イギリスは大西洋憲章にしたがい、

** 私的な政策論議の範囲での同種のものとしては、たとえばスティルウェル将軍の政治顧問、国務省から派遣されていたジョン・P・デイヴィスの一九四三年の次のような意見がある。「われわれの政策は明らかに、大国としてのイギリスがわれわれには必要だという考えに基づいている。イギリスは海外領土を失えば大国ではありえない。だからわれわれはイギリス帝国を支持している。しかしたいていのアメリカ人の頭のなかでは、よりよき世界というものは帝国主義の廃止と同義である。したがって戦後は、イギリス帝国主義にかつがれたというアメリカ国民の感情から、再び孤立主義に陥る危険が存在する」。Thorne, *Allies*, 339.

勝利のあとただちに自治を与えることをビルマに約束しなければならないと主張したのは、たんに戦前、総督としてビルマの政情にふれたからというだけではなかった*[39]。

一方、極東戦争に巻きこまれたアジアの地域には、西欧の人間や領土が存在していたため、そこから急速に変化していく「西洋」対「東洋」の関係に対応する独特な考え方が生まれた。すなわち、その地域の民族や社会のなかには、人類のこの二つの部分のあいだの「橋渡し」役を演じられるものがあるのではないかという期待である。たとえばオランダの役人のなかには、東インドはそのような任務にうってつけだと考えていた人びとがいた。そして東インドでの連合国側の宣伝は、この地の人びとは「東洋と西洋の二つの世界のあいだの生まれながらの調停者」として「新しい世界秩序」に貢献できるという点を強調すべきだということになった[40]。インドシナでのフランスやヴェトナムのジャーナリストたちも、日本軍と相対し同様の考えをいだくことが多かった。(このような考え方は、これらのヴェトナム人にとっては、さきに述べた「近代化」の問題をめぐる長年にわたるジレンマに解答を与えてくれるものだった)。ハノイの日刊紙『ラクシオン』のナムドンは、「西欧と東アジアの二つの文明の最良の部分を融合して両者の真の総合を作り、わが民族の体質にも、わが国家の特質にも適した理想のものにしあげよう」と論じた。キリスト教と儒教の調和の可能性を説く者もいた。また、嬉々として儒教とペタン主義の融合(「孔子とペタンとの和解」)が緊急の要だと説く者、「フランス人とアンナン人の」協力が、すでにインドシナを東西両文明の自然の合流点としていると説く者、フランスと日本の提携は両文明の和合を生み、全人類にとってはかり知れない利益をもたらすだろうと説く者もいた[41]。

オーストラリアまでがこのような役割——「偉大な白人の西洋と偉大な黄色人種の東洋との橋渡し、

新しい人間家族の触媒」――を振りあてられた。[42]『シドニー・デイリー・テレグラフ』の編集者が一九四四年に『アジアと南北アメリカ』誌で述べたこの言葉は、当時のアメリカ人読者の気持ちだったのだろうが、オーストラリアでもニュージーランドでも北西部に対する「アジア人大衆」の圧力が恐れられていたにもかかわらず、日本軍に対する中国の抵抗には賞讃の言葉が寄せられ、中国における西欧諸国の治外法権の廃止に賛成する声はやまなかった。(この動きは、『シドニー・モーニング・ヘラルド』によれば、「枢軸側が唱導しているものとはまったく違った、より魅力的な」、当時、アジア全域に確立されつつある『新秩序』に呼応するものだった)。[43]ニュージーランドの社会主義新聞『スタンダード』は、一九四三年十二月、重慶政府に関して、「民主主義は中国指導者の原理であるばかりでなく、その精神と情熱である」と論じた。[44]一九四四年から四五年にかけてはオーストラリアやニュージーランドにおいても、アメリカにおいてと同様、戦う同盟者としての中国の評価、とくに国民政府に対する評価はいちじるしく低下したが(一九四五年三月、『スタンダード』は、蔣介石政治を「言論、報道の自由を奪い……秘密警察、強制収容所、銃殺隊を整備して、よけいなことを……しゃ

＊ドーマン・スミスの戦後のビルマ総督としての仕事は、非常に困難な情況のもとで次第に動揺が目立ってきた。そして一九四六年に突然交替になった。だが、ドーマン・スミスはたんなる「能無しの威張り屋」で、ビルマ問題に対する態度は反動的だったという、マウントバッテンの執拗な意見は事実に反する。マウントバッテンの意見のなかには、一九七三年に彼が筆者に説明してくれた見解は、これと同じものだったと思われるものがある。document no. 644 in Tinker (ed.), *Burma: the Struggle for Independence* から借りたと思われるものがある。一九四五年の夏、ドーマン・スミス総督のビルマ問題に関する「第一級の考え」について彼は書いていたのである。しかしすでに一九四五年、ビルマでマウントバッテンがつねに「私の政策」としてあげていたものを自ら追及するにあたっての独断的・自己中心的態度も、上の記録のなかに明らかである。nos. 139. 197, 204.

べる奴を抹殺する」非常に効率的な独裁政治だときめつけた)[45]、延安の共産党員たちは――彼らはいわば新しく発見されたのだが――賞讃の的だった。彼らは(これまたアメリカにおいてと同様)マルクス主義者というよりはむしろ「農地改革者」、中国駐在の『シドニー・モーニング・ヘラルド』の記者がいうように「中国民族の特徴的な面のすべてを代表するもの」と見られた[46]。オーストラリア、ニュージーランド両政府はまた、戦後はすべての植民地を国際的に管理された信託統治下におくことに全面的に賛同し、主権者として植民地統治の継続を主張するイギリスの態度を時代の趨勢と要求にそぐわないものだと批判した[47]。

イギリスにおいても、国民の多くや多くの役人たちの見解は、(さきに、中国に対する外務省の態度について見たように)チャーチルの場合に見られるような反動的な帝国主義的態度とは大きく違っていた。このチャーチルの態度は、多くのアメリカ人からは、かつて一九四〇年に彼がドイツに対するイギリス国民の反対の声を表明したときのように、この問題についてもイギリス国民を代弁しているものと誤解されていたのである。保守党機関紙『デイリー・テレグラフ』さえも、一九四〇年代の共和党大統領候補者、ウェンデル・ウィルキー*の熱烈な反帝国主義的著作『一つの世界』を連載し、右翼的な『デイリー・エクスプレス』や他の多くの新聞とともに中国援助の増大を要求した。過去に中国が西欧諸国から受けた侮辱的な扱いに対し、「中国の民族的自尊心の完全な回復」がはかられなければならないと『タイムズ』は論じた。同紙は「中国の完全な独立と主権の確立」は「連合国の主要な目的の一つ」であるとし、一九四三年に行われた中国におけるイギリス、アメリカの治外法権の廃止は、「勝利ののち中国が大国の一つとして……アジアにおける新秩序の建設に参加することを保証」するものだと歓迎した。**

「極東における新時代の夜明け」というのが、この治外法権廃止に対する中国総税務司サー・フレデリック・メイズの評価だった。同じ一九四三年、陸軍教育委員会によって発行された軍隊向けのパンフレットには、植民地はもはや「領土」と考えてはならない、そのような地域との関係は「協同関係」と見るべきだと説かれていた。兵士たちはこれを、「自治は良い統治よりも良い」ということだと解釈した。『タイムズ』はこの分野について論文を特集し、そのなかでマージャリー・パーハムは、植民地問題についてはまったく新しい考え方が要求されていると論じた。それは自由と自治に関する連合国側の明白な声明の趣旨に合致するもの、さらに極東における戦争によって「人種関係に革命的な変革がもたらされた」という認識を包含するものでなければならなかった。*** 閣内においてもそのよ

* ウィルキー自身『一つの世界』のなかで次のように認めている。「イギリスのこの問題（植民地の独立）に関する世論は、アメリカの世論よりも進んでいる」。

** イギリスの政策や役人たちに対してきわめて批判的なはずだった中国駐在オーストラリア公使は、一九四三年四月に中国から次のような手紙を書きおくっている。「重慶にいるイギリスの役人や軍人で……中国に対して好意的でない人、友好関係を望んでいないような人を……私は知らない……私の見るところでは、中国人に対する個人的な敵意や、彼らの非能率に対する批判が大きいのは、むしろアメリカの外交官や将校やジャーナリストたちである」。Thorne, *Allies*, 191.

*** サー・フランシス・ヤングハズバンドは『マンチェスター・ガーディアン』（一九四二年二月二十六日）にこう書いている。「ヨーロッパ文明の完全な崩壊は、インド人や中国人の自己の文化に対する崇敬の念をいっそう強めたことだろう。彼らは陰では、自己の文化をヨーロッパのものよりもはるかに優れていると思っている……われわれはこのような態度には憤慨するかもしれない。しかしこのことは、十分認識しておかなければならない。そして逆に過去にヨーロッパ人が彼らに対してとった優越的な態度に、中国人もインド人も激しく憤っていることを想い起こさなければならない」。

うな趣旨の発言をしていたのは、アトリー、ベヴィン、クリップスらの労働党の閣僚だけではなかった。たとえば保守党のダフ・クーパーは同僚たちに次のように説いた。極東に起こっている大変革は、「情報伝達の容易さ、速さにおける……革命」だけではなく、「ヨーロッパ人の優位やアジアにおける彼らの特権を認めようとしない、勤勉で聡明で勇敢な、膨大な数の……東洋人たちの精神的態度の変化」にもよるのだと。インド相レオ・エイメリーさえも一九四二年には、「アジア対ヨーロッパの関係の大変革の前夜にあるように思われる」とひそかに認めていたほどだった(48)。

もちろん、公的あるいは準公的地位にある人びとの場合は、秘密の保持が要求されたことや、政府の政策についてとくにチャーチルが設けた制限を一般国民にも尊重させるように求められたことから、このような考えは外の世界に対して、とくに感情的な固定観念をまき散らすパール・バックのような正義の戦士に対しては秘密にしておかれることが多かった。たとえば太平洋問題調査会で、さきごろまでイギリス外務省領事部にいたサー・ジョン・プラットが、香港の将来に関してイギリス政府の政策に沿って話しているのをそっけない態度で聞いていたアメリカ側委員は、そのプラットが、ロンドンでは個人としては戦後は香港を中国に返還すべきだと熱心に主張していることを知らなかった(49)。またビルマ総督と会見したジョン・ペイトン・デイヴィスなどのアメリカ政府の役人たちも、総督が来るべきビルマの独立を前もって発表しておく必要があると主張してチャーチルと対立したことや、戦後ビルマで操業するイギリスの会社については、利益の国外持出額に関しビルマ人側にも発言権を認めるべきであると要求していたことについては、まったく気づいてもいなかった(50)。

オランダ政府内の植民地問題に関する急進的な改革意見も、多くの人びとの耳にはほとんど聞こえていなかった。戦後の東インドでは「あらゆる人種差別の廃止」が絶対必要だというファン・モークの考え――彼はヘルブランディ首相やウィルヘルミナ女王からは、この問題についてはあまり信頼の目をもって見られてはいなかった(51)――は、すくなくとも、一九四二年末の女王のラジオ放送のなかで公式に表明されてはいた。しかしアメリカ人がいだいていた、あるいは蔣介石夫人のような人びとが描いていた一般的なヨーロッパの帝国主義者像では、東インド総督ファン・スタルケンボルフ・スタハウエル(日本軍に抑留されていたが、オランダが植民地における帝国主義支配の回復を決意することは、一九四五年の情勢のなかで第一に必要なことであるというチャーチル的な確信をもちつづけていた)と、ハーグの海外領土相J・H・ロヘマン博士との違いなどは、ほとんど無視されていた。だが一九四五年の秋、ロヘマンはスタルケンボルフにあてて次のように書いている。

閣下の信奉しておられる政策は原則的には単純です。それはあらゆる集団とすべての意見のうえに位置するゆるぎないオランダの権威であり、それが客観的な公正と正義を確立する、という仮定に立っておられます。しかし率直に申し上げれば、この仮定は現在の社会勢力のあいだの相対的な力関係が考慮されておりません……私見によれば、一九四〇年と四五年の根本的な相違は、他の各地と同様、東インドにも勃興してきた社会勢力のために、漸進政策、すなわちオランダ政府がその速度を決め、東インドにとって有益かどうかは最終的にはオランダ政府が決定するという漸進政策は、維持できないものになってきたと思われることであります。

民族主義的、民主主義的、共産主義的風潮はいまや世界を動かす力になってきました。彼らの影響は東インドにも及んできました。そして……東インドでわれわれが直面している問題は、以前とは違ってわれわれだけの問題ではないと私には思われます。現在もこれからもずっとやむことなくつづいていくもの、それに全世界がさまざまな動機と感情からかかわっているからであります……このような情況のもとでは、インドネシア民族主義者の絶対多数の積極的な協力なくしては、安定した政府を東インドに樹立することはできません。[52]

植民地をめぐる欧米諸国の思惑

ロヘマンの情勢分析はウェーヴェル卿のそれと軌を一にするものだった。ウェーヴェル卿は、一九四三年に反動的なリンリスゴーからインド総督の地位を引き継いだのち、インドの将来の国家体制に関してインド社会や政界の主だった層のあいだにひろく同意を得ることが先決問題だと考えた。そして「ビルマ、マレー、中国、ならびに極東全般におけるイギリスの威信と将来」は「インドを友好的な盟邦としてイギリス連邦内にとどめておけるか」どうかに「かかって」いると確信するようになった。[53]しかしウェーヴェル自身としては、チャーチルだけではなく内閣全体が、「インドの進歩を望んだ自らの言葉に忠実でない」とひそかに結論せざるをえないように思われた。[54]そして戦争が終わっても、インドの自治領としての地位の付与について一九四〇年に与えられた保証以上には、公式には何の進展も見られなかった。＊ハーグでは、ロヘマンの洞察にもかかわらず、スカルノたちが宣言したインドネシア共和国を蹴散らすためにオランダ軍の派遣が決定された。ワシントンにおいても、一九四二年から四三年にかけて討議の場に広がっていた熱烈な反植民地感情も、一九四五年の春には他の配慮のために冷めてしまい、この問題の基本的な重要さを依然として確信していたチャールズ・タウシッグやエレノア・ローズヴェルトらをいたく失望させた。[55]同年五月の国際連合サンフランシスコ会議では、ソ連のみならず中国、フィリピンまでが反対したにもかかわらず、アメリカとヨーロッパ帝国主義諸国は一致して、国連の新しい信託統治制度は関係宗主国が希望する場合に限って現在の植民地に適用される、国連憲章がこれら宗主国に要求するのは植民地の独立ではなく、「各地域の実情にしたがって……自治を発展させる……」ことだと主張した。(56)

もちろん西欧諸国は当時すでになんらかの対策を講じていたし、大西洋憲章やカイロ宣言にうたわれていることだけではなく、すくなくとも、アジアで長期におよぶ変革が起こっていることは進んで認めるという態度を明らかにしていた。たとえば中国に対しては、イギリス、アメリカ両国からは公私にわたる援助が行われていたばかりでなく、さらに重要な動きとして治外法権の撤廃が、さきに述べたとおり、一九四三年一月に両国によって行われた。*** 一九四四年八月、ダンバートンオークスで戦後の国際組織について最終案がまとめられ、その後サンフランシスコで正式に採択されたが、そのなかで中国は、ローズヴェルトの主張にもとづき大国としての地位を与えられた。(57) 日本に占領された植民地に関しても、数多くの声明が宗主国から出ていた。ワシントンでは一九四三年に、「できるかぎ

* 二二二、二六〇〜六一、三六七〜六八ページ参照。

** 国際連盟の委任統治領と枢軸諸国から取りあげた植民地の場合は別だった。太平洋の島々のなかでアメリカ海軍が自分の管理下に置きたいと望んでいたものについては、一定の信託統治地域の場合は戦略的な特別重要地域に指定できるという憲章の規定が適用された。その場合、統治国が責任を負うのは国連総会ではなくて安全保障理事会である。戦争中アメリカ政府内で考えられていた計画のなかには、東南アジアの一種の連邦化計画があった。そこにはフィリピン、マレー半島、東インド、それにおそらくビルマ、ボルネオなども含まれていた。Thorne, *Allies*, 341; Hamilton to Welles, July 30, 1942, St. Dpt. files, 890. 01/7-3042.

*** 他の西側諸国もこれにつづいたが、オーストラリアとオランダの場合は移住問題もあって治外法権の正式返還が大幅におくれた。

り速やかに」フィリピンに独立を与える旨の法案が通過した。(フィリピンに対する日本の約束に対抗して急いで作成された当初の案では、即座に独立が与えられることになっていた。だがそうなると、侵略者によって樹立された傀儡政府の承認ということになる)[58]。イギリスでは、一九四五年五月に出された白書によれば、ビルマは戦後は一九四一年当時の法的位置に復帰し、三年間直接統治のもとにおかれ、その間、自治政府樹立のための準備をすすめるということであった。フィジーに対しては一九四三年と四四年のあいだに大幅な自治が認められた[59]。オランダについてはすでに見たように、ウィルヘルミナ女王は一九四二年十二月に次のように約束した。(この声明はとくにアメリカの世論に向けられたものだった)。すなわち戦後、「連邦制度」設立のために「全王国の」会議を開催する、「連邦に参加するオランダ、インドネシア、スリナム、キュラソーは、それぞれの内部問題については完全に自己の判断に基づいて行動する自由を有し……人種や民族による差別は……存在しない」というのであった[60]。フランスの場合は、一九四四年の初めにブラザヴィルで開催された、アフリカ植民地に関するド・ゴール派の会議の決定に基づき、一九四五年三月、臨時政府は、インドシナは「フランス共同体のなかで特別の地位を与え」られると宣言した。そしてインドシナ人民は総督を長とする連邦政府のもとで、連邦とフランス連合(連邦はその構成員)双方の市民権を享受し、「政治、経済、社会、文化、道徳……のあらゆる分野」において完全な発展が約束されることになった[61]。

しかしながらこのような態度は、当時スエズ以東にみなぎっていた政治意識や期待の念にはまったくそぐわないものだった。事情に通じたアジア人たちからすれば、これらの措置や約束がいかに限定されたものかが、ひときわ目についたことだろう。(例外はおそらくフィリピンの独立問題であるーーもっともこの場合もアメリカ側の付帯条件いかんにかかっていた)。中国は戦略・経済両面で中央の戦争指導機構から外され、アメリカからの軍事物資の貸与や借款も要求よりずっと少なかった。[62]アメリカへの移民も、やっと毎年一〇五人を送ることを認められただけだった。[63]（一九四六年、アメリカは毎年一〇〇人のインド人移民を認めた）。[64]インドシナや東インドの民族主義者たちは、たとえ多少の修正が施されたとしても、もはやヨーロッパ支配の継続は望まなかった。ビルマの民族主義者にとっては、ドーマン・スミスらのイギリスの役人たちが感じていたように、一九四五年の白書の漸進策はまったくの時代錯誤だった。インドでは、一九四二年春のクリップス・ミッションも、三年後に社会の各階層や政党の指導者の会議を召集するというウェーヴェルの提案も、インド人同士のあいだの行きづまりや、彼らとロンドンとのあいだの行きづまりを打開することはできなかった。*

「アジア人のためのアジア」という日本のスローガンの魅力について懸念されていたにもかかわらず、またアジアと西欧との関係の本質が変わりつつあるということは認識されていたにもかかわらず、そして、一部では急激な根本的変革が強く望まれていたにもかかわらず、西欧諸国のこの問題に対する戦時中の対応が、このように限定されたものであったのはどうしてなのだろうか？　彼らの処置や声明が、きまって日本側の宣伝で冷笑の対象にされただけではなく、それ自体あまりに近視眼的だった

＊　サー・スタッフォード・クリップスがロンドンから携えてきた案は、インドの主要政党は政策立案に参加し、戦争が終われば憲法制定会議の選挙を行うというものだった。しかし国民会議派はこれを拒否した。自治の即時承認、すくなくとも防衛問題のインド管理が含まれていないこと、さらに長期的に見てイスラムの優勢な州の分離の可能性、宗教的対立の問題の「パキスタン」的解決の可能性が残されているからということだった。一九四五年六月のウェーヴェルのシムラ会議も宗教的対立の問題で失敗した。N. Mansergh (ed.), *The Transfer of Power, 1942-7, Vol. 1, The Cripps Mission* (London, 1970) ; Pandey, *The Break-Up of British India*, 168-71 ; Thorne, *Allies*, 60-2, 235-6, 355ff., 474, 640-1 ; 本書三六七～六八ページ参照。

のはどうしてなのか？ 激しい反日紙の『ボンベイ・クロニクル』ですら、さきに見たように、一九四三年末、「二つの世界が作られつつある」、一つは「白人の帝国主義的ヨーロッパ――そこにはアメリカが含まれる」、もう一つは、本質上、中国も含まれる「アフリカとアジアの有色『従属国』の一群」、と論じたのはどうしてなのか？

この質問に対する一つの解答は、明らかに西欧諸国間の国際関係に存在していた。そのことについては次章で検討する。もう一つは、関係各国内部の政策論議や政治的対立の研究によって明らかになるだろう。この問題については筆者の *Allies of a Kind* や、ロジャー・ルイスの『追いつめられた帝国主義』(*Imperialism at Bay*) のなかでかなり詳しく検討されており、ここではただ要約したかたちで二、三説明するにとどめる。さらにもう一つここで述べておかなければならない問題がある。さきの全般的な考察の一部を繰り返すことになるわけだが、それは、ここにあげた戦時中の極東情勢に関するさまざまな見解や声明にもかかわらず、西側の人びとのあいだには、一九四一年から四五年にかけて、かなりの無知と無関心が見られたということである。アメリカにおいては、八、九章で見るように、世界戦争に巻きこまれることになっても社会一般の目は国内に向けられたままだった。イギリスの場合も、インドやビルマの将来のような問題は、その地域から帰国した人びとの目からすれば第一四軍の運命と同様、一般にはほとんど関心が寄せられていなかった(65)。一方、政府部内においても、当面の敵との戦いにもっぱら重点をおくチャーチルの方針は、彼の帝国主義的信念は別にしても、極東その他に関する戦後計画の立案にあたってかなり限定された態度をとらせることになった。オランダ人やフランス人の場合は、戦争中は極東に関するニュースや国際世論の動きからほとんど切り離され、戦争が終わったときには、東南アジアの問題よりもはるかにさし迫った死活問題が控えていた(66)。（ヴイシー・フランスにおいても、植民地問題について政府がいくら声を大にしても、あるマスコミ媒体の研究者によれば、ラジオ放送やニュース映画のなかに見られるのは、「自分自身のことにしか関心のない閉鎖的な内向的国家」の姿だった[67]。

極東政策立案に関する西側政府部内の態度や行動は、あまり表には出なかった。たとえばイギリス政府としては、植民地問題について明確な態度を打ちださなかったため、マージャリー・パーハムが述べているように、植民省内の人びとが戦時中も、いかに「大ブリテン再建の情熱に燃え」、「理想主義、切迫感、信念をもって計画立案」にあたっていたかは隠れたままだった[68]。とくに従属地域に関する全般的政策について、一九四二年から四三年にかけてはイギリス側の慎重さとアメリカ側の急進主義との違いが見られた。だがいったん日本軍が駆逐され、それらの地域の復興開発計画の作成が日程にあがってきたときには、むしろロンドン側の配慮と努力に対して、ワシントン側では、内務長官イッキーズがひそかに認めていたように、フィリピンについて「そのような計画は何も作られてはいない」ような情況だった。(ケソン大統領――戦争中はほとんどアメリカに滞在していた――によれば、ローズヴェルト自身はこの問題にまったく注意を向けようとはしなかった。また、フィリピン高等弁務官が一九四〇年にローズヴェルトあての私信で、フィリピン政治の特徴を「民主主義からの明白な逸脱と独裁的傾向」だと指摘したにもかかわらず、彼はそれを転換させようとはしなかった[69]。)

イギリス政府のような連立政府の内部では、(ワシントン政府も実体はさまざまな政治グループの連合で、それが「民主党」の名のもとに政権についていた) 植民地問題に関する不一致は深刻だった。

* 一六四～六八ページ参照。

（一九四二年末、イギリス外務省のグラッドウィン・ジェブが指摘したように、「全地域を回復したいとするインド相エイメリーの態度と、イギリス帝国の全植民地を国際管理下におくことを望んでいるらしいアトリーの態度とで」、従属地域に関するアメリカとの共同宣言策は「麻痺」してしまう「恐れが現実に」存在していた）[70]。このように対立は、いわゆる「官僚政治」の影響でもあった。ロンドンでは、外務、植民、インド各省によって、また、ワシントンの国務省では極東部とヨーロッパ部によって、それぞれ優先事項や見通しが違っていたからである。オランダ政府も、東インドに対し強い一体感をもつ役人たちと、基本的に宗主国的立場をとる役人たちとのあいだの対立の影響を受けていた。また、さきに植民地問題に関して述べたように、時には、ある一人の個人的性格や好みが国家の政策立案過程全体に大きな影響を及ぼすこともあった。ローズヴェルトやチャーチルのような顕著な例のほかにも、たとえばオーストラリアの外相エヴァットの例があった。その自己中心的態度と強烈な国家意識から、ロンドンやワシントン、とりわけマッカーサー将軍との友好関係を重視するカーティン首相とのあいだが、戦争後期にはとくに疎遠になりがちになった。（オーストラリア外交政策部門の分裂的性格は、サンフランシスコ会議の場で露呈された。相対立する二人の代表という結果になったからである）[71]。

ある極東問題が、どれほどの熱意をもって一つの政策立案機関で論議されるかは、関係者たちが現地の事情を実際にどの程度左右できると信じていたかにもよるだろう。（このことが、たとえば中国の延安政権は本当にマルクス主義の信奉者なのか、全中国の支配をめぐる国民党との戦いに彼らは勝利する可能性があるのかという問題について、ロンドンよりもワシントンでより熱心な議論が展開された理由である）[72]。世論の影響に関していえば、イギリスやオランダ政府に対しては、自国の世論よりも他国――アメリカ――の世論のほうがより大きな影響力をもつことがしばしばあった。それは、イギリス政府に関しては中国政策や植民地問題について、オランダ政府に関しては植民地問題についてであった[73]。しかしこの場合もまた激しい意見の対立が起こった。たとえばロンドンの植民、インド両省としては、イギリス独自の問題だと思われるものについて、外務省がワシントンやアメリカ人にいつも気をつかいすぎると思っていた。そして戦争後期には、戦後の極東防衛体制を、ソ連の侵略から帝国の領土を防衛できるものにしたいとする軍部と、そのような危険は認められないし、そのような計画はいたずらにソ連を刺激するだけだとする外務省とのあいだに抜きさしならない意見の対立が生まれた[74]。オランダ政府内でも、東インドの回復を、イギリスとの緊密な協力によろうとする者（植民地帝国全体に対するアメリカの不穏な敵意を考慮して）と、マッカーサーとの提携によろうとする者とに分裂していた。南西太平洋軍司令部を通じてオランダ植民地のほとんどを自分の管轄下におさめていたマッカーサーは、機会をとらえてはオランダに対して、東インドのほうに勢力を延ばそうとしているイギリスと（より可能性の高い）オーストラリアの野心についてひそかに警告していた。（ヘルブランディによれば、彼とウィルヘルミナ女王がイギリスとの協力派で、ファン・モークと外相のファン・クレフェンスがマッカーサーとの提携派であった。もっともファン・モークは、戦後、東インド問題について支配力を行使する恐れのある、彼のいわゆる「アメリカ帝国主義」について不安をいだいていた）[75]。

極東戦争に巻きこまれた地域での自国の将来の問題については、ヨーロッパの人びととアメリカの人びとが同じような考え方に立っていたことは、軍事・経済両面での安全保障問題を一べつするだけで明らかだろう。この点に関しては、ヨーロッパ側の見解や関心についてはあまりふれる必要はない。

フランス人やオランダ人にとっては、東南アジアの植民地を回復し防衛しなければならないことは、ほとんど自明のことだった。とくにオランダ人にとって東インドの経済資源は、死活にかかわる問題だと広く信じられていた。そして東インドを失えば悲惨なことになると、早くも皆が口にするようになっていた。[76] イギリスの場合、極東における通商上、金融上の権益の再建は、ある政府関係者が中国に関して述べたように、「政治・経済両面でアメリカ人と競争するようなことになり……厄介な」紛糾を引き起こすおそれがあった。だが、極東情勢に注目していた人びとにとって、それは重大関心事だった。[77] 軍事面での安全保障に関するイギリスの態度は、(とくにチャーチルの退任にともない)フランス、オランダ両国が間もなくアジアにおいて巻きこまれることになったような激しい戦いを予想させるものではなかった。しかしロンドンの見解は、自治インドもそのままイギリス連邦防衛の一翼を担う欠くべからざる存在であり、イギリスは大国としてスエズ以東に存在しつづけるということだった。[78]

一方アメリカにおいては、太平洋地域は国家の安全の死命を制するものと考えられていた。そしてそこにアメリカが自由に支配力を行使することの必要性は、たんに海軍によって政府部内の政策論議のなかで主張されただけではなく、一般にも強く叫ばれていた。* 『ニューヨーク・ヘラルド・トリビューン』をはじめ、新聞界の多くが主張したように、民族自決の原則は、「アメリカの安全と太平洋世界の安定」がかかっている場合には、適用されるべきものではなかった。[79] そのうえ、一九四四年の秋ごろから、ソヴィエト連邦に対する疑念と緊張がワシントンで高まるにつれて、日本がアジア人のあいだにかきたてた反白人感情が、ボルシェヴィズムと結びつき、アメリカの利害に対する一大脅威になるのではないかと恐れられるようになった。一九四四年、米戦略事務局調査分析部のタイにおける責任者は、同地は、「極東で今まで利用されていなかった最大の植民地域」だとして次のように述べている。「次の太平洋戦争でのアメリカの地位は、戦略事務局のこの戦域における現在の活動の成果に大きく左右されるだろう」。また一九四五年五月のサンフランシスコにおける国連会議のアメリカ代表である国務省顧問は、同僚たちに次のように問いかけている。「われわれとロシアとの戦いが避けられなくなったときに……極東でのイギリス帝国の地位を弱めておいて、はたして彼らの支持を得られるだろうか?」。国務省は、「ソヴィエト・イデオロギーが極東全体に勢力を拡大する」ということであれば、同地域における「西側の力を損なわないように」配慮しなければならないと、一九四五年六月の調査報告のなかで指摘した。それより二カ月前、戦略事務局は、ソヴィエト連邦が「アメリカにとって今までにない重大な脅威になる」とすればの仮定のもとに、次のように論じている。

イギリス、フランス、オランダがその植民地領土を維持することが、わが国としては利益になる……ことを認識しなければならない。植民地の反乱をかきたてるソ連の力を阻止し、植民地体制をより良く維持していくために、われわれは植民地体制の自由化を推進しなければならない。

＊ ジョゼフ・グルーは一九四四年七月、ハルあての書簡で次のように述べている。リチャード・バード海軍少将の太平洋基地に関する報告は、「戦後の組織に関する貴下や大統領の見解とはまったく相容れないような」考えに基づいている、すなわちそれは「国際的な平和維持機構には信頼をおくことはできないし、全般的な軍備縮小は行われないだろう。したがってわが国は圧倒的に強力な陸海軍を維持しなければならない、そのために太平洋にさらに一連の基地を設ける必要がある、太平洋の平和についてはアメリカが事実上単独で責任を負うべきだ」という考えである、と。Thorne, *Allies*, 491.

朝鮮に関しても、ワシントン政府内ではすでに、ソ連を東アジアに封じこめておく手段として朝鮮の軍事占領が考えられていた。イートン下院議員の言葉のように（これはサンフランシスコ会議アメリカ代表団の内部の議論での言葉だが）、「根本問題は誰が世界を支配するか」であった。*[80]

もちろん、アメリカ人のすべてが戦争終結時には、国際情勢をそのようにマニ教的善悪二元論で見るようになっていたということではなかった（一九四六年のチャーチルの「鉄のカーテン」演説に対しては抗議の声があがった）。また誰もが東アジアや東南アジアをアメリカの安全にとって欠くべからざるものと考えていたわけではなかったし、アジアにおけるヨーロッパ植民地を、たとえそれがいかに改革されたにしても、ずっと維持する必要があると認めていたわけではなかった。なかには、アメリカの安全上絶対に必要だとされる地域や基地の獲得熱の高まりに対し、その意味するところについて警告を発する者もいた。一九四四年十月、ラルフ・バンチは、ホット・スプリングスでの太平洋問題調査会の会議で同じアメリカ代表の一人に「もしわれわれが、一方ではフィリピンに自由を与え、一方では日本の委任統治領を乗っとったとしたら、結局なんにもならない、太平洋にアメリカ帝国を築くことになるだけだ」と語った[81]。経済通商問題についても、パール・バックはアジアの各国や各国民を「経済的に支配するアメリカ帝国」を戦後建設するようなことは避けなければならないと主張した[82]。

しかしながらこの経済通商問題に関しては、アメリカの世論の流れは一九四五年にはまったく別の方向に動いていた。それは軍事基地問題の場合の動きをはるかに超えたものだった。もちろん経済通商問題の場合も、安全保障に関する配慮があり、錫やゴムのような戦略資源をヨーロッパの支配下にある東南アジアからの供給に依存することは絶対避けなければならないということだった[83]。同時に戦争によってアメリカにもたらされた巨大な生産力と富の増大を考え、**また平和の回復が一九三〇年代の経済社会状態の再現の前ぶれになることを恐れて、政府の内外では一九四一年以後手に入れたものを維持してくれる将来の需要先として、とくにアジアが注目されるようになった。（ワシントンの設定した目標は、五六〇〇万のアメリカ人の戦後の雇用の確保と、年間一五〇〇億ドルの国民総生産のはけ口の確保だった）[84]。パール・バックの協力者の一人、エリオット・ジェーンウェイは一九四四年四月、『アジアと南北アメリカ』誌に次のように書いた。

アメリカの戦後の外交政策は……先例を見ない膨大な輸出産業のために顧客を見つけ出さなければならない。そしてこれらの顧客がアメリカの世論に沿って……余剰物資を買い、アメリカの生産者に利益をもたらすようにとりはからわなければならない。……アメリカの外交政策の衝に当たる人びとは、さらにアメリカの余剰物資の購入客が、信頼できる友人、将来の同盟者となるようにしむけなければならない。

---

* ワシントンではこのような考え方が出てきていたが、それは次章で見るように、ソ連との衝突は避けられないという確信が、一九四五年の夏にはアメリカ政府内で一般的だったということではない。まして、アジアその他におけるヨーロッパ帝国主義に対するアメリカの敵意が消えつつあったということではなかった。たとえば戦略事務局の場合、現地機関のなかには、ヴェトナムの民族主義者と協力してフランス軍に対抗しようとした者もあった。一方、上級レベルでも、強固な右翼的反ソヴィエト的機関に堕すことはなかったし、急激な逆方向をとることもなかった。Smith, *The Shadow Warriors*, 328, 355ff.

** 二八三〜八四、三三八〜三九ページ参照。

対アジアの政治関係についても、同じような声がアメリカ世論の保守派のみならず進歩派からも出てきた。一九四四年にオーエン・ラティモアは次のように書いた。「アメリカ人は、アジア問題はアカデミックな問題ではないことを認識しなければならない。この問題はアジアの輸出、輸入、仕事つまり失業、これらの問題にプラスにも働けばマイナスにも働く。もしわれわれの生産物のためのアジア市場を開発することを怠れば……生産の仕事に携わる人びとを雇い入れることができなくなるからである」[85]。左翼雑誌『アメレイシア』——この雑誌は間もなくラティモア同様、中国における共産主義の将来を誇大視しているとうわさされるようになった——も、とくにインドはアメリカ経済にとって「経済の新しいフロンティア」と考えられるべきだと主張した[86]。副大統領ウォレス——ニュー・ディール政策にあくまでも固執したので一九四四年ローズヴェルトによって副大統領候補からはずされた——は中国から帰国して、極東では巨大な通商発展の機会がアメリカを待っていると強調した[87]。

声は議会のなかからも出てきた。「自由なアジアは巨大な市場となるだろう」と、下院議員ウォルター・H・ジャッドは主張した。またある議員は、戦後はアジアの巨大な「潜在的顧客」が「わが国の膨大な工場に仕事をつづけさせてくれるだろう」と故国あての手紙のなかで力説した[88]。経済団体の態度も同様だった。米中商工会議は一九四四〜四五年報告のなかで次のように述べている。「中国におけるアメリカの貿易と投資に新しい地平がひらけてきた……われわれにとって重要なことは、中国工業化の基礎は外資の奨励と保護を含めた自由企業体制にある、ということである」*[89]。政府部内においても、中国の戦後の生産設備調査のために一九四四年にローズヴェルトによって派遣されたドナルド・ネルソンは、大統領あての報告書のなかで、この分野におけるアメリカの援助は、戦後「アメリカの輸出産業に大きく開放される巨大な市場」を中国に育成することに資するだろうと強調した(90)。国務省の役人たちも、東南アジアには「豊富な原料資源と、現実の、あるいは潜在的な豊かな市場を形成する経済的社会的発展度の異なる膨大な人口」があり、このなかから生まれる利益がアメリカを待っているのだと、繰り返し注意を喚起した(91)。前バタヴィア総領事は一九四二年に、「われわれが太平洋で勝利すれば——これはアメリカ単独の勝利でなければならないが——輸入、輸出、工業、資源の開発、住民の状態の改善、これらの問題について『門戸開放』を主張できるだろう」と述べた(92)。その三年後、中国におけるアメリカ海軍情報作戦の指揮官は、急成長してきたアメリカの工業力のために、戦争が開いてくれた中国の「通商領域を保護」することが絶対必要だと、スタッフに熱っぽく説いた(93)。さきに見たようにマッカーサー**は南西太平洋地域の一部を自分の管轄からイギリスの指揮官の管轄に移すことに反対したが、それは一つには、そのような措置は極東におけるアメリカの威信のみならず「将来の通商活動」にまで重大な損失を及ぼすという考えに基づいたものだった。

一方さきにも見たように、中国やインドの一部の人びとにとっては、長期にわたる自国の将来に関しては、ヨーロッパの所有欲よりもアメリカ大陸の外にまであふれ出した物資と野心のほうが懸念の的だった***。彼らの不安は根拠のないものではなかった。

＊ 米中商工会議の役員には次の各社の代表が含まれていた。Firestone, Goodyear, the U.S. Rubber Company, Standard Oil of California, the Aluminum Company of America, Thomas A. Edison Inc., Boeing, International Harvester, International General Electric, Remington Rand, Standard Vacuum Oil, the Chase Bank, Time Incorporated, Pan American Airways, International Business Machines, Pepsi-Cola.

＊＊ 一四五～四六ページ参照。

救世主としてのアメリカの任務

ここで、戦争中、西側にアジアの民衆や国々に関して存在していた基本的な態度や見解の問題に戻るが、もちろん結局は大変大ざっぱな、基本的には印象批評的な判断にならざるをえないのだが、アジアとアジア人に対するパール・バックのあふれるような熱情も、「黄禍」を恐れるトーマス上院議員の人種差別主義も、ともに代表的なものではなかったということがまずいえるだろう。人種差別的見解は、ふつう白人とその社会の本質的な優越性に対する信念ばかりではなく、その運命に対する深い確信とも結びついていたことが多いように思われる。さきにふれたように「うす黒」のインド人、「うすのろ」の中国人を目にした、駐留アメリカ兵たちも、彼らインド人や中国人のためにアメリカの将来にかげりが出るなどという不安にかられたりはしなかった。チャーチルは、インドの「がさつで、うす汚れて下劣な旦那」や中国の「細目野郎」、「弁髪野郎」、「黄色い小人」のことを口にするとき（チャーチルの主治医は一九四三年に、「チャーチルは彼らの皮膚の色のことしか考えていない。いかにも彼はヴィクトリア朝的人物だと思うのは、彼がインドや中国のことを話すときだ」と書いている）、その将来についての考えの中心をなしていた、イギリス人とアメリカ人のゆるぎない偉大な「アングロサクソン」連合に少しの疑いも持っていなかった。(94)

だがこの種の無知であくどい侮蔑的な人種差別主義は、おそらく五〇年ほど前のようには代表的なものではなかった。西欧文明とそれを作り出した民族の優越性に対する基本的な信念も、もっとおだやかなかたちをとることが多かった。口に出したり、書いたりする場合にも、それはいわば括弧つきか、あるいはただそれとなくほのめかされることが多かった。もちろん表現のしかたや調子はさまざまだった。だがアメリカ人の例を取りあげてみても、西欧の基準と価値観で他を判断するという深く染みついた傾向は、たとえば銀行家のトーマス・ラモントがイギリス帝国を讃美するときの「頑固さ」のなかにも見られるし、[95] またレイモンド・クラッパーが戦争中インドを訪問したのち、この従属国の人びとが自治の責任を担うことができているのかどうかについて、どうしても疑念をもたざるをえなくなったと語ったときにも見られる。[96] さらに、ローズヴェルトが時々ひそかに、白人でない人びとのことを軽蔑したように口にするとき、[97] アメリカの役人がしばしばフィリピン人を大人に育てあげたのはアメリカだと断言するとき、[98] 戦略事務局調査分析部が秘密報告のなかで、フィリピン人について次のように述べているときなどに見られる。

情緒不安定で……反対にあえば、くじけてしまう……西側としては彼らに政府資金や公務を委ねることできない……軍事的能力についても西欧人兵士とは比べものにならない。市、州、国家に対する義務感も……何かがあるとすぐに壊れてしまう。*[99]

自国の歴史やフィリピンでの「文明の伝道」についてのアメリカ人の満足感は、ヨーロッパ人のあいだにしばしば見られる、自国の帝国主義的歴史に関する強い誇りの感情と相対応するものだった。オランダ人、フランス人、イギリス人はすべて、従属国の人びとの利益になるように長いあいだ十分

*** 一九四二年六月十一日の『ボンベイ・クロニクル』は次のように論じている。「戦後はインドにおける生産拡大の名のもとに、イギリス、アメリカ両国は、結局は……自分たちの利益のためにインドの資源を利用するだろう」。

尽くしてきたと、ともすれば信じがちだった。* これら三国の社会主義者の多くも、政治的には右翼に属する人びとと同様、過去からのこのような考えを受け継いでいて、外からの批判もただ彼らの自信をますます強めるだけだった。たとえばイギリスの帝国主義的行動が、太平洋問題調査会の国際会議で批判の対象になったときも、アーサー・クリーチ・ジョーンズ（労働党政府の植民相）のような人までが、サー・アンドルー・マックファディアンのような事業家や、ヘイリ卿、W・K・ハンコック教授のような著名な植民史の研究家の主張と同様の正当化論で応じた。(100)

しかしながらこのような正当化論は、すべてまったく根拠がないとか、すべて人種的偏見に基づくものだということではない。だが、それらの地域には「根本的な民主的変革」が必要だし、当然そうなるだろうといわれていたときでも、宗主国とアジアの従属国との将来の関係に関する多くのヨーロッパ人の態度を特徴づけていたものは、その根底にある家父長主義だった。つまり、第四章で国際間の権力政治に関して述べたように、日本に奪われた植民地を奪いかえすという決意の陰に存在していたのは、原住民と全人類のために果たさなければならない任務が残っているのだという信念だった。オランダ共産党の地下機関紙『ディ・ヴァールハイト』も「他民族を抑圧する民族は自由ではない」と主張し、他の秘密機関紙とともに、オランダと東インドの関係の根本的な改革を要求してはいたが、しかしウィルヘルミナ女王やヘルブランディやファン・モーク同様、この二つの国の完全な分離というような悲劇については考えてもみなかった。(101) 保守的な新聞がいっそう保護者ぶった態度（インドネシア人の目から見て）をとるのは当然だった。カルヴァン派の新聞『トロウヴ』は、一九四二年以来東インド中に広がった「日本流のアジア人神格化」は根絶されるだろう、そしてオランダ人による偉大な精神の伝道が開始されるだろう、と主張した。「大人になりたいと願っている子供」の状態に今なおとどまっている原住民の「政治的能力……の養成」の仕事が残されていたのであった。[102]

同様にフランスにおいても、共産党機関紙『ユマニテ』は、パリの指導する古い型の帝国主義に対して抵抗をつづけているヴェトナム人への支持を表明していたにもかかわらず、また『リベラシオン』や『コンバ』などのレジスタンス紙は「自由な人びとの」平和、「国家主義的帝国主義」の終焉、「すべての民族が自由に自己の運命を決定する権利」の承認を要求していたにもかかわらず、『ユマニ

＊ アメリカの役人は、中国人とインド人をしばしば区別して見ていた。たとえば国務省のホーンベックにしても、中国人は「勤勉」で賞讃に値したが、インド人は、戦後のどのような国際組織にとっても「資産であるよりも負担」になるだろうと思っていた。彼はアメリカに対するインド人の移民要求に対しては、戦争努力が足りないということで初めから取りあげようとはしなかった。(Hornbeck to Hull, 20 Sept. 1943, Hornbeck Papers, box 4; Hornbeck to Berle, 10 June 1943, ibid., box 81) 現地のアメリカ人、たとえばレイモンド・クラッパーやエリック・セヴァレイドのようなジャーナリストやスティルウェル将軍も、にこやかで精力的な中国人と無感動なインド人との違いを述べている。(material in Clapper Papers, box 36; Sevareid broadcast, 11 Sept. 1943, Sevareid Papers, box D3; T. H. White, ed., *The Stilwell Papers*, New York, 1948, entry for 4 Jan. 1943) 両国の「国民性」や、どちらがアジアの指導的国家となるかという問題は、ニューデリーの準公的なイギリスの審議機関の会合での検討テーマだった。Thorne, *Allies*, 318, 559.

＊ もちろん基本的な考え方については、ヨーロッパ人のあいだにも大きな違いがあった。たとえば戦後あるフランスの知識人は次のように述べている。「外国人がイギリス人になろうなどと考えることに、イギリス人はショックを受けるだろうが、フランス人のほうは、外国人がフランス人になろうとは考えないことに、ショックを受けるだろう」。C. M. Andrew, 'France: Adjustment to Change', in Bull and Watson, *The Expansion of International Society*; M. Kahler, *Decolonization in Britain and France: the Domestic Consequences of International Relations* (Princeton, 1984).

テ』をはじめあらゆる派の地下機関紙は、ヴィシー政府やロンドンのド・ゴール派の人びとと同様、当然フランスは海外領土を奪回して、そこに再び善政を施さなければならないものと考えていた。その任務は、一九四三年に『フランスの守り』が主張しているところによれば、「西欧文明の名」をつつむ栄光のなかに反映されているものだった。ナチの人種論、反ユダヤ主義は世界中から非難されていたが、白人対有色人種論は、ナチの「文明の伝道」とは異質のものだと考えられていた。『ジァキズェ』は、フランスは「あらゆる人種の平等を宣言し、奴隷を解放し、非白人の人びとに市民的権利を与えた最初の国家」であると主張している(103)。

イギリスは、植民地に自治の資格があるかどうかはイギリスの判断による、同時に主権は自治付与後も、イギリスが保持するということを決定していた。この決定は、植民地政策に関するアメリカとの共同宣言問題について一九四二年から四四年にかけて行われた一連の秘密交渉のあいだに、アメリカ政府側に伝えられていた(104)。そして公にも、この大西洋の向こう側のおせっかい焼きの無知な親戚に、とくに労働党の下院議員、イマニュエル・シンウェルから外交的な洗練さには欠けるやり方で伝えられた。彼は下院で「われわれはアメリカの一部の新聞を満足させるために、イギリス連邦を捨て去るつもりはない」とがなりたてた。そしてチャーチルが帝国「解体」のいかなる提案も激しく拒否したことに「心から賛同する」ものだと述べた(105)。

ヨーロッパの多くの——おそらくはたいていの——人びとは、戦争によってどれほど多くの変化がもたらされたにせよ、アジアの従属民族は、苛酷な日本人の搾取にかわってヨーロッパ人が戻ってくるのを依然歓迎するだろうと考えていた。(フランス人やオランダ人は、何年にもわたってそのように遠く離れた場所に関する情報からほとんど切り離されていたために、間違った認識を持つようになったのもやむをえなかった）。一九四五年、ジャン・サンテニーはヴェトナム民族主義勢力の増大についてパリ当局に警告してはみたが、聞き入れられないまま次のように述べている。「われわれのなかには、インドシナではフランス人が戻ってくるのを待ちわび、両手を広げて歓迎の準備をしていると思っている人びとがあまりにも多すぎる」[106]。オランダ人の場合も、インドネシアの世論と利益に敏感なファン・モークのような人でさえ、一九四五年の夏、副総督として東インドに帰任するのを待ちながら、植民地の「教育のある重要な層の人びと」は「西側の指導と援助の重要さと必要性」をよく理解している、インドネシア人はすべて日本人のもとで苦しんだから「昔のよき時代に戻ることを望んでいる」と信じていた[107]。

さきに見たように、ここに述べてきた見解や態度は、非常に長期間にわたって発展してきたものであり、すくなくとも十六、七世紀にさかのぼるヨーロッパの経験と信念に根ざしたものだった。したがって、一九三九年から四五年にかけて、イギリス、フランス、オランダを襲った地軸をゆるがすような一連の大事件によっても、環境の変化が――そしてもちろん多くのアジア人の確信と決意が――求めているような根本的な意識の変革が受け入れられる可能性はほとんどなかった[108]。一方、一九四二年にローズヴェルトがチャーチルにあてて書こうとしたような「かたやヨーロッパ人とアメリカ人、かたや東アジア、南アジアの多くのさまざまな民族とインド人、この両者のあいだの……古い関係」はすでに「一〇年も二〇年も前から存在しなく」なったとする現実的な評価が、すくなくともアメリカでは戦争中も存在していたように思われたにしても[109]、すでにふれた傲慢な人種差別感情は別として、家父長主義的な誤った認識が、「形を変えて」アメリカにも広く存在していた。他の世界に対するヨーロッパ人の態度の中心にずっと存在していた確信が、今度はよりいっそう強いかたちでアメリカ人社会の特徴となり、[*] 外の世界の人びとに関するアメリカ人の見解を形づくっていったが、戦争そのものがその過程を強く推し進めていったのである。

それはもちろん、フランス人、オランダ人、イギリス人のあいだに見られるものとは違っていた。もっとも、アジアに対するヨーロッパ側の態度のなかに顕著に見られる——たとえば福音伝道の使命に対する信念[**]のような——要素は存在していた。そして、さきに一九四一年以前のアメリカ人の極東に関する意識と政策に関連して述べたように、それらは、根本的にはアメリカの政治風土の基本をなすアメリカ人自身のもつアメリカ像、すなわちアメリカ社会はたんに「独自」のものであるだけではなく、「人類の偉大なる希望」であり、すべての人にとっての手本、目標であるという信念から生まれたものだった。[***] セオドア・ホワイトがのちに、スティルウェル将軍の当時の中国問題に対する態度について書いているように、「彼はアメリカ人の……伝統の申し子だった。アメリカ人は自分たちが正しい国民だと堅く信じていたので、どこに行ってもアメリカ人はありがたがられるものと確信していた。スティルウェルにしても、アメリカにとってよいことが他国の人びとにとってよくなかったり、間違っていたりすることがあるなどとは考えもつかなかった」のであった。[110]

アメリカ社会の構成そのもの、多種多様な背景をもつ数多くの人びとが「るつぼ」を通って、ポーランド人や中国人ではなく「アメリカ人」になったというその歴史的経験が、このような見解を強めると同時に、地球上の他の地域に住む人びとをも、ある意味ではアメリカ人の卵だと見なす傾向を生むようになった。だがこの過程のなかにはおそらく不安の念も存在していただろう。つまりそれは自分たちの社会の長所、意味、凝集力について確証を得たいという気持ち、さきに一九四一年以前の中国に関してふれたように、世界の「新生」民族のなかに自らの追随者をもちたいという要求のなかに一部あらわれているような気持ちだった。

戦争はこのようなアメリカ人の態度や見解をより強く推し進めた。またしても他の社会や国家の欠点や腐敗が、世界に争いと不幸をもたらしたのである。今回はアメリカ国民が、平和回復のために汚濁にまみれた競技の場に「救いの神」としておりたたなければならなかった。しかし一九一四〜一八年のときとは違って、動乱は罪深いヨーロッパの地域のはるか彼方にまでひろがり、ダグラス・マッカーサーのいう「西欧文明の地球上の最後のフロンティア」、「アジアとその周辺の島々」を巻きこんだ。[11] そして人類の相当部分を占める人びとの生活ならびに国際社会全体の性質と動き、これらを改造

---

* 一八三、四三九ページ傍註**参照。

** 国務省の一職員は一九四二年一月、次のような凝った表現で問いかけている。「キリスト教とその偉大な教え、その慈悲と人道的な働きは、中国人や朝鮮人やその他のアジア人大衆のなかで今後も生きつづけていくだろうか、それとも、日本国家の行動やその偶像崇拝によって……抑えられてしまうのだろうか?」。(Langdon, 'Japanese Attitudes Toward Christianity', 17 Jan. 1942, Dpt. of State files, 740.0011PW/2037 1/8) 戦後マッカーサーは、日本でジョージ・ケナンに次のように語った。私がこの国にやってきたのは「民主主義とキリスト教」によって、「指導と示唆を求める」日本国民の「渇き」をいやすためである、と。彼の考えでは、彼が配布した何千冊もの聖書は、「二〇〇〇年の歴史と伝統と伝説のうえに築かれた理論と生活習慣を、ほとんど一夜にして打ち砕いてしまう精神の革命」を作り出すものだった。Kennan, *Memories, Vol.1*, 384; MacArthur, *Reminiscences*, 310-11.

*** ジェファソンの言葉、「社会の原理は、ヨーロッパとアメリカとではまったく異なっている」「ここに存在する正しい堅固な共和国政府は他国民が見ならい、かつ目標とすべき一つの記念碑、見本となるだろう……」「われわれの社会のなかだけには限定されない義務にしたがって、われわれは行動しているつもりである。われわれが全人類のために行動しているということは誰の目にも明らかである……」参照。E. Dumbauld (ed.), *The Political Writings of Thomas Jefferson* (New York, 1955), 71ff.

するための新しい機会と新しい力をアメリカ人に与えることになった。

したがってワシントンでは、戦略事務局の調査分析部員である優れた学者たちが、その秘密調査のなかでアメリカの示唆、指導、保護がいかに他から待望されているかを再三にわたって強調しているのは驚くにはあたらない。それによれば中国、フィリピンにおけるアメリカの政策は、他のアジア人たちの「賞讃の声を巻き起こし」、「アンナンの人びと」、「政治的に啓発されたビルマ人」、マレー人、インドネシア人らは「熱狂的なアメリカびいき」だし、「そこではアメリカの指導は、イギリスの指導よりもはるかに歓迎されるだろう」というのであった。[112] アメリカ国民もまた、太平洋問題調査会のある本に述べられているように(このような意見はけっして根拠のないものではなかった)[113]、自分たちの国は「この広大な地域の人びとの希望のシンボル」だと繰り返し確信するようになった。彼らには、さきにふれたような不愉快な、のちのち伝わって不安をかもし出すような動き、たとえば一九四二年の初めごろ、日本軍がフィリピンでの全面的な勝利を目ざして進攻をつづけていたとき、ケソン大統領が自分で侵略者と交渉できるように独立を認めてほしいと望んだというような苦い話は知らされなかった。(スティムソンらからすればより悪いことに、この申し出はマッカーサー自身が支持していた。そのころマッカーサーは、ケソンからフィリピン人の感謝のしるしとして五〇万ドルを受けとろうとしていた。それはたぶん、アメリカ陸軍の服務規定に違反することだった。その後彼は、「マニラの上流階級の友人の多く」が日本軍に協力しようとしているのを知ったとき、フィリピン人はすべてアメリカに――そしてマッカーサーに――忠誠を誓っているという神話がこわされないようにいろいろと画策しなければならなかった)[114]。

アメリカが中国の人びととのあいだに作りあげたと信じていた絆は、フィリピン人とのあいだの

「模範的な」関係よりもいっそう重要だった。（一九四九年、中国が共産主義者の手に「落ちた」ときには、衝撃だけではなく苦い無念の思いが走ったが、それは明らかにこのような思いこみのせいだった）。戦時中、中国人について、彼らは、ただアメリカ人に好意を寄せているばかりではなく、アメリカ人に似ているとしばしばいわれた。*「この人びとにはアメリカの開拓者たちに非常によく似たところがあるし、指導者にはアメリカで教育を受けた人が多い」と、一九四二年、クラッパーは重慶からＮＢＣ放送を通じて語った。(115)『シカゴ・デイリー・ニューズ』は神の啓示のような言葉で「中国は東洋におけるわれわれの『希望の星』だ」と讃え、『クリスチャン・サイエンス・モニター』も、蔣介石が「クリスチャンで、夫人がアメリカ式教育を受けた」ことの重要性を強調した。ウォルター・ジャッド下院議員（かつての中国への医療使節）は次のように主張した。「この二つの国民はよく似ている。われわれは基本的な信条や……個人の民主主義的習慣の点では、ヨーロッパ人よりもむしろ中国人のほうに近い(116)」。戦争の後半には国民政府に対する評価が低下してきたが、延安を訪れたアメリカの記者や外交官は、彼らの目に映った共産主義者たちについて、本質的にはアメリカ人的特質をそなえた人びとだということをあらためて強調するかのように伝えた。形式ばらない態度、素直さ、神秘主義の拒否、これらの点から見て、共産主義者たちは旧体制の中国人よりもいっそうアメリカ人

＊　このような意見の例として九二～九三ページ参照。このいわば文化的手前味噌の考え方は、戦後アメリカの対外関係の特徴でもあった。たとえばリンドン・ジョンソンはヴェトナムの社会改造計画について、自分の経験を思い出した。「そしてメコン川がテネシー渓谷に変わることになった」のである。D. Kearns, *Lyndon Johnson and the American Dream* (London, 1976), 265ff. 中国に関する戦後のアメリカの歴史書に見られる自己中心主義的な面については、Cohen, *Discovering History in China* 参照。

的特質をそなえた人びとだというのであった[117]。ある研究者は次のように結論づけている。すなわち、「アメリカ人は、中国社会と自分たちの社会を隔てる文化的な距離の大きさをほとんど理解していなかった[118]」。

もちろん例外はあった。このように無知で保護者面した家父長主義に、無意識のうちに陥ることのなかったアメリカ人たちである。中国とアメリカの友好関係促進の問題に関して、国務省の文化関係局長は、「二つの国民の文化を他の国民に押しつけるべきではない」と強調した[119]。著名な学者、ジョン・K・フェアバンク（中国の文化計画に関係した一人）は、中国は「アメリカ的価値が他の価値と相争っている戦場であり、われわれとしてはアメリカ的価値の勝利を目ざさなければならない」と確信していたが、一方ではまた、「中国をアメリカのような国にしよう」とするのはばかげているし、不可能でもあると力説していた。そしてこの二つの考えは、かならずしも矛盾するものではなかったのである[120]。

だが戦火のなかから強い民主的な統一中国――当然アメリカと手を結んだ中国――の誕生を見たいと希望するあまり、フェアバンクのように中国の歴史と文化に深く通じているアメリカ人でさえも、西欧的概念と施策に性急に訴えすぎたのである。「中国はピューリタン精神をいっそう必要としている」と、中国で宣教師の家に生まれた外交官ジョン・ペイトン・デイヴィスは書いている[121]。そして文化関係局の一人が国務長官の政治顧問の支持を得て、アメリカの「熱狂的な同盟者」（アメリカで教育を受けた中国人）の手に託そうとした「民主的思想と先例の、小さいが強力な兵器庫」には、『リーダーズ・ダイジェスト』の中国語版が含まれていたのである[122]。

要するに、多くのアメリカ人の心の底に存在していた信念とは、パール・バックが述べている、

「アメリカ的生活様式は世界中に広められ」なければならない、とくにアジアにおいて、ということだった[123]。中国国民に対し大きな賞讃の念と関心をいだいていた人びとも同様だった。そのためには、すでに植民地問題に関連して明らかにされたように、日本だけではなく西欧の同盟者とも戦わなければならないというのであった。事態は急を要した。そしてアメリカの力が太平洋を越えて広がっていくにつれて、そのための手段が見えてきた。あるアメリカの政府関係者が、ロンドンからの訪問者に対して述べたように、「今度はわれわれがアジアで打席に立つ番」であった[124]。

第7章　友との戦い

アメリカ人のあいだでは、自分たちの使命は、極東をはじめとする世界の各地域に根本的な変革をもたらすことだと広く信じられていた。そして、これは戦時下の国際関係を規定する重要な要素となった。（イギリス外務担当相リチャード・ローは、閣僚たちに次のように報告している。アメリカ人は「自分たちは、世界にとって大切なもの——世界が必要としているもの、いずれ世界が望むようになるもの、好むと好まざるとにかかわらず、結局は世界が取りいれることになるもの——のために戦っている」と信じている）[1]。日本の敵国同士で交わされた複雑な論議については、すでにこれまでも多くの問題、たとえば総合戦略、経済的見通しと戦後の安全保障、従属地域の将来などの問題に関連してふれてきた。これら連合国間の複雑なやりとりについては、筆者らによって別の場所でかなりくわしく論じられている。したがって本章では、これらについて初めに概括的な説明を、とくに極東戦争と関連づけて行うにとどめ、その後、このような政治的論議の原因となった、また部分的には政治的論議自体が作り出した互いの相手像について検討することにしたい。

突出するアメリカの経済力

右に述べたようなアメリカの「尊大さ」は、一つには戦時中の資源と力の驚異的な発展によるものだった。世界戦争の要求に応じ、アメリカ経済の潜在力が解放された結果、国民総生産は一九三九年の八八六億ドルから一九四五年の一九八七億ドルに増大した。工業生産は一九四〇年から四四年のあいだに三倍に増加し、原料生産は約六〇パーセント増大した。生産力は、工場設備に対する新規投資の結果、全体として約五〇パーセントの拡大を見、農業部門の生産性は農業労働者数の一七パーセント減少にもかかわらず二五パーセント以上も増大した[2]。商船の総トン数は一九三九年には世界全体の一七パーセント弱だったが、一九四七年には五二パーセントを占め、アメリカ海軍の規模は一九四四年にはイギリス海軍の約三倍にまで増大した。（一九四四年末には、約一〇〇隻のアメリカ航空母艦が太平洋に配置されていた[3]）。一九四〇年、オランダ陸軍がドイツ軍に降伏したときには、アメリカ陸軍の兵力は世界で第一九位だったが、一九四五年にはソ連と並んで群を抜いていた[4]。

他の各国の経済も戦時中大きく発展したが、アメリカ経済のこのような動きの結果、日本に相対した連合国のあいだでは急速に不均衡が広がり、さまざまなかたちでそれが表面化した。たとえば南太平洋では、アメリカがイギリスにかわってオーストラリアの経済面での主たる協力者となった。ベル博士によれば、アメリカの対オーストラリア投資の増大は「オーストラリア経済の対米依存度の増大と、両国間に新しい経済関係が生まれたことを示す指標」であり、この関係は戦後、両国間の貿易の大きな発展となってあらわれた*[5]。（マッカーサーの管轄下にある南西太平洋戦域では、オーストラリア兵の給与は一カ月九ポンド一五シリング、これに対しアメリカ兵の給与は一七ポンド相当額であった。[6] この差——進級するにしたがって増大した——はオーストラリア兵のあいだに大きな不満を巻き起こした。前線を離れ自分たちの国でGIたちと張り合って慰安と娯楽を楽しむようなときなどは、とくに不満が大きかった。クイーンズランド商工会議所協会の主張によれば、問題の原因は「オーストラリアの国民経済のうえに、より強力な国民経済がのしかかっている」ことにあった[7]。オーストラリア、ニュージーランド両国は自国の安全についても、イギリスよりアメリカに依存するようになった。マッカーサーに対して、あるいはアメリカ海軍管轄下の南太平洋水域での作戦行動に対して、イギリス統帥部の指導がおよばなくなったことは、このような事態の反映であり、それはまた一九五一年のアンザス条約におけるイギリスの不参加というかたちとなってあらわれた。

戦時中のイギリスの生産活動も、もちろん瞠目すべきものだった。一九三九年から四五年のあいだに国民所得は六四パーセントの増大を見た。[8] しかし生産高の点ではアメリカには太刀打ちできなかった。武器生産は戦争末期には金額にしてアメリカの三分の一以下だった。一九四三年の秋には早くもイギリスは、輸送機、自走砲、重戦車、一〇トン・トラック、上陸部隊輸送船のほとんどすべて、上陸用舟艇の八八パーセント、軽爆撃機の六八パーセント、戦車の六〇パーセントをアメリカに依存していた。[9] とりわけ戦争末期の情況下では、イギリスはまず生き残るために、そして次に敵を打ち破る

＊ 一九三六〜三九年の、アメリカのオーストラリア向け輸出月平均額は五五八万三〇〇〇ドル、これに対しオーストラリアのアメリカ向け輸出は二〇九万ドルだった。それが一九四五年八月から翌年八月のあいだにそれぞれ七三二万一〇〇〇ドル、一一五八万七〇〇〇ドルになった。一方、アメリカのインド向け輸出は戦時中、アメリカの総輸出額の一パーセントから五パーセントに増大し、インドの総輸入額の六パーセントから一七パーセントに増大した。Hess, *America Encounters India*, 158.

うえで然るべき役割を果たすために、北アメリカに対する投資のような在外予備資産に頼らなければならなくなっていた。そして一九四五年の夏までには、その約四分の一を失うことになるだろうということだった。イギリス政府はかなり前から、死活の問題である輸出の回復と戦争中急速に増大したポンド債務（たとえば一九四五年末にはインドに対しては一三億二一〇〇万ポンド、エジプト、スーダンに対してはあわせて五億ポンドを超えていた）の処理問題、さらにケインズの見積もりによれば一〇億ないし二〇億ドルの財政援助を、同額の物資援助（軍事物資の貸与としてアメリカから提供された三〇〇億ドルの決済問題は別にして）とあわせてアメリカからどうやって引き出すか、の問題に悪戦苦闘していた[10]。

この結果イギリスは、アメリカとの関係では、一九四四年九月の第二回ケベック会談の経緯に端的に示されているような立場におかれることになった。そこでは財政と物資の援助を乞うために「ファラ（ローズヴェルトの愛犬）のように後足で立っておねだりし」なければならないのかとチャーチルが苦々しげにいい出す始末だった。もっともこの援助がなければイギリスは、ドイツ敗北後の対日戦の終盤の段階で実質的な役割は果たせなかっただろう[11]。大西洋をはさんだ両国の「協力」関係ばかりか「競争」関係までが表面化してきた地域*で、イギリスのほうから両国間の対立をむき出しにしてはいけないという意識がロンドン政府のなかに大きくなってきたことにも、このようなイギリスの立場が反映されていた。戦後の民間航空問題あるいは石油採掘権確保問題などに関してイギリスのほうからそのような態度に出れば、一九四四年の六月、イーデンが石油採掘権問題に関して述べたように「われわれは重大な損失をこうむる恐れがある」というのであった[12]。

一九四一年から四五年にかけてのイギリス、アメリカ両国の関係は、一方ではまたそれぞれをめぐる別の動き、とくにアメリカとソヴィエト連邦との関係の影響を受けていた。すでに見たように戦争後期には、モスクワが平和な新世界建設の協力者たり得るかどうかに関して、すくなくともアメリカの政策担当者のあいだにはかなりためらいの様子が見受けられた。だが一方、とくにカサブランカ会談からヤルタ会談のあいだに、ローズヴェルトに対するチャーチルの影響力は低下していった。それはたんに、さきに述べたように両国の力関係に変化が生じたためばかりではなかった。スターリンとの緊密な協力関係の確立が戦争と平和の問題にとっても決定的な意味をもつとローズヴェルトが確信していたからでもあった。(財務長官ヘンリー・モーゲンソーが一九四四年一月、カイロ、テヘランの両会談に出席した同僚の印象をもとにして述べているように、「ローズヴェルト＝スターリン・ラインが強力になり、それにほぼ反比例してローズヴェルト＝チャーチル・ラインが弱くなってきた」。モーゲンソーがそのことを大統領に話したとき、大統領自身は否定しなかった[13])。

一九四五年夏の初め、米ソ間の緊張が大きく高まったときでも、たとえばイギリスにとっては根っからの友人であるはずのハリー・ホプキンスがひそかに恐れていたことは、ロンドンがワシントンを「動かして反ソ・ブロックに引きいれ、イギリスのヨーロッパ政策実行」に乗り出すのではないかということだった[14]。彼の懸念のなかには、アメリカとヨーロッパの一般的な関係の枠を超えた、より大きな広がりをもつ一側面が反映されていた。すなわち戦前の国際情勢に関連してさきにふれた国際的な動きの本質に関する問題である[15]。十九世紀中葉のイギリス急進主義者ジョン・ブライトらと同様、

＊ 七二一〜七二三ページ参照。一九四四年のロンドンでの自治領首相会議でチャーチルがもらした、イギリス、アメリカ両国の利害は「衝突することはない」という確信は、文字通りにとれば間違っていた。Thorne, *Allies*, 384.

コーデル・ハルらにとっては、平和で健全な世界の建設は、「勢力の均衡」という「汚れた偶像」、すなわち国家間の関係の基礎としての「権力政治」が、永遠に追放されてはじめて達成できるものであった。* (ロンドン駐在アメリカ大使ジョン・ウィナントはオーストラリア高等弁務官に次のように述べている。ソヴィエト連邦が新しく拡張した国境線を、一九四二年にイギリスが公式に認めることは「われわれが現在そのために戦っているあらゆる原理に反する」ばかりでなく、不必要でもある。「戦後予想される世界では、戦略的な国境線というものは国家の安全にとって必要ではなくなる」からだ[16])。

一九四四年秋ワシントンが、共産主義者のギリシア支配を抑えようとするイギリスの行為を、利己的時代錯誤だとして公然と非難したとき、そこで強調されたのは、「勢力均衡に基づく対外政策では、イギリスはおそらく戦後、アメリカの支持を期待できないだろう」(米戦略事務局調査分析部の同年九月の調査報告のなかの言葉[17])というアメリカ政府部内の確信だった。(このためチャーチルはハリファックスあてに辛辣な電文を送り、それを受けたハリファックスは、ハルの後継者としてローズヴェルトから国務長官に指名された愛すべきエドワード・スタティニアスに、アメリカが自国の対外目的達成のために巨大な資源を使うのは「権力政治」の実践ではないのかと問いただした[18])。フランスの対外政策に対する同じような深い不信感は、一九四五年七月になっていっそう強まった。当時ド・ゴールはヴァレダオスタから軍隊を引き揚げることを拒否し、そのためヘンリー・スティムソンが、アメリカは「フランスとの戦いの瀬戸際」にあると日記に書き記すところまで事態は急迫した[19]。

政府の内外を問わずアメリカ人の多くが懸念していたことは、西側ヨーロッパ諸国がアメリカの敵国と同じように、何世紀にもわたる古い国際行動の型に固執するならば、今アメリカの血と富を犠牲にしていることが、一九一七〜一八年以後のように再び無駄になってしまうだろうということだった。ローズヴェルトは、ドイツと日本の敗北後、平和を守る新しい世界組織に参加することについて、アメリカ国民のあいだに合意が生まれるようにと細心の注意と配慮を払って努力していた。(ある全国的な世論調査によれば、一九四三年一月には成人の七〇パーセントがこの考えを支持していた)[20]。しかしながら、アメリカがこのような組織に参加することは絶対必要だと考えていた政府関係者のあいだにも、国際情勢の「権力政治」的な動きが国民の底に流れている孤立主義的傾向に拍車をかけ、アメリカを再び第一次世界大戦後の態度に押し戻すのではないかという大きな不安が見られた。ローズヴェルト、ハルらは、アメリカ自体の長期にわたる安全と繁栄のためには、世界貿易の障壁の撤廃はもちろん、その他国際問題にもずっと介入していかなければならないと確信していた。しかし彼らの個人的な信念や国内政治的感覚からすれば、マイケル・ハワードが見事に要約した次のような結論にならざるをえなかった。つまり、アメリカの「国家としての存在は、人種にあるのでもなければ歴史的経験を同じくすることにあるのでもない、それは信奉する価値体系にある」のだから、国際組織のなかで「良心に恥じるところなく」行動できるのは、「自分の理想どおりに国際組織を作り変えることができる場合だけ」であるというのであった[21]。

＊アメリカの外交政策をこれまでずっと「権力政治」的だと考えてきた世代の人びとにとっては、当時ワシントンの責任ある地位にいたハルのような人物の戦時中のこのような発言は、よくてただ口先だけの理想主義、悪くすると計算された偽善だと思われるかもしれない。だがそれは誤っている。

「新しい秩序」を国際関係のなかに築きあげることが絶対必要だと信じていたのは、連合国のなかでアメリカ人だけではなかった。一九一四～一八年の恐怖のあと、すぐにまたヨーロッパ人のあいだで共倒れの戦いが繰りひろげられたという事実を目にした他の多くの人びとも、平和の支配を学び実現することは人類にとって必要なだけではなく、可能でもあるはずだという確固たる信念から、アメリカ人と同じ結論をいだくようになっていた。そしてこれに関しては、ニュージーランド首相ピーター・フレーザーのように、「国際連盟の基礎原理」への復帰と、それに加えて今回は「国際組織の構成員の道徳的決意」が必要だと説く者もあれば、*(22)全インド国民会議派運営委員会の主張した考え、すなわち「世界連邦」を組織し、軍備縮小と「世界連邦軍」によって、平和維持をはかるという考え方(23)を支持する者、あるいは一九四三年のフランス社会党のように「将来は世界合衆国となる国際共同体(24)」の建設を求める者もいた。さらに（戦争の遂行以外には関心を向けない一般の空気に対してばかりではなく、チャーチルがこの分野で突然、主導権をとろうとしはじめたことに対しても戦わなければならなかったロンドンの政府関係者のように）もっと地味に国力の不均等、国家利益の不一致という現実の姿と、すべての国家主権の平等とが調和するような新しい世界組織を考え出そうとしていた人びともいた。(25)しかしながら個々のかたちや好みはどうあれ、広く強調されたことは、国際秩序を作り直すというまさにその仕事にすべての国家がぜひとも参加しなければならないということだった。一九四三年にカーティンが「孤立の時代は去った」として、オーストラリア労働党の戦前の態度を退けたのは、同年アメリカ共和党が、アメリカが「戦後の共同組織に……参加し……軍事侵略を防ぎ、自由世界に正義を確立することによって恒久平和を達成する」ことに支持を表明したことと相応ずるものだった。(26)

この事業が急を要するということは、核兵器の出現とその採用によって対日戦が終わりを告げたときにも、もちろん強調された。『シドニー・モーニング・ヘラルド』の主張、戦争が廃止されるか、「人間家族」が「自分自身の手によって破滅することになる」か、そのいずれかだという主張は広く共感を得た。[27] 地球上のすべての国が協力して平和確立に努力しなければ、次には第二次世界大戦など「児戯」に等しいような破局に見舞われるだろうと、『ル・モンド』は警告した。[28] 広島の報道が届き、知識階級も他の多くの人びとも、『ボンベイ・クロニクル』の投げかけた質問、「人類はこの画期的な発明を迎える準備はできていたのか。それは早すぎた、忌まわしいほど早すぎた発明ではなかったのか」という「恐ろしい質問」を自分自身に問いかけていたとき、イギリス外務省のある高官はひそかに「ショックだ、恥ずかしい」と書いた。[29]

一九四五年夏には連合国のあいだでは、恒久平和確立の急務と経済的・社会的正義の要求とは切り離すことはできないと、広く——全体にとはいえないまでも——信じられていた。(東条もまた、すでに見たように日本のために同様の主張をしていた)。ローズヴェルトのいう「欠乏からの自由」と「恐怖からの自由」は、いまや相互依存の関係に立つものだった。ロンドン駐在オーストラリア高等

* 平和の問題を考えるにあたって、このように過去を振り返ってみるという態度が大きく広まった。そしてナチス・ドイツや軍国主義日本のような国が、再び戦争を起こせないようにすることを第一とし、同時に広く歴史から「教訓」を学ぼうとした。E. R. May, '*Lessons*' of the Past (New York, 1973), cap. 1; D. C. Watt, 'Every War Must End: Wartime Planning for Post-War Security in Britain and America in the Wars of 1914-18 and 1939-45: the Roles of Historical Example and of Professional Historians', *Transactions of the Royal Historical Society*, 5th series, vol. 28, 1978.

弁務官の経済顧問は、「文明は、われわれの存在と戦争とがまったく相容れないような段階にある」と書き、さらに次のように述べている。

……しかし、十九世紀の発展以上のものをわれわれに与えてくれる新しい未開拓の地がある。この新しい未開拓地は人類の福祉のなかに存在している……経済政策の冒頭に二つの大目的、すなわち生活水準の向上と高水準の雇用とをかかげることについて、すべての国家の同意を得るようにしなければばならない。この目的について国際間に真の合意を得ることができれば、世界経済におよぼす効果は非常に大きく、もはやわれわれは市場のことで思い悩む必要はなくなるだろう。[30]

この計画に必然的にともなうものは、『ル・モンド』のいう「根底からの社会変化」にほかならなかった。[31]ウォレス副大統領のいうように、「歩を進める民衆の革命」が目ざすものは「庶民の世紀」だった。[32]「現代世界は大衆の世界である」と地下新聞『ラ・フランス・リブル』は論じた。『リベラシオン』は、平和は政治家の希望や利益ではなく、民衆の希望と利益を反映したものでなければならないと主張した。[33]そしてすでにふれたように、ハロルド・ラスキは現在の情況について、ローズヴェルトに次のように述べた。「軍隊のなかでベヴァリッジ報告*のことが論議されているということを聞いただけでも……大衆が動いていることがわかる」。[34]

しかし西側には、このような未来像や計画を忌み嫌っていた人びともいた。たとえば多くのアメリカ人にとってウォレスやその支持者たちは、ハルのいうように、戦争に勝つことよりも「全世界にまたがる社会革命」の達成に熱心で、「アメリカの革命」さえもねらっている恐るべき存在なのであった。[35]「そんなすばらしい新世界など私は信じない」とチャーチルはひそかに述べていた。思わず口をついて出たという彼の「いまいましい社会主義者どもをやっつけろ」という言葉は、戦争終結以前からすでに国内だけではなく国際的にも価値観についての争いが広がっていたことを示している。[36]日本の敵国のなかには、『レ・ポピュレール』のように、社会主義のみが戦争の亡霊を退治できるとか、オーストラリアやニュージーランドの労働党政府のように、新しい国際経済体制建設にあたっては完全雇用政策が最優先であるべきだと信じる人びとがいたにしても、[37]一九四四年に（この年、ローズヴェルトはウォレスを副大統領候補からはずすとともに、ニュー・ディールとも公然と袂を分かった**）アメリカ政治の支配的地位を占めていた人びとにとっては、このような目標は「共産主義的」以外の何ものでもなかった。[38]

平和な正しい新国際秩序を要望する一般の意向を、「高等政治」の領域における個々の計画や政策に具体化する場合にも価値観や優先度についてさまざまな違いのあることが、はっきりとあらわれた。その場合出てくるのは、一つには個々の国家間の、あるいは国家群のあいだの将来の関係についての問題、たとえばイギリスと自治領とのあいだ、イギリス連邦とアメリカとのあいだ、あるいは極東の地域的組織のなかに組みこまれることになる各国家のあいだのそれぞれの将来の関係に関する問題だった。[39]一方、さきにとくにアメリカの願望に関連して述べたように、国家間の関係全般を通じて「権力政治」を超えることができるかどうかという、いわば より「神学的」な問題があった。そしてこの

＊　三九〇～九一ページ参照。
＊＊　三九八～三九九ページ参照。

間にあって中心をなすのは、勝利の成果を永続的なものとするために建設する国際組織のなかの、いわゆる「四強」ないしは「三強」対小国家の、それぞれの地位の問題だった。オーストラリア、ニュージーランド、オランダなどは、(駐米ニュージーランド代理公使のいうように)「すべてが強大国によって支配される世界などは論外だ」[40]、「自分たちの利害と将来にかかわるあらゆる問題には」発言権をもたねばならないと主張していたし、アメリカ政府やアメリカ人のあいだでは、世界の救済ということになれば、敗北した極東の敵の救済と同様、再建の衝にあたるのは、結局は今「地球上の人びとの先頭に立っている」国なのだという考えが大きくなっていった[41]。

極東におけるアメリカの影響力

こうして、われわれはとくに極東戦争との関連のなかで、いまやアメリカが「アジアで打席に立つ番」だという、前章の終わりに引用した確信に戻ってくることになる。一九四三年、前アメリカ海軍協会会長は、ある手紙(ローズヴェルト自身が読み、顧問たちのなかにも大いにこれを賞揚した人びとがいた)のなかで次のように述べている。

日本打倒の戦いが、いわゆる「連合国」の手によってではなく……主としてアメリカの手によって遂行されれば、戦後のアメリカにとって政治的にも経済的にも非常に重要な意味をもつことになるだろう……太平洋地域にわれわれが建設しようとしている平和社会や、アジアとオーストラレイシアにおけるわれわれの将来の政治的地位や経済的機会は、それによってはかり知れないほど改善されるだろう[42]。

対日戦のあいだのこのような情況の進展は、すでに見たように、イギリスの政治・軍事の各当局者が、大西洋の向こう側からの物資援助や政治的承認に依存しなければならないという厳しい制約を課されたことにあらわれていた。* 広範な戦略的選択に関する問題であろうと、東南アジアにおける植民地の将来に関する問題であろうと、アメリカの影は大きく、しばしば圧倒的な大きさで迫っていた。インドの国家体制の問題についても、一九四二年、ローズヴェルトから加えられた強い圧力は、チャーチルが辞任するぞとひそかにおどしをかけたためにやっと引っこめられたほどだった。[43] 第四章に述べたように、北ビルマを経由する中国への陸上ルートを再開するか、あるいは東南アジア方面軍（SEAC――アメリカ人によれば 'Save England's Asiatic Colonies'「イギリスのアジア植民地を救え」）の主力を東南のシンガポール方面に向けるかの問題についても、イギリス政府は現地当局と同様、しばしば非常に不利な地位にたたされた。[44] タイについても、領土の保全や独立国としての地位に関してイギリスが何か企んでいるのではないかという疑念（チャーチルに関するかぎり、まったく根拠のないものではなかった）が、ワシントン側で増大しているのを無視することはできなかった。[45] ロンドンの外務省では、各部幹部から構成される委員会を設け、アメリカの世論とイギリス帝国との問題について検討し、従属地域に関し、アメリカとの共同宣言を出すようにもっていかざるをえないだろうということになったが、[46] 同様に中国問題関係者のあいだでも、その一人が一九四三年に要約した次のような現実認識に立たざるをえなくなっていた。

＊　一四四～四五ページ参照。

イギリスの対外政策に関し……一〇年前の情況とくらべていちばん目立つことは、アメリカへの依存度が高まり、自国の問題についてアメリカの主導権を受けいれなければならなくなったことである……われわれの立場としてはそれ以外の行動をとることはできない。そのためこの状態を受けいれ、過去一〇〇年ものあいだ中国で手にしていた主導的立場を放棄してしまった……[47]。

全体としていえることは、（詳細な根拠は *Allies of a Kind* のなかに述べられている）大西洋をはさんでアメリカ側では、アメリカとイギリスの両国民は「アジアでは、かなり隔たり」があるという考えが支配的だったのに対して、イギリス政府内の多くの人びとは——戦争という緊急事態の場合はともかく——長期的には両国の利害は極東、そして中国では両立しうると確信していた、ということだった。イギリス側では、アジアに関する態度や政策はチャーチル一色に染まっているわけではないことを、アメリカ政府や国民に理解してもらおうとかなりの努力が払われた。そして、たいていのアメリカ人が自分たちの戦争だと考えている戦いに、機会をとらえ肩を並べてともに協力すれば、対日戦の最終段階では、「イギリス、アメリカの関係を新しい、より健全なものに高める機会」が訪れるだろうと期待されていた[48]。だがこのような希望や努力も、外務省極東部のいうように、「アジア地域に関するイギリス、アメリカの協力関係が不断に悪化」したため、再三にわたって影の薄いものになってしまった。ワシントンのイギリス大使館によれば、極東問題は「イギリス、アメリカの関係のなかでも慢性的に困難な問題」だった。ハリファックス大使自身が述べているように、アメリカでは、国内政治のためであれ、個人的な興味や主義主張の宣伝のためであれ、ともかくイギリス人をやっつけるのが得策だと思われるような場合には、われわれの極東問題の対処の仕方を攻撃すれば、きまって世間から歓迎されるばかりか、軍隊や政府各部の多くの人びとからも賛同を得ることができる。(49)

極東問題に関しては、アメリカに対する影響力の点からいえば、フランスやオランダの立場はイギリスよりもずっと弱かった。フランスについていえば、ド・ゴールの誇り高い妥協を許さない態度や、ドイツ軍との戦いにおけるルクレール将軍や部下たちの戦果も、たとえばヤルタやポツダムの会談にフランス側からは誰も出席しなかったことにもうかがえるように、フランスの力と地位の低下をおおい隠すことはできなかった。* 国民解放委員会(一九四四年の秋までは、イギリスやアメリカからフランス臨時政府として認めてはもらえなかった)は、とくにローズヴェルトが、一九四〇~四一年にインドシナ問題でフランスが日本に屈服したことをただ非難するだけではなく、戦後もその地域をフランスには戻さないことに決めていたことは、十分承知していた。(チャーチルは、イギリス外務省がこのアメリカの政策に反対していることには賛同しながらも、この問題についてローズヴェルトと渡り合うことは避けていた)。だがパリでは、インドシナにはフランスの軍隊や役人たち――最初はヴ

---

* フランスの場合、一九四〇年の惨敗と国内の深刻な対立はともかく、海外投資からの収入の減少は、相対的にはおそらくイギリスの場合より大きかった。Milward, *Economy and Society*, 350. だが、戦時中のフランスの弱い姿にもかかわらず、イギリス外務省のみならずアメリカ国務省までが、一九四四年から四五年にかけては、ドイツの敗北後フランスが国際関係で再び重要な地位を占めるだろうと思っていた。Thorne, *Allies*, 501.

ィシー政府に忠誠を誓っていたが、その後ド・ゴール派の機関と接触を深めようとしていた――が残っていることを知って、オランダ人にはない安心感をいだいていた。しかし一九四五年三月、日本軍が突如、現地のフランス軍部隊を襲い、多くの兵士が殺され、生き残った者が、インドシナに対する領土的野心を疑われていた中国にかろうじて逃げのびたときには、パリはほとんど絶望状態に陥った。* 極東作戦のために準備され、マウントバッテンが東南アジア軍司令部のもとで行動するように望んでいたレジェ介入軍の輸送も、実質的にはワシントンの支配下にある艦船の手配に頼らざるをえなかった。(50)

ロンドンのオランダ亡命政府の場合も、真珠湾事件以後、急速に連合国の意思決定過程――その性格が本質的にはイギリス・アメリカ的であることは、一九四一年十二月から翌年一月にかけてワシントンで行われた「アルカディア」会談にあらわれていた――の外におかれるようになった。このような情況は当然オランダ人のあいだに強い憤りの念をかきたてた。一九四二年の初め、極東のオランダ領土やオランダ軍を統轄下におさめるＡＢＤＡ（アメリカ、イギリス、オランダ、オーストラリア）合同軍司令部を既成の事実として押しつけられたときなどはとくに激しかった。(51) ロンドンとワシントンの双方に連合国太平洋戦争会議が設けられたが、権力と意思決定の所在の実体をなんら変えるものではなかった。そしてロンドンの会議は急速に余計なものになっていった。一方、ワシントンの会議にはアメリカの統帥部の責任者の出席はなく、ローズヴェルトが自らこれを主宰し、彼自身の言葉によれば「話をこしらえ、ほとんど一人でしゃべった」。そしてオーストラリア代表の言葉によれば、ローズヴェルトは「決定的な問題をいつも避けた」。オランダ外務大臣ファン・クレフェンスは、東インド問題の討議のときには合同参謀本部の審議にオランダの参加を認めるという確約を、ローズヴエルトから得たと信じていたが、その約束も実行されなかった[52]。結局、オランダ政府としてはイギリスやアメリカの政府関係者と直接接触することによって自国の利益を守ろうと努力したが、オランダの極東植民地への侵攻に対してすでに与えられていた戦略上の優先順位を動かすことはできなかった。そして戦争が最終段階に入ったとき、実質上アメリカ統合参謀本部の手に握られている配船計画を、戦闘地域、とくに東インド近接の地域にオランダ軍を輸送できるようにしてもらうことは、イギリス軍の同意にもかかわらずできなかった[53]。このような情況下にあっては、東インドの解放にオランダが主導的役割を果たすべきだというオランダのレジスタンス紙の強い要求も、ものの数ではなかった[54]。

オーストラリアの、極東戦争との直接的なかかわり合いは、フランスやオランダよりもはるかに大きなものだった。オーストラリア軍は東南アジアでの初期の戦闘に参加し、マッカーサーの南西太平洋軍の主力となった。オーストラリア領土は、緒戦での重要な基地となり、マッカーサーはそこからニューギニアを経てフィリピンへ進攻を開始した。首相カーティンはマッカーサーと緊密な関係を保持し、オーストラリア経済は（とくに食糧生産の面で）、対日戦に必要な資源の供給に重要な役割を演じた。しかしオーストラリアの場合もまた（ニュージーランドの場合も同様だが、期待と、したがって失望は、オーストラリアほど大きくはなかった）極東戦争をめぐっての国際政治は、たいてい欲求不満の種となった。

『プリンス・オブ・ウェールズ』と『レパルス』撃沈の衝撃につづいて、オーストラリア人のあいだ

＊ この問題についてワシントンに働きかけようとしていたド・ゴールは、もしフランス国民が、インドシナについてアメリカが「われわれに反対している」というふうに受けとれば、戦後のフランスは、あるいは「ロシアの陣営」のなかに押しやられるかもしれないとひそかに警告した。

に政府の内外を問わず急速に広がっていったのは、イギリス政府はオーストラリアの安全保障に対する日本の脅威を遺憾にも軽視している、(カーティンの言葉によれば) オーストラリアはいまや、「イギリスとの伝統的な親近関係にからむ痛みを断ち切って、アメリカに頼ら」なければならない、という考えだった。すでに見たようにカーティンは、一九四二年六月にいたるまでオーストラリアは「敗れるかもしれない」と警告しつづけたし、エヴァットは自らロンドンとワシントンを訪れて、航空機その他の武器の供与の増大を必死に要請した。[55] オーストラリアの場合もまたオランダと同様、その眼前にはイギリス・アメリカ的なABDA合同軍司令部が立ちはだかっていた。「ドイツ優先」という連合軍の総合戦略上の決定は、のちにカーティンたちの要求もあってオーストラリア代表には明らかにされたが、[56] その後のカイロおよびポツダム会談の決定に関しては、オーストラリアの意見を求められることはなかった。オーストラリア駐在ニュージーランド高等弁務官がカイロ会談に関するオーストラリア側の態度について述べているように、このような「テスト・ケース」は広く憤激を巻き起こしたばかりでなく、それが主な動機となって、一九四四年の一月、十一月にオーストラリア-ニュージーランド会談が開かれ、そこで両政府が共通の利益を確認し、防衛しようとしたのであった。[57]

オーストラリア、ニュージーランドの両自治領にとっても、ワシントンの太平洋戦争会議は、とくにエバットが大きな期待を寄せていたにもかかわらず、さきに見たように実態はたんなるおしゃべりの場でしかなかった。そのうえ、ワシントン駐在のオーストラリア代表とアメリカ政府要人との接触もごく限られたものだったし、そのような接触が行われた場合でも、周囲の情況からしていつもアメリカ側の力の優位を配慮せざるをえなかった。ワシントン駐在公使として重慶から赴任してきたエグルストンのような外交官や、スターディー中将のような連絡武官たちは、オーストラリアの主張に対するアメリカ側の冷淡な態度に関して、繰り返し不満の気持ちを本国への手紙のなかで述べていた[58]（ローズヴェルト自身としては、オーストラリア側の要求や関心は、ロンドンで主張し、論じてもらうことを望んだ）。南西太平洋地域においても、ブレーミー将軍は、地上軍最高司令官であるにもかかわらず、宣伝ばかりか作戦計画や指導までも直接支配下におこうとするマッカーサーや、おべっか使いのアメリカ軍参謀たちの意思にさからって事を進めることはできなかった[59]。カーティンと有力閣僚の国防相サー・フレデリック・シェデンが、マッカーサーの意見をすべて受けいれようとしたことは、ホーナー博士の言葉を借りれば、「オーストラリア防衛のための戦略は、オーストラリアの手を離れた」ことを確証することとなった[60]。その後、日本本土に対する連合軍の進撃がいっそう急になってきたとき、オーストラリア軍はマッカーサーによってニューギニアの残敵掃討のために残された――これは当然、オーストラリアの新聞や国民の怒りを買った。そして同時に、戦略問題に関するオーストラリア軍の発言権は事実上消滅した。ある高級将校はブレーミーにあてて「わが国が太平洋戦域における再編制や新計画の重要問題に何の実質的な発言権ももたないのは、異様なことのように思われます」と書いている[61]。

戦略上の優先順位に関するマッカーサーの見解に全面的にしたがう態度を見せていたカーティンでさえ、一九四四年には、アメリカは戦後の極東情勢を支配する恐れがある、イギリス連邦とイギリス帝国はそのため大きな損失をこうむるかもしれないと深く懸念するようになった[62]。そしてカーティンが（ブレーミーの戦略面での同様の努力とならんで[63]）極東地域にとどまらず世界全体にわたってイギリス連邦内の協力関係を強化しようとしたにもかかわらず、ここでもまたほとんど効果は見られなかった。対日戦の勃発以来オーストラリアは、ロンドンの意思決定に対しては、ワシントンに対してと同様、ほとんど何の影響も与えることはできなかった。あるアメリカの報告が指摘しているとおり、とくにチャーチルは、「イギリス帝国はキプリングの時代以来変わったという事実を忘れて、自治領の感情をさかなでし」つづけた。*[64] ロンドン駐在のオーストラリア高等弁務官スタンリー・ブルースは、情報を得ようとしたり、自国に直接関係のある問題について、すくなくともオーストラリアとしての意見を述べる機会が与えられるように閣議への出席を求めたりしたが無駄だった。彼の言葉によれば、一九四二年から四三年には怒りが「爆発寸前に達した」こともたびたびだった。（彼によれば、チャーチルは同僚の多くをたんなる「でくの坊」にしてしまったが、「自治領が手にした新しい地位については、理解することもできなかった[65]」。一九四四年五月のロンドンでの連邦首相会議では、チャーチルは、他国と手を結んでアメリカに対抗していると思われたくはないというカナダの考えを盾にとって、連邦内での協議機構をより強化しようというカーティンの提案にはほとんど一顧も与えなかった[66]。そして同年一月と十一月に、オーストラリアがニュージーランド（イギリス政府に迫って自分たちの希望を要求しようという点については、ニュージーランドはオーストラリアほど熱心ではなかった[67]）とのあいだで開いた個別会談に対しては、イギリス政府は多少の関心を向けた程度だったが、第二回目の会談のあとで両自治領が、すべての属領を包含する戦後の信託統治計画の提案に公然と踏み切ったときには、いくらか怒りのまじった軽蔑の色を浮かべていた[68]。

　オーストラリア、ニュージーランド両国の一月会談のあと発表された協定に対しては、ワシントンからも憤りの声があがった。キャンベラ駐在アメリカ公使はそれを「アンザック・モンロー主義」と呼んだ[69]。中心は戦後の安全保障の問題だった。この点についてアメリカと二自治領とのあいだに交わされた議論は、極東問題全般に関する西欧諸国の態度や見解——これについては前章でふれた——によって生まれた連合国間の複雑な関係の例証となるだろう。

当初オーストラリアは、アメリカとの交渉に積極的だった。アメリカはそれによって戦略基地、とくにニューギニア北方の、アドミラルティー諸島のメイナス島を長期使用することができるはずだった。しかしながら、ワシントンが地域的防衛機構のなかでの戦後の協力を約束しようとはしないことが明らかになる一方、対日戦の遂行に関するオーストラリアの意見に、アメリカ政府や軍の要人が十分な配慮を示さないことから、オーストラリアとしては将来の関係が全体としてあまり好ましいものとは思われなくなってきた。そのためオーストラリアの態度は冷めていった。(戦争終結直後のメイナス島に関するアメリカの提案は、オーストラリア国防相によれば、「ソ連が衛星国に対してやりそうな感じの『申し入れ』だった)[70]。そして一九四四年には、オーストラリア、ニュージーランド双方は、**オーストラリア国防委員会のいわゆる「イギリス連邦加盟国の協力によって形成され、運営される帝国防衛機構」の確立とあわせて、南太平洋、南西太平洋の島嶼《とうしょ》基地の長期使用を自らのために確

＊　七三～七四ページ参照。

＊＊　ニュージーランドとアメリカとのあいだでは、戦後の基地問題についてこれほどの摩擦は起きなかったが、ニュージーランドにしてもアメリカの態度には疑問をいだかざるをえなかった。一九四五年のある政策文書では次のように述べられている。「ニュージーランドは、安全の『消費者』であって『生産者』ではない。太平洋の安全を生み出すのはアメリカである。だとすれば、どうすればニュージーランドはアメリカから軍事支援を確保できるだろうか？　われわれはアメリカを侵略的・帝国主義的だと思っているのか？　そうでなければ、すすんでアメリカに太平洋で責任を負ってもらうようにするのがニュージーランドの利益ではないのか？　アメリカの基地要求に対して、われわれはどのような態度をとるべきか?-」。'New Zealand as a Pacific Country', paper (n.d.) received in the Prime Minister's Dept., 3 Dec. 1945, NZ Ext. Affs. files, 56/1/1 part 2.

保しようとした[71]。一月会談では、オーストラリア代表はまた、オーストラリア、ニュージーランドはいかなる場合においても、自分たちが共同管理する島々については、「アメリカを共同管理のメンバーに加える」ことには同意しない旨をはっきり打ち出そうとした[72]。この公然たる反アメリカ的態度は協定文のうえでは若干弱められたが、戦時中の基地の建設と使用は、戦後当該地域に関し主権を要求する根拠とはならない趣旨の規定の狙いは、誰の目にも見誤りようがなかった。ワシントンの怒りはここから生まれた。*

アメリカとオーストラリアやニュージーランドとのやりとりはまた、アジア問題に対する西欧側の態度に関連して第六章で概説したもう一つの政策分野、すなわち経済的な利害と目標に関する分野での連合国間の関係の例証にもなるだろう。すでに見たように、戦時中オーストラリアにおけるアメリカの財政的・経済的役割は大きく増大した。一九四二年ロンドンにあったブルースは、他の自治領の高等弁務官たちとともに「慈愛深い国際主義の仮面のしたで活発に活動する、アメリカ大企業の経済的帝国主義」に関して不安を表明していた[73]。（民間の経済人であったアメリカ陸軍の将校たちのオーストラリアでの活動ぶりは、このような疑念をいっそう深めることになった[74]）。そのうえ、オーストラリア、ニュージーランドの双方とも、アメリカが農産物や酪農製品の輸入割当を廃止するのを待ち望む一方、戦争中、この同じ分野で自分たちがワシントンの圧力下にあることを感じとっていた。ロンドンとの交渉でとくにハルが狙っていたのは、もちろん帝国特恵関税制度の廃止だった。（ローズヴェルトは一九四一年、大西洋憲章の条文についてチャーチルと協議したときは、この点に関しては幾分態度をやわらげた。だがその意図は一九四二年の相互援助協定第七条、軍事物資貸与に関する規定のなかに具体化された[75]）。そしてこの二つの太平洋自治領も、当然、国務長官の多国間相互自由貿易十字軍の標的だった。そのうえ両自治領は、最恵国関税待遇を他のいくつかの国々には与えておきながらアメリカには与えていなかったために、アメリカにとっては欲求不満の的となっていた。(このような変則的扱いの結果、ニュージーランドに輸入されるアメリカ製民間設備に高い関税がかけられ、そのため他の国に入札がおちるようなことになれば、アメリカ国民のあいだには「きわめて好ましくない印象」が生まれるだろうと、ニュージーランド首相に申し入れられた)[76]。

オーストラリアは、ニュージーランドとは違って戦時中、同盟国としてのアメリカには最恵国としての地位を認めた。しかしながら、長期にわたる両国間の交渉のなかでアメリカが要求していた包括的な通商協定の締結には応じなかったし、アメリカに輸出していた原料や食糧のほとんどすべてを、軍事物資貸与の見返りとすることにも同意しようとはしなかった。両国は戦時中、相互にかなりの援助を提供しあった。** だがこの間、それぞれが戦後の経済目的にも目を注いでいた。それは多くの点で相手と対立した。オーストラリアはドル保有の増大、経済の多角化、第二次産業の拡大を求めていた。一方アメリカは、オーストラリア市場への永続的な大量進出と、多角的国際経済秩序に対するオーストラリアの支持とを求めていた。イギリスが戦争中、第七条をめぐる問題に拘束されることを嫌い、

＊ フランスから極東植民地を取りあげたいというローズヴェルトの意向に対しては、両自治領とも頭から反対だった。(Thorne, *Allies*, 64, 259, 365, 469; agenda discussions for the January 1944 Australia-New Zealand Conference, NZ Ext. Affs. files, 153/19/4 part 1) そのうえニュージーランドは、オーストラリアがイギリス領ソロモン諸島をオーストラリア、ニュージーランドの双方で引き継ごうとしているのにも、加わろうとはしなかった。またオランダ領東インドに関して、とくにオーストラリアのエヴァットがいだいていたような貪欲な考えは、ニュージーランドには見られなかった。Thorne, 'Engeland, Australië en Nederlands Indië, 1941-1945, loc. cit.

そのためカーティンらがワシントンの要求をかわしたこともあって、この分野でのオーストラリアとアメリカとのやりとりは、「両国間の緊張と摩擦を反映し、また増大させた」。ロジャー・ベルがこの問題の調査のなかで指摘しているように、「自国の戦後の対外経済目的……を損なうおそれのある通商上の譲歩は、双方ともしようとはしなかった」[77]のである。

だが、連合国間の緊張が最も強くあらわれた分野は、政治宣伝戦の分野、なかでもさきにふれた植民地問題に対するアメリカとヨーロッパ諸国との対照的な態度に関してであった。もちろんアメリカ側にも、アメリカ国民は「イギリス帝国とその植民地の実情についてはまったくといっていいほど知らない、植民地問題に関してアメリカ人の態度に広く浸透している「強い反イギリス感情」は「神話」と「伝説」のせいだ、として資料を用意し、配布していた人びとがいた[78]。ヨーロッパの植民地国家に対しての態度は一様ではなく、インドシナにおけるフランスの歴史は、たいていあからさまな非難の対象となったが[79]、オランダの東インド改革の試みは賞讃の的となり、東インドの住民の大半は植民地支配の復帰を受けいれるだろうといわれていた[80]。またアジアの人びとのあいだの政治運動に対しても、たとえばインドでは国民会議派は「世論形成における圧倒的な」力のためにアメリカの宣伝の最重点目標にあげられたし、「イスラム教徒は、……戦略上重要なグループ」だから「パキスタンとは切り離す」必要があるとされた。ビルマの場合は、一九四四年のアメリカ戦略事務局の調査では、「独裁的なバー・モー一派、タキン党、日本の代弁者として知られている者、これらはもちろん排除しなければならない」ものだった[81]。

だがアメリカの宣伝戦担当者たち――戦時情報局や戦略事務局の現地担当者（インドや中国の、あるいは東南アジア軍司令部内の）、さらにワシントンの国務省や戦時情報局員、西海岸の戦時情報局宣伝部員——の態度の根底にあるのは、アジアの植民地の人びとの願いは、ヨーロッパの主人たちを追い払うことであり、ヨーロッパ諸国のアジアにおける存在と政策は、まずなによりも不正なのだという、彼らの確信であった。独立を望むアジア人民の崇高な願いを積極的に承認してこそ、はじめて日本の宣伝に対抗できる、アジア人の目に映る前述のようなヨーロッパ人の姿から距離をおくことが、アメリカの利益の点から見て絶対必要である、というのがその核心をなす考えだった。

このようにして本能的な直観と理性的な考察とがいりまじったあげく、インドや東南アジアでは、戦略事務局に関する前出の研究によれば、ウィリアム・ドノヴァンの部下たちが、「イギリス、フランス、オランダの非民主的原理に対し、誰がいちばん激しい嘲笑の言葉を浴びせることができるかを戦時情報局の代表たちと競い合っていた[82]」し、アメリカ国内では、あるイギリスの使節団の報告によれば、戦時情報局のエルマー・デイヴィスたちは「極東の植民地からわれわれを永久に追放しようと思っている事実を、隠そうともしなかった」のであった[83]。

宣伝戦指導のためのアメリカの秘密分析や報告書は、問題全体を取りまく落とし穴について現地の工作者たちに注意を喚起していたが、それによれば、たとえばヴェトナム人向けの放送では、『フランス領インドシナ』という言葉の使用は避け」なければならなかった。また、戦略事務局心理作戦部

＊＊　その額は為替レートによっても異なる（Bell, *Unequal Allies*, 118ff.）が、ある計算によれば、アメリカのオーストラリアに対する援助は総計一五億七〇〇〇万USドル、オーストラリアのアメリカに対する援助は一〇億四一〇〇万USドルだった。オーストラリアはアメリカから、イギリス連邦全体に対する軍事貸与物資の六パーセント弱を受けとったが、オーストラリアからは、イギリス連邦のアメリカに対する見返り援助の約一二パーセントを提供した。その大部分は食糧で、とくに西南太平洋地域のアメリカ軍向けのものだった。

によれば、住民に対する共感からだけではなく、戦略原料資源獲得の必要上からも、戦後、ロンドンとのあいだに摩擦を引き起こす恐れのある地域についてふれる場合には、たとえば「イギリス領」マレーというような言葉を使ってはならなかった。そしてインド（ボース——「真剣な愛国者と広く考えられていた有能な指導者」——がインドに入ることに成功すれば、「ためらっている人びとまでも説得して、イギリス軍を追い払うときはもう間近だと思わせることは、さして困難ではない」というのが戦略事務局の判断だった）では、「われわれの主張をイギリスの政策と結びつけ……ない」ことが絶対必要だとされていたのであった。

したがって、連合国の宣伝戦担当機関を東南アジア軍司令部のなかに統合しようとしたマウントバッテンの試みも繰り返し妨害を受け、あるいはイギリス外務省の極東部長が戦争の最終段階で、「アメリカ人たちの極東での宣伝は、実際はわれわれに反対するためなのだ、彼らはこれまでわれわれが極東戦域で重ねてきた努力をあまり評価しないだけではなく、将来のためにわれわれを屈辱的な副次的役割にとどめておこうとしている」と結論づけるようになったのも、驚くにあたらないことだった。ローズヴェルト自身も、植民地問題に対するロンドンの態度について同じように厳しい評価を下し、時代錯誤の頑迷な利己主義だとしていた。この点に関し、かつて彼はひそかに次のように述べていた。「戦後のイギリスとの関係は、現在のドイツとの関係よりもいっそう厄介なものになるだろう」[84]。

脅威としてのソ連の存在

極東問題に関する各国の姿勢や政策の当否について、それぞれのあいだにこのような疑念が生じ、それが現在の関係を気まずくするばかりか、将来にも暗影を投じてきたが、その一方では、極東地域における戦闘とその結果に関して、もう一つの問題が戦争の後半、西側連合国のあいだでますます大きな関心を呼ぶようになってきた。すなわち、対日戦争と戦後の平和形成におけるソヴィエト連邦の役割の問題である。

もちろんこの問題に関する西側諸国の態度は、一つはソ連とその公式イデオロギーに対する個人あるいはグループとしての見解によって、一つはさきに本章でふれたような、各国それぞれのモスクワとの全般的な関係*によって大きく違っていた。（興味深いことに、両大戦間の時期に関連してふれた考え**、すなわち、ロシアの共産主義革命は、ロシアの「アジア的」特質を再び浮かび上がらせたという考えをそのまま引き継いでいる見解があり、スターリンが難物や脅威に見えるのは、彼が「東洋人」だからだと、西側の政治家や役人は評した。皮肉なことに、日本の指導者たちも以下に見るように、切羽詰まったあげく、ソ連の理解と外交的支援に頼ろうとしたときその頭のなかにあったのは、ソ連も結局は「アジア」国家だからということだった[85]）。

だが、対日戦に関しては、西側の意見は圧倒的にソ連の全面介入に賛成だった。一九四三年十月、スターリンがコーデル・ハルに、ドイツが敗れればソ連を極東戦争に介入させると約束したときには、アメリカ政府内には大きな満足と期待が生まれ、とくにアメリカ軍の戦略家たちは、日本本土の爆撃をソ連の沿海州基地の使用と結びつけて考えはじめた。ワシントンと同様ロンドンでも、満州にある日本の関東軍の戦力はかなり過大評価されていたので、日本に対する最終攻撃では、ソ連の軍事支援

＊　二八六〜八八ページ参照。
＊＊　九一〜九四ページ参照。

はかり知れないほどの意味をもつと考えられていた。しかしアメリカ側では、そうなれば中国だけではなく、イギリスの役割も、その重要性が低下するだろうといわれていた。(86) イギリス外務省の要人も、国務省のなかの一部の人びとと同様、とくに戦後の満州と朝鮮の情勢は、モスクワの東アジア政策に大きく左右されることを認めていたし、(87) チャーチルはヤルタ、ポツダムの両会談の席上でわざわざスターリンに、極東地域におけるソ連の陸軍力と海軍力の増大を認める用意があると強調するほどだった。(88)

しかしながら第四章で述べたように、スターリンが要求した、対日戦参加の代償に、ヤルタで同意を与えた――しかもその代償の支払いをしなければならない中国国民政府には事前の照会なしに――のは、いうまでもなくローズヴェルトだった。(毛沢東らの受けたショックも国民政府以上ではなかったにしても、おそらくかなり大きかったことだろう)。重慶政府としては一九四五年八月、自らを中国における唯一の正統政府としてソ連政府に認めてもらうかわりに、外蒙古の地位、それと満州における港と鉄道、この両者に関し、モスクワがローズヴェルトからかちえた譲歩を承認する旨の協定に、ソ連政府と並んで署名する以外にはほとんど何の選択の余地も残されていなかった。(89) だがこの協定は、中国共産党に対するソ連の支持をやめさせ、東アジアに安定をもたらすものとして西側の各紙からは広く歓迎された。『ニューヨーク・タイムズ』の主張によれば、それは、ソ連を「アメリカの伝統的な中国政策の同伴者」とする、「戦場でのいかなる勝利にも匹敵する平和のための偉大な勝利」だった。*(90) 同様にソ連の対日宣戦布告も、西側の各紙から、直接的な軍事的利益のためだけではなく、『ル・モンド』の主張のように、平和建設のための勝者の連合組織、国際連合をより強固にするものとしてかねてから待ち望まれていたのであった。一九四五年七月『シドニー・モーニング・ヘラルド』は「ソ連としては、利害がイギリス、アメリカと共通していることをより積極的に表明するためには、彼らに加わって日本を倒す以外にはない**[91]」と主張した。

しかしながらすでに見たように、このようなことが主張されるずっと前から、アメリカ政府内のかなり多くの人びとは、ソ連を極東における潜在的同盟国というよりも、むしろ脅威と見なすようになり、朝鮮やヨーロッパ諸国の極東植民地の将来に関して、彼らなりの意見をまとめつつあった。ヤルタではイギリス代表のイーデンとカドガンが、ソ連の対日戦参加に関するスターリンとの約束を保留するように主張したが[92]、会談後二、三カ月たって、今度はワシントンのスティムソンやグルーらがいっそう強く、それも原子爆弾が使用されようとしていることが知られるようになってからは、とくに強く同じ主張を繰り返した。だが、ローズヴェルトがスターリンとのあいだに取り決めた協定に背くかどうかという論議になると、結局アメリカの行動いかんにかかわらず、ソ連は自分の欲する時期に満州に進攻するだろうし、いったん国境が突破されれば中国としては、ソ連側の条件を受けいれざるをえないだろうということを認めないわけにはいかなかった。大統領首席補佐官のウィリアム・レーヒー海軍大将が一九四五年七月半ばごろの情況を自らとトルーマンとの見解にしたがってまとめたところによると、中ソ間の協定締結は「中国側の根本的な譲歩による……以外にはない」だろうが、一方スターリンとしては「そのような譲歩が得られる得られないにかかわらず、戦争に介入するだろう

---

* 『ボンベイ・クロニクル』(一九四五年八月十三日)も、この協定について、「現在の情況下では、中国とアジアにとって、これ以上満足できるものはないだろう」と論じた。

** 『シカゴ・トリビューン』も、激しい反ソ的立場から、ロシア軍が日本と戦わないとすれば、それはソ連としては不名誉な後退であると、かねてから主張していた(一九四四年八月六日)。

し、その後は中国の態度いかんにかかわらず、ソ連の要求を満足させるだろう」ということだった。[93]

このような情況は、ワシントンを、さきに戦前の時代に関して述べたアメリカの極東政策における主要な限界の一つに直面させることになった。すなわち、ソ連は中国や日本と同様、東アジアの国だが、アメリカはそうではないということである。一方、日本の場合も戦争末期のそうした希望的観測は、当時の地政学的現実――国際舞台で覇権の鍵を握るのは（マハンが主張したような）海軍力ではなく、ユーラシア大陸の心臓部の制覇だという、ずっと以前にハルフォード・マッキンダーが主張した考えを、中央ヨーロッパの地においても実証するような方向に動き出しつつある現実――と衝突した。[94]日本にとってきわめて不利な戦局の動きを見て一部の要人たちがいだいた、「ソ連を事態改善のために利用」できるかもしれない（すなわち、すくなくともソ連が敵側の戦列に加わることを防ぎ、できれば西欧諸国との平和交渉にスターリンの仲介が得られるかもしれない）という希望も、赤軍がヨーロッパ戦線で勝利したときには、あえなく崩壊してしまった。それはソ連が同盟国に与えた約束のためというより、むしろ、東洋におけるソ連の位置そのものが本来もつ力のためであった。*[95]

ソ連に対する見方や態度の問題は、日本と同盟国ドイツとの戦時中の関係での重要な要素だった。**日本はかつて、一九四三年の秋から翌年の春にかけてナチス・ドイツに対し、モスクワと和解してソ連戦線での戦いに終止符を打つべきだと提案したが、四四年にも再度これを提案した。しかしベルリンは（モスクワと同様）即座にこれを拒否した。かわりにリッベントロップはスターリングラードのち、かつて主張した反対提案を繰り返した。すなわち日本は、ソ連軍がドイツ戦線に展開するのを阻止するための牽制行動をとったり説得したりすることが全然できなかったのだから、今度は東方からソ連を攻撃してその償いをすべきだというのである。[96]さきに述べたように日独両国の関係は、戦略***

行動の面では（戦略資源の供給問題も含めて）実に疎遠なものだった。政治的関係についても同様だった。**** たとえば一九四二年一月、東経七〇度線をインド洋水域における双方の作戦上の境界線とすることに決められたが、ベルリンは東京に対して、ドイツとしてはこの境界線は、ドイツ国防軍のユーラシア大陸東進に限界を設けるものでもなければ、政治的意味での境界を定めるものでもないと考えると言明した。

日本側は珊瑚海海戦とミッドウェー海戦でこうむった損害をドイツに隠していたし、一方ドイツもソ連に対していだく野心については、東京側にもれないように気をつけていた。(97) ドイツはまた日本の

---

* 東京側も、北樺太の領有、漁業権、ソ満国境などの問題について、モスクワと交渉しようとしていた。ソ連が中立を維持し、西側とのあいだを斡旋してくれる代償として、日本政府は東支鉄道、南樺太、北千島列島、満州における勢力圏について譲歩しようとしていた。皮肉にもスターリンの側でも、一九四一年六月ドイツの攻撃に直面したとき、一時、日本の「調停」を求めたことがあった。Erickson, *The Road to Stalingrad*, 125. その後、日本の南進を確信したとき、これで軍隊を極東からドイツ戦線に移すことができると、スターリンがどれほど痛切に感じたかについては、同書 237-9 参照。

** 日本とファシスト・イタリアとのあいだにももちろん同種の関係が存在していて、日本軍のアフリカへの進出も考えられるような一九四二年の情勢に、イタリアは不安をいだいていた。にもかかわらずイタリアは、枢軸国側が占領したウクライナ地方のような地域には一定の自治を許すという日本側の提案を支持した（ベルリンは拒否した）。また一九四三年二月、日本がイタリアに対し中国における条約上の権利を、南京の対日協力政府に返還するよう求めたのに対し、ヴィシー政府同様これに同意した。Meskill, *Hitler and Japan*, 106, 122.

*** 一四二ページ参照。

**** 日本側が、一九四二年末ごろまで駐日ドイツ大使だったオイゲン・オットを信用しなくなり、また東京では戦争中ベルリン駐在大使だった大島浩中将を、極端な無批判的親独派で、日本の実情には通じていないと見ていたため、両国の関係は深まらなかった。

共栄圏の範囲や性格に関しては、しばらくのあいだ、まったく態度を保留し、日本がヨーロッパに数多くの外交使節を維持していたのと同様、ドイツ自身で東アジアの国々と直接交渉できる権利を保持しようとした。そして一九四三年一月、事実上の支配下にあった地域を包含するそれぞれの「新秩序」について両国のあいだに協定が締結されたが、ボースがベルリンに滞在していたときに明らかにされていたように、インドの将来に関しては、ドイツはなんらそれに拘束されるつもりはないということだった。[98] しかし日独両国間のやりとりはまったく不毛というわけではなかった。(たとえば満州国と中国におけるドイツ企業の問題について了解に達したし、極東におけるヴィシーとポルトガルの権益について一定の協力関係が成立した)。[99] だが両国の関係が全体として、限定された、本質的に不毛なものだったことは、日本の敵側の国家や国民のあいだの協力とその密度の濃さを、(そこにもまた緊張、不一致、競争が存在していたにもかかわらず)いっそう際立たせることになった。

身内意識ゆえに反目する連合国

一九四五年のドイツの降伏は、日本を落胆させたばかりでなくドイツに対する軽蔑の念をもかきたてた。双方とも単独では和睦してはならないという両国間の協定に対するこの違反は、日本人からすれば自らの偉大さの源である『武士道』の伝統が、ドイツ人には欠けていることをあらわすものだった。[100] この点に関してはヒトラー政権も、一年八カ月も前に降伏したイタリアのバドリオ政権と同類だった。[101] 東京の当局者は、戦争のどの段階においても、真の日本政治をヨーロッパの同盟者の政治と同列におくことはけっしてなかった。一方ナチスの側としては、アジアの同盟者の感情をそこなう「黄禍」などにふれた記述を文書から削除したり、日本人の敢闘精神を賞讃したりしながらも、基本にある人種的偏見はそのまま捨てようとせず、日本人を下級人種として見下していた。ヒトラーから見れば、日本人は「文化水準ではつねにわれわれに劣って」いて、ドイツ国民と「似たところはまったくな」かった。彼は、イギリス帝国の犠牲において日本が勝利することには、多少割り切れない気持ちをずっといだいていた。（保守的なドイツ外交官ウルリッヒ・フォン・ハッセルも同様に、日本の勝利は「より高い全ヨーロッパ的観点からすれば悲しむべきこと」だと考えていた[102]。

これらの点に関し、日本人と友人であるドイツ人とを隔てていた溝については、戦争中、日本の敵国同士で互いにいだいていた相手像のことを考える場合に、あらためて想起する必要があるだろう。連合国間のこのような相手に対する見方のいくつかの面については、数多くの政治的背景のなかですでにいくつか見てきたところである。たとえば、多くのアメリカ人が、イギリス国民やフランス国民に生来のものだと考えていた、度し難い帝国主義的本能や国際的陰謀癖などである。では、各国内社会に対してはどのような見方をしていたのか？　国際舞台のうえだけではなく、それぞれの国家のなかでの各国民についてはどうなのだろうか？

他の多くの問題と同様、この点についても第二次世界大戦全体とのかかわりのなかで極東戦争を考えるべきである。また、多岐にわたる複雑な相手像のすべてを取りあげることは不可能である。したがって次にかかげるのは、項目と実例を適宜選んで示したにすぎない。しかしながら、以下にふれることになる幻滅感、嫌悪感を考え合わせてみて、とくに最初に強調しておかなければならないと思われる点は、日本とドイツとの絆に比べて、連合国側の結びつきは全般にわたり緊密で実り多いものだったということである。イギリス‐アメリカ間、イギリス‐オーストラリア間に時としてあらわれる怒りや辛辣さも、互いの身内意識ゆえのものだった。

アメリカ兵をイギリスの地に運び、ヨーロッパ大陸の故国を離れて亡命しているオランダ人やフランス人と結びつけたのはドイツとの戦いだったが、オーストラリア人やニュージーランド人とアメリカ人（それに程度はずっと少ないにしてもオランダ人）とのあいだの接触を大きく深めた主たる原因は、極東戦争だった。とくに一九四二年は、困難に立ち向かわなければならないという共通の意識と、それに多くの地域では、そのような情況のもとで他人の支持を得たことによる安堵感とが重なって、あたたかな感謝の態度が広くみなぎっていた。たとえば多くのアメリカ人からすれば、イギリス国民は一九四〇年から四一年にかけて単独でドイツに立ち向かったときに勝ち得た栄光のすくなくとも幾分かを、今なお保持しつづけていたし、* 一方イギリス国民としては、アメリカ軍が自分たちのあいだにあらわれたことは、『タイムズ』のいうように、「たんに物質的にだけでなく、それ以上に精神的にもいっそう強くなった」と感じさせる出来事だった[103]。そして同紙は、もしイギリス国民とアメリカ国民が「この機会をとらえて、ともに同じ炉のまわりに腰をおろし」、互いの相手国の生活を学ぶことができれば、「将来の基礎」は「正しく、しっかりと据えら」れるだろうと論じた[104]。アメリカ戦略事務局の秘密調査の結論によれば、「イギリスの新聞や政治家のアメリカに対する態度は、友好的な協力の模範だった[105]」。

当初のこのような熱気——一九四二年三月にフィリピンからマッカーサーが到着したときのオーストラリアほど、それが激しかったところはなかった** ——にともない、新しい同盟者の歴史と特質を自国民に知らせるためにしばしば特別な努力がなされた。ロンドンの『デイリー・エクスプレス』は一九四二年七月から「アメリカ再発見」と題する特別記事のシリーズを始めた。ついで「アメリカ人紹介」と題する別のシリーズを掲載し、さらにその補強記事として、このアメリカからの訪問者と話す場合に心にとめておかなければならない「いってよいことと悪いこと」の表をかかげた。[106] 海外に派遣されるアメリカ兵には、たいてい、自分たちを待つ国と国民について概説した特別のパンフレットが渡された。それは相手を讃美したものだった。そして現地の日ごろ見慣れないものに対して注意を促す一方、両国民の基本的な類似点が強調されていた。*** アメリカに向かうオーストラリア兵のためのパンフレットには、アメリカ人のあいだに広まっているイギリス国民に対する間違った不信感を増大させるようなことは口にしないよう注意が与えられていたが、目的地に着けば、そこには「オーストラリア人にはとくに好意を寄せている、世界でいちばん愛想のよい国民」が待っているとも書かれてい

---

* この栄光は、戦争の後半になっても、一部のアメリカ人の目からはけっして消え去ることはなかった。たとえば一九四三年八月、内務長官ハロルド・イッキーズは、イギリス本土航空決戦の映画を見て「イギリス人に対する深い尊敬の念を新たにし」た。Ickes diary, August 1, 1943. また同じ年、ジャーナリストのレイモンド・クラッパーは、イギリス国民はアメリカ国民よりも、戦争の「あらゆる不自由」を「ずっとりっぱに切り抜け」ていると故国にあてて報告している。(material in Clapper Papers, box 37) オーストラリアやニュージーランドでも、たとえば『ウェリントン・スタンダード』(一九四二年二月二十六日)のように、「イギリス国民の辛苦に耐える姿」が――同じように断固とした態度がニュージーランドにも、要求されるという趣旨で――しばしば取りあげられた。

** 『シドニー・モーニング・ヘラルド』(一九四二年三月十九日)は次のように述べている。「われわれはついに全連合軍を率いて戦うことのできる人物――強靭で有能、そして果敢な戦士――を見出した。彼は日本軍の力を見定め、今までの三カ月半の戦いのなかで、はじめて完全な打撃を日本軍に与えた……マッカーサーの名は連合軍の導きの星となった。彼の到着は太平洋戦線でのわれわれの後退に終わりを告げるものである……」。『ニュージーランド・スタンダード』(一九四二年三月二十六日)はマッカーサーを「ルソンのナポレオン」と呼んだ。

た。そして、パンフレットにはさらに次のように付け加えてあった。「オーストラリア人はアメリカ人と同じタイプの国民で、考え方も理想も似ていて、戦闘力は前大戦での戦いぶりからもわかるし、今度の戦争でもそれが再び立証されたと彼らは思っている」[107]。

互いの国内社会が、性格の点でも価値観のうえでも本質的には同じだというこの考え方は、オーストラリアやニュージーランドがアメリカ国内で展開する宣伝活動の重要な要素になっていた。アメリカ駐在のオーストラリア公使はラジオを通じてアメリカ人にこう訴えた。「われわれオーストラリア国民は、あなた方と非常によく似た国民です、親切で、自己を頼むこと深く、独立心に富み、旧世界の生活慣習にあまりこだわらない」*[108]。オーストラリア首相はニューヨークの雑誌『リバティー』によせたメッセージのなかで次のように述べた。「オーストラリア国民は、アメリカからやってきた兄弟たちとのあいだに新しいつながりを見出した。それは冷厳な目的と努力のなかから生まれた。それはわれわれと同じように考え、われわれと同じように話し、われわれと同じように戦う……人びとによせるわれわれの好意……と一体となったものである」[109]。またワシントン駐在のニュージーランド公使は、ラジオを通じて聴衆に次のように呼びかけた。

ニュージーランド国民が尊重しているものは、アメリカ国民の大切にしているものとまったく同じものなのです。ニュージーランドには、アメリカと同じ若さと自由と民主的な考え方があります。両国では同じような政治的伝統と同じような環境開拓の力が、多くの共通点をもつ社会的態度や文化的価値を生み出しました[110]。

イギリス政府もまたアメリカの世論に耳を傾け、好ましい自国像を提供しようと大いに努めたことは、オランダの同様の努力とともに、筆者らによって他の場所でくわしく述べられている。(11) チャーチルという人物像は、ドイツの支配下にあるヨーロッパ人にとって抵抗のシンボルだったように、アメリカ人の多くに対しても、そのあからさまな帝国主義的見解にもかかわらず強く訴える力をもってい

*** たとえば、太平洋問題調査会アメリカ支部のパンフレット№7、W・L・ホランドとP・E・リリエンタールの'*Meet The Anzacs!*'では次のように述べられている。「アンザック軍団(オーストラリア・ニュージーランド連合軍団)の戦いはわれわれの戦いである。戦争のやり方について、彼らの考えとわれわれの考えとは近い……オーストラリアに駐留しているアメリカ軍兵士は、オーストラリア人の生活様式は、表面的には多くの違いがあるが、基本的には自分たちのものと非常によく似ていることを知るようになってきた……一般のオーストラリア人には、自由で屈託のないアメリカ人を強く引きつける快活さがある……オーストラリアには数年も前に彼らなりの『ニュー・ディール』があった……もちろんたいていのオーストラリア人は断固たる個人主義者で、私的企業の信奉者である……三五の連合国のなかでニュージーランドほど枢軸陣打倒に熱心な国はない」。このようなこじつけ論のなかに含まれる問題と、イギリス、アメリカ両国間における同様の問題に対する一人の人類学者の見解として、Margaret Mead, 'The Applicaiton of Anthropological Techniques to Cross-National Communication', in *Anthropology : A Human Science* 参照。

* アメリカ人向けのこのような広報活動のなかで、イギリスとのあいだに一定の距離をおこうとするオーストラリア側の態度が、時にはかなり露骨に示された。たとえば、ゴールバーン主教は一九四二年四月、アメリカ人によせたメッセージのなかで次のように述べている。「ヨーロッパはあのような大混乱を起こしたので、世界のあの偉大な文化のなかで教育されてきた人びとを目の前にしたときに感じた……畏敬の念は……もはや正しいとは思われなくなった……だがわれわれはあなたたちの言葉、あなたたちの生き生きした表現、あなたたちの活力と敏速な行動が好きだ。とくにアメリカの兵士たちが、われわれのお役所的形式主義を適当にごまかす話はおもしろい」。Curtin Papers, correspondence, CP 156/1.

た。（一九四二年に『ニューヨーク・タイムズ』が述べているように「わが国では彼は深く愛されていた、それもわが身内だと認められて以来ずっとだった」(112)。しかしながら、とくに戦後の新しい国際秩序建設の期待と関連して、個人的な魅力が連合国の各国民のあいだに（さらにそれを超えて）大きく広がっていた人物は、ローズヴェルトだった。その死に際して『レ・ポピュレール』が述べているように、彼は真の偉大な人物だったばかりではなく「世界の市民」でもあった。一九四四年十一月に彼が大統領に再選されたとき、ニュージーランドの『ザ・スタンダード』は、「進歩の流れを押しとどめようとする人びとの行動を抑え、より良き世界を生み出そうとする友人として、信頼を集めていた」と表現し、『シドニー・モーニング・ヘラルド』によれば、「連合国の会議にはかけがえのない人物」であり、チャーチルやイギリス国民のほとんどにとっては「アメリカの生んだ最大の友人」だった(113)。

しかしながら互いを反目させるような怒りと不信、それと(114)、たとえば戦時中のフランス（とくにド・ゴールとその一派）に対するローズヴェルト自身の態度を想起しさえすれば、対日連合は、利害が分かれ、時に衝突するだけではなく——それは避けられないことだが——それぞれ相手に対するさまざまな見方をかかえた国家や社会から構成されていたことがあらためて思い出されるだろう。一九四二年、イーデンの部屋で行われた会議ののち、あるイギリス外務省の役人が記しているように、「われわれの論議のなかでは、アメリカはまるで敵扱いだった」し、別の高官はイギリス政府のなかに「反アメリカ感情」の存在することを認め、それを「『権力の喪失』に対するイギリスの旧支配階級のねたみ」のせいだと記している。アメリカの議会や政府の人びとは公的にも私的にもそれぞれの立場から、イギリスが軍需物資の貸与を自国の利己的な政治的・経済的目的のために利用していると非難した。「イギリス人のことが話題になっているのを聞くと、彼らがまるで潜在的な敵であるかのように思われることがある」とワシントンのハリー・ホプキンスは一九四五年八月に書いている。[115]

連合国側の戦争努力に対する各国民それぞれの貢献度を論じる場合には、いろいろ違った角度からの見方があり、結果としてさまざまな意見が出てくるのは当然のことだった。現在までのあいだ、連合国のうちで勝利にもっとも貢献したのはどこかという一九四二年夏のギャラップ世論調査の質問に対し、イギリス人の答（ソ連とするもの五〇パーセント、イギリス、四二パーセント、中国、五パーセント、アメリカはただの三パーセント）は、アメリカ人の答（アメリカとするもの五五パーセント、ソ連、三二パーセント、イギリスは九パーセント、そして――とくに興味深いのは――中国とするものはわずかに四パーセント）と際立った対照をなしていた。[116] 一九四二年にアメリカ兵がはじめてイギリスに到着したとき、あのように歓迎されたにもかかわらず、両国民のあいだの緊密な接触は、つねに期待された結果を生むとは限らなかった。一九四三年に行われた世論調査では、イギリス人のあいだでもっとも評判のよかった連合国人はオランダ人とチェコ人だった。*アメリカ人に好意をよせたのは回答者の三分の一にすぎず、ムッソリーニが権力を失ってからはイタリア国民のほうが評判がよかった。[117] とくに極東戦争に関しては、（戦争もあとになってからのことだが）ワーナー・ブラザーズの映画『ビルマを目ざせ』の封切りが、東南アジア軍司令部とイギリス国内に大きな憤激の声を巻き起こした。映画のなかでは「アメリカ式大胆不敵さ」に身をかためたエロル・フリンが、東南アジアの

＊ マウントバッテンの参謀長は、「同盟軍のなかでいちばん協力的で頼りになるのは、オランダ軍だ」と書き、イギリス外務省のある役人はその余白に「賛成、賛成！」と書き加えた。Thorne, *Allies*, 460, 614.

ジャングルのなかでほとんど独力で日本軍を敗北においやるのであった。[118]

極端化される互いのイメージ

さらに極東戦争の場合、戦争のおかげで互いのあいだに共通点が再発見されたり、友情が生まれたりするだろうという初期の希望も、アメリカ国民とオーストラリア国民との関係に関しては、おそらくもっとも無残な期待はずれに終わった。たとえばオーストラリアに駐在するアメリカ代表たちからすれば、日本の脅威の試練に直面したオーストラリア国民のあいだには、団結という一応必要なうたい文句はかかげられていても、その陰に賞讃に足りるものはあまり見出せなかった。彼らが本国への手紙や電報のなかで強調していたのはむしろ、自信、平静、威厳に欠けるように思われるということだった。メルボルン駐在のアメリカ大使館付海軍武官は次のように書いている。

一般のオーストラリア人は自国の欠点については何も知らない……誠実さという点では国民の水準は低い……戦争のニュースいかんで、また戦闘がオーストラリア大陸に接近する度合いによって国民の士気は高くなったり低くなったりする。[119]

キャンベラ駐在のアメリカ公使ネルソン・T・ジョンソン（カーティン首相は彼を高く評価し、「オーストラリアでの彼の仕事の価値ははかり知れないものがある。わが国は彼に非常に多くを負っている」と書いている）も、ワシントンに、しばしば同じ趣旨のことを書き送った。一九四二年初めごろの彼の考えによれば、かつてオーストラリアは「イギリス帝国内の寄生的存在」だったが、いまや「その寄生的生活をイギリス帝国からアメリカに乗り換え」ようとしているというのであった。さらに彼は、オーストラリア人は「アメリカ人が自分たちのために何もかもやってくれることを、自分たちのために戦い、自分たちのために働いてくれることを期待しているようだ」し、「オーストラリアの海岸線からさきのことをわかろうとしても……自分たちにはとても無理だ」と思っているようだと述べている。オーストラリアのビジネスマンたちは、「戦略物資をオーストラリア国内やイギリス帝国内での購入価格よりもはるかに高い値段でアメリカに売りつけ」、政治家たちは互いに陰でけなしあい、政治家も国民も太平洋におけるアメリカの偉大な成果を認めることも喜ぶこともしないというのであった。(「アメリカ軍の勝利のニュースが届いても、オーストラリア人からは公私を問わず祝いの電話一本公使館に寄せられていないことを知れば、国務省は驚くだろう」と一九四四年六月にジョンソンは書いている[120])。

戦時下のオーストラリアの労働争議の性質と規模*は、アメリカ側に厳しい批判を巻き起こした。重要戦略物資の埠頭での流れが停滞したときにはとくに激しかった。あるアメリカの高官によれば、オーストラリアの港湾労働者は「狂暴で、不精で、まったく当局の手に負えなかった」。ジョンソンは、彼らの態度は「言語道断」だと国務省の高官に書き送っている[121]。さらにオーストラリア政府が徴集兵(民兵と呼ばれ、志願兵の帝国オーストラリア軍とは区別された)を国外に派遣できなかったこと、その後(激しい議論の結果、カーティンが一九四三年二月に、この問題に関する新立法の通過に成功したのち)も、マッカーサー管轄下の全南西太平洋戦域のなかではごく一部分にすぎない「南西太平

＊　三五九〜六〇ページ参照。

洋地帯」以外には派遣することができなかったことから、アメリカ人の目から見たオーストラリア人像はいっそう悪化した。（「オーストラリアの『徴集兵』はジャワ島の西部ではなく東部でなら……戦える」という「ばかげた」事態は、本問題に関するより控え目で理解のある、アメリカのある調査によれば、「平和時の社会の政治的・経済的緊張」を戦時下にもそのまま持ち越さざるをえなかったことによるものだった[122]）。

また、ニューギニアでのオーストラリア軍とアメリカ軍との共同作戦*も、結局はオーストラリア軍に対するアメリカの要人たちの評価を高めることにはならなかった。現地のイギリス側の観察によると、オーストラリア兵は、「第一級の戦士」として作戦に貢献した（アメリカ兵は「まったくお粗末きわまる」）が、マッカーサー自身の結論では、彼らは「戦おうとはしなかった」。マッカーサーのこの考え（民兵軍と、帝国オーストラリア軍との違いをまったく無視した考え）にはローズヴェルト自身も賛同し、ローズヴェルトの口からワシントンの他の人びとにも伝えられた。アメリカ陸軍航空部隊司令官、「幸運《ツキ》の」アーノルド大将も、南西太平洋視察から帰ってきたときこの意見を支持した。スティムソンもまた日記のなかで、オーストラリア人は「戦おうとしない。マッカーサーがいうように平原でもだめだし、ジャングルでもだめだ。オーストラリアの都会のスラムから出てきて、戦闘精神をまったくもちあわせていない」と書いている。一九四二年十月、ローズヴェルトは閣僚たちに、マッカーサーがニューギニアのオーストラリア軍の栄誉を讃えたのは、ただ「彼らの士気を鼓舞するため」のことで、実際には彼らは「アメリカ軍に救出される」始末だったのだ、と語った。ハロルド・イッキーズも、ローズヴェルトが戦場のオーストラリア兵について「われわれの国の州兵程度だ……訓練もゆきとどかず、勇敢ではない……日本のやつらは彼らが山……から駆けおりるのを文字どおり狩り立てて……ポート・モレスビーに迫ってきた。だからマッカーサーがアメリカ軍を送りこんだのだ」と語ったと記している。そしてさらに、オーストラリアの将官たちは、「昔のアメリカ州兵部隊の将軍たち程度」のようだと書いている。一方、現地のアメリカ陸軍のある将官は、アメリカ軍部隊はマッカーサーの地上軍司令官ブレーミーの指揮下には絶対おくべきでないと主張していた。「素人のオーストラリアの酔っぱらい」だというのであった。[123]

アメリカ兵たちの武勇のほどに対するオーストラリア側の見方も、これときわめてよく似ていた。彼らは「攻撃軍というようなものではない」、ニューギニアのブナ周辺の激戦に参加したアメリカ軍部隊のことについて、ブレーミー自身がこのようにカーティンに書き送った。「彼らはオーストラリアの民兵とはまったく比べものにならない。抵抗に遭遇したとたんに座りこみ、一メートルも進めなかった」というのである。[124] アメリカ陸軍の将校たちの質の悪さも、オーストラリア側からしばしば指摘された。ブナのアメリカ軍付連絡将校の報告によると、「私の耳にしたところでは、兵士たちに評判のよい将校はただの一人もなかった……将校たちは部下を家畜のように扱った。兵士たちの福祉に

＊　戦場での共同行動から起こる連合軍間の緊張の例としてはほかに、日本軍のマレー侵攻からその後にかけてのイギリス軍とオーストラリア軍とのあいだの非難の応酬がある。オーストラリア軍司令官ゴードン・ベネット中将は、一部の英印軍部隊の行動を酷評した。逆に少数のオーストラリア軍兵士の略奪、酩酊、脱走は、イギリス側の激しい批判を呼んだ――ベネットがシンガポール陥落前に部下を捨ててオーストラリアに逃げたときも同様だった。Horner, *High Command*, 168ff. ; Montgomery, *Shenton of Singapore*, 135. ベネットの行動に関する軍人予審裁判所の記録については、the Blamey Papers, file 170. 4 参照。一九四二年二月、ＡＢＤＡ合同軍司令部のイギリス軍参謀長は、オーストラリア人は「これ以上考えられないような、自己本位の、うぬぼれの強い国民だ」と書いた。Bond, ed., *Chief of Staff*, entry for 25 February 1942.

ついては何の責任も感じていないように見えた」というのであった。*[125] またオーストラリア軍の指揮官たちは、マッカーサーが「バターンの一味」のアメリカ軍参謀にそそのかされて、自分の判断の誤り（ニューギニアでの誤りは、重大だった）の責任をオーストラリア軍に押しつけ、栄誉はすべて自分一人のものにしようとしていると憤慨した。[126]

この地域のアメリカ軍の指揮官のなかには、ロバート・アイケルバーガー将軍――彼自身、マッカーサーの栄光を横取りしようとしていると思われないように、最大の注意を払わなければならなかった――のように、オーストラリア軍の同僚たちと協力して、ニューギニア作戦をめぐって生じた連合軍内部の摩擦と不信を減少させた人びともいた。**[127] だがオーストラリア陸軍情報部の報告が指摘している、「不幸にもオーストラリア軍内部に大きく広まっているアメリカ人に対する全般的な敵意――その原因の一つは、アメリカ兵たちにしばしば見られる傲慢な態度にある――」を除くことはできなかった。同報告によれば、オーストラリア内に駐屯する両国の兵隊たちのあいだの摩擦と衝突の原因は、一つはすでに述べたように給与にいちじるしい差があるため、アメリカ兵のほうがオーストラリア女性に「もてる」***からであり、一つはオーストラリア民兵が、アメリカ兵から「いい兵隊は戦っているのにお前たちは本国に残っている」と「ばかにされ」るからであり、また「オーストラリア兵のなかには訓練、とくに自己訓練に欠けるものがある」からでもあった。そしてさらに、オーストラリア兵のなかには「このような無法な行動」――とくにブリスベーン、メルボルン、タウンズヴィルなどの街頭で、両国の兵隊の「小グループのあいだに起こる口論、中傷、なぐり合いの一連の行動」――のなかに「なかば犯罪本能のようなものの自然のはけ口を見出す『野犬的』要素」があるというのであった。（もちろん、たとえばロックハンプトンのように両者の関係がきわめてうまくいっていたところもあった)****(128)。

オーストラリア人はたいていアメリカ人とは逆に、戦時中に自分たちのもとに進駐してきたアメリカ人たちのなかに見たものを基にして、アメリカ社会全体に関する意見を組みたてた。(もちろん、主としてハリウッド映画によって形成されたと思われるようなイメージはそれまでにも存在していた)。たとえば、のちにオーストラリアの『政府編纂戦史』の編集者となった著名な従軍記者ギャヴィン・ロングは、アメリカの「道路標識、沿道の広告、船の名前、銃、乗り物」のなかに、オーストラリアのそれよりも「豊かで多彩な」文化の跡を見たが、同時にまた、やせてきびきびした帝国オー

---

* アメリカ陸軍情報教育部の詳細な調査によれば、「たいていの将校は、自分たちの生活を下士官兵の生活よりも優先させている」という意見に対して、それを肯定する兵士の率は高かった。Stouffer et al., *The American Soldier: Adjustment During Army Life*, 227 and cap. 8.

** 一九四四年一月末までのニューギニアおよび近隣諸島でのアメリカ軍の損害は八〇三二一、オーストラリア軍の損害は一万〇四七〇だった。

*** 二八四~八五ページ参照。

**** 一九四三年一月末には、オーストラリアとニューギニアには一二万五〇〇〇のアメリカ兵がいた。それに加えてアメリカ海軍の沿岸基地要員約二〇〇〇が駐留していた。オーストラリアにおけるアメリカ黒人兵の存在にからむ問題については二四八ページ参照。次にかかげるのはオーストラリア陸軍情報部報告からの引用である。「イギリスや中東では給与や生活条件の点では、イギリス軍のほうがわれわれ帝国オーストラリア軍よりもずっと恵まれていないし、その開きはわれわれとアメリカ軍とのあいだの比ではないことを、ほとんど誰もが考えようとはしない」。一方、ムーア(*Over-Sexed, Over-Paid, and Over Here*, 277)は次のように論じている。連合軍内部の軋轢にもかかわらず、アメリカの「るつぼ」のなかから生まれてきた人びとと接触したおかげで、戦後「非イギリス系の移民」がオーストラリア人から歓迎されるようになった、そしてまた他の面でも彼らの生活の改革を促進した。

ストラリア軍将校と、「二十代、三十代のときには歳のわりには若々しくふとって見えるのに、四十代になるとふけてしまう」アメリカ軍将校とを比較した。「原因は食べすぎ、飲みすぎ、運動不足、アメリカ的生活の精神面感情面でのテンポ」にあった。[129] 彼によれば、ニューギニアの戦場ではアメリカ兵は、「オーストラリア兵よりもつらさがいっそう身にこたえているようだ。オーストラリア兵のような克己心もなく、オーストラリア兵からすればよすぎるような食べ物にも不平をいっている」。そこには高い生活水準のせいだけではない何かがあるというのであった。彼は次のように述べている。アメリカ兵の教育水準は全般的に驚くほど低い、そして、

彼らはオーストラリア兵ほど本を読まない——映画とピンナップの女の写真と漫画だけだ。いうことも考えることもみな同じで、オーストラリア兵よりもずっと激しやすく、感情的である。*[130]

ニュージーランドでも、当初強調されたアメリカ社会との基本的な類似も、とくに左翼のあいだで、アメリカ人は「技術的にはたいへん優れているが、政治理論ではすこぶる遅れている」という失望の声に変わっていった。労働党機関紙『ザ・スタンダード』は一九四四年の初め、次のように書いた。

われわれニュージーランド国民は、この戦争で、とくに太平洋地域においてわれわれの偉大な同盟国が果たしている輝かしい役割に対し……深甚な感謝の念をいだいており、両国間の戦後の緊密な関係を切望しているが、アメリカの経済活動の姿のなかには、ニュージーランド国民の大多数にとっては不愉快きわまるものが存在している。

『ザ・スタンダード』の編集者はアメリカ訪問の旅から帰ったとき、「実のところ私にはアメリカ人がよくわからない」と書いた。そしてつづけて次のように述べている。

アメリカ人が本当に自分自身のことを理解しているかどうかは疑問だ。彼らは普通の物差しではかれない。この国では何十という民族が一体となって生活しているからだ。それぞれみな異なる特徴をもち、各人種特有の考え方をもっている。大多数は献身的なアメリカ人だが、ヨーロッパと太平洋の戦争に関しては、その意見にはしばしば、それぞれの歴史的な背景の影響が見られる。しかもこれほどの熱狂と愛国的熱情が存在しているというのは不思議だ。しかし事実、存在しているのだ。(131)

連合国の人びとのなかにはほかにも――たとえば、アリーン・カロデルヴェイユが『ル・モンド』に鋭い論考をよせているように(132)――あつかましい伝道者的な自信と国家意識、それと「劣等感」(戦時下の環境は広範な民衆の側にもこのことを痛切に感じさせた。「この国は心の底では自分が不安なのだ」と彼女は書いている)とのあの奇妙なアメリカ的混合物にメスを入れようとした人びとがいた。イギリスにおいても、ニュージーランドと同様、国内、国際両面にわたる戦後の改革計画との関係で

＊ 当時、アメリカにおける全体の教育水準は非常に低く、開戦時には成人一〇〇〇万人が非識字者だった。Perrett, *Days of Sadness, Years of Triumph*, 371.

は、右翼的な資本主義国アメリカが障害になるのではないかと危惧しはじめた人がいた。イーデンの秘書は日記に、「アメリカは……社会の進化の点ではわれわれより一〇〇年も遅れている」と書いた。そしてさらに次のように記している。

アメリカは旧式の国だ……政治や経済の変革を恐れ、銀行家、ビジネスマン、政治家たちはもちろんヨーロッパの右派や中道右派の味方である。だがヨーロッパのほうはロシアに刺激され、イギリスの強烈な左翼風のあおりを受けて、今、左に動きつつある。戦前の「快適な」資本主義体制の命運は尽きた。次は共産主義者とまではいかなくとも、すくなくともベヴァリッジ*まではいくだろう。(133)

一方、多くのアメリカ人から見れば、皮肉なことに構造や基本的な態度の点で救いようもないほど保守的なのはイギリス社会だった。(一九四二年『シカゴ・トリビューン』は、「イギリス人の名前に冠する装飾的な称号の由来であるあの貴族制度が、無慈悲な官僚政治を生み、マレー、ビルマ、インドの人びとを離反させたのだ」と論じた)(134)。そこには、他の国々の人びととのアメリカに対する見方と同様、しばしば極端に単純化された時代錯誤のイメージがあった。だがかならずしもそのような例ばかりでないことは、次にあげる一例からも明らかだろう。それは「イギリス軍の士気」に関するアメリカ戦略事務局調査分析部の報告で、シンガポールと中東におけるイギリス軍の敗北ののち、一九四二年の春に書かれたものである。(135)

イギリス海軍とイギリス空軍の士気は高かった、とこの報告は述べている。その基礎はイギリス海軍においては、「高級専門家」である士官と「下級専門家」である下士官兵とのあいだの「強固な利害の一致」にあった。一方、空軍においても「操縦士官と地上整備員とのあいだの絆」が「共通の目標に基づく共通の利害によって……民主的でざっくばらんな関係」を作りあげていた。[**] しかしながら陸軍では「チームワークと『規則に従った行動』という考え」のもとに士気を高めようとしたが、「意外な失敗」に終わったというのである。その原因については、報告は次のように結論づけている。

それはおそらく、陸軍士官の多くが大学卒業生で、技術的訓練をほとんど受けていないビジネスマンや専門職業人であるからだろう。兵を指揮して機械を運転させるのは彼らであるが、機械の構造についていては部下たちよりも知らないことが多い。その結果、兵隊たちのあいだに不満が広がり、それが主として階級間の摩擦となってあらわれる……そして組織全体の統一を乱すこととなる。[***]

* サー・ウィリアム・ベヴァリッジが一九四二年末の報告のなかで提案した、国家による包括的な社会保障制度。

** この報告がかならずしも万全で誤りがないということではない。それは、戦時中のイギリス空軍では下士官操縦士の立場が明確でなかったことを見てもわかるだろう。インドにおけるイギリス軍内の「カースト制度」と、それが「下士官兵」にいかに不利に作用したかについては、Stephens, *Monsoon Morning*, 27-8 参照。陸軍内の『われわれ』と『あいつら』とのあいだの断絶感についての興味ある省察については、E. H. Phelps Brown, 'Morale, Military and Industrial', *Economic Journal*, March 1949 参照。アメリカ陸軍内の「流動性」と、地上部隊に比べて航空部隊内の全般的に高い士気については、Stouffer et al., *The American Soldier: Adjustment During Army Life*, caps. 6 and 7, *The American Soldier: Combat And Its Aftermath*, cap. 7 参照。

*** 機械化の影響の大きさと、「近代化と社会」のより広範な問題との関連は、さきにも指摘したが、ここでもそれは明らかだろう。

報告はさらに、このような緊張状態は、特権階級のなかの保守的分子である職業軍人の将校たちの存在によるというよりも、もっぱら戦時下の特殊事情のために将校に任命された人びとの時代錯誤的な態度によるものだとして、次のように述べている。

司令官の承認あるいは命令により新しい少尉たちは、伝統的なイギリス『陸軍将校』のスタイル、両肩から十字にかけたぴかぴかの革帯、いきな鞭、長い髪、ロンドン社交界型の口ひげスタイルに戻った。このような形のうえでの変化はうわべだけのことのように思われるが、この新しい将校としての地位にとっては、特権と社会的地位の上昇とをあらためて強調するものだった……これは多少、自家撞着のところもあった。『将校階級』が上層の社会階級出身者から補充されることは、以前よりもますます少なくなってきたからである……このような情況から、良き指導者たるよりも、新しい社会的地位を利用することのほうにより関心を示す将校が生まれてきた。

＊

イギリス軍に関するこのアメリカ側の分析が、けっして決定的なものでないことはもちろんである。だがそれは洞察に富み、戦時下の情況がイギリス社会内に生み出した矛盾と緊張——それはオリヴァー・ハーヴィーが指摘したように、また一九四五年の総選挙に際して明らかになったように、「左翼ばね」につながるものだった——を的確に指摘していた。そのうえ、この報告が当時のイギリス陸軍の資質や価値観によせる懸念は、当時の多くのイギリス国民の憂慮と相通じるものだった。『エコノミスト』は一九四二年二月、「イギリス国民は……相変わらずの敗け戦《いくさ》――それもあまりにひどい敗け戦――に飽き飽きしてきている。今度の戦争を通じて、イギリス陸軍が、その名誉にふさわしい勝利をおさめたことはこれまでにただの一度もない……」と書いた*[136]。政府や軍の高官たちも、連合軍がエジプトのエルアラメインで勝利をおさめる前のこの時期には内心、戦場には「老人と『厄介もの』が多すぎる」、「将軍連中もよくない」、国民全体が「柔弱」になったと考えていた。(「イギリス軍はとことんまで戦おうとはしなかった」という極東、中東からの「心穏やかならぬ報告」について考えながら、オリヴァー・ハーヴィーは日記のなかで、「われわれは柔弱すぎるのか、文明化しすぎたのか?」と問いかけている[137])。シンガポール陥落直後、ハロルド・マクミラン(当時の植民省政務次官)とハロルド・ニコルソンの二人は、アメリカ戦略事務局のワシントンへの報告のなかで強調された問題(両者ともこのことについては知らなかった)のいくつかについて論じあった。その後ニコルソンは次のように記している。

左翼は「革命的な陸軍」を作らなければだめだ、今のような「階級軍」では戦えないといっている。右翼は昔の厳格な規律制度に戻るべきだと主張している。マクミランは、われわれには革命的な軍隊を作る時間の余裕などはない、規律に頼るだけだという。彼にいわせれば、今はあぶはち取らずの状態なのだ**[138]。

---

* これは誇張である。たとえばイタリア軍は、エチオピアとエリトリアから駆逐された。そして一九四〇年十二月から四一年二月のあいだには、ウェーヴェル軍(イギリス、インド、イギリス連邦、ポーランド、フランスの混成軍)が北アフリカの砂漠で、六倍の規模のイタリア軍を打ち破った。

つまりわれわれはここで、さきに極東戦争勃発前の時代の国内情況との関連で提起したものと同じ問題に直面することになったのである。それは特定の政治問題や経済問題に関係してはいるが、目に見える見えないにかかわらず、各国民の基本的資質や各社会の根本的な価値や目的にふれるものであり、それはまた対応しようにも「古い公式のどれもがあてはまらない」ような、規模と速度の変革の時代に起こってきた問題なのである。

戦争はほかにも問題を生み、変化の速度をいっそう速めていった。だが国際関係面でと同様、戦争を機として新しい「公式」の追求がいっそう急を要する問題となり、組織構造の動揺は新しい公式の実験の場を提供しているように思われたし、一方ではまた、各社会はそれぞれの過去の秩序と価値が危機にさらされているなかで、自分自身をより強固なものにしていかなければならないという主張が、戦争のためにいっそう説得力のあるものに思われてきたのである。そこで以下の各章では戦争の国内的な影響をそれもたんに物質的な面だけではなく、思想と自己認識の領域にまで立ち入ってふれてみることにしたい。

** ニコルソンによれば、当時マクミランは「過激な社会主義」が「必至」だと信じていた。ニコルソン自身は、有名な漫画家デイヴィッド・ロウが「ブリンプ大佐を作り出した」おかげで、陸軍の「規律の評判に傷がついた」と思っていた。

第8章　生と死と変化

一九四二年に一部のイギリス人から出た自己批判の声は、戦争は一国の国民の資質を試す特別な場であるとする考えと結びついたものだが、この考えそのものはさきに見たように一九四一年十二月以前から各方面で叫ばれていた根深い確信だった。日本の西欧諸国に対する攻撃開始の決定も、一つはこの確信に基づいていた。一九四一年秋、海軍軍令部総長、永野修身大将が西欧列強の経済的圧力の増大に関して述べたように、「じり貧となり、戦わずして招く亡国は、心の底まで亡びる永久の亡国となる」のであり[1]、したがってまた、ある宣伝文書によれば、日本国民にとって「中心問題」は、「心から国体の精神、……皇道、神ながらの道を体しているかどうか」、「国民道徳を実践」できるかどうかにあった[2]。

戦争の「試練」はまた、一九四二年ロンドンでオリヴァー・ハーヴィーらが述べていたように、国民が「柔弱」になったかどうか、あるいは――おもしろい言葉だが――「文明化しすぎ」たかどうかを明らかにしてくれるものだともいわれていた。つまり、「文明」の救済あるいは再建のためには、一時、文明の教えるところを捨てて、原始の行動に帰らなければならないというのである。しかし、そのような行動はたんに必要悪と考えられていたのではなかった。それは軍国主義者やファシストだけではなく、時には穏健な自由主義者や民主主義者からも精神性の高いものだと考えられていたのである。*[3] 中国の知識人、ウェン・イトーは中国の反日闘争に関して「われわれはあまりにも長いあいだ文明に慣れてきた」と書いた。そしてさらに次のように記している。

われわれにはもはやどこにも行き場所が残されていない以上、何千年ものあいだわれわれのなかに眠っていた獣性を解放……することが必要なのだ……戦争は、われわれの血のなかに大昔の獣の活力が今なお残っているかどうかを試す千載一遇の好機である。もし残っていなければ、そのときは精神的には去勢された民族であることを自ら認めて、この世界で生き残ろうとすることはあきらめたほうがよい。[4]

一方、一九三七年に極東で、次いで一九三九年にはヨーロッパで勃発したような近代の総力戦は、そのなかに巻きこまれることになった各社会を結集し、指導していかなければならない人びとに、特別な責任を課すものだった。たとえば、ネラ・ラストは一九四二年夏、シンガポールとトブルクの敗北の後、軍需労働と家庭の雑事の合間に日記に次のように書いている。

戦争ももう三年になる。いったいどうして動き出せないのか――何が押しとどめているのか？　もうそろそろなんとか体勢を立て直せるはずだ。わが兵たちをなぜ、優勢な恐ろしい機械力の前にほうり出さなければならないのか？　どうして操作や修理のしやすいように装備を標準化できないのか？　われわれを一つに結集するような動きは何も見られない——何も。恐ろしいことだ。来る年も来る年もこのような大言壮語ばかりでは、若者たちの不必要な死はやまないだろう……ひどいことだ。(5)

急速な工業化と疲弊する農村部

極東戦争に巻きこまれた各国内社会のなかでのこのような自己批判の問題については、次章であらためてふれることにしたい。だがその前に検討を加えておかなければならないのは、この間のそれぞれの国内情勢の動きである。各社会間には明らかに大きな違いが存在していたにもかかわらず、またある場合には極東戦争の影響を全体としての第二次世界大戦の影響から切り離すことは不可能であるにもかかわらず、戦争前の時期について見たように、これはそれぞれ項目ごとに相互に比較検討されなければならない問題である。

すでに見たように、日本の西側諸国に対する攻撃前夜には、経済情勢の動きが、この戦争に巻きこまれることになったほとんどすべての社会を、さまざまな面で大きくゆり動かしていた。そしてさらに戦争そのものの性格と動きが国際貿易のあり方に一連の急激な変化をもたらし、混乱をいっそう増大させた。たとえばインドは、ビルマその他の東南アジア地域での米の調達から締め出された。イギリスやアメリカは同地域からの錫やゴムの供給を断たれた。このような変動は、場合によっては需要

* これに関連する一つの広範な社会学的問題の論議については、四一七ページ傍註*参照。
** 一つの基礎的な数字をあげると、ベンガルでは、一九四二～四三年の飢饉以前でも一人あたり平均摂取カロリーはアメリカ兵の四分の一以下だった。Milward, *War, Economy and Society*, 281.

者よりも生産者のほうにいっそう苛酷な影響を及ぼした。たとえば戦争末期には、マレーの錫生産量は戦前の一四パーセント、東インドの石油生産はわずか五パーセントになってしまった。フィリピンの製糖業の崩壊は同地の失業者を大きく増大させ、東インドにおける茶、砂糖きび、コーヒー、煙草栽培の著しい減少は非常な困窮をもたらした。(6)

一九四一年十二月以前は、自らの支配の及ばない地域の資源に依存するという危険な状態にあった日本としては、(7)それらの地域の征服を達成したことで、戦争遂行に欠くことのできない物資の供給源が利用可能となったのである。(8)しかしその後、商船は沈められ、石炭、鉄鉱石、石油、ゴムその他の物資の供給が減少した結果、戦争経済全体は行きづまり、一九四五年前半の国民総生産は前年水準の二五パーセント減となった。(9)さらに空からの爆撃も加わって、戦争最後の夏には日本経済はほとんど麻痺状態に陥った。友邦ドイツの援助によって日本の戦争遂行能力が高められたことは、真珠湾以来一度としてなかった。(10)一方、一九三七年以来日本のもたらした荒廃のために中国の繊維、石炭、電力の生産は激減し、(11)すでに見たように財政その他の面でアメリカの援助に大きく依存するようになった。*

利用可能な資源総量を前提に、その国の物資、富、労力のうちどの程度を純軍事的意味での戦争に振り向け、市民消費をどの程度に抑えるかはもちろん政府の決定する問題だった。たとえばアメリカの場合は、国民総生産のほぼ四〇パーセントが戦争に向けられたが、日本とイギリスの場合は一九四四年にはこれが五〇パーセントに達した。日本における一般消費支出は、一九四〇年には国民総生産の六七パーセントだったのが、一九四五年には三八パーセントに下落した。(12)ニュージーランドの場合は、一九三九年から四〇年のあいだの軍事目的のための支出は七〇〇万ポンド強だったが、一九四四年から四五年のあいだには約一億二四〇〇万ポンドに達している。(13)一方、戦争遂行のためには、労力の配分について各分野間で当然、選択が行われなければならなかったが、オーストラリア政府の場合は、イギリスにとってもまた太平洋地域における連合軍にとっても、きわめて重要な農産物生産の維持と拡大のために、ついに兵力の制限を決定するにいたった[14]。

　戦争の要求は新しい工業の出現や既存工業の拡大をもたらし、世界大戦参加国全体の軍需品生産高（一九四四年には、その四〇パーセントをアメリカが占めていた）は、三九年以前の経済規模に対比した場合、まさに驚異的なものであった[15]。オーストラリアやカナダも、戦争によって工業化へ「大きくかつ決定的に移行」することになった。（たとえばオーストラリアの場合、金属ならびに機械の生産はこの間に一二〇パーセントも増大し、工作機械工場の数は三から一〇〇を超えるにいたった[16]）。朝鮮においても、戦争の一〇年前から始められた強制的な産業革命**はいっそう速度を増し、一九四三年には工業労働者数は三年前のほとんど二倍を数えた。（重要なことに、この工業化の行われたのはとくに北部で、そこではまた日本の支配に対するゲリラ活動が激しかった。この二つの動きは、北部地域に近代的な国家建設の基礎を提供することになった。そこは、伝統的により富裕ではあるが農村的な南部――カミングス教授によれば、日本支配が「地位と権力の構造を深く侵食」していた――と

＊　国民政府が、支配下にある地域の工業生産拡大に努力した結果、ある統計によれば、一九三八年から四五年のあいだに年平均二七パーセントの増大を見た。だが日本軍の侵略のため、一九四三年のピーク時においても、主要工業生産物価額は、一九三七年の戦争勃発時直前の全中国の生産総額のわずか一二パーセントにすぎなかった。(Chi-ming Hou, 'Economic Development and Public Finance in China, 1937-1945', in Sih, *Nationalist China*, 213-17, 233) 一九四四年には政府が自国の目的のために使うことができたのは、国民総生産の五パーセント足らずだった。Eastman, *Seeds of Destruction*, 41.

＊＊　九八～九九ページ参照。

はまったく様相を異にしていた[17]。

このような急激な成長の例としては、さらにアメリカにおける合成ゴム工業があげられる。これはいわば日本の東南アジア進出がもたらしたもので、戦争末期には、世界全体のゴム需要量のかなりの部分を賄うことができるほどの規模に成長していた。アメリカのアルミニウム工業も――これまた政府資金の援助を受けて――この間に大きく発展した[18]。一方イギリスや日本の繊維工業部門は、これとは反対の方向をたどった。縮小は時代の流れだった。日本の場合、このような動きは、金属工業や金属工学への移行、さらには技術革新の大幅な導入と相まって、戦後の著しい経済成長に大きく貢献することになった。チャマーズ・ジョンソンはこう書いている。「この戦争は、日本の最初の工業化に匹敵するほどの深刻な産業構造の変化をもたらした[*19]」。

戦争がもたらした科学技術の発展の全体的な方向や規模については、ここで繰り返す必要はないだろう[20]。強調しなければならないのは、以上の動きの一つの結果として、「先進」社会とその他の社会とのあいだに以前から存在していた格差がいっそう拡大したことである。技術と生産の急激な変化は、ポーレンバーグのいうように「アメリカ人の経済環境を変えた」（一九三九年から四四年のあいだに、生産性は約二五パーセント増大し、工業労働者時間あたりの生産高は、日本の約五倍になった[21]）が、東南アジアの多くの人びとが目にしたものは、むしろ自分たちの資源と生活の破壊だった。オーストラリアが真の工業化社会へと発展していったのに、インドの場合は――「戦前から見れば……工業生産の飛躍的な発展」を見せたといわれていたにもかかわらず――（経済の運営が外国人政府の手に握られているというハンディキャップに加えて）技術的基盤があまりにも狭く、そのため民族資本家の希望と期待を満たすことができず、戦後の経済変革のあいだも世界の「持たざる国」のうちにとどまることになった。**[22]

戦争に巻きこまれた多くの貧しい社会においても、富裕な社会と同様、戦争中人びとが農村から都市に移動する傾向が見られた。だがフィリピンでは、この移動は主として、砂糖きび農園の荒廃により労働者が職を失って貧困化し、それがマニラに流れこんだためであり、東インドでは茶園の仕事が壊滅し、農民がバタヴィアやスラバヤに流れこんだためだった。一方アメリカや日本の場合は、軍需産業の緊急な要請と人口の全面的な移動を反映するものだった。***この全面的な移動はもちろん、第三章で見たように、一九四一年のかなり前から始まっていた農業部門からの移動が、戦争によって早められたものである。日本では兵役による農業労働力の減少は戦争末までに約一九〇万人を数えた。一方、一九四四年二月までに（男女あわせて）ほぼこれと同数が工業部門の仕事についた。[23]アメリカでは同年六月の工業の雇用者数は一九三九年の一カ月平均より八三〇万人多く、農業では一三〇万人少

* 一九四二年の後半から四三年にかけ、商工省企業局の指導のもとに、数多くの繊維工場が航空機と部品の生産に転換した。日本の繊維工業の全錘数は、一九三七年の一二一六万五〇〇〇錘から四六年の二一五万錘に減少した。（Johnson, *MITI*, 164-5）航空機生産は月平均、一九四一年の四二四機、四二年の七三八機から四四年の二三四八機に増大した。（Kase, *Eclipse of the Rising Sun*, 139）

** たとえば石炭、銑鉄、鋼鉄の生産は、いずれも一九四四年のほうが四〇年、四一年よりも少なかったし、石炭、銑鉄の場合は一九三八年よりも少なかった。（Ray, *Industrialization in India*, 251）インド政府が工業化を推進できなかったといっても、それは政府の各層で経済発展計画に無関心だったということではなかった。Hunt and Harrison, *The District Officer in India*, 224.

*** 日本の都市人口の割合は一九四〇年の三八パーセントから四〇パーセントに上昇した。しかし一九四五年には戦災都市からの疎開や海外からの引き揚げのため、一時的には三〇パーセントをきった。福武直、『日本社会の構造』、東京大学出版会、一九八一年、九三ページ。

なかった。また真珠湾後の三年半のあいだに、兵役についた一二〇〇万人以外に、一五三〇万人のアメリカ市民が故郷を離れ、州境を越えて、主に都会に移動した。(24)

もちろん戦争に巻きこまれた「先進国」のすべてが、これとまったく同じコースをたどったわけではなかった。たとえばイギリスでは戦争期間中、農業労働力はわずかだが増加したし、(25)この分野を重点とするというオーストラリアの決定は、すでに述べたとおりである。そしてイギリスでは、アメリカと同様、アジアの農村とは著しい対照を示し、農業生産性は大きく増大した。* その結果、一九四三年から四四年のあいだには、年間消費カロリーのうち国内農産物の占める割合は、機械化の大きな進展と相まって一九三八年から三九年のあいだにくらべて四〇パーセント以上の増大を見た。(26)アメリカでは主要作物のエーカーあたり収穫高は一九四〇年から四二年のあいだに一三パーセント増大し、四五年にはさらに一三パーセント増加した。(27)ニュージーランドでは（オーストラリアの場合と同様、ニュージーランドの農産物はとくに対日戦争上、連合国側として不可欠のものだった。一九四三年には農業労働の徴用数は兵役の徴集数を超えた）戦争期間中トラクターの数は二倍になり、農業労働者一人あたりの生産性は交戦国中最高水準に達した。(28)

経済への政府介入と大企業の強化

戦争はたんに経済の規模やかたちを変えただけではなかった。所有や支配の形態に関してもさまざまな変化を生み出した。この面での一つの重要な現象は、投資、指導、計画の問題に対する政府介入の増大である。たとえば戦争の後半に入ってインド政府は新しく経済統制の役割を担い、(29)一方イギリス本国ではずっと早くから過剰ともいえるほどの数の省や委員会が新設され、国家の経済は事実上政府の完全な統制下におかれていた——もっともこのような動きの底には「国民は勝利のために要求されている……どのような犠牲もいとわないが、そのかわり……勝利の暁には国民の福祉の回復と改善のために政府に真剣に考えてもらうという、政府と国民のあいだの暗黙の約束」といわれるようなものが存在していた。[30]

日本における経済の中央統制の動きは一九四三年に頂点に達し、「明治憲法の規定からくる政府……の構造的な不統一を克服するための最後の試み」として、東条は商工省を軍需省に改組し、自ら大臣となり、首相、陸相、参謀総長を兼ねた。[31] ワシントンでは、戦時生産局やとくに戦時動員局（一九四三年五月設置）のような組織が、国全体が咆哮《ほうこう》する巨大な機械と化しつつあるなかで、それに統一と方向を与えようとし、物価管理局や選抜徴兵局のような連邦政府の機関は、従来以上に「アメリカ国民を政府に、より緊密に結びつける」役割を果たした。[32] フランスにおいてもまた、ヴィシー政府は新しい技術者支配体制の育成をはかったが、それは後年政府活動のパイプ役として機能することになった。一方「国家の干渉を受容」する態度もいっそう広がっていった。[33] ミルウォードによれば、戦

＊ 先進国のなかでの顕著な例外はオーストラリアだった。そこでは戦時中多くの作物生産がエーカーあたりの使用肥料量の減少にともなって減少した。（アメリカでは使用肥料量は急激に増大した）。「豊かで複雑な経済が普通備えている予備に欠けていたので、戦争初期の誤りを修正するのが、アメリカよりも困難だった」とミルウォードは述べている。（*War, Economy and Society*, 277.）日本では東南アジアや台湾からの米の輸入が一九四三年ごろから連合軍の攻撃のために困難になり、それを埋め合わせるため多くの努力が重ねられた。また農村労働力の多くは女性によって代替された。だが、それにもかかわらず作物生産は戦争の最終段階では大きく減少した。しかし同時に政府の命令は地主よりも小作農や小地主の側に有利に働き、戦後の重要な改革の先駆けとなった。Milward, op. cit., 256–9, 290 ; Havens, *Valley of Darkness*, 98–9.

争は各国政府の関心を「一九三〇年代の経済的無政府状態」にかわる新しい国際組織の創造にいっそう強く向けると同時に、「国内経済に対する自己の力を新しく意識」させることになった[34]。

日本とアメリカの双方では、政府の統制は、産業構造やさまざまな政治勢力、政治信条のために、イギリスよりもはるかに複雑な様相を呈していた。そこでは勢力集団——政府はその一つにすぎなかった——のあいだに経済の方向をめぐって争いが生じた。日本の場合がとくに激しかった。そしてヘイヴンスのいうように、そこでは工業労働力の徴用がそれまでの寡占傾向をいっそう強め、多くの小企業は閉鎖を余儀なくされる一方、生産・商業両部門にまたがる主要な企業連合の法人資本に占める割合は二倍に増加した[35]。

このため『ザイバツ』*の地位は以前にも増して強力になり、場合によっては政府の指示に反することもあった。一方、彼ら同士のあいだの（とくに三菱・住友連合と三井とのあいだの）競争はつづき、ちょうど重要資源の獲得をめぐる陸海両軍のあいだの「どぎつい内部対立」抗争のようであった**[36]。

アメリカにおいても、戦争はとくに大企業をうるおした。雇用労働者数五〇〇人以下の企業は一九三九年には製造業者の五二パーセントを数えたが、四四年には三八パーセントに減少した。政府契約はますます大企業のものとなった。一九四〇年、四一年の時期に関して第三章で述べたように、アメリカ政府内で重要な戦時役職に就いた者の多くは、大企業経営者であった。そして自由企業体制に基づく戦争経済への転換の成功（税引き後の企業利益は、一九四〇年の六四億ドルから四四年には一〇八億ドルに達した）によって、彼らの威信と、一九三〇年代の守勢の時代以後彼らが目ざしていたものののすべてが回復された。そのうえ、一九四〇年から四五年にかけて大企業と軍とのあいだに確立された緊密な関係は、アイゼンハワー大統領がのちに、戦後の「軍産複合体」と評したものの基礎となった。[37]（「大企業の優遇強化策は要注意だ」と内務長官イッキーズは一九四二年の日記に記している。彼は、陸軍の軍需品調達の責任者、ブリーハン・サマベル中将を「たいへん危険な男」、「軍事独裁者になりかねない男」――マッカーサーのように――と見なしていた。陸軍次官ジョン・J・マックロイも同意見だった[38]）。

アメリカ経済における大企業の復活と政府介入の強化は、組織労働者の力の増大とは相容れなかった。なるほど戦争中、組合員は一〇五〇万人から一四七〇万人に増大し、賃金協定は団体交渉によることが慣例となり、著名な組合活動家は、すでに見たように国家戦時労働局のような政府機関に加わった。このような動きに加え、さらに大組合やCIO‐AFLのような上部団体内での官僚化が進んだために、組合が強力になったという印象が生まれたが、それは多くの点で錯覚だった。*** 労働組合指導者は政府機構のなかではほとんど影響力はなく、とくに労働組合が目標としたニュー・ディール的な社会福祉改革からは、大きくはずれた右翼風潮への転換を食いとめることはできなかった。**** たいて

* 経済界の権力者集団、あるいは「金融閥」。彼らは大企業と主要金融機関を支配していた。

** 日本の官僚は、各『ザイバツ』や軍の各派と手を握った。しかしながらあるアメリカの歴史編纂官によると、彼らは敗戦ということになれば、戦時中のこのような行動は、「自分たちの今後の主導権の維持を脅かすことになる」と考え、連合軍の占領前に「個人に関する記録を破棄し、高級官僚の大異動を行い、行政当局を明白な侵略的帝国主義の実相から切り離す策に出た」のであった。一九四五年八月に軍需省から再編成された商工省は、一九四九年には新しく通商産業省となり、その後の日本経済発展の主動力となった。Johnson, *MITI*, 172ff.

*** 一二七〜一二八ページ参照。

**** 一二七〜一二八ページ参照。

いの組合がストライキ停止を約束したことに象徴されているように、*戦時下の協力一致の要求は、戦争が終われば大規模な失業に再び見舞われるかもしれないという不安もあって、組合側に政府や経営側との対決よりも和解の道を選ばせた。ストライキは――以下に見るように数は多かった――たいていは「山猫」争議か、炭坑労働者組合のジョン・L・ルイスのような反体制的な組合指導者の仕業だった。ある研究者の指摘によれば、「婦人、黒人、ティーンエイジャー、農業労働者」のような「新顔の流れ」が工場労働力に加わってきたが、「彼らの手にする軍需工業の賃金は比較的高く安定していたので、彼らとしては組合は自分たちとは関係がないように思われた」(39)。イギリスにおいては、アーネスト・ベヴィンが労働大臣として重要な役割を果たしたことは、たとえば労働条件の問題に関して政府・使用者側と従業員側とが、比較的対等な立場にあったことを示していた。一方、組合員数も一九三九年の六三〇〇万人から四六年には八八〇〇万人に増加した。だがここでも、経済指導の面での組織労働者の発言権は比較的少なかった(40)。(日本ではすでに一九四一年十二月以前から政府後援の組織が労働組合に完全に取ってかわっていた)。

だが労働組合の地位いかんにかかわらず、戦争そのものの性格と規模から、すべての主要交戦国では男女労働力の活用が奨励された。イギリスでは――一九四三年の秋には最大限にまで労働力の動員が行われた結果――その後、この面での限界が、とくに極東戦争で果たすべき役割に関してますます強く感じられるようになってきた。**(41) オーストラリアとニュージーランドの両政府は、少人口のためもあって、すでに見たとおり、連合国のために軍事面で貢献するよりも、農業と工業の分野に重点をおかなければならなかった。(ニュージーランドの参謀総長は一九四五年にこう書いている。「ニュージーランドの戦績と名声はそんなものだ。日本本土への進攻計画からはずされたも同然なのは、このような名声と威信に相応しているのだ」[42]。日本政府の場合は、一九四四年の半ばには、朝鮮人、中国人、戦争捕虜の利用や労働時間の延長とあわせて、十歳以上の学童までも徴用し、農村や工場でほとんど就業時間いっぱい労働に従事させた。（一九四五年二月には、彼らは民間労働力のほとんど一割を占めるにいたった）[43]。朝鮮においても二五〇万人が青年団などの組織を通じて労働力として動員され、また朝鮮と日本とを結びつける役割を担った別の組織は、一般市民の「日常生活のあらゆる面に浸透していた」[44]。

戦争末期には日本の兵員数は八〇〇万人を超え、イギリスは五〇〇万、アメリカでは一二〇〇万人を超えた。一方民間労働力は、日本では一九四五年には一九四〇年当時よりもおそらく七〇〇万人は多く、アメリカでは一九三九年から四四年のあいだの雇用数の増大は、過去の傾向から考えられていたよりも七〇〇万人以上も多かった。戦争によるこのような雇用の増大はオーストラリアやイギリスでも起こり、一九四四年六月には労働力人口のうち兵役、軍需産業のいずれかに従事している者の割合は、アメリカの四〇パーセントに対し、イギリスでは五五パーセントにのぼった[45]。ニュージーラン

＊　アメリカ共産党の指導者アール・ブラウダーは、その著『勝利の後』（*Victory and After*）のなかでこう書いている。「アメリカは、資本主義体制のもとでこの戦争に勝利しなければならない。そしてその後、資本主義体制がうまく機能するようにしていかなければならない……われわれは戦時の情況下で、資本主義体制をいかに運営していくかを資本家に学ばせなければならない」。（Quoted in Lichtenstein, *Labor's War At Home*, 145）インド共産党も同じような立場をとった。二二七ページ参照。

＊＊　一九四四年の計算では、ドイツの敗北後、イギリスがドイツ占領に参加し、自国の輸出を伸ばし、都市を再建し、国民の生活水準をある程度改善し、同時に日本を打ち破るうえでもしかるべき貢献をするためには、一七五万人の不足ということだった。

ドでは農業部門への労働力の重点投入に加えて、男子人口の約四分の一が兵役に就いた。（八二万八〇〇〇人のうち二〇万五〇〇〇人が兵役に就き、そのうち一三万五〇〇〇人が海外に派遣された）。インドでは、新規動員によって兵力が一九三九年の一八万九〇〇〇人から四五年には二五〇万人に増加したが、それとは別に約八〇〇万人が連合軍に雇われ、さらにすくなくとも六〇〇万人が軍需産業や鉄道事業に投入された[46]。

戦争に参加したすべての工業国におけるこのようなめざましい仕事の拡大と再配置は、一部は女性雇用数の大幅な増大に負っていた。たとえばアメリカでは、一九四三年の女性雇用数は二年前に比べて五〇〇万人も多かったし、イギリスでは三九年から四三年にかけての労働力増加の八〇パーセントは、それ以前には雇用労働には就いていなかった女性だった。ニュージーランドでは一九四四年三月、約八〇〇〇人の女性が兵役に就いていた。日本政府は（「家族制度に対する配慮から」）女性の動員については、イギリス政府ほど積極的ではなかったが、それでも民間労働力に占める女性の割合は、戦前が三五パーセントだったのに対して、四四年には四二パーセントに達した。とくに農業では女性の力に負うところが大きかった*[47]。

戦死者、餓死者、インフレーション

戦争中各国民がおかれた情況について考える場合、相互の比較対照が必要だが、問題はどうしても相対的にならざるをえない。たとえばイギリスのある人びとにとっては、毎日の食事が数百キロカロリー減少することは、生活の満足度がかなり低下し、欠乏感を生むこととなるだろう。だが、すでに極端に貧弱な食糧事情下にあったベンガル人**の場合は、それは死を意味するだろう。同じような境遇

のなかから戦争に巻きこまれていった、たとえばシドニーの港湾労働者とニューギニアのオーエンスタンレー山脈越えに苦闘をつづけていたオーストラリア軍の徴集兵、この二者の場合、港湾労働者が多少の「労苦」のことでストライキに入れば理不尽だと見なされるだろう。しかし太平洋の環礁で殺戮戦に耐えていた栄養十分なアメリカ海兵隊の「労苦」の程度と、蔣介石軍に無理矢理引き入れられたが、たまたま生き残り実戦には参加しなかった飢えた中国人農夫の「労苦」の程度とを、どうしたら比較できるだろうか?***

すくなくとも個人については、死というものが、比較する場合の一つの尺度になるだろう。もっとも社会的な観点からいえば、人口の規模などが考慮されなければならない。オーストラリアでは二万三〇〇〇人余、ニュージーランドでは一万人が戦死した(ニュージーランドの場合はわずか一六〇万人余の人口のなかからである)。イギリスの戦死者(その多くは、すでに見たとおり対独戦においてであった)は二六万四〇〇〇人を超えたが、一般民間人の死を加えると総数およそ四五万人にのぼった。アメリカでは三二万以上の人が死んだ。もっとも戦死傷者総数約一〇〇〇万のうち対日戦によるも

* 一九四四年には、日本の農村労働力の五七・六パーセントが女性だった。
** 三三七ページ傍註**参照。
*** 「国民政府軍の徴集兵の多くは、戦時下の中国の都市で逃亡を防ぐためにしばしば数珠つなぎにされ、指定の部隊に到着する前に死んでしまった。他の者も、その多くが初歩的な医療さえ受けられず、食糧も悪徳上官に奪われ、放置されたまま死んでいった」。(O. E. Clubb, *20th Century China*, New York, 1964, 233-4) 一九四三年には徴集兵の四四パーセントが、指定の部隊に到着する前に死ぬか逃亡した。そして「戦争中、原因不明の失踪者は八〇〇万人を超えた」(Eastman, *Seeds of Destruction*, 146ff.) 軍の土木工事に駆り出された膨大な数の男女、子供たちの苦しみも大きかった。Ibid., 57-8.

のは二〇パーセント以下だった。日本軍の戦死者は二〇〇万を優に超えた。そしてこのうえに三〇万から五〇万の一般市民の死があった[48]。中国では軍隊での死者は一〇〇万から一五〇万を数え、日本軍の破壊活動（「農村平定作戦」のような）や、戦争がなければ防止できたかもしれないような飢餓や洪水による死は、ある推定によれば総数一〇〇〇万の多きに達した[49]。一般市民も、軍隊以上ではないにしてもそれと同程度の大きな被害をこうむる場合があることは、インド（二万四〇〇〇余の戦死者が出たが、部分的には戦争のせいでもあるベンガルの飢饉による死者は、おそらく一五〇万にのぼった）、フィリピン（一九四五年初めのマニラ奪回戦では市民の死は一〇万以上を数えた[50]）、オランダ（戦争のために死んだ非戦闘員の数は総計二〇万を超えた）の場合にもはっきりと見られた。

オランダ人の場合は、このような一般市民の死の原因の一つはベンガル人と同様、飢えであった。そこでは一九四四年の半ばには約一五〇〇に落ちた一日のカロリー摂取量が、つづく冬のあいだになおいっそう低下した[51]。中国では日本軍の手による一般大衆の直接被害は、一九四一年以後は三七〜三九年に比べて少なくなったが、農作物と家畜の生産が一九三九年以後国民党支配地域で減少した[52]。そして河南省では一九四二年の春、夏の収穫の深刻な減少ののち、農村に飢饉が広がった——あるアメリカ人の報告によれば、「政府や軍の農民に対する苛酷な圧制」のために事態はいっそう悪化した[53]。国民政府下の小都市でも、しばしば身の毛もよだつような情況が見られた。あるイギリスの現地機関員が一九四三年六月、広東省から次のような報告をよせている。

餓死者の数は着実に増えている……通報者の目撃したところからすると、ある地区では一日平均すくなくとも一〇〇人にのぼるだろうということである。彼は城外の村への短い道中のあいだに、放置されたままの死体を八体見たといっていた。最悪は人肉嗜食である。人肉が一皿いくらで売られている。親は子供を一定の場所に捨てておく、すると人肉商人がつかまえて屠る。[54]

中国西北部の共産党支配地域を訪れたアメリカ人、イギリス人のほとんどが異口同音にいうところによれば、そこでの生活状態はきわめてよかった。それは共産党政権によって土地改革が実施されただけではなく、汚職や野盗が見られないためでもあった。*[55] 一方、極東の日本軍占領地域では、さきにふれたように、困苦と飢餓がとくに戦争の後半になって大きく広がった。たとえば香港では日本支配のあいだ、約一〇〇万人が中国本土に移住させられたにもかかわらず、米はますます欠乏してきた。[56]（同じ事態はフィリピンでも起こった。日本に対して協調的な政府は、食糧危機を阻止しようとして一九四四年二月、非常統治権に訴えたが効果はなかった）。** 東インドでは、さきに見たように経済が大きく破壊されたうえに、労働者が強制的に他の地域に移動させられたため、「極度の困苦」に見舞われた。朝鮮においても、経済構造と労働力を日本政府がただ自国の都合だけで動かしたために、とくに農民の生活は大きくゆがめられた。マレーにおいても、東インドと同様、三井、三菱らによって設立された大会社が特定の業界を支配し、ますます多くの地方住民が無理矢理それに投入されていった。[57]

日本自らが始めた戦争は、もちろん日本国民の多くにも非常な苦難をもたらした。それはたんに空

* 三九四〜九五ページ参照。
** 二一四ページ参照。

からの爆撃だけではなかった。食糧配給は市民の場合、軍隊の約半分だったが、一九四五年にはそれが一日二〇〇〇キロカロリーを大きく下まわるようになり、家族のための食糧探しが都市の主婦にとって「毎日の努力の大半」を占めるようになった。そしてこの貧弱な食糧事情は、子どもの赤痢、パラチフス、ジフテリアの増加の一因だっただけではなく、おそらく体格低下の原因でもあった。農村家庭でも米の消費量は、一九四五年には四一年に比べて一九パーセント近くも低下し、農村の困窮は、アメリカの爆撃を避けた疎開者——総計一〇〇〇万人以上におよんだ——の流入によっていっそう増大した。このアメリカの爆撃で、さきに述べたように多くの人命が失われただけではなく、家屋の二四パーセントが破壊された[58]。

インフレーションは極東の多くの地域が経験した困窮の大きな原因だった。たとえば日本の軍需産業労働者の実質賃金が一九四四年には三九年より三分の一も低下したのは、主としてインフレのためだった。三七年から四四年のあいだの二〇倍近い国家支出の増大は、主として国債の発行によって賄われ、三九年から四五年のあいだの生活費の高騰は、毎年平均二〇パーセントを超えた。闇市が急速に重要性を増していったことは——米の闇価格は四四年十一月には公定価格の四四倍だった——戦争中いかに経済に対する政府の統制力が失われ、国家が自分の力に余る戦争をつづけようとすれば、一般市民の生活がいかに圧迫されるかを示していた[59]。国民政府下の中国では、インフレはなおいっそう激しかった。そこでは日本と違って、インフレは政治の面においても国民政府の支配力が衰えつつあることの証拠であると同時に、一方ではその原因にもなっていた。農民に対して限度以上の重税を課していた重慶政府は、国家財政の要求を主として紙幣の増発によって賄い、一方、少数特権階級は膨大な物資を隠匿していたので、貨幣価値は四二年末には三七年の約六六分の一に下落し、一年後には二二八分の一に低下した。三七年を一〇〇とした物価指数は四五年には、一二万五〇〇〇に上昇した。給料との開きがあまりにも大きくなったために、腐敗の規模、程度もまた巨大なものとなった。ある調査の指摘によれば、収入を政府に依存していた、事実上「国民政府のなかの近代的部分のすべて」だった人びとは「インフレのしめ木にかけ」られ、「意気阻喪し、腐敗し、そしてついに政府に非難の矢を向け」るようになった[60]。

フィリピンや東インドにおける激しいインフレについてはすでに述べた（東インドでは、紙幣の購買力が一九四五年の夏には戦前の約四〇分の一に下落した[61]）。インドにおいても主要消費物資の価格は戦争中大きく上昇して流通機構の崩壊（生産者や商人による隠匿もあって）をもたらし、そのため都市住民に対する食糧供給が政府にとって大問題となると同時に、四三年のベンガルの飢饉やイギリス政府の地位の低下の大きな原因となった*[62]。

このような情況とは対照的に、イギリス、アメリカ両国では、戦費のかなりの部分が税金によって賄われたこともあって、インフレの水準は受容限度内に維持された。アメリカでは、就労者のほとんどに課税されるようになり、戦費の約半分が税金によって賄われた。（一九三九年には就業者の大部

* インドの米の価格は、一九三九年八月を一〇〇とすると、四一年十二月には一七二、四三年十二月には九五一に達し、一年後にはようやく三三三に低下した。小麦価格は四一年十二月が二一一、四四年十二月は三八一、綿製品は二八五だった。年産七〇〇〇万トンの穀物生産のうち、市場に出るのは二一〇〇万トンにすぎなかった。Tomlinson, *The Political Economy of the Raj*, 94 ; Milward, *War, Economy and Society*, 280. ベンガル飢饉の目撃者の証言やニューデリー当局の怠慢といい逃れについては、Stephens, *Monsoon Morning*, 169ff. and Appendices IX and X 参照。

分には連邦税はまったく課されていなかった）。だがアメリカの課税率は――二〇パーセントに達することはほとんどなかった――イギリスの場合と比較して低かった。イギリスでは、一九四一年には標準の課税率が五〇パーセントに達し、煙草、酒、娯楽や奢侈《しゃし》品などにかかる間接税は、戦争中たび たび増税になった。[63] 食糧その他の物資の消費制限はもちろん厳しかった。しかしそれにもかかわらず、またカロリーの平均摂取量はわずかに低下したにもかかわらず、人びとの食事は医学的に見れば戦前よりもよくなり、住民の健康は全体として改善された。実質所得も、労働時間の延長もあって、全体的に見てわずかながら上昇した。[64]

苦難と辛酸が広がる戦時下の大きな例外は、イギリス社会ではなくアメリカ社会だった。たとえばイギリスや日本で実施された消費制限と比較すれば、アメリカでのこの種の施策は――ガソリンの場合でも――ほとんど形だけのものだった。アメリカ人は国内でも国外でも大量の食糧を消費しつづけた。（極東のアメリカ兵の配給食糧は四七五八キロカロリーで、オーストラリア兵の場合よりも約八〇〇キロカロリー多かった。国内での一日平均カロリー摂取量は一九三九年から四四年のあいだに四パーセント増加した）。[65] アメリカ国内では一般消費者の日用品の購入は三九年から四四年のあいだに一二パーセント上昇し、製造業における週平均実質収益は同時期に二四ドルから約三七ドルに上昇した。オランダ人、フランス人、イギリス人やアジア人とは違って、アメリカ国内にいる人びとにとっては、戦争はジョン・モートン・ブルムの言葉を借りれば、「頭のなかだけでの戦い」だった。*[66]

だが戦争のもたらす困難や苦しみは、カロリーや購買力というような条件だけではかれるものではない。また戦争が家庭生活におよぼす影響を考える場合には、統計数字だけでは十分ではない。たとえば、一九四〇年から四四年のあいだにアメリカでは離婚率が二倍近くになり、既婚夫婦一〇〇組に対して二七という数字に達したことは、戦時下の環境から来る重圧の強力な『一応の』証拠を提供しているように思われる。だが問題の質的評価、たとえば、離婚率がきわめて低い水準に安定している日本の家庭生活に対する戦争の影響との比較のためには、結婚や家族に関するアメリカ、日本それぞれの社会的『道徳観』と関連づけて見なければならないだろう。同じような問題は、戦時下の各社会のなかの別の面の圧力に関しても見られる。たとえば捕虜になった人びとの家族に向けられる圧力である。

ここにももちろん多くの統計数字がある。たとえばシンガポールではイギリス本国、イギリス帝国、イギリス連邦の兵士一三万人が捕虜となり、バターン半島では一万二〇〇〇人のアメリカ兵が捕虜となった。さらに兵士と一般市民あわせて約三万のオーストラリア人が日本軍に捕らえられたといわれている。彼らのその後の運命はさまざまだったし、それについて家族が得ることのできた情報もまたさまざまだった。(連合軍捕虜はバターン半島で、あるいは東南アジアの捕虜収容所のなかで、それも日本の軍隊や国民の名に拭いがたい汚点を残した情況のなかで何千となく——たとえば泰緬鉄道建設に送られた六万一〇〇〇人のうち一万六〇〇〇人が——死んでいった)。**[67] そしてここでも西側諸国

* アメリカ特別記事配給会社の総支配人ジョージ・カーリンは、一九四二年八月、レイモンド・クラッパーに、精神病で入院していて、「戦争が現在行われているのを誰に対しても認めようとしない」一人の女性のことを書き送っている。要するに「国民の大部分は、たとえ療養所に入ってはいなくても、同じような態度ではないかと私には思われる」というのであった。クラッパーも同意見だった。Clapper Papers, box 50.

** シンガポール陥落後の多くの中国系市民の殺害や、泰緬鉄道建設での多数の東南アジア労働者の死に関しても同じことがいえる。

やインド、中国の兵士が捕虜となった場合の社会的な反響を、日本兵捕虜の場合と比較することはほとんど不可能である。前者は、命が助かったということからくる安堵感がおそらく圧倒的であるのに対し、日本兵捕虜の場合は家族ともども死にもまさる恥辱を受け、人間としては「抹殺された存在」も同然となる。したがって武器を捨て、なおも生きながらえた人びとについては――戦争終結の半年ぐらい前まではきわめて少なかったことはもちろんだが――日本側の確定的な数字は、今日にいたるまで入手は困難なままである)[*68]。

労働者階級の進出、女性の地位の行方

戦争によってもたらされた国内の混乱と緊張にもかかわらず、外国との戦いは国民的誇りと団結の意識を高めた――この問題については次章であらためて検討される。総力戦下の情況はまた、政府と国民とのあいだの精神的距離を縮めることにもなった。イギリス情報省の一高官は一九四一年の部内報告で次のように警告している。「各部局は、今まで自らを民衆の政府にふさわしいものとすることにあまり熱心ではなかった。そればかりか国民には今何をやっているかということだけを知らせればよい、理由については知らせる必要はないと思いたがる傾向が強かった。国民の英知は軽視されるか、あるいは無視されてきた……」。逆にアーネスト・ベヴィンは、一九三九年から四五年にかけての経験は、おそらく「われわれ労働党員のあいだの劣等感を拭い去って」しまっただろうと確信していた。この言葉はすでに見たように、各植民地の人びとの宗主国の主人に対する態度についてもあてはまる言葉だった[69]。そして国民の各階層あるいは「階級」を緊密に結びつけた社会経済上あるいは政治上の動きは、国際情勢と関連づけることなしには十分には理解できない問題だった。たとえばイギリスで

は戦時中の情勢の発展によって、一九四五年には、アーサー・マーウィックのいうように、「労働者階級は、中間階級が一八三二年の選挙法改正法の成立によって得た地位に匹敵するような社会的……地位を得る」ことができたし、(70) 一方アメリカでは、非常な増大を遂げた国民所得のいっそう公平な分配によって「社会階層のピラミッドは平準化された」のであった。**(71)

だがこれについては二つの補足が必要である。第一は、戦時中このような社会経済的あるいは政治的な発展（後者については次章で検討される）が見られたからといって、平和が回復した場合に同じ方向を目ざす激しい変化が起こり、それがあとあとまでつづくとはけっしていえなかったということである。たとえばナチ占領下にあった西ヨーロッパ諸国の場合、ゴードン・ライトの言葉によれば、

---

* ある推計によれば、日本兵捕虜は真珠湾から一九四三年末までのあいだは中国戦域を除き、陸海軍合わせて、三〇〇にも満たなかったが、四四年十月末には約六四〇〇、降伏前には約二万に増加した。（池田清教授の話による）。日本陸軍の関係法規については一七五ページ傍註**参照。日本兵捕虜のある特殊な例については、三七六ページ参照。負傷していたため捕らえられ、体の自由がきくようになったとたん――たとえば包帯を引きちぎり、あるいは舌をかみ切るなどして――自殺をはかった数多くの日本兵の例があった。（Cruickshank, *SOE in the Far East,* 236-7.）スペクターによれば（*Eagle Against the Sun,* 317）、一九四四年七月、サイパンの日本人市民一万二〇〇〇人のほとんど三分の二が、アメリカ軍の手におちるよりも自ら死を選んだ。

** アメリカにおける所得分配の変化の大きさは次の数字にあらわれている。

所得階層別	年一〇〇〇ドル未満	一〇〇〇～一九九九ドル	二〇〇〇～二九九九ドル	三〇〇〇～三九九九ドル	四〇〇〇～四九九九ドル	五〇〇〇ドル以上
一九三五～三六年	四三・五(%)	三四・二	一三・一	四・四	一・七	
一九四五～四六年	八・八	一七・六	二〇・三	一九・八	一二・四	二一・一

Perrett, *Days of Sadness, Years of Triumph,* 353-4.

この変化の個人や家族への影響に関する証言については、ターケル、『「よい戦争」』参照。

「新しいエリートの中核」がさまざまなレジスタンス運動のなかから次第に姿をあらわし、「一九四四年以後は、もし戦争の大動乱がなければ、そのうちのごく少数の者しか望めなかったような政治上・経済上・社会上の重要な地位に押し上げられた」が、「戦後も彼らが権力や地位を独占しているところはどこにも見られなかった[72]」。日本の場合は、敗戦とマッカーサーの占領政策がもたらした社会的政治的大変革にもかかわらず、独占的な大企業の頂点や官僚組織のなかにあった少数のエリートは、降伏直後に行われた多くの改革の民主的性格を希薄化することに成功した日本の保守政治家とともに、政治のうえに大きな支配力を行使しつづけた。そしてこのエリートのあいだには、福武教授によれば、第三章でふれた伝統的な「家族主義的」精神が、日本の社会の他の場所におけると同様、一九八〇年代になっても「見事に生きつづけて」いたのである[73]。

イギリスでは労働者階級が政治的に大きく進出したにもかかわらず、そして一九四五年の選挙では労働党が大勝利を遂げ、つづいて社会上・経済上の重要な立法措置が講じられたにもかかわらず、アラン・バロックの指摘しているように、「一九四九年には、四五年の希望は……色あせ」、「イギリス社会を改造することはできなかった[74]」。フランスにおいても戦争中「国民のあいだの争点が古いイデオロギー的なものから経済的社会的なそれへと激しく移り変わって」いったにもかかわらず……「新しい政治的均衡は何一つもたらされることはなかった」。国家体制にはほとんど変化はなく、スタンリー・ホフマンが強調しているように、第四共和国はヴィシー政府同様「国民を政治から遠ざけた[75]」。一九四六年秋には、シモーヌ・ド・ボーヴォワールの回想によれば「一九四四年の社会主義者の夢はまったく死んでしまった」。ジェームズ・ウィルキンソンはこう述べている。「一九五〇年代には『復古』傾向は定着し、さらに早まった。ヨーロッパが繁栄を取り戻しても、レジスタンスの知識人が基本的な目標とした『精神の革命』は果たされないままだった」[76]。

戦時中の情勢の発展が戦後ただちに大変革を生むことにはならなかった例としては、ほかにたとえば一九四一年から一九四五年以後も依然不利な条件下におかれていたアジアや西欧社会の女性の地位がある。一九四一年から戦争終結のあいだの情況はしばしば国民的な誇りを生み、社会の同質性を増す方向へと変わっていったという趣旨のことを初めに述べたが、これに対するもう一つの補足を次に詳述する際に、この女性の地位の問題についてもふれることにしたい。なおこの補足は、初めに述べたことのいわばただし書きだが、同じ重要性をもつものである。すなわち戦時中の情況は、一つの社会のなかに存在する亀裂をいっそうはっきりと浮かびあがらせ、場合によっては社会的亀裂をさらに深めるような動きを生んだのであった。

この動きはさまざまな形となってあらわれた。これについては、たとえばポーレンバーグがとくにアメリカについて検討を加えている[77]。このような動きは、それほど目にはつかないものだが、数人の歴史家によって指摘されている。すなわち、戦争の危機は国家権力の増大をもたらしたが、戦争中の人びとの経験は、同時に「法律無視の風潮を生み、あるいは強め」、権力全般に反対する態度を強めたというのである[78]。(この時期の様相のなかでこのような現象を生み出す原因となったものには、おそらく次のようなものがあるだろう。家庭生活の崩壊、不安や絶望感のたかまり、暴力と破壊への熱中、さらにはその讃美、そしてかならずしも『正当』とはかぎらない、『事実上の』市民的あるいは軍事的権力に対するさまざまな情況下での「レジスタンス」の呼びかけである)。*

労使間の意見の対立や争議の場合には、一つの事件についてもさまざまな原因がひそんでいたことだろうし、苦情解決のための正当な行動は「法律無視の風潮」を示すものと解されるべきではない。**

しかし戦時下の政府や行政当局が、このような労働者側の争議行動に反対することは明らかだった。そして大きく膨れあがった労働者階級側ではすべての問題のなかで、戦時中の国家的課題としての生産増大の要求をかならずしも第一義におくということではなかった。日本に設立された愛国的な労働団体にしても、そのような要求を西側の労働者たちほど拒否はしなかったとはいえ、それでも一九四三年だけで三〇〇件に近いストライキや作業停止を起こしている。そしてヘイヴンス博士によれば、より一般的な現象として「大規模なものではなかったが、長期欠勤、内職、手抜き仕事が慢性化していた」[79]。(工場によっては、四〇パーセントの長期欠勤がつづいているといわれていたし、航空隊に引き渡された飛行機の一〇パーセントは不良品としてはねられた)。イギリスではストライキのために失われた労働日は、一九四二年には一五〇万労働日、翌年には一八〇万労働日にのぼった。この一八〇万という日数の約半分は炭坑労働者によるもので、アメリカにおいてもストライキ参加者のうちのかなりの部分が炭坑労働者であった。アメリカでの喪失労働日数は一九四三年には一三五〇万日に達し(このなかには個人的事由による三〇〇万日が含まれている)、一九四五年一月から戦争終結までのあいだには九六〇万日にのぼった[80]。オーストラリアの場合は、ストライキや長期欠勤の規模や頻度は、*一九四三年に(労働党の)首相カーティンが、長期欠勤は「戦時下におけるわが国のもっとも深刻な問題の一つ」とまでいわざるをえないような状態だった。そしてその同じ年、それまで特定の仕事のために徴兵を免れていた「労働者」に対しても、長期欠勤の場合は兵籍編入の脅威が待ち受けることになった。カーティンは、ストライキを繰り返して石炭の供給を頓挫させたり、埠頭での重要軍需物資の荷役を妨げている者は反逆者以外の何者でもないと断言した[81]。

工業化社会では、戦争のために労働者に対する要求が大きく増大したが、その結果、第三章で戦前の時代に関して述べた一種の党派的態度や不満が、新しいかたちのもとに引きつづきあらわれてきたのである。なるほど国際紛争の結果、社会の各階層には新しい機会が開けはしたが、これらの機会は、自分たちの地位のまわりをなおも取り囲んでいる制約や不利益に、一部目を向けさせることになった。女性問題や、（とくにアメリカの場合は）少数民族の問題がそれである。

戦時中、いかに多くの女性が西側諸国や日本において、工業、農業、さらに軍隊に動員されたかについては本章のなかでさきに述べたところである。** 中国においても国民党支配地域、共産党支配地域の双方で女性を戦争努力へ積極的に寄与させなければならないという声が高まり、そのための組織も設けられた。国民党支配地域では、看護婦、調理師、担架のかつぎ手、裁縫人が募集された。延安では、女性の動員はいっそう活発に行われた。彼女らはさきのような活動のほかに、さらに情報収集活動の耳目となり、あるいは（女子の分遣隊が二〇〇から五〇〇ぐらいあった）実戦部隊の志願兵とし

---

* 歴史的な比較としては、C. Emsley, *British Society and the French Wars, 1793-1815* (London, 1979); C. Hill, *The World Turned Upside Down: Radical Ideas During the English Revolution* (London, 1972) 参照。

** イギリスの炭鉱労働者の労苦と低賃金については、Taylor, *English History, 1914-1945*, 547 参照。

---

* 一九四三年七月までの一年半のあいだは、喪失労働日数の週あたり平均は一万〇六一〇日だった。ストライキ件数は四二年には六〇二、一九四三年は前半で四三〇件だった。四三年には、可能出炭量一二七四万八〇〇〇トンに対し、二〇七万五〇〇〇トンがストライキや長期欠勤によって出炭できなかった。戦争最後の年にはストライキによって二四六万六〇〇〇トン、長期欠勤によって一五六万九〇〇〇トンが未出炭となった。Hasluck, *The Government and the People, 1942-1945*, 57-60, 252-60, 388-96.

** 三四八～四九ページ参照。

て活躍した[82]。

その結果、女性の能力に対する尊敬の念が、中国人男性のあいだで、とくに共産党支配地域において大きく高まってきた[83]。一方インドにおいても、この問題に関するガンディーの言葉がより明確なものになっていった。彼はこう書いた。長いあいだ「男性が決めてきた習慣と法律のもとに抑圧」されてきた女性は、いまや「独立闘争における対等の戦友」にならなければならない、完全な自主性をもって「自分自身の運命を作り上げる」ことのできる「男性の対等者」でなければならない[84]。女性には、さらに多くの高等教育の場が与えられなければならないと『ボンベイ・クロニクル』は主張した。一方ボース派の『アザド・ヒンド』は一九四二年に、「インド女性の生活における完全な変革」は「全アジアの宗教的・社会的生活の……根本的な新生」にとって欠くことのできない一環であると述べた[85]。フィリピンにおいても（日本の女性は屈従の生活を強いられてはいないとフィリピンの女性たちは信じていた）、対日協力政府は社会的・政治的変革の達成には女性が決定的役割を果たさなければならないと強調した[86]。

アジアの、とくにインドや中国の女性たちのなかには、時代の激動を利用して自分たちの改革運動を復活させようとする者があらわれた。たとえばインドにおける、結婚、離婚、相続などの問題に関するヒンドゥー法改正を目的とした運動である[87]。インドでは、一九四二年八月に国民会議派指導者が逮捕されたのちも、イギリス支配に対する地下抵抗運動はつづけられたが、そのなかで、アルナ・アサフ・アリらの女性たちはめざましい役割を演じた[88]。一方、国外ではボースがインド国民軍婦人部隊を結成し、部隊名には一八五七年にイギリス軍と戦って死んだ女性の民族主義者、「ジャンシのラーニ」にちなんだ名がつけられた。国民軍婦人部隊と自由インド仮政府婦人部の組織にあたったラクシユミ・サーガル博士は、のちに次のように回想している。「このことはインドの男性たちに心理的に非常に大きな影響を与えるだろうとボースは思った……そして他の国々で女性を兵士として採用している例をあげた……女性が自ら志願して兵役に就くというこの事実こそ、運動全体に真の革命的様相を与えるのだと彼は思った……」[89]。

もちろん女性の真の解放や平等に結びつくものに対する反対は、戦争に巻きこまれたアジア社会のすべてに広くかつ根深く残っていた。ヴィシー政府と同様[90]、中国国民政府や日本政府も、秩序ある健全な社会の維持と再建のためには婦人が家庭内にとどまることが絶対必要だという考えにとりつかれていた[91]。一方、男性側の偏見——たとえば、とくに農村で女性の大多数が自ら認めていた伝統的な女性の役割——は、各所でわずかながら弱まっていった。エリザベス・クロールは国民政府下の中国についてこう書いている。「愛国心の旗のもとに女性たちは新しい政治的・社会的活動を経験し、その結果、古い禁制に正面からぶつかることになった」[92]。共産主義者の知識人である丁玲《ていれい》は一九四二年に次のように述べている。「男性たちには……女性の欠点を社会の現実という背景のなかで見てほしいと思う。昔の社会ではすくなくとも、女性たちはかわいそうだ、不幸だといわれていたのに、今日では『自分の責任』だとか、『自業自得だ』といわれる」。彼女自身も延安で、階級の団結と政治的・経済的改革が女性の権利よりも先決だという主張にぶつかり、長いあいだ沈黙を余儀なくされた[93]。インドの婦人たちは、祖国が独立を達成してからかなりのちの一九五一年になっても、自分たちの地位にとってとくに重要なヒンドゥー・コード法成立のためになお戦いつづけていた。この問題について、パドマヤ・ナイドゥは次のように論じている。

『インドを出てゆけ』運動などが展開されるなかで、感受性に富む何千というインド婦人が、生涯で初めて自分たちの身をよせている家庭というありがたい聖域の外に出た。彼女たちは戦場に来て、兄弟たちの側に立ち、牢獄と棍棒とそしてしばしば死にもまさる屈辱に立ち向かった。もし今日……彼女たちの正当な権利が否定されるなら、苦難の末かちえた自由は一握りの塵にすぎない[94]。

ほかの社会でも、同じようなそして当然の告発が、第二次世界大戦が終わってからのちしばしば女性たちから浴びせかけられた。ヨーロッパの国々では一九四五年以降、女性の雇用機会が著しくせばめられてくる一方、教育の機会も賃金も男性の場合よりも劣悪なままに放置された[95]。アメリカでは男女平等憲法修正案が、一九七〇年代においてもなお意見の分裂をはらんだ問題——そしてまたアメリカ社会内にあとあとまでも階層的な対立を残した問題——だった[96]。日本においては、ドロシー・ロビンス＝モウリ博士の指摘するように、「明治維新後一〇〇年を経て、なお女性は、長年の習慣の結果、精神、感情、行動のなかに深くしみこんだ抑制的な態度から」、また多くの場合、「女性の憲法上の地位……をただ口先だけで認めている」ことから一歩も出ないような男性の態度から、「自分たちを解放しようと苦闘していた[97]」。

だが、すくなくとも戦争に巻きこまれたアジア社会のいくつかでは、（さきに述べたような）一九二〇年代、三〇年代に女性のあいだで始まった、限られた緩慢な政治的成長の過程が、国際間の衝突の時代のなかで大きく高まっていった。たとえば中国では、一九四六年には共産党員の四分の一から三分の一を女性が占めた。国民政府地域においても、農民経済の衰退や「女性動員の戦略と戦術」のような問題を扱った論説が、女性向けの新聞雑誌にますます多く掲載されるようになった[98]。東インドでは、女性運動は「目的は実際的なものだったが、日本の占領中は死んだとはいえないまでも、眠ったようなものだった」が、一九四五年には、日本軍に取ってかわろうとしたオランダ軍に対する最後の戦いのなかで、女性たちは重要な役割を演ずることになった[99]。

アジアの各社会内における女性の地位に関しては、地域によっては以前からの運動が維持され、あるいは強まり、たとえば一九五〇年の中国婚姻法のような方向を目ざして進んでいった。この法律は夫を押しつけられることから中国女性を解放し、真の離婚の機会を保証するものだった。日本においても、戦争がもたらした大きな混乱は、国民生活のこの分野においても長期に及ぶ変革の新しい展望を生み出した。「民主化は破壊と窮乏の平準化作用を通して進んでいった。戦争による社会的・物質的混乱は過去との断絶に格好の舞台を提供した」とロビンス＝モウリは書いている。一方、日本政府はかねてから、勝利達成に貢献するためには、女性は「戦場にある男性にかわっていかなる困難にも対処できるように、自立心を養い、自らの能力を高め」なければならないと説いていた。「日本女性の多くは忠実にこの指示に従った。そのなかで、彼女らは皮肉にも、戦後の改革と新しい権利に対する責任と機会に自ら対応していく態度を身につけていった」とロビンス＝モウリは述べている[100]。

西側においても、たとえば軍需産業で働く女性たちに、男性たちと平等の経済的社会的地位が与えられることはほとんどなかったが[101]、時代の環境はそれら多くの女性たちの態度にも重要な変化をもたらすことになった。たとえば、ネラ・ラストによれば、「生活の瑣末なことに安住している女性たち——戦争中はやりがいのある仕事をしてきた女性たち——の姿を二度と目にすることはなかった」。彼女は一九四三年に次のように書いている。

ズボンは、私の思っていた以上にこの時代のしるしのようだ。男性全体に対する私の軽蔑の気持ちはますます強くなってきた……男性側のこの『創造の神々』のような態度はどうしてなのか？ 私は、得意な仕事では本当に有能な女だ、とこのごろ自分でも思うようになってきた。今まで『半端な』女、『教育のない』女だと自分にやかましくいいきかせてきたが、そうではないのだと……女性はなぜ同僚として『職業人』として見てもらえないのか？ まったく、のけもののような感じだ[102]。

宗教、階層、人種、強まる多元的性格

現状認識や自己認識におけるこのような変化と、たとえばインドネシア人の白人に対する認識の変化とは、驚くほど似たところがある。* 各社会内には、国内秩序に溶けこめず、不満をいだき、戦争の結果、それがいっそう激しくなった階層が存在していた。日本の東南アジア地域の占領は、各社会の多元的性格を減少させるどころか、むしろ強めていった（社会の一方の端に位置する富裕な、たいていの場合、日本に対して協力的な少数者と、他の端に位置する『フクバラハップ団』とのあいだの亀裂がいっそう拡大したフィリピンのように、また中国の農村における大地主とその他の人びととのあいだの亀裂のように[103]）。戦時中のマレー半島における中国人の差別的な地位についてはすでに述べた**——中国人は、マレーの警察は中国人取り締まりのために日本軍によって雇われたものだと思っていた[104]。東インドでは、ヨーロッパ人との混血人は、中国人同様、日本軍からはとくに苛酷な扱いを受け、混血人たちとヨーロッパ人とのあいだの衝突はある女性収容所の日常風景だった。（ラウレンス・ファン・デル・ポストが東インドの捕虜収容所のなかで目撃したところによれば、日本軍は多くのスパ

イや密告者を混血人のなかから集めていた。それも「混血人のなかでも一番激しい不満分子」からだった）。***(105) ビルマでは、ビルマ人とインド人住民とのあいだの緊張は、一九四二年のインド人の悲惨なビルマ脱出に際していっそう激しくなったが、日本軍をすすんで歓迎し援助する多くのビルマ人の態度は、カレン族によって展開された抵抗活動とはまったく対照的だった。カレン、カチンの両山岳民族はその後、イギリスやアメリカの秘密部隊と協力して日本軍と戦い、戦争が終わってイギリス人が永久にビルマを去ってからのちも長く、ビルマ人の支配に対して抵抗しつづけた(106)。

戦争の結果、イギリスがかねての予想よりも早くインドを出ていきそうだという期待が高まり、インドにおける宗教的対立はそのためにかえって激化していった。インドではさきに見たように、イスラム国家分離の要求が極東戦争勃発以前からもちあがっていた。一方、自由統一インド追求の一環としてインド国民軍を組織し、そのなかで宗教的対立を克服しようとしたボースの試みは、ある程度成功をおさめたかに見えた。****（第一次インド国民軍の指導者だったモハン・シンも、分離という考えには終始激しく反対していた）(107)。インド自体においてもとくに『ボンベイ・クロニクル』は「統一の

---

* 二一七、二三三〜二三五ページ参照。

** フィジーにおいても、インド人社会が経済的地位の改善には力を入れながら、植民地軍への入隊にはあまり積極的でなかったことは、フィジー島民（フィジー諸島ではいまや少数派になろうとしていた）の激しい批判を招いた。Scarr, *Fiji*, 291ff.

*** この事実の心理学的説明については、Mannoni, *Prospero and Caliban*, 75 参照。

**** インド軍の宗派別組織と違い、インド国民軍の各部隊では、各宗派が一緒になっていて、モハン・シンもボースも、ヒンドゥー教徒、イスラム教徒、シーク教徒たちが交代で料理した食事を皆に食べさせようとした。（元インド国民軍将校、カルカッタのM・S・バーラットの話）。

……達成」は「もっとも緊急の課題」であるとし、(108) なかでもガンディーはヒンドゥー教徒とイスラム教徒が政治的に分かれて別個の道を歩むことを阻止しようと努力していた。彼は一九四四年九月ジンナーに説いた。

共通の政治的従属を脱したのちにわれわれの独立国家としての資格が問われる、厳しいが、ただ一つの真のテストがやってくる。われわれ共同の努力によってこの従属から脱出すれば、生みの苦しみのなかから政治的に自由な国家が誕生する……インドがイスラムの出現以前から一つの国家として存在していたのであれば、たとえその子どもたちの多くが信仰を変えたとしても、インドの国家としての存在は当然一つでなければならない……イスラムは独立の国家を形成できるという原則がいったん認められれば、インドを多くの部分に分割しようという要求に歯止めがなくなるだろう。それはインドの崩壊を意味するものだ(109)。

しかしながら、インド国民軍の指導者が部下のあいだの宗教的対立を克服することはできなかった*のと同様に、ガンディーもそのあらゆる努力にもかかわらず、(たとえば、彼は成年、未成年ともにいっそうの教育が必要だと主張し、また政治的自覚と統一意識を高めるために、共通語としてヒンドゥスターニー語**の採用を説いた(110)) ジンナーの目的を変えさせることはできなかったし、またジンナーの主張に対するイスラム教徒の支持を弱めることもできなかった。さらにまた会議派の指導者を説いて、事態を救う道だと信じていた融和策をとらせることもできなかった。***

インド社会に根本的な変革をもたらそうとしたガンディーのその他の努力も、この時期にはあまりうまくはいかなかった。彼としては一九四二年には、次のようにはっきりと断言できるものと思っていた。「私の見通しではこの戦争の終わりは同時に資本の終わりを意味する。貧しいものの支配する日の来るのが私の目に見える」と。（一九四五年にはさらに次のように述べている。「あらゆる宗教にはたしかに多かれ少なかれ階級差別が存在している……しかし人間は自分自身を財産の所有者ではなく、受託人あるいは管理人と考え、……それを社会に役立つように使うべきだ[111]」）。だがカースト制度、とくに『ボンベイ・クロニクル』のいう不可触民の「悲嘆と恥辱」は、そのままゆるぎもせずに残っていた[112]。同じように日本でも『ブラクミン』****はずっと差別されていた。とくに軍隊のなかでも差別がつづき、輸送部隊の編制もたいてい別になっていた*****[113]。

一方、とくにナチスの反ユダヤ主義のなかに見られるような人種差別主義は、連合国側から非難されていたにもかかわらず、西欧諸国のなかにも、他の人びととは区別され、地位が一段下と見られて

---

* 一九四六年、イギリス軍情報部は、この面でのボースの成果も表面的なものにすぎなかったと述べている。ボース自身は「最初はベンガル人、次にはヒンドゥー教徒の肩をもっ」た。(CSDIC Monograph No.17) インド国民軍の脱走兵や捕虜に対する一九四四年十一、十二月の尋問記録には、「インド国民軍やインド独立連盟内のイスラム教徒、ヒンドゥー教徒間の険しい感情」についての陳述が繰り返し見られた。(No.5 ADVF.I.C., Monthly Digest) 以上の文書は、ヒュー・トイ大佐の行為による。

** この運動普及のために一九四二年に設立された組織、ヒンドゥスターニー・プラチャー・サバによれば、「ヒンドゥスターニー語は、北部インドの町や村でヒンドゥー教徒、イスラム教徒、その他すべての人びとによって語られ、理解され、相互のあいだで使用されている言葉であり、ナーガリ（古代インド文字）とペルシャ文字の双方によって読み書きが行われ、その文語形体は今日、ヒンディー語、ウルドゥー語として知られている」。ボースもまたヒンドゥスターニー語を共通語として採用することを主張した。

いた人種的少数者が存在していた。（反ユダヤ主義はイギリスや、アメリカ、フランスでも、さらに――それに反対する勇気ある行動が数多く見られたにもかかわらず――オランダにおいてもはっきりと見られた）[114]。ニュージーランドのマオリ族（原住民たちは日本軍を見たらそれと手を握るだろう、と一部の白人兵からはいわれていたにもかかわらず、優秀なマオリ族部隊の忠誠ぶりはそのような疑念を打ちくだいてしまった）[115]について、首相ピーター・フレーザーは次のように確言した。彼らに対しては、戦争によって、いっそう公正な社会的地位が保証されるようになってきた、「今日、白人とマオリ族は一つのカヌーに平和のときも戦争のときも互いに肩を並べて座り、民主主義のうえに築かれ、戦友同士の血によって固められた新しい友情のなかで生きている」[116]。にもかかわらず、完全な平等と差別廃止は達成されてはいなかった。オーストラリアの八万のアボリジニの場合、その大多数の社会的経済的地位は、マオリ族よりもはるかに悪いものだった。（その状態については、ポール・ハスラック、のちのサー・ポール、オーストラリア総督が一九五〇年に下院で次のように述べている。「われわれは国際的な討議に参加し、声を大にして……人権と福祉の擁護を主張しているが、この大陸のいたるところのごみの山にうずくまっている、辱しめられ抑圧されている何千という人びとは、われわれのこの言葉をあざ笑っている」[117]）。

戦争そのものは、いずれにしてもオーストラリアのアボリジニには根本的な変化は何ももたらさなかった。一方、北アメリカでは、さきにふれたように日系人に対する戦争の影響はきわめて苛酷なものだった。カナダでは、人種差別主義者の首相マッケンジー・キングの熱心な賛同のもとに、二万人を超える日系人たちは、外敵と通謀しないようにということで西海岸地帯から追われた[118]。アメリカでは、著名なコラムニスト、ウォルター・リップマンの呼びかけもあり、またローズヴェルトの支持もあって、約一一万人が西海岸から中央部の収容所に移された。その間、財産のほとんどは捨て値で処分しなければならなかった。なかにはこのような処置にとまどいを覚えていた白人もいた――たとえばイッキーズは「残酷でばかげた」処置だと思っていた。しかしこの処置は明らかに一般の大衆感情

***　一九四二年には独立前に宗派間の対立の問題を解決すべきかどうか、あるいは解決可能かどうかについて、民族主義者のあいだの意見は一致していなかった。当時ガンディーの立場は、イギリスに要求して「インドを神に、現代風にいえば無政府状態に委ねる、そうすれば、すべての党は互いにけんかをするか、それとも真の責任に目ざめて、理にかなった意見の一致に到達するだろう」というのであった（*Collected Works, Vol. LXXVI*, 197, 213）。その後彼は、C・ラジャゴパラチャリの提案を受けいれた――会議派指導部は拒否した――が、それは理論的にはパキスタンの分離を受けいれ、イスラム教徒が多数を占める地域には自決権を認めるというものだった（*Collected Works, Vol. LXXVII*, 411）。しかし、ジンナーは一九四四年九月のガンディーとの会談で、そのような解決策には断固として反対した（彼はすべてのイスラム教徒の自決権を主張していた）。そしてさらに独立インドと、分離したパキスタンとが外交や防衛の問題では共同の機関をもつというガンディーの考えも拒否した（*Collected Works, Vol. LXXVIII*, 87ff）。つづいて一九四五年六、七月のシムラ会議では、ウェーヴェルが総督として憲法問題、宗教問題について意見の一致を得ようと努力したが、それも、ジンナーの主張の前に失敗した。ジンナーの主張は、総督諮問会議のイスラム教徒メンバーの指名については、ジンナーのイスラム連盟が唯一の母体として認められる、諮問会議の提案に対しては、イスラム連盟に拒否権が与えられ、それをくつがえすには三分の二の多数決を必要とするというものだった。ガンディーはシムラで、会議派指導部を説得して、諮問会議の会議派指名者名簿のなかにヒンドゥー教徒以外のものを相当数含めようとしたが、成功しなかった（*Collected Works, Vol. LXXX*, 381, 406）。

****　一一六～一一七ページ参照。

*****　戦時中の日本本土での朝鮮人たちに対する残酷な扱いについては、一七九～八〇ページ参照。その結果、約六万人の朝鮮人労働者と三万八〇〇〇を超える中国人労働者が死んだ。また数多くの朝鮮の婦女子が日本兵士への性的奉仕のために国外に送られた。Hane, *Peasants, Rebels and Outcastes*, 225, 237.

にそったもので、大衆のあいだには、抑留者に対する不信と嫌悪の念はいつまでも強かった。ジョン・エマソンが真珠湾事件後のアメリカ国内の情況についてのちに述べているように、「偏見、憎悪、激情、強欲を激しくかきたてることが、歓迎すべきりっぱなことになった」[119]。

日系アメリカ人(抑留者の三分の二は、アメリカ生まれのアメリカ市民だった)の、極東戦争に対する考え方や反応にはさまざまなものがあった。二世――アメリカで生まれ育った第二世代――の場合、大多数はアメリカとの一体感はおそらく完全なものだった。真珠湾のニュースが届いたとき、一人の二世は日記に次のように記している。「われわれのアメリカ魂を示すのはこの時だ」。そして抑留中も家族たちに「白人指導のもとでのアメリカ化計画」の必要を説きつづけた[120]。二世のなかには入隊を許された者もあった。そして彼らの第四四二連隊戦闘部隊はアメリカ陸軍の歴史のなかでももっとも栄誉ある部隊となった。しかしながら二世のあいだには憤懣も大きく、それはたんに収容所のなかばかりではなかった。たとえばワシントンの戦略事務局調査分析部で活動しながら、そのなかでは二流としてしか扱われなかった人びとのあいだにも憤懣は大きかった[121]。日本からの最初の移民の世代――一世――の場合は、戦争に対する態度はいっそう複雑にゆれ動いた。アメリカの敗北は望まないにしても、「日本に対して同情」を寄せている人は多かった。たとえば右に日記を引用した二世の父親は、自分が生を受けた国は「人種平等のために闘って」いるのだと信じていた。結局、一万八〇〇〇の日系アメリカ人が当局からアメリカ国家とその主義に根本的に反するものと見なされ(そのなかには多くの帰米日系アメリカ人――教育の大部分を日本で受けた二世――や、自分たちの受けた待遇の結果、アメリカへの忠誠心が憎悪に変わった一部の二世が含まれていた)、テュール湖畔の隔離収容所に移された。そしてその半数近くが戦後日本に送還された。

しかしながら日本に敵対していた各社会のなかで最大の人種問題は、アメリカの黒人住民の地位に関する問題であった。極東戦争とそのかかえている植民地問題に対する彼ら黒人の態度については、さきの各章ですでにふれているが、国際紛争の勃発は、多くの黒人たちの社会生活にも大きな変動をもたらした。たとえば七〇万の黒人が南部の田舎を出て、北部の都市や軍需品生産工場に移った。(一九四二年の半ばごろは、黒人は軍需産業労働力の三パーセントを占めるにすぎなかったが、戦争末期には八パーセントを超えた)[122]。さらに何十万という黒人が兵役についた。そして彼らのほとんどにとって――アメリカ人の多くは認めたがらないだろうが、アメリカ社会全体にとっても――戦争がつきつけた問題は、一九四二年四月に雑誌『アジア』の白人編集者が提起した問題、すなわち「われわれは一三〇〇万の黒人市民の平等を否定するアメリカ民主主義を救うために戦っているのか?」という問題だった。いいかえれば、アメリカの黒人は、その圧倒的多数が望んでいる「二つの勝利」を達成できるだろうか、すなわち外には国家の敵、内には人種差別廃止と平等に反対している者たち、この両者に対する勝利を達成できるだろうかという問題だった。

この問いかけに対する答は、「ノー」だった。著名な白人アメリカ人(とくにエレノア・ローズヴェルト)の黒人運動への支持にもかかわらず、戦時情報局の大統領あての秘密報告が述べているように、「すべての地域で白人住民の多くはニグロに対し、かたくなな態度」をとりつづけた。閣僚のなかには、一九四三年にデトロイトで起こった人種暴動が、他にも飛び火するのではないかと恐れていた者がいたにもかかわらず、ローズヴェルト自身は国民生活のこの面については、とくにあいまいかつ小心な態度をとっていた[123]。(ブルムはこう評している。「政治的考慮を優先させた彼のスタッフたちの関心は、市民的権利よりもむしろ南部の不安を取り除くことにあった」)。黒人の大多数はずっと選挙権を与えられないままだった。軍需工場においても、黒人の男女は、大統領命令にもかかわらずさまざまな面で差別待遇を受けていた。黒人は最初は海軍への入隊はまったく認められなかった。一方陸軍では、（日本の『ブラクミン』の兵役勤務の場合のように）戦闘よりも労役や兵站業務を主とする部隊のほうにまわされた。（全米黒人向上協会のウォルター・ホワイトは、一九四四年に陸軍省あてに次のように書いている。「黒人を……非戦闘部隊に集めることは、他のどのような環境よりも戦争に対する熱意を阻喪させる」[124]。そのうえ陸軍に勤務している黒人たち――とくに下級将校たち――は、アメリカ南部での教育期間中は白人の市民から、国内と海外では白人将校と兵隊たちから人種差別の激しい敵意をあびた。*それは時には黒人の殺害事件にまで発展することもあり、黒人のあいだでは、南部の「貧乏白人」はドイツ人や日本人のような敵とまったく同様に見られることが多かった。のちに陸軍のある黒人大佐がいっているように、戦争は、黒人兵士にとっては「人種的悪夢」だった[125]。

　アメリカ社会における黒人の地位に戦争がおよぼす全般的な影響に関しては、意見は分かれていた。たとえば戦争によって多数の黒人青年が軍隊に召集されたために、彼らが「一致して直接行動に出ることは、おそらくここ数年はない」だろうともいわれていた。そしてホワイトや全米黒人向上協会の主張する方針に沿って人種差別撤廃を目ざすか、それとも第一次世界大戦後にガーヴィーが主張したように、黒人独自の主体性確立に力を集中するかという黒人のジレンマは未解決のままだった[126]。だが一方、ポーレンバーグのいうように（すでに見たように、これは数多くの女性の場合にもあてはまることだった）「黒人の目からすれば、戦争中、障壁がいくらかでも取り払われたために、残りの障壁はいっそう耐えがたいものに思われてきた[127]」。そのうえ、場所的にも職業の面でも、そのただなかに黒人が入ってきたために白人のなかにはいっそうかたくなな態度をとる者もでてきて、人種間の緊張はより激しくなった。ウォルター・ホワイトは一九四五年、極東の非戦闘部隊訪問中に、全米黒人向上協会のスタッフにあてて次のように書いた。「私が話しあった兵隊の多くは、故郷への帰途、サンフランシスコに着いたときに、民主主義のための彼らの戦いが始まるものと思っている」[128]。

＊

自分たちの社会的・経済的・政治的権利のために戦おうという決意がアメリカ黒人のあいだにこのように高まってきたのは、明らかに彼らの多くが戦争によってまったく新しい経験を得たためであった。第一次世界大戦のときには、アメリカの黒人兵たちはイギリスやフランスで受けた待遇を自国内での自分たちの社会的地位と引きくらべ、北部の工場にいた他の黒人たちと同様、憤懣の念をかきたてた[129]。今回もそのほとんどが差別意識をもたない、時にはしばしば同情的でもあるイギリス人のあいだにいたとき、黒人兵士のなかには同じような反応が起こった[130]。ウォルター・ホワイトは、一九四四年にイギリスを訪れたとき、ほとんどいたるところで、黒人兵士に対するあたたかい賞讃の声を耳にしたことについて、興味ある次のような感想を書き記している。

＊　このような態度は、アメリカ軍部隊の移動とともに、国外にまで持ち出された。たとえばウォルター・ホワイトが一九四五年三月にオーストラリアで経験したところによると、彼がシドニーで会った人びとの多くの話では、彼らは白人兵にしか出会わなかったが、その白人兵のなかには「黒人たちは文盲で法律を守らず、病気にかかっていて、しっぽがはえているという、例の話をいいふらして」いた者がいたという。White to N.A.A.C.P staff, March 23, 1945, NAACP Papers, box 583.

一つの要因は、イギリス人の六割から七割の人びとの平均収入が、週三ポンド一〇シリングで、多くのアメリカ黒人の平均賃金に相当する額だという事実である。ここから経済的な一体感が生まれてきたようだ。黒人兵たちは、アメリカ国内のように一般には普及していないラジオ、自動車、浴槽などの設備の不足のことをイギリス人の前ではあまり口に出そうとはしない(131)。

ほかにも戦争によるまったく新しい経験から、現在の世のなかの体制について鋭い疑問を投げかけた人びとがいた。たとえば、マレーのジャングルのなかを漸進する、勝利に勇む日本軍の姿を周囲に見て、自分がそのもとで生まれ、そのもとで教育を受けてきたイギリスの支配を拒否しようと決心した若きモハン・シンの場合(132)、あるいはロンドンの外務省から転属になり、初めてカルカッタの貧困と絶望を目にしたイギリスの若い官吏アンドルー・ギルクライストなどの場合である(133)。だがほとんどの場合、異国の環境はただ、自分たちの社会の秩序と価値への信奉心をいっそう強めただけだった。とくに中国駐留のアメリカ兵の場合がそうだった。* また、ニュージーランドのフェザーストン収容所に抑留されていた日本人捕虜（前に見たように不名誉とされた人びと）にあのような力が残っていたのも、明らかにこの同じ例である。彼らは一九四三年二月、のちの査問会議の記録にあるように、「日本軍の伝統に鼓舞され」て収容所側の要求した作業を拒否し、看視人に暴行したため、四八名が殺され、六一名が負傷したのであった(134)。

だがこのほかに、まったく未知の環境のなかで、新しい社会秩序を自分たちの力だけで新しく築きあげていかなければならなかった人びともいた。たとえば東インドで日本軍に抑留されたオランダ、イギリス、オーストラリアの白人女性や欧亜混血の女性たちの場合である。生活手段ばかりか今までの地位身分も奪われ、「総貧困という強制された平等」に直面した彼女たちは、それまでの経歴の上下によって最初から指導者が決まるような男性の場合とは違い、あらためて指導者を選ばなければならなかったのである。[135]

　このような女性抑留者の場合、戦争のもたらした環境はたしかに異常なものだった。異常な環境といえば、日本軍の戦線の後方で活動していたイギリス特別情報作戦部隊やアメリカ戦略事務局のメンバーたち、あるいはフランス、オランダ、オーストラリアの同種の組織のメンバーたちの場合も同様だった。[136]だが、本章の初めにあげた多くの数字の陰には、戦争に巻きこまれ、生活を根底からゆさぶられた人びと、その境遇や役割は秘密の戦士たち以上に知られていないような膨大な数の男女も存在していたのである。たとえば中国南部の雲南省の住民の場合、突然その地域は「国の文化的・経済的

＊「アメリカ軍のほとんどの下士官や兵たちとたいていの将校に共通して見られる根深い感情の一つは、中国に対する軽蔑と嫌悪だった」(T. H. White and A. Jacoby, *Thunder Out of China*, London, 1947, 157)。ある優れたアメリカ人の従軍記者が次のように書いている。「アメリカ人は……自分が現在滞在している国の見知らぬ人びとや習慣には、辛抱していられない。国に帰ったら、もう二度と外国には来たくないと彼らはいっている」(Ernie Pyle, quoted in Blum, *V Was For Victory*, 65. Spector, *Eagle Against the Sun*, cap. 18)。これとは対照的にマーガレット・ミードは、アドミラルティー諸島の原住民に対する多くのアメリカ軍兵士の態度のことを、熱をこめて語っている（*New Lives for Old : Cultural Transformation : Manus, 1928-1953*, New York, 1961, 151)。だがオーストラリアの「沿岸警備隊員」――ニューギニアや、北東のアドミラルティー諸島の日本軍の後方から、オーストラリア軍やアメリカ軍部隊に情報を送っていた――の指揮官の意見では、「現地人はたんなる消耗品で、消耗品的人間ではなかった」(E. Feldt, *The Coast Watchers*, London, 1967, 220)。これに関連した社会心理学的研究については、I. de S. Pool, 'Effects of Cross-National Contact on National and International Images', in Kelman, *International Behavior* 参照。

生活のなかに統合」され、北と東から避難民が流れこみ、大学や工場が設立され、かつての沈滞が「知的・文化的・政治的激動の中心」と化したのであった[137]。また、北部ビルマの山岳やジャングルのなかであの大胆かつ無益な中国への道路建設に従事した一万七〇〇〇人のアメリカ兵の場合、その多くはニューヨークのハーレムやシカゴやデトロイトから出てきた黒人だった[138]。アドミラルティー諸島の約一万四〇〇〇の住民の場合は、日本軍の占領によって、伝統的な作業法や家族の義務が破壊され、深刻な社会的変化が生まれた。さらにその後、一〇〇万を超すアメリカ兵が上陸してきて、近代戦のためのあらゆる機械と薬品を持ちこみ、大混乱がもたらされたのである[139]。日本やイギリスでは、それまで都会以外の環境にはまったくなじみがなかった子供たちが都会を離れて農村に移った。あるいは閉鎖的な日本の国内環境からマレーに派遣されてきた農民出身の兵士たちは、(そばには自分たちよりもさらに勇猛な朝鮮人の兵士がいた)現地の「劣等」人種を痛めつけることによって、すくなくとも国内社会で長いあいだ耐えてきた劣等感と上からの強い圧迫から解放されることができた[140]。最後に、人びとの生活が『一斉に』狂わされた例として日本国民全体の場合があげられる。一九四五年八月、降伏の報道が「日ごとの死の恐怖から脱出できた安堵感」と「呆然自失の虚脱感」をもたらしたとき、そこには複雑な感情の流れが渦巻いたのであった[141]。

以上の例は、戦争によってもたらされた経験の質や範囲を明らかにしてくれる一方、また疑問も提起する。本章では戦争によって経済面、社会面の構造的な大変革が(規模や影響がそれほど深刻でもなければ長期的でもない他の変化とともに)、アジア、西欧の双方でいかに生まれ、早められてきたかを示そうとした。たとえば新しい産業の出現、都市化の増大、経済と生活に対する政府指導の強化などである。そして、地理的にも文化的にも遠く隔たった各社会のなかで、戦争が指導層の構成や力にどのような影響を及ぼしたか、また他の階級あるいは人種別、性別の各集団の仕事や生活水準、さらには態度にまでどのように影響したかを明らかにしようとした。それは苦難と死だけではなく、いかに新しい展望と期待をもたらしてくれたかということでもあった。しかしながら、そこにはいくつかの点についてある一定の共通型が認められると同時に、個々の場合の複雑な因果関係（それを十分に説明しようとすれば複雑にならざるをえない）とあわせて、数多くの変化もまた見られるのである。右にあげた例からも見られるように、戦争はアメリカからアドミラルティー諸島に及ぶ人びとの生活に深刻な影響を及ぼした。そして、そのほとんどの場合に、近代機械の影響と並んで「近代」思想の影響が認められる。（これについてはさらに次章で検討する）。だがそこには変化と変差の問題が、なお存在していたのである。

さきに戦前の情勢に関する章でも述べたことだが、本章でも、影響力が地域的な性格をもつ事象についていくつかふれてきた。たとえば近代戦による物質的破壊をどの程度直接に経験したか、あるいは社会構造や政治組織の性格、政治風土の独自性や物質的資源の大きさなどである。個々の現象は、これらとの関連のもとで――本書のまえがきのなかで引用したマーガレット・ミードの論によれば、文化的相対性のもとで――はじめて理解が可能になる。だがそれは、より広範にわたたって存在していた可能性のある現象を明らかにするために、さらに深く探究することが無駄だということではない。そしてまた事例を比較対照して述べている本章の場合、次のような疑問を提起するのはもちろん適切なことであろう。*たとえば、戦争中、社会秩序に対する反抗は、なぜアメリカの黒人のほうが日本の『ブラクミン』よりも激しかったのか？　すべての人間の基本的な平等を承認し、それに基づいて根本的な社会変革を行うことが緊急の要だという現代の声が、国内的にも国際的にも大きくわき起こっていたにもかかわらず、インドの不可触民たちは、なぜ自分たちのおかれた地位に対して反抗しなかったのか？　一方、インドのイスラム教徒が、すくなくともそのうちのかなりの部分が、自分たちの国家の分離独立に懸命になったのはなぜか？　日系アメリカ人のあいだに、抑留についてあのように反応の違いがあったのはなぜか？　男性支配下にある国内社会の女性と外国の支配下にある国民、この両者がいだいている自己像や期待についてどこまで比較類推が可能か？　等々である。

なお、これらの点に関する社会心理学的な考察については、すでにこれまでのページの各所で、たいていは傍註のかたちでふれておいた。したがってここでは、とくに四年におよぶ総力戦のあいだの各社会や国家内での反抗と服従という現象について、さらに全般的な検討を進めようとする場合に参考となる社会学的論考がほかにもあることを指摘すれば足りるだろう。*

このような論考にふれたからといって、それは一九四一年十二月から一九四五年八月までのあいだ、恐ろしい環境にあって前途の不安におののいていた多くの人びとが、いかに目的意識と希望とをもちつづけることができたかを理解するには、常識というものを（この点についてももちろん文化的相対性の問題があるのだが）無視してかからねばならないということをいおうとしているのではない。カルカッタの『ザ・ステイツマン』の編集者が述べている次にあげるような心理過程は、おそらく多くの人も経験しただろうし、それは実験室での実験の結果を待たなくともわかるだろう。イーアン・スティーヴンズはのちに回想して次のように述べているのである。「頭のなかは二つに分かれていて、そのあいだにはカーテンがおりていた。理論的な部分のほうは、今起こっていることの冷厳な意味をすべて見通していた。しかしもう一つの本能的な部分は、ただもう見まいとしていた、そして独り閉じこもったきりだった」(142)

人びとのたいていが、このようにして極東戦争による衝撃を和らげたかどうかはともかく、本章やさきの各章のように、軍事的、経済的、社会的な情勢の動きを、広範な関連のなかで扱わなければならない場合には、個人としての経験はすべて、あまりにもあっさりとおおい隠されてしまうことになる。そうかといって戦争に巻きこまれた何百万のうちのごく少数の人びとの生活の一コマをあれこれ選んでみても、この間人びとのおかれた情況や対応のすべてをカバーしきれるものでないことはもちろんである。ここではただ無味乾燥な説明の一つの補足として、数字であっさりと流したその陰に潜んでいる「生と死と変化」を生の姿で語ってくれる三つの例をあげることにしたい。

*

ロバート・ハーディー博士。彼はタイ‐ビルマ間の鉄道建設のために日本軍によってタイに連行さ

* 第一次、第二次の両世界大戦とも、イギリスよりもフランスのほうに労働者階級のより過激な急進主義が生まれたが、その過程については、L. Gallie, *Social Inequality and Class Radicalism in France and Britain* (Cambridge, 1983), cap. 12 and 267-8 参照。

* バーリントン・ムーアがその著『不法＝服従と反抗の社会的基礎』(*Injustice : the Social Bases of Obedience and Revolt*) のなかで展開した主張、とくに「社会的調整」の性質と問題、「社会的不平等に関する大まかな一応の原理」の確立にあたっての「教育」過程、および「黙示、ときには明示の社会契約」の絶え間ない改定などに関する論述参照。ムーアの他の議論のなかには、本章で述べた事例のいくつかに関連するものがあり、そのなかには、彼のいわゆる、「服従と反抗の限度」に関する支配者・被支配者双方の側の「実験と発見」の不断の過程に関するもの、さらにまた、不法の意識ととくに自尊心や集団の結束の程度との関係、やむをえないものと容認できないものの定義の変化、友と敵の転換に関するものが含まれている。

れてきたイギリス人捕虜の一人だが、一九四三年七月、ひそかに隠し持っていた日記のなかに、重病のオランダ兵とインドネシア兵の一行の情況を次のように書き記している。彼らはもうこれ以上労働には耐えられないというので日本軍に遺棄されようとしていたが、そのほとんどが死者一万六〇〇〇人を数えるような捕虜の状態のことで抗議しようとしたのであった。

ジャワ島の一人の青年は結核で死にかかっていた。一人は赤痢で倒れ、死も迫っていて、汚れた毛布はすでに腐敗と死の臭いにひきよせられた青蠅の山だった。病人の後送が認められず、このような絶望的な状態になるまで放置されたことは、人道に対する日本軍の認識の程度をあらわしている。全員が衰弱し疲れ切って、ただ息をしているだけの骸骨のような姿は、ぞっとする光景だ。汚物にまみれ、髭はのび、マッチ棒のような足でよろめきながら立っているのがやっとだ。憔悴しきった顔、目は苦悶と絶望でどんより曇っている。病人に対するこのような非人間的な扱い、技師たちや看視人が鉄道建設の労働者たちに加える野蛮な残虐行為、これらを日本軍当局にいくら抗議しても何の効果もない。(143)

もう一つは日本人の女優、仲みどりの例である。彼女は広島の原爆による十万人におよぶ死者のうちの一人だが、亡くなる前に、一九四五年八月六日の日の自分の経験をくわしく述べている。

急に部屋中が白い光でいっぱいになりました。とっさに、これはきっと熱湯のボイラーが爆発したんだと思いました。すぐに気を失いました。気がついたときは、あたりは真暗でした。それからだんだんと壊れた家の下敷きになっていることがわかってきました。……顔の上をなでてみました。怪我はない！　ただ手と足を少しすりむいているだけです。そのまま川まで走っていきました。そこでは何もかも火につつまれていました。私は川のなかに飛びこみ、川下に流されていきました。二〜三〇〇メートルほどもいったところで、兵隊さんに助け上げられました。

仲みどりは、その後二週間ほどして放射線病で亡くなった。彼女の身体は「しわくちゃで、羽根のように軽かった」という。[144] これより二年足らず前、ギャヴィン・ロングは、ニューギニアの原野でサテルバーグ路をはさんで敵と対峙するなかで、それほど劇的ではないが、同じようにきわめて苛酷な環境のもとでの、あるオーストラリア兵の行動を次のように書きとめている。

死体は道路脇に埋める。戦友が荷箱の木枠で十字架を作り、それに缶詰のブリキを張り、銃剣かナイフの先で名前と番号を彫りつける。時には戦死者の鉄帽を墓の上に置く。私は大隊本部の前の道路脇にすわっていたが、一人の兵隊が走っていくのを見た。彼はそこに停まっていた戦車の前部に帽子を投げた。数分後に姿を見せた彼は、手に連隊救護所のエーテル液で殺した美しい蝶を持っていた。胴体を切り離し、故国に送るために翅を注意深くたたんで、それを煙草の包み紙のセロファンに包んだ。[145]

第9章　自己と未来を見つめて

団結と分裂と変革

前の二章で見たように、この戦争は多くの国家の内部に大きな社会的変化と不安をもたらすと同時に、一方では人びとの自己反省を促し、以下に示すように、それぞれの国民の行動や資質について、しばしば批判的な意見を生み出した。だが「高等政治」の領域では、すくなくとも表面的にはあいかわらず同じような状態がつづいていた。もっともその中身は当然、国によって大きく違っていた。

戦時中のこのような状態は、一つには、第三章のなかで検討した真珠湾事件前の各国の政治のあり方によって説明できるだろう。たとえば日本では、開戦を機に東条が広範にわたる権能をその身に集中させたにもかかわらず、彼には依然として独裁的な権力はなく、彼をその地位に就けた各圧力集団の信任をつなぎとめておかねばならなかった。官僚制度は、さきには真の民主的な政治組織の発達を妨げたとすれば、今回はベルリンに樹立されたような政権を作るうえでの障害となった。天皇制の場合も同様だった。一九四四年七月の東条政権の崩壊、後継者小磯大将の一九四五年四月の辞任、このいずれの場合も血を見なかったことは、本質的には戦前の制度がそのまま機能していることを示していた[1]。この制度のなかでは、もちろん軍部が多くの面で支配的な役割を演じていたし、国家そのものの性格も基本的には全体主義的だった。(議会の選挙は厳重な管理下におかれた。会期中、時には不安の念が表明されることもあったが、政府に対する実質的な反対はまったく見られなかった*。報道機関に対する統制はますます厳しくなり、真珠湾事件前に作られた「隣組」は、政府が国民の日常生活をますます多くの面にわたって指導するための手段となった[2])。にもかかわらず、根底を流れる社会的一体感とすみずみまで浸透した忠誠心は、政権のいかんに関係なく、総力戦の環境下にあっても以下に見るようにその力を保持していた。

外部から見れば、戦時中の日本はほとんど完全な団結の姿を示していた。この点では、様相はまったく違ってはいたがイギリスの姿もまた、際立っていた。なるほど一九四二年には、前にふれたように軍事的敗北がつづくなかで、一部では最上層部の根本的な変革が行われるに違いないと思われはじめた時期があった。(「首相はこれ以上その地位にとどまってはおれないだろうと皆が信じている」と、イーデンの秘書はその年の二月の日記に記している[3])。しかしA・J・P・テイラーの言葉によれば、「世論をなだめるための」手を打たなければならなかったこのような時期でも、チャーチル自身は、戦争の指導者として英国民の圧倒的多数の支持を得ていた――一九四〇年七月から四五年五月のあいだに行われた世論調査では、支持率が七八パーセントを下ることはなかった――そして、戦争末年の夏まで連立政権の基礎はゆるがなかった。(その後も、ベヴィンを外相に据えたアトリー労働党政権は、すくなくとも外交政策の分野では、以前からの路線を踏襲し、労働党左派をくやしがらせた[4])。

政治的な一体度という点で、イギリスや日本の対極にあったのが中国である。そこでは一九四一年から一九四五年のあいだ、根深い分裂状態がつづいていた。南京の融和的な政府、北部の閻錫山《えんしゃくざん》や広西の李済《りさい》、雲南の竜雲のような軍閥、[5] それに東海岸の都市の拠点を追われ、国民党各派間の際限のない権力闘争に明け暮れている重慶の国民政府、これらの各勢力が割拠したままだった。そして縁故と専制の支配する重慶政府は、大きさの点では問題とするに足りない中国民主政団同盟を踏みにじり、[6] 一九四四年二月には、約五〇万におよぶ国民政府軍の精鋭を北西部の共産党地域に対して展開させていた。（蔣介石は側近には「日本軍は皮膚のただれだ。だが共産匪は心腹の患いだ」と言明していた）。延安の共産党政権の場合にしても、批判に対して寛容でなかったのは蔣介石政権の場合と同様だった。（思いきってその地に足を踏みいれた共産主義者のインテリたちも、さきに丁玲の場合に見たように「整風運動」によって沈黙を強いられた）。そして全知の指導者、毛沢東に対する個人崇拝の動きがすでにきざしはじめていた。[7]

中国の場合は極端な例だが（前に述べたように、アメリカは中国国内の和解と協調のために努力したが、もちろん効果はなかった）、交戦国のなかにはほかにもイギリスや日本とは違って政治的統一を欠いた国々が存在していた。オーストラリア、ニュージーランドの両国では、労働党の単独支配がつづき（ニュージーランドでは一時、より広い基盤のうえに立つ政府が作られた）**、一九四三年の八月と九月にそれぞれ行われた選挙で有権者の支持を得た。[8] 同年の初め、チャーチルはアトリーに次のように述べた。「いいですか、われわれが相手にしているキャンベラの政府は、オーストラリアの代

＊ 一九四二年十月の東条内閣の閣僚には、選挙によって選ばれた議員は一人もいなかった。戦時中、政党は完全に消滅した。一九四三年四月には二人の政治家が入閣した。小磯は一九四四年九月に二四人の議員を政務次官に任命したが、これは国民の支持を狙った、まったくの見せかけにすぎなかった。

表ではないのです」[9]。アメリカでは、共和党の大統領候補トーマス・デューイが党内の深刻な分裂を解消させたにもかかわらず、一九四四年の選挙の結果、ローズヴェルトの治世がそのまま延長され、民主党政権がつづくことになった。このため一方では、連立政権を樹立することも、激しい政治闘争に終止符を打つことも、できなくなり（ペレットによれば、一九四二年の夏には「戦時下の政治的和解という考えは完全につぶれてしまった」[10]）、アメリカ国民のかなり多くがローズヴェルトに対していだいていた深い疑念や憎悪すらも、解消できないままになってしまった[11]。フランスは、第二次世界大戦中、中国の場合と同様、国内の重大な対立をかかえたままだった。ド・ゴールの国民解放委員会は、一九四四年に臨時政府に改組され、それによって国家の支配をめぐる対立抗争はある程度決着がつくかに見えた。しかし、ヴィシー政府が崩壊したのちもまだ、国民全体のなかにも、またドイツ軍に反対していた人びとのなかにも深刻な分裂がつづいた。

しかしながら、共同一致のかたちがつづこうと、内部の亀裂があらわな状態がつづこうと、極東戦争に巻きこまれた国々では、たとえ大きな変化の動きが国民生活の表にはあらわれなかった場合でも、古い型の政治がそのまま安泰だったところはなかった。だが、一見例外のように見えるのは、日本を別にすれば、おそらくオランダであった。第三章で見たように、敗北、そして占領、その余波と衝撃のなかで、政治の基礎からの完全な立て直しが必要だという考えが一部で主張されはじめた。一九四二年五月には、ノールト・ブラバントの収容所で、政界、宗教界の各団体の主だった人びとが集まり、各階層の利益の多くを包含した国民的規模の新しい政治運動の展開が検討された――これは統一への可能性を秘めた動きだった。ウィルヘルミナ女王も賛同し、地下発行紙『ジェ・メティエドレ』からも支持された。だが一九四五年五月に新組織「オランダ民族運動」が結成されたにもかかわらず、願望を行動に移すことはできなかったし、政党結成にもいたらなかった。そのかかげる主義主張は、社会民主主義者にとっては微温的であり、カトリック教徒にとってはあまりにも過激すぎた。* その年、一定の変化は、(とくにレジスタンス分子の入閣、すなわちその一人、W・スヘルメルホルン教授がその夏ヘルブランディーにかわって首相に就任したことによって) オランダ政治のうえにも起こった。しかし、政治風土と組織形態の基本的な多元性——多くの柱が構造全体を支える——は本質的には変わらなかった。(12)

だがオランダが、ヨーロッパにおける戦いのなかで、場合によっては革命的ともいえる政治的発展を生み出した広範な動きの影響をまったく受けなかったということではけっしてなかった。(13) とくに一九四三年以来、政治論争は当然、主として地下からだったが、今までとは違った鋭さを帯びてきた。戦争とそれにともなう苦難は、とくに労働者階級の政治的自覚を促し、ソヴィエト連邦に対する賞讃

** ニュージーランド労働党は、一九四二年、労働党七名、反対党六名 (党首S・G・ホランドを含む) をもって、フレーザーの戦時内閣を組織することに同意した。議会の任期は戦争継続期間中とし、内閣は毎年見直すということになった。しかしながら、炭鉱ストライキに対する意見の相違から、反対党四名が閣僚を辞任し、戦時内閣は終わりを告げた。選挙では労働党は四七・三パーセントの支持を得、二、三の議席を失っただけだった。(その前の一九三八年の選挙では、得票は五六パーセントを超え、一九四六年の選挙では五一・五パーセントを獲得した)。二大政党間の敵意は時に激しくなった。一九四四年三月、『スタンダード』はこう主張した。反対党は「反動の徒で、労働党政権と戦うための資金をふんだんに提供してくれる既得権益集団の要求に合わせ、いつもまるで人形のように踊り出す」。

* 「オランダ民族運動」は一つの運動としてつづけられたが、それがもっとも政治組織らしくなったのは、一九四六年の初め、社会主義者や自由民主主義者らによって労働党が結成されてからである。

の声が高まるにつれて、レジスタンス運動内における共産勢力（共産党機関紙『ディ・ヴァールハイト』の発行部数は、一九四四年末には、おそらく一〇万に達していた）は、国の将来に関する論議に際し重要な役割を演じはじめ、たとえば、一九四三年にこの問題に関して地下の主要各派が共同で発行したパンフレット、『オム・ネーデルランズ・トーコムスト』にその意見を寄せた。ある研究者によれば、「既成の社会経済秩序に対する拒否や反抗のなかにあらわれた……広範な急進的傾向」が、労働者階級全般にわたって存在していたのである。(14)

同様の、しかしはるかに激しい動きがフランスに高まっていた。ヴィシーの保守派や多少彼らを支持していたファシストたちまで「国家の社会政治制度の完全な改革」を目ざしていた。スタンリー・ホフマンも指摘しているように、社会変革のいくつかの面に関しては「ヴィシーとレジスタンスとのあいだはつながって」いて、この激しく対立する両派は無意識のうちに協力し、結局「フランスを新しい社会体制の入口にまで引っぱっていった」のであった。(15)一方では、ジャーク・ドリオのフランス人民党が、フランス社会主義の伝統を外国産のマルクス主義に対抗するものとしてほめたたえ、「両大戦間の危機や、一九四〇年の敗北によって政治的に目ざめた、かつての穏健な非政治的下層中産階級の急進化を反映していた」(16)し、他方共産党の地位は（キリスト教民主党と同様に）レジスタンス運動での役割によって大きく強化された。それぞれの変革のプログラムはどのようなものであろうと、ほとんどが敗北と占領に対しては「真の社会革命」（戦時中のイギリス国民の努力のなかから今生まれつつあると一部で思われていたような）をもって応えなければならないと確信していた。(17)そして一九四五年の選挙の結果示された政治形態は、一九三〇年代以来の変化の大きさを物語るものとなった。*

イギリス社会が協力一致の努力の陰で大きな政治的変革を経験していった過程については、ポール・アディソンの著『一九四五年への道』（*The Road to 1945*）のなかで明らかにされているので、ここではほとんど繰り返す必要はないだろう。社会福祉事業の将来に関するベヴァリッジ報告に対して一般民衆の示した反応は、チャーチルを戦時下の国家の指導者として受け入れていた多くの人びとが、戦争終結のかなり以前から国内政治の面では彼から離れていったその動きを、はっきりと示したものの一つにすぎなかった。そのうえ、一九四五年に労働党が圧倒的な勝利をおさめるその前から、首相自身の党である保守党の一部の大臣たちの助力のもとに、たとえば陸軍教育委員会のパンフレット『イギリスの道と目的』（*British Way and Purpose*）の一つに要約されている次のような大胆な確信と目的を目ざして、すでに立法化の動きが始まっていたのである。

両大戦間の時期には数々の社会的進歩が見られたにもかかわらず、イギリスの状態には今なお改善すべき多くの点が残されている。戦争は、さしあたりこれらの社会的悪のうちのいくつか、とくに失業を取り除いた……そのうえわが国の都市が空襲を受けたことは、多くの都市を、より便利な文明都市に再建する……機会を与えてくれた……戦争はまた……経済の優れた教師であり、失業は不可避なものではないこと、物質的条件を改善するうえで制限となるのはポンド、シリング、ペン

* 一九四五年九、十月の選挙では、共産党は二六パーセント、社会党は二四パーセントの票を獲得した。約九〇万の党員を擁する共産党は、いまや最強の党となり、党首モーリス・トレーズは、入閣のためモスクワから帰国した。反対に、戦前強力だった急進社会党は、わずか六パーセントを得るにとどまった。ド・ゴールは依然カリスマ的存在ではあったが、戦争終結直後の時期には、広い政治的基盤をもたず、一九四六年一月には首長の地位を退いた。

スではなく、国家の人的物的資源の質と量であることをはっきりと教えてくれた。戦後しばらくは生活は楽ではないだろう……だが国民の民主的意思がはっきりと表明され、権力を託された人びとに明白な戦闘指令が与えられれば、かつてわれわれの知るいかなるものよりもはるかに優れた文明を築き……あげられないはずはない[18]。

前章に示したように、期待された社会改革は結局達成されたのかどうか疑問だということもできよう。しかし戦争中イギリス国民のあいだで、そのような社会改革の実現が期待されたことは、疑いのないところである。たとえば、情報省のために一連の映画製作にあたっていたうちの一人は、当時ひそかに次のように考えていた。

好むと好まざるとにかかわらず、われわれが今ここで経験しているのは、世界的な社会革命だ。それは今後ますます強力になっていくだろう。そのためにイギリス国民は戦っているからだ。主眼は社会経済の根本的変革だが、その意味と事実を直接の戦争努力に結びつけることが、今日の記録映画の仕事だ……われわれの映画は宣伝の突撃部隊でなければならないのだ[19]。

このような認識——そして精神の高揚——は、たんにイギリス政治の意識的左翼のあいだに見られただけではなかった。強調点や用語にはもちろん大きな違いはあった。だが保守党の閣僚リチャード・ローが一九四二年に、イギリス国民は「精神的再生を経験」しつつあるという自分の確信をひそかに書きとめたとき、かつての作家として彼は大胆な言葉でこの現象にふれていたのである。A・

J・P・テイラーはこう述べている。「イギリス中どこでも人の経歴などは問題にされなかった。問われるのはただ戦争のために何をしているかだけだった」[*][20]。オーストラリアやニュージーランドでも、戦後の社会改革を要求する声はますます強くなっていった。そして、それはさきに見たように国際秩序全体との関連から提起されたものだった。（とくにオーストラリアでは戦時中、政治風潮は左に傾いていった。労働党の得票は、一九四〇年が四〇・二パーセント、一九四三年の選挙では五〇パーセントを獲得した。一方、野党最大の地方党は三〇パーセントからわずか一六パーセント余に落ちた）[**]。戦争が勝利に終わったとき、駐米ニュージーランド公使は次のように述べた。「欠乏と貧困と失業が不可避なものと考えられていた時代に後退……逆戻りすることはありえないだろう」、「経済的個人主義」にかわって「資源を最大限に活用し、人間的要求の満足を保証する集団的計画」が登場するだろう[21]。

左への動きはまた、まったく異なった中国の社会的情況と政治風土のなかでも、戦争期間中、それもすくなからず戦争の影響を受けて強まっていった。一九四五年には国民党は、いわゆる「CC団」（中心は教育部長の陳立夫と蔣介石の秘書長、陳果夫の兄弟）によって代表される右翼分子に牛耳ら

＊　英本国のイギリス人とインドにいるイギリス人との興味深い対照について、イアン・スティーヴンズはのちに次のように回想している。（彼は、戦争中一時イギリス本国に帰国したほかは、ほとんどカルカッタとニューデリーですごした）。「イギリスではすべてが効率的で、一つの目的に一丸となって献身し、『われわれは一体だ』と皆が感じていた。逆にインドは雑然混乱のきわみで、どこにも一体感は見られない。当地のイギリス市民たちはたとえ——軍人以上に——インドの人びとに好意を寄せていても、ときどき、政治的にも人種的にも孤立無援の感におそわれた」。*Monsoon Morning*, viii.

＊＊　二九一～九三ページ参照。

れていたが、党と政府は、支配地域の点でも人口の点でも、また政治的活力と魅力に関しても、すでに共産党に大きく引き離されていた。このような事態の動き（国民政府下の猛烈なインフレーションに関するさきの記述からもうかがわれる）*の一つの小さな例として、たとえば昆明の西南連合大学の学生のことがあげられよう。彼らは、日本軍の占領地域から大学ともどもその地に避難してきて、その一人が述べているように、「戦争のまったく埒外に」おかれていた。ところが一九四四年、日本軍の「一号進攻作戦」にともなって徴集されたとき、「中国軍内のずさんな管理や不合理なやり方の実情について書き送った」[22]。それが「昆明の知識人たちと重慶政府のあいだの亀裂をいっそう広げる」ことになった[22]。イーストマン教授は書いている。「一号作戦は国民政府に対し、軍事的にも政治的にも破壊的な影響を及ぼした。日本軍の攻勢はかつて見ないほど、中央政府の腐敗、愚行、士気阻喪を暴露した[23]」。

中国民主政団同盟に対する弾圧に関連してさきに述べた重慶の反動的・抑圧的態度のため中国の教養ある人びとのなかで共産党に心を寄せる者がますます多くなってきた[24]。クラブはこう書いている。「共産主義者たちは、中日戦争を利用して軍隊の建設と強化、軍事力の拡大をはかった。そして、八年に及ぶ戦争のあいだに、決定的な政治戦で勝利を得た。彼らは戦時中の第一の国民運動である反帝国主義に自らを結びつけた[25]」。腐敗に反対し土地改革を主張した点でも、延安政権の人民大衆に訴える力は国民党よりもはるかに強かった。いまや「天命」は蔣総統から去りつつあった。そして「紀元前二二一年の中華帝国建設に始まる中国の歴史のなかで最初の真の社会革命」といわれるものが、すでに生成の過程にあった[26]。延安を訪れたアメリカ外交官の一人、ジョン・デイヴィスは、他のたいていの外国人同様、毛沢東たちに対するマルクス主義の影響の程度を、ともすれば過小評価しがちだったが、一九四四年十一月に彼の到達した結論は完全に正しかった。彼は次のように主張した。「共産主義者たちは中国に居すわるだろう。中国の運命は蔣のものではなく、共産主義者たちのものだ」**(27)。

日本との戦いのあいだに、すでに中国は実質的な内戦状態にあった。朝鮮では、それはいわば萌芽状態にあった。朝鮮においてもこの時期の一つの特徴は左翼の進出だった。そのなかにあって金日成は、毛沢東やホー・チ・ミンと同じく、その共産主義が熱烈な民族主義の枠内にあることを示していた。この点に関する朝鮮北部の工業化強行の影響については、日本人に対するゲリラ抵抗が（フランスの場合と同様に）共産党の威信を高めたこととあわせて前章でふれた。（ブルース・カミングスによれば「一般の朝鮮人にとっては、共産主義の思想はともかく、共産主義者たちの献身的行為が民族主義者たちの時折の爆弾騒ぎよりも、はるかに強く訴えるものがあった」）。土地を奪われた農民たちは、第三章で述べたように、戦争にいたる時期のあいだに生活を大きく狂わせられ、満州、日本、北

* 三五二〜五三ページ参照。

** 共産党の発表によると、終戦時には党員一二一万、支配地域の人口は九五五〇万を数え、一九三〇年代半ばの八万の軍隊が、正規軍九一万、民兵二二〇万を擁するまでになった。アメリカ側の推定では、兵力はこれよりかなり少ない（cf. J. Gittings, *The Role of the Chinese Army*, 1967. 1.）。しかし共産党の力と影響の巨大な発展については、これを認めていた。たとえば一九四三年末のアメリカ陸軍省の調査では、総人口一億八三〇〇万を数える日本軍の占領地域でも、共産党は五四〇〇万の人口を有する地域を事実上支配していた。これに対し、重慶政府の支配地域の人口は一六〇〇万であった（Boyle, *China and Japan at War*, 315）。日本軍側の報告では、共産党の武装抵抗は国民党のそれよりも強大になり、共産軍はなかなか降伏しようとはしないということだった（Wilson, *When Tigers Fight*, 215）。Hinton, *Fanshen*, 84ff., Johnson, *Peasant Nationalism*, cap. 3 ; Eastman, *Seeds of Destruction*, cap. 7 参照。

朝鮮の工場に投げこまれるにしたがって、ますます政治に目ざめ、左傾化していった。一方、他の社会階層は、フィリピンでのように、日本の支配者と、(日本人によって押しつけられ、自分たち自身もそのしたで繁栄を楽しんでいた)新経済秩序にますます深く身を委ねていった。つまり戦争によって朝鮮半島に、カミングスのいわゆる「地滑り的変動」の動きが強まるにしたがって、根本的な社会的・政治的問題が、北対南のかたちで前面にあらわれてきたのであった。[28]

インドシナ、とくにヴェトナムにおいては、極東戦争はフランスの植民地支配に対する反抗に新しい局面をもたらしたばかりでなく、情勢の発展はのちに内戦へとつながっていった。日本軍の進駐からその降伏までのあいだ、南部の共産主義者たちは、一九四〇年の蜂起に対するフランス軍の激しい弾圧のあとからわずかに勢力を回復することができただけだった。だが北ヴェトナムでは、さきに見たように、*表面上は多党連合(一九四一年十月に結成され、一九四四年三月に再編成された『同盟会』)の枠内で活動しながら、地下組織を強化していった。一九四四年の秋、ホー・チ・ミンは中国から帰国し、本部を北部のトンキンに置いた。一九四五年三月、フランスの植民地当局と軍隊が、日本軍の急襲を受けて崩壊したことは、日本軍の降伏後、フランス軍が——それも、北からではなく南を経由して——東南アジア軍司令部の英印軍とともに戻ってはきたにしても、彼ら共産主義者たちにしてみれば、それによっていっそう好ましい環境が生まれたことは明らかだった。[29]

近衛公爵によれば、日本の著名人の中には「敗戦よりも左翼革命」を恐れていた人がいたということだが、[30]内戦の徴候は日本ではまったく見られなかった。なるほど日本共産党は存在していたし、党員のなかには延安に亡命していた者もいた。そして、ある意味ではいっそう興味深いことだが、尾崎秀実——東京駐在のモスクワのスパイ、リヒャルト・ゾルゲとの共謀のかどで一九四四年に処刑された中国問題の専門家――が、日本社会の根本的変革は、ソヴィエト連邦、共産中国、「資本主義機構を脱却した日本」、この三者を中心とする「東亜協同体」の建設をまたなければならないという趣旨の提言をまとめつつあった。[31] だが尾崎自身も認めているように、「日本の革命勢力は極めて弱体」だった。そして一九四一年から四五年のあいだは、「知識人の大多数は戦争を支持するか、あるいは沈黙を守」り、さきに述べたように反対勢力は存在しないままであった。[32] 社会的な意味での過去との断絶は、敗戦とともに、そしてアメリカ人の手による日本の第二の「開国」の結果としてもたらされることになった――福武教授の言葉のように、「日本社会が大きく変わ」ったのは「敗戦を境として」であった。[33]

それにもかかわらず一方では、さきに見たように、戦争によって国内が大きくゆり動かされたため、変化への道が一部の女性たちの期待にそって切り開かれようとしていた。そしてまた家長の権威や村の生活が戦争のためにますます衰退し、伝統的態度全体が弱まっていくのは、＊＊すくなくとも「革命的な」影響力をあとあと及ぼすだろうと一部では考えられていた。[34] (自営業者よりもむしろ被雇用者によって構成される工業化社会で、基本的な福祉問題を血縁関係に依存するのが適切でないことは、当局にも認識されるようになり、一九四二年にはじめて労働者のための全国的な拠出年金制度が設立された)。[35] 社会主義者の党は、一九三六年の選挙では得票はわずかに五パーセント、一九三七年も一〇パーセントにみたなかったが、一九四六年には一九パーセント、翌年には二六パーセントを獲得した。

＊　二二九ページ参照
＊＊　一〇〇ページ参照。

(この年は「数のうえでも政治的にも労働組合の急激な発展」を見た年だった)。軍事的敗北と損害の増大は、一九四五年八月以前から軍の社会的立場を弱め、憤懣は天皇自身にも向けられるようになってきた。大新聞のうちでも国家主義の点ではもっとも戦闘的な『毎日』が、降伏が報道された直後いち早く、「国民は新しいページを開き、過去の束縛から自らを解放しなければならない……この大事業の遂行は、信用を失墜した指導者や時代おくれの政治家たちのよく為しうるところではない(36)」と宣言したのも、たんに打算的な迎合的態度からとはいえなかった。

アメリカ人の国家意識

西ヨーロッパの人びと、中国の人びと、オーストラリアやニュージーランドの人びと、そして東南アジアの多くの人びと、これらの人びとのあいだに戦争中生まれた広範な社会的・政治的風潮と大きく対照をなすのは、日本社会のそれではなく、アメリカ社会のなかの動きだった。そこでは大企業の財政状態と地位の回復とともに、さきにも述べたように富が増大し、それにともなって社会的な大変革よりは、現状維持を望む声がますます支配的となり、政治の分野でも右寄り傾向が顕著になっていった。そしてさきにもふれたように、真珠湾事件以前からも事態の動きに重大な関心を寄せていたハロルド・イッキーズのようなニュー・ディール派の一部からは、戦争が終われば、強力な「ファシスト運動」が起こるかもしれないとまで思われるようになってきた。一九四三年には、イッキーズは、イギリス大使ハリファックスに、そのような事態になれば、ロンドンはモスクワと手を結ぶような措置に出る可能性や必要性があるのではないかと警告さえしたのであった。* エリック・セヴァリードは一九四三年十二月末に海外から帰国したとき、アメリカは「再び右寄りになって」きたと書いた。国を離れていた他の人びとも、同じように政治風潮の変化に驚いた[37]。すでに一九四二年の中間選挙の結果、福祉支出と組織労働者の力の削減に熱心な南部民主党と共和党の議会同盟の勢力は大いに強化されていた。一九四四年にウォレスが民主党の副大統領候補からはずされたことは、ローズヴェルト自身がすでに「ドクター・ニュー・ディール」に背を向けはじめたことを示していた。もはや「ドクター・ニュー・ディール」は必要ないと彼は宣言したのである。社会福祉や社会保護のための連邦政府の組織や計画が廃止されたり、休止状態に陥ったりしているなかで、アーチボールド・マクリーシ（ニュー・ディール派、議会図書館員、一時国務次官補を務めた）は次のように記している。「このごろはワシントンの自由主義派が集まっても、自由主義的な計画の前途は暗い、自由主義の指導権は崩壊した、自由主義的な目標はすべて敗北必至だというような議論になる」。戦時情報局について研究しているある歴史学者によれば、この組織の仕事に課された厳しい制限（マクリーシは、この仕事を辞任した）は、「自由主義全体に対する戦争の破壊的な影響の一例にすぎなかった」[38]。

アメリカ社会は「ベヴァリッジ」的方向とは別の方向に動いていたが、一九三〇年代にローズヴェルトを支えていた政治勢力の連合が分裂しはじめるにともなって、両者の間隔はますます開いていった。たとえばインテリ階級のあいだでは、フリードリッヒ・ハイエクがその著『農奴制への道』

＊「ハリファックスに、私の意見ではわれわれの望む正しい平和はイギリスに負うところが大だと話した。戦争が終わったときには、アメリカはイギリスの保守党よりもずっと右に傾いているだろうとも話した。彼は同意した。戦争ののちにはアメリカにはファシズムの時代がくるかもしれない、そうなれば、ロシアとイギリスは手を結び合ってほしい、とまでいった。そうすべきだと私は思っていたのだ」。Ickes diary, April 3, 1943; entries for March 22, June 4, 1942, January 1, 1944.

(*The Road to Serfdom*, 1944)のなかで展開した主張に大きな賞讃が寄せられた。それは、「革新主義者の大衆が支持する主義」、社会主義が自由主義にとってかわることは、「西欧文明の発展全体との……断絶」を意味し、専制の道を目ざすものだというのであった。(39) 限度ぎりぎりの収入で生活しているアメリカ人の数は、一九四三年末でも二〇〇〇万人を超えていたが、社会福祉増進のための立法措置はほとんどが日の目を見るにいたらなかった。多くの人びとにとっては、戦争は、巨大な規模にふくれあがった国家の富が広範囲に分配されたために、すでに大きな繁栄をもたらしてくれていた。* 政府は帰還兵士に住宅融資などの恩典を与えることによって、この動きを助けた。(アメリカにおける高等教育の概念も、兵隊あがりの多くの労働者たちがこの分野で彼らの前に開かれた機会を利用するにしたがって、急激に変わっていった)。だが、大規模な社会改革のために連邦政府が主導権をとることは、必要でもなければ、健全でもないと考えられ、ジョン・モートン・ブルムによれば、「精神や行動の長年にわたる習慣の力が、人びとの生活の前面に大きく出てきた」のである。そして、「不況の思い出や戦争の要求にはあきあきし、国際、国内の政治にもうんざりしたアメリカ国民は、勝利と繁栄を迎えて、内心望んでいた安全の確保がこれで十分達成できたと考えた」。(40)

総力戦のなかで勝利を追求し、それが成功したことによって、アメリカ社会内での軍の地位は大企業の場合と同様、大きく高まり、** 高官たちはそれぞれ国務の処理における自分たちの役割について新しい態度や見解を打ち出していった。(サミュエル・ハンティントンが述べているように、「文民統制に対する軍の態度は、戦争のあいだに完全に変わってしまった。一九四四年から四五年にかけて彼ら自身によって作成された戦後の軍の組織計画は、政治における軍の役割について新しい考えを示していた。勝利に輝くアメリカ軍の誇り高く力にあふれた指揮官たちには、もはや一九三〇年代のおずおずした従順な軍人の面影などほとんど見られなかった。彼らにとっては文民統制はいずれ姿を消す過去の遺物だった(41)」)。一方、サマーヴェル将軍たちの徒は、無報酬の「ワシントンの戦争指導者たち」とともに、戦争の危急とアメリカ社会内の強い保守的傾向を利用して、変化を恐れたアメリカを連合国側の他の各国とは距離をおくようにしむけていった。そしてブルース・キャトンのいうように、「再び反動の声が高まった国内の現状維持の態度」は、「海外に対しても現状維持の態度となってあわれ」、戦争終結後も、軍部の力と比類のない富の力は人びとの心の底に畏怖の念をいだかせ、それが今日までもつづくことになった。***

アメリカ人の多くは戦争のもつ広範な社会的・国際的意味については無関心だったが、前線における英雄たちの話には熱心に耳を傾けた。英雄たちの手柄は、包装紙につつまれた商品よろしく国民に売りこまれた。戦争そのものについても同じだった。それはまさしく、キャトンが「宣伝による政治」と名づけたものだった(42)。このようにして愛国心が鼓舞されるとともにしばしば強調されたのは、アメリカの「るつぼ」が多様な人種的背景をもつ人びとから一つの偉大な社会を作り上げたという話だった。****この同化作用は、アメリカが戦争に巻きこまれることによって、いっそう促進されていった。

---

* 三五七ページ傍註**参照。

** 戦後のフランス軍は、それまでのヴィシー対レジスタンスの対立の影響を受けて分裂していたばかりでなく、ホフマンによれば (*France: Change and Tradition*, 51)、「国民の各層ともほとんど遊離していた」。中国共産軍の場合は、ジョン・ギティングスによれば、「一九四一〜四四年のあいだは、共産地域に対する日本軍の包囲、封鎖がもっとも厳しかった時期だったが、一方では共産軍最大の発展期でもあり」、とくに「厳しい政治統制、節約の実行と生産活動への参加、一般大衆との関係に対する周到な配慮、民兵の拡大、軍隊内部における民主的態度……」に重点がおかれた。*The Role of the Chinese Army*, viii.

アメリカに帰化した人の数は、一九三四年から三九年のあいだは年平均一四万八〇〇〇人余であったが、一九四〇年から四五年にかけては二九万五〇〇〇人を超えた[43]。(ジェフリ・ペレットが述べているように、この戦争は「アメリカ現代史のなかで最高の集団的体験」だった[44])。黒人たちは、たとえば戦時情報局の報告書『黒人と戦争』(*Negroes and the War*)や映画『黒人兵士』(*The Negro Soldier*)のなかでは完全に一体化した国民として描かれていた。全体が疑惑にさらされていた日系人さえも——その多くが望んでいたように*——真のアメリカ人になるように配慮されたこともあった。戦時転住局長ディロン・S・マイヤーは、アメリカ在郷軍人会の人びとを前にして、抑留日系アメリカ人は徐々に釈放されるべきだという同局の主張を擁護し、次のように述べた。

諸君たちの主要な目的の一つは、アメリカ化の促進ということでしょう。それはわれわれの計画の主たる目標の一つでもあります。アメリカ精神にはいろいろな定義の仕方がありますが、私としては、それは完全なアメリカ的環境のなかで生活しているあいだに自然と身につくものだと思っています……われわれはアメリカの伝統や……制度の歴史にとくに重点をおいた収容所の教育課程を作りました……しかしわれわれの努力にもかかわらず、ここに普通のアメリカ人社会と同じ雰囲気を作り出すことは……できませんでした[45]。

アメリカ人たちが、自己満足的な、あるいはきわめて独断的な国家意識から、戦争中アメリカが動員することのできた膨大な力を、時に誇りに思っていたことは驚くにはあたらない。著名な記者セオドア・ホワイトは、一九四五年に極東の従軍部隊を訪ね、「われわれの征服を待つアジアの地図のうえに目を走らせはじめたとき、アメリカの目的は悪に対する勝利にあるという思いが、私のなかでゆるぎないものとなった、それはほとんど偏執狂的ともいえるものだった」と、のちに認めている(46)。「われわれアメリカ人が誇りとするのは、他の人間たちとは違っているということだ」と『サタデイ・イヴニング・ポスト』は公言しているし、これよりはほんのわずかつつましやかないい方だが、

＊＊＊　一九四八年に発行され、激しい攻撃を浴びたブルース・キャトン（彼にふさわしく南北戦争の優れた研究家となった）の著『ワシントンの戦争指導者たち』（*War Lords of Washington*）は、戦時生産局での彼の経験に一部基づいたものであり、同書のなかの見通しと判断については、とくにその点を考慮する必要がある。しかし同書は、個人的な深い幻滅感の叫びにとどまるものではなく、一九二七年のヨーロッパ人に対するジュリアン・ベンダの有名な警告の書『知的背信』（*La Trahison des Clercs*）にも比肩されるべきものである。

だが、「反動」の復活も「宣伝による政治」も、彼が信頼と希望を託した多くの国民——結局は一九四二年と一九四六年の選挙民——の意向によって促進されたのだということを彼は過小評価していたように思われる。彼はまた当時の多くの失意のニュー・ディーラーたちやその政治的後継者たちと同じ錯覚をいだいていた。すなわち、彼はアメリカ社会を改革しようというローズヴェルトのりっぱな意図は、当時ワシントンで策動していた「不誠実な男たち」によって妨害されたのだと信じていた。そして大統領自身が、その主張を故意に裏切ったのだとは思わなかった——おそらく、そのようなことは容認できなかったのである。（この種の政治的神話が通用するのはアメリカの特性だとイギリスの読者が考えたりしないように、最近のイギリス自身のことに目を向けてみよう。たとえば、ローズヴェルトよりもはるかに小物だったアンソニー・イーデンの死を慰めるため新聞にいっせいにあらわれた『真実の隠蔽』と『虚偽の暗示』である）。他の著者による鋭い省察としては、ターケル、『「よい戦争」』参照。

＊＊＊＊　二七五〜七七ページ参照。

＊　三七〇〜七二ページ参照。

ウィリアム・フルブライト上院議員は、アメリカ的生活様式は「自由人にふさわしい唯一の生活様式」だと述べている(47)。外交の面では、「われわれはリングのなかにいる、そこからは出られない、それにみんなから今にもやられそうだ」(抜け目のない経験豊かなヨーロッパ人によって)*(48) というレイモンド・クラッパーの疑心暗鬼も、本質的には国際問題に対するアメリカの一歩距離をおいた態度から出たものであろう。――ローズヴェルト自身が述べているように、アメリカ市民は「今なお無邪気な年ごろのまま」だった(49)。同様に、他国の人びととの昔の関係も、ともすれば、バラ色に眺められがちだった。たとえばジョン・エマソンが、一九四二年二月の「日本に対するアメリカの配慮」と題する国務省報告のなかで、一八五三~五四年に日本に対して砲口をつきつけ、アメリカと通商を開くべきだと主張したペリー提督について、次のように述べているのもその一例である。

ペリーは日本を開いた。機知と忍耐とでそれをやりとげた。彼が日本に来たのは、征服者としてではなく、日本を国際社会のなかに導き入れる平和の使節としてであった……最初の相手がアメリカだったことは、日本にとって幸運だった。われわれは帝国を建設しようとしたのでもなければ、軍国主義的国民でもなかった。だが東洋との通商は重要性を増してきていた。われわれが日本と通商を開こうとしたのは当然だった**(50)。

ペリーの申し出を拒みきれなかった日本人は、その後約一世紀のあいだ、第四章で見たように、しばしば自分たちの輝かしい民族的特質のことを想い出していた。だが外国人嫌いの政府によって教育され、政治的には右寄りだったにもかかわらず、戦争のあいだ民族的な自己認識や誇りが国民のあいだに高まることはなかった。イギリス国民の場合は、このような民族的な自覚や誇りは、一九四〇～四一年のドイツに対する抵抗を成功に導いたし、またドイツとの戦いを契機にいっそう高まった。フランス人の場合は、共産党機関紙『ユマニテ』の言葉によれば、フランスは「世界の大国としての地位を回復し、苦難と戦いと威信から生まれた偉大さを担って、諸国との協議の場に臨む」という決意となってあらわれた[51]。だがすでに見たように、この崇高な目標も結局は国民の結束を築きあげることはできなかった。にもかかわらず、一九四〇年の敗北の衝撃、つづくヴィシー政府とその行動に対する反抗の高まりによって、スタンリー・ホフマンのいわゆる「フランス人による、フランスとフランス人の再発見」への道が切り開かれようとしていた[52]。

中国でも蔣介石がその著『中国の命運』***のなかで、国民に対してそのような民族的再発見を強く促していた。そしてここでも独自の古代文化に対する誇りは国内の政治的統一を生み出すことはできなかったにしても、またイーストマン教授のいうように、農民の多くは日本軍の侵略に直面しても依然、全民族の運動と一体にはならなかったにしても****、戦争によって民族主義的感情が高まり、毛沢東によるマルクス主義の中国的形態の発展へとつながっていった[53]。

独立の達成にはいたらないまま戦争に巻きこまれていった人びとの国家に寄せる政治的情熱は、西

---

* 二八七～八八ページ参照。

** 普遍的国際社会に関する自然法理論の一帰結である『通商権』(*ius commercialis*) の、西欧人による一方的主張については、Bull and Watson, *The Expansion of International Society*, 120 参照。

*** 二二〇～二二ページ参照。

**** 四五ページ参照。

ヨーロッパの場合よりもある面ではいっそう激しかった。（一方、戦争と占領の経験から西ヨーロッパの一部では、平和と繁栄の確立のためにはヨーロッパの民族国家は、より大きな超国家的、すくなくとも連邦的な組織のなかに吸収されるべきだという考えが生まれた）[54]。さきにも述べたように戦争中、アジアの従属地域の住民のあいだには――とくに青年層のあいだには*――民族主義的感情の波が大きく高まった。一九四五年六月、インド国民会議派の指導者たちが釈放されたとき、「彼らを迎えたインドは……以前とは違っていた。雰囲気には奇跡的変化が起こっていた……うっ積していた人びとのエネルギーは解放された……」と会議派書記長が記しているのは誇張ではなかった[55]。民族主義の熱情はイギリスの手ではもはや抑えきれなかった。たとえばボンベイの後背地では地方行政当局の威信は失墜してしまっていた。インド軍内部でも**――志願兵たちが戦っていたのは祖国インドのためだった――民族的感情が強く、インド国民軍に走った者たちが処罰されるようなことがあれば、あるイギリス人の高級将校の言によれば、すぐにも「軍全体を崩壊させる危険がある」ほどだった。ビルマにおいても、あるイギリス人官吏の回想によれば、一九四五年の秋の終わりごろには、イギリス帝国の威信は「事実上、崩壊」状態にあった***[56]。

当時の東インドでの情勢の動きをシャフリルがのちにまとめたものは、一九四一年から四五年のあいだに、西側のフランス人、アメリカ人、イギリス人たちばかりか、多くのアジア人たちもそれぞれ自分たちの国を新しい見方で見るようになってきたことをあらためて思い出させてくれるだろう。シャフリルは次のように述べている。

植民地行政にあたっている経験豊かな年配のインドネシア人官吏は、自分たちのうえにすわった日本の政治音痴たちに対しては、ただ軽蔑の念を覚えるだけだった。いきおい、社会のすべての階層は過去を違った目で見るようになってきた。このような野蛮人に今までの植民地権力のかわりができるのだとしたら、そのような権力がなぜ必要だったのか？　かわりにどうして政治を自分たちの手に握らなかったのか？　日本人のしたで、人びとは以前よりもいっそう激しい屈辱に耐えなければならなかった……しかしインドネシア人民の民族的自覚は、新しい、今までかつて見なかった強力な運動に発展していった。(57)

＊　二〇〇ページ参照。香港では共産ゲリラに参加した中国人と日本軍に協力した中国人との年齢の差は歴然としていた（Endacott and Birch, *Hong Kong Eclipse*, 244）。一方国民政府下では、孔祥熙のような国民党指導者は、怠惰と腐敗のために青年団から厳しく批判された（Eastman, *Seeds of Destruction*, cap. 4 参照）。フランスでも、ヴィシー政府は青年の役割にとくに考慮を払った。またレジスタンス運動のなかでも青年たちは重要な役割を担っていた。Hoffmann, *France : Change and Tradition*, 36, 59.

＊＊　インド軍ではインド人士官の数が一九三九年には一〇〇〇人だったのが、一九四五年には一万五七四〇人に増加した（Mason, *A Matter of Honour*, 511）。一九四五年秋、インド総督がインドネシアの民族主義者制圧のためにインド軍部隊を派遣するについて懸念したのはインド国内の反響だった。これについては、Thorne, 'Engeland, Australië en Nederlands Indië,' loc. cit. 参照。

＊＊＊　戦争によって誇りと自信が高まったといっても、かならずしも即時独立を要求するということではなかった。たとえばフィジー部隊はソロモン諸島などの戦闘で、すばらしい戦いぶりを見せたが、それについてラ・スクナは一九四四年に次のように述べている。「わが兵たちは、自分たちには、筋肉の力や縮れ毛……以上のものがあることを植民地の歴史上はじめて示すことができた……さらにまた戦後の世界問題に処していけるだけの新しい自信と力を得た」。Scarr, *Fiji*, 327.

極東戦争に巻きこまれた地域の多くでは、以上のように民族的な自覚や誇り、自信が大きく高まった。だが一部のイギリス人のあいだに生まれた不安――うちつづくイギリス軍の敗北は、イギリスの国家や社会に固有の「柔弱さ」のあらわれではないかという不安――に関連してさきに述べたように、戦争が各政府や国民に課した特別な「試練」――しばしばそのように考えられた――は、一方では懐疑と自己批判を生んだ。

もちろん多くの場合、このような不安や不満は一九四一年十二月以後に生まれたものではなかった。この種の感情や意見は、戦争前の時期のことを検討した際にも、広い範囲にわたってはっきりと見られたことだった。* 各政府や政治指導者のなかには戦争中も国民の再生を熱心に要求していた人びとがいたが、そのことは、長いあいだにわたって損なわれた国民性が、世界にまたがる大戦争によって新しい要求や機会が生まれたなかにあっても、依然全面的な回復の動きを見せていないと彼らが考えていたことを示していた。一九四四年にスカルノは、民族新生のための方策を、「生活指導の五原則」（パンジャ・ダーマ）[58]というかたちでインドネシア同胞に提示した。フィリピンでは、ヴァルガスらの対日協力者たち（彼らの行動は結局、腐敗を増大させ冷笑を買っただけだった）が清教徒的無私と規律を要求した。それは、異国の「アメリカ商業主義」が残した痕跡をフィリピン人から拭い去ってくれるだろうというのであった。[59] 同様にヴィシー政府も伝統的価値、規律ある肉体労働、活力ある社会的単位としての家族と村落をフランスに復権させようとした。そして、このフランスの再生計画（その基礎となるのは、理想化された過去の社会体制であり、その核心をなす『道徳的習慣』を損なわないように、現代の生産手段は管理できるはずだという考えであった）も、「外国の社会的産物の卑屈な模倣」や「またしてもわれわれを異教の鎖にくくりつけることになる唯物主義者の倫理」の排除を求めていた。(60)

真珠湾事件前から蔣介石は、中国国民に対して、ヴィシー政府と同様の呼びかけを行っていたが、戦争の進展とともにとくにアメリカの人間と物という形で国内に押し入ってくる、現代世界の諸様相から国民の目をそらそうと努力するにともない、極東戦争勃発後三年のあいだに、その呼びかけはヴィシー政府のそれにいっそう似てくるようになった。(61) 蔣は『中国の命運』のなかで、自由主義は共産主義同様、中国民族の特性とは相容れないものだと説いた。そして中国の社会的悪のすべては、戦争のもたらした荒廃同様、すべて外国人の仕業だと断じた。「彼は、西欧の思想はすべて排除され、国民は誇り高く、汚れに染まらず、高潔で、儒教の教えに忠実な中国を夢みていた」とペインは書いている。だが結局、蔣をいたく失望させたのは同じ中国人、とくに国民党員たちだった。(62)

スカルノの例にも見られるように、民族再生の要求はけっして右翼だけのものではなかった。毛沢東らの共産主義者たちにとっても、真の「プロレタリア意識」と、人民と革命のために規律ある無私の生活をおくること、この両者を含めた「まったく新しい教養」は「必須の条件」だった。(63) フランスのレジスタンス派も、ヴィシーと同様、無制限な個人主義への復帰という考えを退け、国民に過去の腐敗した利己主義の克服を要求し、「全体の利益」を犠牲にして個人的自由を主張することのない、新しい「道徳的社会秩序」の創造を期待した。(64) 祖国解放後、ヴィシー政府の要人や対独協力者たちに

＊　一三三～三五ページ参照。

対して行われた裁判や即決の追放（「粛正」）処分*は、さきのブルム、ダラディエ、ガムランに対するヴィシー政府のリオム裁判と同様、国民は腐敗しているという確信が広範にわたって存在していることを示していた。オランダ人の場合は、このように厳しく自己を見つめることはなかった。だがそれでも対独協力者に対して処罰が行われるとともに、ドイツ軍の侵入に際して国民全体が示した従順な態度や、新しい主人のもとで業務をつづけていくという当時の多くの官僚たちのとった態度が問題にされたのであった(65)。

だが、国内の社会のあり方に関して深刻な不安が生まれたのは、敵国の軍隊によって占領された場合だけではなかった。たとえばオーストラリア国民の場合**、さきに見たように、アメリカ人などから強い批判が出る一方、国民のなかからも怒りの声が——時には絶望の声さえも——あがった。国内の同胞に対してとくに厳しい批判の目を向けたのは、たいていは海外で軍務に服している人びと、あるいはかつて服していた人びとだった。「陸軍（帝国オーストラリア軍）の兵士たちは——空軍、海軍ともども——自分たちはよく頑張っているのに、徴集兵や市民たちの多くは『さぼって』いる、と思っている」とギャヴィン・ロングは一九四三年八月の日記に記している。それより一年前、日本軍のオーストラリア進攻に備えて中東から転属になった帝国オーストラリア軍の兵士たちは、「イギリスをがっかりさせる」ことになったこのような不必要な——彼らから見れば——配置転換の原因である国民の「悲鳴」について、同じような軽蔑の口調でロングに語った。ロングは次のように記している。

今日、陸軍の歴戦の部隊のあいだをまわってみれば、兵隊たちが、オーストラリア国民はイギリス国民やあのギリシア国民の水準には達していないと思っているのがよくわかる。国民としての誇

りが傷つけられたので、彼らとしてはますます連隊の誇り、個人の誇りを頼みとするようになってきた。(66)

戦争はもちろん、オーストラリア国民の一体感を高めた。しかし一九四三年一月、シドニーのある世論調査機関の経営者が首相あてに書きおくった次のような事実は、帝国オーストラリア軍の兵士がロングに語ったことを裏づけているように思われる。

市民の士気はかんばしくありません。多くの人たちは戦債に応じませんでした。工場では長期欠勤がはびこり、多くの階層は戦争に対して背を向けはじめています。われわれのスタッフは、毎年あらゆる階層の何千というオーストラリア人と面接をつづけていますが……人びとの意見の多くは、

* この件数は約一二万五〇〇〇に及んだ。死刑宣告約七〇〇〇件のうち、七〇〇件を超す処刑が行われた。さらに祖国解放のあいだにあるいはその直後に行われた非公式の処刑は、おそらく一万にのぼった。一九四〇年から四四年のあいだに対独協力活動に加わったフランス人は一五万から二〇万人と推定されている。Gordon, *Collaboration in France*; Cotta, *La Collaboration, 1940–1944* 参照。

** ニュージーランドでは、根本的な自己批判はずっと少なかった——おそらくあまり要求されなかったのだろう。しかしそこでもまた、労働争議と、祖国の情勢の重大さに対する国民全体の認識不足（一九四二年に「目ざめよ、ニュージーランド」運動のメンバーたちの目に映ったものは、自己満足と利己主義だけではなく「敗北主義」でもあった）に対し新聞は強い批判を浴びせた。*The Standard* (Wellington), January 29, March 12, September 24, 1942; Hon. Sec., 'Awake! New Zealand!' campaign to Fraser, March 30, 1942, NZ External Affairs files, 84/12/2.

士気の点からいえばきわめて憂慮すべきものがあります。[67]

同じころ、カーティン首相に寄せられた特別報告によれば、大勢の軍隊の到着によって起こった不便に対して、ノース・クイーンズランドの各都市の住民たちから不平の声があがり、当局が一般市民の労苦を認めなければ、彼らは「敵の宣伝に乗ぜられ、戦争をつづけようとするいかなる政府にも反対するだろうし、同時に、軍に対する協力拒否の態度にも出るだろう」ということであった。[68]ギャヴィン・ロングによれば、オーストラリア人のあいだでは、「植民地的劣等感」が一般民衆のみならず兵隊たちをもむしばんでいた。[69]『シドニー・モーニング・ヘラルド』（「恥辱と不名誉」のストライキや長期欠勤について、繰り返し落胆と怒りを表明していた）の主張はさらに厳しかった。一九四二年三月、同紙は「真の国民的統一は存在しているか」と問いかけ、次のように論じた。

はっきりいえば、われわれは一つの国民としての精神をいまだに見出していない……二年半におよぶ戦争のあいだ、真に一つの国民となったことは一度としてなかった。政治の面でも一つにまとまったことはなかった……このごろは、自分の欠点を見つけて匡正するかわりに、他人の誤りを見つけ出すことに汲々としている。

同年七月にはまた次のように論じた。

どの街角でも耳にする話から判断すると、国民の多くが求めているのは自分の利益だけである。

戦争でもうけるのが今の流行だと信じているようだ。

そして一九四五年の五月には、なお次のように論じている。

閣僚たちは、戦争に対するオーストラリアの貢献が海外では評価されていないと嘆いているが、国家の戦争努力を妨げ、オーストラリア人の誠実さについて連合国のあいだからひどい悪評を買うような、とめどのないストライキとつまらぬ政治論争のことを思えば、それはさして驚くにはあたらない。今日、自分の周囲を見まわしてみれば、オーストラリア人たるもの誰もが心から恥ずかしく思わないではいられないだろう。[70]

ある新聞によれば、一九四四年十月の労働争議は「内戦、あるいはそれに非常に近い」状態を呈するほどの激しさだった。[71] 一方アメリカでは、労働争議はオーストラリアほど経済活動を麻痺させたり、社会的な分裂を招いたりはしなかったが、多くの国民からは恥ずべきことだと見られていた。一九四三年六月、レイモンド・クラッパーは「アメリカの労働争議は、ここから見ると不可解だ」として、ロンドンから次のような電信を寄せている。

人から尋ねられても私には説明のしようがない。今度の戦争中、ジョン・L・ルイスのような路線をとる者はイギリスにはいない……組合員たちが指導者の手に負えなくなるということなら、イギリス国民にも理解できる。だが理解できないのは、石炭のような基幹戦略物資の生産停止を指導者自らが指令することだ。パッカードのストライキもここでは理解できない……三人の黒人の採用問題で二万人の労働者が軍用自動車の生産をとめるなど、外からは理解できないことだ……当地でもスウェーデン［クラッパーはここへも訪れた］でも人種問題は存在しない。この問題に関するわが国の騒ぎは広く関心を集めている、それは世界の重要な少数民族問題の一つだと見られているからだ……アメリカ軍の将校たちは、国内の労働争議を苦々しく思っている。イギリスで飛行場建設のために、何カ月も夜昼なく働いているアメリカ軍兵士の士気にとって好ましくないと感じているからだ(72)。

兵器製造工業の企業家たちが、利益追求のために故意に不良品を軍に納める例が数多く見られたが(73)、これもまたアメリカ国民の非難の的となった。一方、市民のあいだに見られた戦争全般に対する自己満足感や冷淡な態度は、苦々しい気持ちをいだいている帰還兵士とのあいだに、時には衝突を引き起こした(74)。だがこのような光景が見られても、またすでに見たように人種差別が依然つづいていても、アメリカの白人市民の大多数のあいだの圧倒的な自己満足感は、戦争中もゆるがなかった。この点に関しては、繁栄の増大や敵の破壊の手を免れたこと、さらには著しい政治的右傾化の動きなどとともに、アメリカの場合は特異な例であった。

このような独善的態度と際立った対照を示していたのは、ガンディーがインド人民の前に提示した厳しい基準と批判だった。ここにも、戦争は犠牲を強いることによって民族の再生を促すとともに、その機会をも与えてくれると宣言した一人の指導者があった。(「犠牲者の血は、自由のために支払わなければならない代価だ……われわれが自由を得るに値するなら、われわれはそれを戦い取らなければならない」というこのボースの叫びは、一九四二年七月、ガンディーによって繰り返された。そしてさらに彼は次のように述べた。「さまざまな民族が自由のために……公然と……戦いつづけているとき、一〇〇万のインド人民がイギリス支配に反対する勇敢な非暴力の戦いのなかで倒れるなら、むしろさいわいだ。ドイツ、日本、ロシア、中国は、今自分の血と富を惜しみなく注いでいる。われわれのあかしは何か？[75]」）。しかしながら、インド人同胞の資質と能力に対するガンディーの信頼は、人類全体の資質と能力に対する信頼と同様*、一九四五年の夏にはすくなからずゆらいでいた。彼はすでに極東戦争勃発前にも会議派のメンバーたちを非難せずにはおれなかった。

彼らはカーディ〔平織綿織物の家内工業〕を信頼していない。個人としては不可触民制度を非難しているが、家庭ではそれを守りつづけている。ヒンドゥー教徒はイスラム教徒を憎み、イスラム教徒は、非イスラム教徒を憎んでいる[76]。

一九四二年夏の投獄以来、彼にはインド社会の生命と精神が「一年一年、年を追うかのように」著しく衰えていくように思われたのだが、それについて大きな失望を感じるようになったのは、四四年の秋に出獄したときだった。「インド人は、非暴力を自分たちの生き方の一部にすることができなくなった」ことを知った彼の結論は、インドには「道徳的な世論のようなものは何も残って」いない、

* ガンディーは一九四一年十月二十二日の演説のなかで、次のように述べている。「人間性に対する私の信頼はますます深まっている。私の実験から得た結論は、人間性は容易に鍛え直すことができるものだということである」。*Collected Works, Vol. LXXV*, 45.

そこには「不正と搾取と虚偽」がまかり通っている、ということだった。その年の終わりに、彼に新しい断食の開始を考えさせることになったのは、インド人自身のこの「腐敗」であり、異国の支配者の側の腐敗だけではなかった。そしてさらに、積年の「罪業である不可触民制度」と「激しい宗教対立」だった。「今度断食に入っても、それは政府とは無関係だ」と彼は書いた。彼をいちばん悲しませたものは、インド人民の態度だったのである(77)。

日本においても支配者側の戦争開始の決定は、国民の優れた資質と能力に対する信頼に基づくところが少なくなかったが、長年にわたる戦争と増大する困苦は、物的資源の面ばかりか国民の態度においてもその弱点を暴露してきた。福武教授はこう書いている。「表向きは随順の態度をとり、赤紙の召集を名誉としながら、その裏では、私生活を守るための利己的行動が潜行し、その赤紙も私的には涙をもって受けとられたのである。そのために、戦争が苛烈になればなるほど、権力的統制はますます厳しくなり、イデオロギー的教化も強圧の度を増した(78)」。大政翼賛会は一九四二年の選挙運動のなかで叫んだ。「縁故や情実による投票の悪弊を断固廃して国家公共の見地から候補者を選択せよ」。しかしそのような要求に対する丸山教授のいわゆる「根強い心理的抵抗」は、国家的義務の要求よりもいっそう強固なものに根ざしていた。国民にとっての第一次的な価値は、「かえってセクショナリズムを創り出し」、たとえば前章に述べた長期欠勤や手抜き仕事の背後には、戦前の時代の情況のなかにあらわれた日本の近代国家としての根本的な弱さが存在していた。すなわち自主的な『公民《シトワイヤン》』のあいだの有機的な統一が欠如していたのである(79)。この意味では一九四一年から四五年のあいだに敗北をこうむったのは、軍隊だけではなかった*。

「二つの文明」のジレンマ

日本のような政治風土のなかでも、戦争の要求は、日本社会の構造や性格について支配者たちを重

＊ 一〇〇〜一〇一ページ参照。この点に関してロナルド・ドーア教授は、筆者に対して重要かつ困難な全般的な問題を提起している。彼の主張によれば「このような戦争の場合は、個人の有機的統一は、デュルケム的類型学でいう、種族の『機械的団結』よりも概して効果的ではない」、「戦争のための最善の時期は、武器生産に十分なところまでは工業化が進んだが、団結を崩す個人主義を生み出すまでにはいたっていない時期である」というのである。このような議論は、ソースタン・ヴェブレンもその著『ドイツ帝国と産業革命』(*Imperial Germany and the Industrial Revolutions*, 1915)、『平和の本質と永続の条件の探究』(*An Inquiry Into the Nature of Peace and the Terms of its Perpetuation*, 1917) のなかで展開していて、日本帝国とドイツ帝国がともに近代技術の恩恵を、とくに戦争能力の面で、「長いあいだの制度的な影響に妨げられることなしに」享受し、それぞれ「主君に対する申し分のない忠誠心と、好戦的気質をそなえた奴隷的国民」を保有していたと述べている。(Lerner [ed.], *The Portable Veblen*, 547ff, 573ff.)

ドーア教授の議論が成り立つためには、「近代文明」と「機械技術」は、――日独両帝国のように、その過程はたとえ遅れたとしても――必ず「自由主義的、あるいは民衆的な制度へと向かう近代の流れ」をともなうというヴェブレンの主張を認めなければならない。しかしながら現代の社会批評家の多くは、バーリントン・ムアのように、むしろ「物質主義、合理主義と支配欲とのあいだの」関連性を認めている (*Injustice: the Social Bases of Obedience and Revolt*, 85)。極東戦争の場合を考えてみても、ヴェブレンとドーアの主張には疑問がある。日本軍はどの点から見てもイギリス軍よりは、すすんで命令のままに最後の一兵まで死を賭して戦った。だがこれは近代戦に必要とされる唯一の資質でもなければ、かならずしもいちばん重要な資質でもない。一九四〇年にフランスの「個人主義」社会が崩壊したとき、総力戦の試練によって、かえってイギリス社会の「有機的な強さ」が発揮された。そしてそれはいっそう強化され、困窮と苦難のなかで日本の「機械的団結」に対抗できたばかりでなく、基本的な個人主義とそのあらわれであるすべてのものも犠牲にされることはなかった。

大なジレンマに陥れつつあった。東条や「超国家主義者」にとっては、（ヴィシー政府の場合と同様）国家の核心が存在するところは農村であった。東条の言葉によれば、「体格カラ何カラ言ツタッテ……精神状態カラ言ツテモ」優秀な「強兵」は都会の人間よりも農村出身者だった。したがって農村地域から軍需工場の所在する都市にますます多くの人間を移動させなければならないというのは明らかに不安の種だった。東条は、一九四三年の議会で次のように述べている。

私ハ其ノ点実ニ苦労シテ居ルノデスガ、一方ニ於テハ何トシテデモ四割ノ農村人口ヲ保有シテ行キタイ、是ハ私ハ国ノ基礎ダト思フノデス、農業本位ニ立ツト云フコトハ――併シ他面ニ於キマシテハ殊ニ戦争ヲ中心トシテ工業ト云フモノガ伸ビテ行ク……コノ調和ニ付テハ実ニ困ルノデスガ、……此ノ調和ヲ逐次取ツテ行ク、シカモソコノ所ハ一ッ日本的ニ家族制度ヲ破壊セヌ様ニ、適切ニ取ツテ行クコトガ必要ナリト、斯ウ思ツテ居リマス、然ラバ理想通リ今行ツテ居ルカト云ヘバ、行ツテハ居リマセヌ。(80)

日本のジレンマはさらに広がっていた。市場的個人主義をともなう工業化という形態をとった「近代」が、日本の農村生活におよぼす影響のために白眼視される一方では、近代という概念の基本にある西欧的な発想が戦争以前からひろく嫌われていたのが、一九四一年十二月の戦争開始以来、前にもまして悪評をこうむることになった。一九四二年の秋、この問題の討議のために雑誌『文学界』の主催で文学者たちが集まり、問題の解決は日本が高次の発展段階に進むことによって近代を「超克」することにあると宣言したが、それだけでは十分ではなかった。この新しい、より高次の「近代化」なるものの基礎と本質についてさらに意見の一致が必要だった。だがそれはできなかった。「新しい日本的近代化の方式はどのような議論からも生まれてはこなかった」とシロニーは述べている。「西欧化抜きの進歩というビジョンは魅力的だった。だがそのような目標にどうして到達するかは誰にも明確ではなかった[81]」。結局、日本の宣伝家たちは、さきにも述べたように、*「日本は東西両文化の合流場所である」という主張に戻らざるをえなかったのである[82]。

東と西の「二つの文明」を融合させなければならないという主張は、西側でも（とくにパール・バック）見られた。**敵国軍の占領を免れた西欧の各社会では、戦争は、一九二〇年代、三〇年代に大きく広がった沈滞と失業の残りを一掃しただけではなく、しばしば新しい目的と希望をも生み出した。敗北と占領軍の重圧さえ、参加と創造のための新しい機会を提供するように思われた。（サルトルは、「ドイツ占領下のときほど自由だったことはかつてなかった[83]」と書いている）。西欧社会は当然、改革の必要に迫られていた。だがそれは、「近代」の工業的基礎の廃止ではなく、その発展、分析管理技術の改善と結びついた発展によらなければならないと広く考えられていた。そしてこの分析管理技術の改善自体は、十七世紀の科学革命以来、人間と環境の問題について西側で支配的になった研究方法の拡大にすぎなかった。戦争は、科学、技術、工業化、都市化という形態をとった「近代」のいっそうの発展に巨大な推進力を与えた。同時に「科学的予算管理」や「オペレーションズ・リサーチ」（いずれも包囲下のイギリスで生まれた）のような分野での発展が相ともなうことによって、よりよ

＊　一九四〜九六ページ参照。
＊＊　二四四〜四五ページ参照。

き未来への期待はいっそう高まった。そしてたとえばヴィシーとレジスタンス・フランスの双方でも、今までの姿勢や制度を変えることによって戦後の経済計画に備えようとした。もちろんアメリカほど「近代的」手法の将来が輝かしいものに思われたところはなかった。そこでは経済専門家が国の将来計画作成における主要な役割を担い、「社会科学」が飛躍的な発展を見た。「完全に客観的中立的な」歴史的研究が望ましいばかりでなく可能でもあるというのが、戦略事務局の調査分析部内の支配的な信念であり、行動原理だったことは、この点に関する目立たないが重要な意味をもつ一例であった[*84]。

アジアにおいても戦争は、地域によって同様の動きを促進したし、すくなくとも「近代」に対する関心を呼びさました[**]。日本では機械に対する「精神」の優越や、西欧の物質文明の退廃が強調されたにもかかわらず、さきに見たように「経済の計画化の発展」は一九四三年の大東亜会議の席上説明された政綱の主要な特徴をなしていた。技術的・科学的能力の開発が急務であることは、おおうべくもない事実だった[***]。（科学に関しては、理論面よりも応用面に重点がおかれた）日本は「大東亜の科学革命」の先頭に立っていて、その分野では西欧の成果になんら依存する必要がないと主張する『ニッポン・タイムズ』のような新聞もあった。だが宣伝家のなかには、さきに述べたように、「アジア文明」は全体として「科学的要素に欠けていたため、かなり弱体」であることを認めていた者もあったし、西側が戦争のなかで日本に向けてきた近代的な物力は、一部では畏怖に近い気持ちをもって迎えられていたのである[****85]。

科学と技術の適用は、国の将来にとって欠くべからざるものであるというネルーの年来の確信[*****]は、戦局の発展にともなってインドの著名な民族主義者のあいだにも広まっていった。ゴビンド・ビハリ・ラルはアメリカの聴衆に向かってこう主張した。「科学はアジアで生まれた。そしてヨーロッパの地に根をおろして力強い発展を見た……今後のよりいっそう大きな自由は、科学の発展とともに――それも東洋と西洋が……全世界の自由と光のために一体となって活動する場合にはじめて――もたらされるものである」[86]。インドにとって前進への道は、国民政府下の中国の一部に(政府の反対にもかかわらず)設立されたような工業合作社の発展によるのか[87]、あるいは大規模工業の発展によるのかはともかく、農村の貧困をなくし、確固たる基礎のうえに独立をうち立てなければならないとしたら、経済の近代化は必須の条件だと広く考えられていた。この点については、ボースとネルーは一致していた。ネルーにとっては、自給自足の農村社会というガンディーのビジョンは、ガンディーあての手紙にあるように、「まったく非現実的」だと思われた[88]。ボースとその同志たちにとっても、「近代科学」は「インドの精神とけっして相容れないものではない」うえに、イギリス人がそれによってインド亜大陸の人びとを屈服させてきた「新封建経済」を一掃するうえで決定的な役割を果たすべきも

* これに関して、ブラッドリー・スミスは次のように述べている。「このような態度は、社会科学は自然科学と同じである、(ランケの言葉のように)歴史家は過去の姿をありのままに把握することができる、という確信から生まれた」。*The Shadow Warriors*, 362.

** 一九四四年十一月、ララ・スクナはフィジーの族長会議でつぎのように述べた。「これまでの体制は終わった……フィジーは今度は今までとは違った別の人種の人間によって占領され、新しいやり方がもちこまれた。若い人びとはそれを自分のものにしようとしている……」。Scarr, *Fiji*, 358ff.

*** 日本では、技術系学校が一九三五年の一一校から一〇年後には四一三校に増大し、学生数は六倍となった。

**** 戦時中の西側における医薬の発達――極東での戦いの場合にはとくに重要だった――も記憶すべきことである。この問題についてはWright, *The Ordeal of Total War*, 91ff. 参照。

***** 一〇三～〇四ページ参照。

のだった。文盲の追放、公衆衛生、「科学的農業」、「国家管理による外国貿易」、これらすべてが独立インドのなかに確立されなければならないと『アザド・ヒンド』(自由インド)の旗をかかげる人びとは主張した(89)。レナード・ゴードンによれば、ボースは戦時中ガンディーに対して尊敬の姿勢をとってはいたが、「ガンディーが、貧しくて迷信深いインドのみじめな面を積極的に活かそうとしたのに対し、彼自身は理性、科学、近代的価値の味方だった」(90)。モハン・シンも、ボースのインド改革計画の独裁的な性格には反対したものの、のちに自ら記しているように、人類の未来にとって必要なのは、「科学の神が宗教にとってかわり……宗教そのものはガンディーの遺品を収めるために建てられた博物館のなかにうやうやしく鎮座させておく」ことだと確信していた(91)。

中国の指導者のあいだでも、民族再生を熱望する声は、近代西欧技術の導入によって経済を変革しようという意図と、かねてから密接に結びついていた。(もっともさきに強調したように、変革への動きはすべて西欧に刺激されて生まれたということではなかった)。グリーダー博士によれば、中国の共産主義運動の創始者たちにとっては、「西欧技術の巨大な力を利用して中国を新しい世界体制の一員に育てあげる事業に希望の火をともしてくれたのは……マルクス主義だった」(92)。一方、蔣介石にとっても、政治的・社会的価値や信念に関して、西洋の提供してくれるものを彼がいかに拒否しようとも、大規模な工業化は国防力の強化にとって欠くべからざるものだった*(93)。

すでに見たように極東戦争は、農業などの第一次産業に基礎をおく東南アジアの経済を破壊した。経済の根底からの変革が今までよりもいっそう可能性があり、必要でもあるように思われてきたのは、一部で指摘されていたように、この戦争のおかげだった。いいかえれば、東南アジアの従属地域内の改革者のあいだで、時には二つの別の思想の流れであったものが、この戦争を機に互いに手を結び合うようになったということである。すなわち一つは国内の封建的秩序に対する反対であり、一つは帝国主義的支配に対する反対である。たとえばマーは、ヴェトナムについて次のように書いている。「一九四五年には、外国人からの解放は、飢え、小作、税金からの解放とあわせて農民の肩に担われるようになった――これこそ活動家や変革者たちの大望が意図するところであり、それが死闘（フランス人に対する闘いは一九五四年、ディエンビエンフーで終わりを告げた）の火を燃えたたせたのである」[94]。

だが社会経済の根本的な変革は、おそらくアジアの植民地の人びとを日本人がすでにとったのと同じ道に進ませることになるだろう。（当の日本人は、戦争のおかげでその道をはるか先に進んでいた[95]）。すなわち社会を構成する、本質的には孤独な匿名の個人が、非人格的な包括的権威に従う、完全な「現代」「大衆」社会への道である。だとすればこの現代大衆社会への道は、民族の主体性と運命を確立しようとするならば、すなわち政治的独立を確保するだけではなく、さらにそれを維持しようとするならば、当然支払わなければならない代価なのだろうか？　それともゲルナーの主張のように、**近代的な工業化「大衆社会」が容赦なく拡大することによって、新しい「民族国家」の形成が促進され

＊　重慶政府の工業化計画はあまりにも野心的で、大多数の住民にとってはおそらく無縁だろうという人もいた。イギリス人教師バンド夫妻は、中国東北部の日本軍侵攻を避け、広く共産地域と国民政府地域を旅行し、次のように書いている。「重慶と共産地域とでは、再建活動に著しい違いがあった。共産地域では、あらゆる改善は単純で初歩的なものだが、住民の必要と要求に直接結びついていて、すぐに大規模操業に転換された。重慶では……工業改革はあまりにも革命的で、庶民の理解を超えていた、展示されている工業製品は、一般の四川省民が期待していたものとはまったくかけ離れ、日常生活での使用などはとても考えられないものだった」(*Dragon Fangs*, London, 1974, 309-10)。Eastman, *Seeds of Destruction*, 220 参照。

るという、いわば逆の道が進行していたのだろうか？　これに関していえば、戦争はアジア各地で自耕自給農業の崩壊や都市化の増大をもたらしたばかりでなく、ゲルナーのいわゆる「高度の」文化を深く広く浸透させていった[96]。同時にそれは人種的あるいは民族的意識を高め、多くの人びとの視野を広げ、希望を育てるとともに、民族の象徴としての武人（たとえばアウン・サンや金日成）の役割を増大させたのである[97]。

戦争はまた一般的に国家の役割を大きく高めた。だがアジアの民族主義者たちが、自ら新しく国家を築き統治していこうとする場合、たいていは政治的にも法律的にもまた行政的にも、本質的には西欧で発展した次元の国家形態に満足するか、余儀なくそれを受けいれるかのどちらかだった[98]。インドの回教徒連盟は、従来の行政区分を拒否し、イギリス領インドの分割を要求したが、その場合でも彼らの希望した政治的・社会的組織形態は、またしても西側で発展したような近代国家であった。ウァン・グァングー教授によれば、一九四七年のインドの分割は、ガンディーが、西欧の政治的『慣行』にかかわる、それとは根本的に違ったものを回教徒連盟と国民会議派に認めさせようとして失敗したことを示すものだが、それはまたアジアの民族主義者たちが全体として「西欧の政治的・文化的・精神的価値にかかわるものを提供する」能力に欠けていたことを象徴するものだった[99]。

近代西欧文明への疑念

一九四一年から四五年のあいだに大きく強化された民族主義者の意図は、従来の国家を外国の支配を排除したうえで引き継ぐにしても、あるいは一から新しく作り上げるにしても、いずれも既存の制度を「与えられたもの」として受け入れるという点では、比較的単純といえるものだった。一方、第三章の終わりに述べた議論***すなわち極東戦争前の時期には、国内・国際両社会の理論的な把握がますます困難になってきたため、危機が大きく広がってきていたという問題に即していえば、この点に関するかぎり、戦争は独立国家のなかに生活していた人びとの多くにとっても、事態を楽にしてくれたといえるだろう。それは単純明快な当面の最優先の目的を提供してくれたからである。目標は生き残ること、そして勝つことだった。敵味方の区別ははっきりしていた。イギリス、日本、オランダでは――アメリカにおいても――人びとは「最高の集団的体験」を経験した。深刻な分裂をはらんだフランス人たちも、いまや自分たち自身とその国家を「再発見」し、多くの人びとは、社会を改革しなければならないと思った。

＊ オランダ領東インドよりもいっそう広範な政治的統一体を作ろうとしたスカルノの最初の構想については、二〇四〜〇五ページ参照。

＊＊ 八八〜九〇ページ参照。

＊＊ 興味ある事例としては、長いあいだ日本の支配下にあった台湾の中国人の場合がある。教育制度を通じて日本に対する無条件の忠誠心を植えつけようとした日本政府の試みは、一般大衆にはほとんど効果はなかったようであったが、「同化政策推進者が……植民地支配にともなう近代的変化を島民に受けいれさせることにもっぱら力をそそいだところでは、あらゆる階層の台湾人のあいだでかなりの成功をおさめた」。そのうえ、「台湾の反植民地運動の主流派は、台湾の改革のために戦う一方、日本の法的・政治的体制内にとどまりたいと再三もらしていたばかりか、日本の台湾における植民地統治を支える経済的・社会的・政治的制度の多くを無条件に受けいれ」ていたようであった。E. P. Tsurumi, 'Education and Assimilation in Taiwan Under Japanese Rule, 1895-1945', *Modern Asian Studies*, Vol.13, No.4, 1979; her essay in Myers and Peattie, *The Japanese Colonial Empire*.

＊＊＊ 一二五〜一二七ページ参照。

ではどの点をどのように改革すべきか？　前各章で示されたように、戦争は当面の目的を単純化し、団結を強化しただけではなかった。同時に各社会をより明るい光のもとにさらし、価値と目的と構造について根本的な問いかけを強く迫った。一方、既存の制度と行動の型の多くが打ち破られたために、全面的な改革の必要のみならずその機会も、以前にもましてはるかに増大してきたように思われた。

国際社会の組織に関して、基本的な行動単位の主体や忠誠の対象としての民族国家は、超克あるいは廃棄されなければならないという考えが、とくに西ヨーロッパの人びとのあいだで叫ばれていた。一方、これとはまったく異質とはいえないような主張が、「大東亜共栄圏」の建設という考え方のなかにも——本質的な構造という点では大きく違っていたにもかかわらず——存在していた。そして、すくなくとも新しい形態の全世界的な国際組織が樹立されなければならないという考えは、この戦争に巻きこまれたほとんどすべての地域で見られるようになった。多くのアジア人にしてみれば、西欧の国家にならって自分たちの国家を建設しようとしても、周囲で繰りひろげられている世界戦争は、タゴールらがかねて主張してきたことをよりいっそう証拠だてただけであった。[*]すなわち一九五五年の非同盟諸国のバンドン会議で、代表たちが繰り返し主張したように「西欧の知恵は失敗した」のであった。[100]

この点について、また国際、国内の両社会に関して、近代西欧文明に固有の破壊的、人間疎外的な性質に対するガンディーの警告は、アジア人のあいだに潜在的に強く訴える力を持っていた。アジア人の多くは伝統的な農村の生活様式に本能的な執着をいだいていた。[**]今世紀初頭の情況のなかでさきに見たような論旨を展開しつづけていたガンディーにとっては、[***]今回の戦争は、第一次世界大戦と同様、「資本主義、さらにはマルクス主義や共産主義をも含めた社会主義……のような経済体制の完全な破産を示すものだった」(彼は、「ソヴィエト連邦での実験とここインドでの実験は、東と西、北と南のように相異なるものである。われわれの紡ぎ車と、蒸気や電気によって動く彼らの機械との違いは実に大きい……しかし紡ぎ車は『アヒムサー』〔非暴力、非協力〕の象徴である、そして最後に勝利するのは『アヒムサー』なのだ」と)。[101] 大規模工業、破壊兵器、近代軍隊のもたらす破壊が増大の一途をたどるのに対して、ガンディーが提示する要求は、一九四一年十二月の「建設計画」(当時の情況からいえば適切な)のなかに要約されているように、「生活必需品の生産と分配の非集権化」であり、衣(『カーディ』――インドの手織木綿)と食を自給自足する「完全な共和国」である村落が、協力し合うことによって成り立つ社会の建設であり、都市と都市によって代表されるもののすべてが、この新しい農村的秩序に従うことだった。彼は一九四四年九月に、「大工業や工業化の信者もインドの友であることは否定できない、だが彼らと私との違いは、北極と南極の違いのようなものだ」と強調した。[102]

ガンディーのいうように第二次世界大戦は、三〇年以上も前に彼がその著『独立インド』(*Hind Swaraj*)で主張したことをあらためてはっきりと示した。すなわち、個人に潜在する精神的価値が一

＊ 六〇～六一、一〇九～一一一ページ参照。ネルーの戦後の「アジアについての美辞麗句」と、一九五五年以後はそれが急速に消えていったことについて G. Krishna, 'India and the International Order-Retreat From Idealism,' in Bull and Watson, *The Expansion of International Society*; Hay, *Asian Ideas of East and West*, 329 参照。

＊＊ イギリスの学者G・F・ハドソンは戦後、一篇の論文を書かずにはいられなかった。そのなかで彼は「なぜ、アジア人は西欧を憎むのか」について声明しようとした。Hudson, *Questions of East and West* (London, 1953).

＊＊＊ 一〇九～一一〇ページ参照。

方では高められ、一方では破壊されるというのである。一九四五年五月に彼は次のように書いた。

イギリスやアメリカでは機械が至高の支配者である。反対にインドには人間労働の復権を象徴する農村工業がある。西欧では機械力の助けを借りた一握りの人間が他を支配している……一方インドでは、大切なのは、すべての個人のなかにある最良のものを引き出すことである……西欧の方法は成功しているように見えるだけだ、本当は失敗以外の何物でもない。働く意思が破壊されるからだ。[103]

この点に関して彼は「われわれのあいだに生まれた鋭い意見の対立」を深く悲しみ、原子爆弾投下の余燼のなかで、ネルーに対して、危機に瀕しているのはインドの未来だけではなく、人類全体の未来なのだという彼の確信を説いた。

もしインドが、そしてインドを通して世界が真の自由を達成しようとするなら、遅かれ早かれ、われわれには農村で生活することが必要となるだろう。何百万という人間が都市や宮殿のなかで平和で安楽な生活をおくることはできない。真理と非暴力の二つがなければ人間は破滅の運命にあるということは、私にとっては一片の疑いもないことである。この真理と非暴力は、ただ農村生活の単純さのなかだけに見ることができる。単純さは紡ぎ車と紡ぎ車によってあらわされるもののなかに存在する。それは世界が逆方向に動いているようだなどという不安を、私にいだかせることはまったくない。蛾が破滅に近づくときは、焼け死んでしまうまで、ますます早く早くと火のまわりを旋回するものなのだ……[104]。

西欧の堕落に関するガンディーのビジョンがいかにも戦時中の動きに即していると思えるのは、一九四五年八月六日、九日の広島、長崎の劇的な事件の場合だけではなかった。それは在欧インド軍団の約三〇〇〇の兵士のほとんど知られていない運命についてもいえることであった。彼らは指導者のボースが日本に向けて出発したのちは、ドイツのために戦うことを誓わせられながら、ますます秩序を乱し悲惨な運命に陥っていった。このまったく置き去りにされた人びとについて、ハウナー博士は次のように述べている。「精神面の指導もなく彼らの多くは『ヨーロッパ化』とは自分たちの宗教と習慣を投げ捨てることだと思った。仲間同士でもウルドゥー語のかわりに怪しげなドイツ語を好んで話すものも出てきて、ヨーロッパの模倣は時にグロテスクな形態をとった……このドイツとの関係における、ひいてはヨーロッパ全体との関係におけるインド人の経験は、広い意味では極端なかたちでの近代化の失敗と見られるだろう[105]」。

すでに見たように、近代的な行き方につきまとう堕落なるものに対して非難の声を浴びせたのは、アジアの指導者のなかではガンディー一人ではなかった。蔣介石とその側近たちは、一方では中国に重工業を発展させようとしながらも、伝統的な社会体制をなんとか保持しようとした。宋子文のように中国の経済や社会の西欧化に熱心そうな「アメリカかぶれ」の閣僚たちは、政治的には重要な地位にはいなかった他の外国帰りの学者たちと同様、陳立夫たち——破壊的な影響をおよぼすおそれがあるというので教育の機会を抑えようとしたり、学者の生活と思想を統制しようとしたりした——ほどには重んじられなかった[106]。一九四五年にジョゼフ・ニーダムが蔣総統自身に指摘したように、*「回顧的な、おずおずした政治的態度」は、科学と技術の適用を通じての中国の近代化という考えとは根本的に相そぐわないものだった。

さらに重要なことは、西欧においても、新しい目的意識や、雇用と工業生産における飛躍的な発展が戦争にともなって生まれてはきたものの、それらは一九四一年以前の時期に見られた近代西欧文明の本質に関する懐疑の念*を晴らすには十分ではなかったことである。この疑問と不安は、農民と土がフランスの生活における最良のものを代表しているとしたヴィシーの支持者たちや、あるいは「自由主義とマルクス主義を近代化の元凶として恐れた」フランス・ファシストたちの独断に満ちた懸念よりもはるかに大きく広がっていた。[107] 今回の戦争は、ガンディーの主張のように、さきの一九一四〜一八年の戦争と同様、西欧的価値と考え方の本質自体にひそむ深刻な『不安』の反映ではないのか？ 一九四五年の春、アウシュヴィッツやブーヘンヴァルトであばかれたあの忌まわしい光景も、あれは特別だと、果たしていいきれるだろうか？（マイケル・ビディスのいうように、「身の毛もよだつナチスの大量虐殺収容所も、一九一四年から四五年のあいだに起こった多くの大虐殺やテロとはまったく別だとは、とうていいえなかった」のである）。[108]

ほかにもまた不安があった。兵隊や武器が要らなくなったら、一九二〇年代、三〇年代の大規模な失業が再び戻ってきはしないだろうか？ インドに勤務していた若いあるイギリス士官はこう書いている。「貪欲と恐怖から現在の狂気の戦争を生み出した」のは「近代ヨーロッパ文明」だ、それは「誰もが人類同胞の殺戮にはげんでいる」戦時には「仕事と金」を提供してくれるが、平和になると、もとの「失業、飢え、困窮」にみんなを追いやるのだと。[109] これほど激しくはないが、しかし同じような考え方にそってレイモンド・クラッパーは、一九四二年五月、読者からの手紙と、「普通の人間の世紀」と題するウォレスの演説に寄せられた幅広い賞讃の声とについて次のように書いた。「人びとは近代世界のジレンマから抜け出す道を探し求めている。機械をいかに制御し、うまく使いこなしていくかについて、明確な考えをもっている人の意見を皆聞きたがっている」[110]。

工業化された世界の住民が今、緊急に必要とする思想は東洋のなかにあると信じていたのは、西側でもパール・バックだけではなかった。すでに第一次世界大戦後にもそのような考えは見られた。** だがこのような意見が大きく注目を浴びるようになったのは、第二次世界大戦後であった。ジャン・モネが西ヨーロッパの政治構造の改革に取り組みながらもなお、ヨーロッパ文明は「他の世界のはるか先を進んで」いると信じていたとき[111]、オランダのマルクス主義歴史学者ヤン・ロメインにとっては、近代ヨーロッパ文明の発展全体は、人間社会の有機的発展の全般的形態からの離脱、堕落した破壊的な逸脱を意味するものだった[112]。マッカーサーが誇りとするものが、敗戦国日本を泥沼から救い出すために西欧からもちこんだ政治的・精神的恩恵だとすれば、サルトルにとっては（そして一九六〇年代の西欧の多くの教育ある青年たちにとっても）「歴史を作る」のは過去のようにヨーロッパやアメリカではなく、「われわれを」歴史の客体に追いやる、長いあいだ搾取されてきたアフリカやアジアの人民だった[113]。ヘンリー・ルースらが今回の戦争に「アメリカの世紀」の幕開きを見たとすれば、西側の一部の人びとにとっては、植民地帝国からのヨーロッパの撤退が歩を早めた今日、幕開きを迎えた

＊　一一二ページ参照。

＊　五八、一〇四〜〇六ページ参照。

＊＊　五八ページ参照。

のは「アジアの世紀」であった。[114]

一方、戦争のさなかでも、西側の一部の識者の目に映ったものは、目的意識の高まりではなく、かねてから彼らが非難の矢を向けていた近代「大衆社会」がますます前面に出てきたことであった。それは規格化と匿名性、少数者による多数者の操作の増大、凡庸の浸透であり、そしてまたオルテガが一九四三年に目にしたように「内面の自己――破棄できない自己、変えることも譲り渡すこともできない心の奥底のもの――を欠いた……人間の抜け殻」を生み出す、彼のいわゆる「恐るべき環境の同質性」だった。[115]（オーウェルの『動物農場』は戦争終結の年に発行され、『一九八四年』はすでに執筆中だった）。科学と技術もより良き世界を約束するどころか、全人類の存在にますます大きな暗影を投げかけているように思われた。（広島以前でも、たとえばネラ・ラストは日記のなかで次のように述べている。「将来は文明を破壊しようと思えば、ほんのごく少数の人の手でやれるだろう。軍隊などは必要としないだろう」[116]）。ビディスによれば、「原子爆弾の創造は……精神の発展と文明の進歩はおのずから一致するという考えに深い疑問を投げかけた。そして、哲学者や神学者に比べ、科学者のほうはそれほど得手ではなさそうな知識の使用に関する道徳上の問題が……いっそう重要になってきた」[117]。絶望もあらわれずにはいなかった。一九四五年に発行された一冊の本、H・G・ウェルズの『行きづまり』(*Mind at the End of Its Tether*)は、かつて科学の千年王国を予言した人の筆になるとはとても思えないものだった。彼は、「われわれが生命と呼んでいるすべてのものに終わりが迫っている、それは避けることができない」と書いている。

第二次世界大戦の終結は、ナチスの徒に人間存在のなかのすべての高貴なものに対する脅威を見た人びとからすれば喜ばしい終結ではあったが、すくなくとも一部から見れば一九三〇年代をとりまいていたあの混乱、不安、恐怖の念は依然払拭されないままであった。だが一方ではその間の事態の動きは、すでに見たように、「新しい実践的・理論的範疇」の確立や「世界観の変革」の動きを大いに促進することになった。* もちろんまったく新しい枠組みが広く採用されたということではなかった。いつの時代でも、深遠さの点でも普遍性の点でも科学の分野においてアインシュタインがかかわった革命に匹敵するような「革命」を、政治的・社会的思想の分野に求めることはばかげているだろう。戦争中アジアの民族主義者たちはたいてい、既存の政治制度を甘んじて受けいれていたし、西ヨーロッパのレジスタンスのなかで知的高揚の中心に存在していた政治的・社会的思想や価値は、ジェームズ・ウィルキンソンが強調しているように伝統的なものだったのである。「表現の自由、良心の自由、人間の尊厳の擁護、これらはすべてフランス革命の『人間と市民の権利に関する宣言』のなかに述べられている」ものだった[118]。一方、国際社会について見ても、新しい体制への希望を象徴する国際連合がその発足にあたって与えられたものは、(この種の組織につきものの保守性は免れがたいとしても)またしても自由主義的西欧の古典的概念と価値とを表明した憲章だった。

それにもかかわらず戦争に巻きこまれた社会の多くには、さきに引用したポコックの言葉を借りれば、**「自己認識の変革が広まってきた」。多くの人びとが、教育水準の高い社会はきわめて貴重な資産

* 一三五〜一三七ページ参照。
** 一三七ページ傍註**参照。

であることを知り、大量失業は人間の手のおよばない動きの避けられない結果だから甘受しなければならないという考えを退けるようになってきた。さらに一九四五年には、国際組織の性格の変化と規模の問題、国際組織内の相互依存の問題について、一九三〇年代よりもはるかに認識が高まっていた。国際組織のみならず国際社会*についても検討を加え、「一つの世界」を基礎に国際社会の問題の解決にあたる必要があることも深く認識されるようになった。多くの人びとは経済的国家主義に潜む危険と、国際経済関係を各国民間の「低次の」政治領域であるかのように扱うことの愚かさを認識するようになった。近代工業国家間の総力戦がどのような結果をもたらすかについてほとんどが知るようになる一方、日本の降伏時にはレオ・エイメリーの言葉によれば、「アジア対ヨーロッパの関係に」「きわめて大きな変化」が生まれつつあるという認識が、西側では非常に広範にわたって高まっていた。そして同時に、現在から見てはたして当時の「現実」に即応していたかどうかはともかく、その確信に満ちた理論が戦後世界の経済的・社会的・政治的環境の改造に役立つだろうと、国内のみならず国際的にも期待されていた人びとが――ワシントンのみならずモスクワや延安にも――存在していた。

だが大きな不安が残っていた。それは、既存の精神的目標の多くは廃棄しなければならない、何世紀にもわたって形成されてきたような仮説や期待も取りかえなければならないということが、一部で認識されてきたからである。また、戦争中には思想と精神の変革の必要を熱心に説いておきながら、戦争が終わったとき、当時の人びとが直面しなければならなかった実際政治のうえにその考えを具体化しなかった(おそらく必要上から)人びとがいたこともあるだろう。[119](たとえば「一つの世界」を将来の目標としてかかげることと、複文化的な世界の要求にそって機構を作ったり、成文、不文の各種「競技規則」を改定したりすることとは、まったく別のことだった[120])。さらに、環境が根本から永久に変わってしまったことをまだ理解できなかった他の多くの人びと——おそらく大部分の人びと——は、認識を誤ったり適応できなかったりした結果、しばしばとまどいと不安から免れることができなかった**のである。

だが戦時中の世代の人びとには、一九四五年の時点でまったく新しい展望をうちたて、そのなかで現在の情況と過去とを見直すということはできなかった。それについては、ここで詳述する必要はないだろう。（アジアの人びとに対する家父長主義的考えがヨーロッパ人のあいだに依然つづいていたことは、その一つの明白な例である。イギリス人のあいだでは自国の国際的地位が根本的に変わったことを認識できない人が多かったし、さらにまた世界はわれわれの理想にしたがって作り変えられることを望んでいるのだという多くのアメリカ人の信念や、インドや人類の将来に対するガンディーの時代遅れの処方をあげることもできる）。要するに根本は、ほとんどの人びとが長いあいだの中心的

＊ 両者の区別については、ヘドリー・ブルの『無政府社会＝世界政治体制の研究』（*The Anarchical Society: A Study of Order in World Politics*, London, 1977）参照。ブル教授によれば、国際社会が「存在するのは、一定の利害と価値を共有していることを知った国家群が、相互の関係を共通の規則によって律することを了承し、共通の制度の運営に参加するという意味において一つの社会を形成する場合」である。さらに彼は次のように述べている。「現代の国際組織はまた国際社会でもある。それはすくなくとも、国際社会は国際組織のなかで永久に活動しつづける要素の一つとなったという意味においてである」。彼がいわんとしていることは、国際社会の存在を今後のいっそうの発展のなかで考えていくという態度が戦争期間中に広がっていったということである。Bull and Watson, *The Expansion of International Society* 参照。

＊＊ 「どのようなことが起こっても、一〇年や二〇年では、たいていの国の四割の人びとの考えは変わることはないようだ」。Deutsch and Merritt, 'Effects of Events on National and International Images', in Kelman, *International Behavior*, 182-3.

な考えとは合致しない事実や要求に対し、これを認めようとしなかったり、精神的に適応できなかったことにあるのだが、それに対し同時代人のほとんどに理論的な対応を迫っていたのは、一九四五年以後の独特な時代環境だったのである。

それについては、問題は極東戦争の皮肉な結果の一つにあったといえるだろう。すなわちこの戦争は、国内、国際双方の社会のなかで進展しつつあった変革や課題を背景に、時には新しい概念形成の注目すべき試みともいえる動きを促進したが、同時に、変革の過程そのものにいっそうのはずみを与えたのである。

前各章に示した論拠や事実は、戦争は「社会的時間」と「地理的時間」双方の進行を早め、*この間、それらと「政治的時間」との差が大きく縮小したという、いわば当然の結論を詳細に論証している。(もちろん戦争は「政治的時間」も早めることになった。そして多くの人びとは「個人的時間」の速度が早まったという感じをいだいたが、平和の回復とともにその速度が鈍ったとき、かならずしもそれを喜ばなかった)。**ジェームズ・ジョルのいうように、第二次世界大戦勃発以後「歴史は気の休まる時がないような早さで進んできているように思われた」が、その領域や進み方について、ここで詳述する必要はないだろう。一九三九年から四五年にかけての戦争に多くを負っている合成化学や電子工学などの分野での「新しい産業革命」、それがもたらした可能性や課題を今なおわれわれは追いつづけているのである。兵器に応用され、戦争のあいだにいっそうの進歩を見せた科学や技術の猛烈な発達を見ると、多くの人びとは、破滅に向かっていっそう狂おしく輪を描いて飛び回るガンディーの蛾のイメージを悪夢のように思い浮かべるだろう。日本の降伏後わずか三〇年で国際連合加盟国の数は、創立当時、当代最高の知性が予想した最大数の約二倍に達した。一九五〇年代から六〇年代初めにかけては多くの研究者の目には、国際組織の単純な二極構造は、次の時代もその鉄の手の抱擁のなかに「世界を閉じこめておく」かに思われたが[121]、一九七〇年代の半ばごろには、それは、はるかに複雑な構造のなかの一部にすぎなくなった――強大なドルの価値は低下し、ブレトンウッズ国際経済体制は崩壊した。「超大国」の一つは戦いに敗れ、一九四五年に新しく制定された「競技規則」はあらためてその存在を問われることになった。イスラムは新興勢力として国際舞台に復活し、日本は西ドイツと同様、軍事力には比較的欠けるとはいえ、大国の一員となった。（この時点になると、極東戦争の国際的帰結は、一九四五年のこの戦争の終結を見届けた人びとの多くにとっては、道理に合わないとはいえないまでも、おそらく意外だと思われるような姿を呈していた）。*** 国家間では、力は今どのようにして測られるのか？　国家だけがなお国際舞台での主役なのか？　世界は（アジアの一部で、極東戦争中にいわれていたように）東対西の関係よりも「北対南」の関係で見なければならないのではないか？[122]　西側自らが他の地域でも達成するように求めた「文明」の基準は、ヒトラーとムッソリーニと総力戦のあとはどうなったのか？　一九三九年と四五年とのあいだに展開を見た概念と「回答」は？　そしてこれらの疑問とともに、再び「地面が足もとから引きずられていってしまい、しっ

＊　一三五～一三六ページ参照。大西洋、太平洋の横断時間、あるいはヨーロッパから極東への旅行時間が戦争中に短縮されたことは、人間の地理的環境が急速に変化しはじめたことのたんなる一例にすぎない。
＊＊　ここでいわれているのは、個人生活がいっそう「あわただしく」なったということではなく、個人生活のサイクルのなかで、重要な変化の（幅が大きくなっただけではなく）速度が「あわただしく」早まってきたということである。
＊＊＊　「あとがき」参照。

かりした土台はどこにも見つからない」と、強く感じられるようになってきたのである。*

しかしながら今、極東戦争の検討を締めくくるにあたって、西欧社会やアジア社会の一般大衆が、戦争の終結に際し、いっそう激動する将来を予想して、ウェルズのように「生命の終わり」が近いと考えていたというような印象を与えることは、誤解を招くだろう。たとえばインド、インドネシア、インドシナでは、多くの人びとが近い将来に予想したものは、彼ら自身やアジア全体の人びとにとって輝かしい新時代の幕開きだった。(フィリピンの『フクバラハップ』ゲリラのかつての一員は、のちに次のように回想している。「地主たちが戻ってくるだろうから、われわれは農民部隊をもたなければならないと思った。生活は依然苦しかったし……破壊は大きかった。だが人びとは希望に満ちていた。私もそうだった。われわれのような下層民も強くなっていたし、いっそう組織化されていた」[123])。一方、アメリカ国民の多くは、外からの脅威に対するヒステリックな恐怖感(アメリカ社会が、戦時中、変化に対して抵抗したことがその原因だった)にはまだとらわれていなかったし、『シカゴ・トリビューン』のように、「力と文句の余地のないりっぱな意図」がアメリカでは「相ともなっている」ことは、アメリカだけではなく、「世界にとって非常な幸せ」だと信じていた。**[124] ヨーロッパでは、ヨーロッパ大陸の大半が荒廃に帰したことを思い、暗澹たる気持ちにおそわれる人が少なくなかった。(新しい国際連合の本部がアメリカに置かれるようなことになれば、「それはヨーロッパの終わりだ」と、あの鋭敏な外交官レネイ・マシグリはひそかに述べていた)[125]。しかしイギリスやフランス、オランダでは、マルクス主義者や自由主義者、社会民主主義者や家父長主義者、科学者や神学者(テイヤール・ド・シャルダンの人格のなかには、この最後の二つが溶け合っていた)らの多くの人びとが、知識と英知を思いやりをもって正しく働かせることにより、より良き社会を建設しようと考えていた。

そしてカミュのように、「論理的犯罪という今日の現実をもう一度受けいれて」、「五〇年間に七〇〇〇万の人間を亡命させたり、奴隷にしたり、殺戮したりした時期」のことを回顧し、それでも「われわれの時代とその不安定な狂気を捨てる」ために「新しく戦列に加わら」なければならないと考えていた人びともいたのである。[126]

戦時中の不安と苦難のなかで、一般大衆の示した驚くべき柔軟性――そこには上にいる人びとの場合のような大言壮語や大げさな身振りはなかった――は強烈な印象を残したが、自分たちの生活を乱

＊ 国際関係の本質は、何世紀にもわたって変わってはいないと主張する人もある。Gilpin, *War and Change in World Politics*, cap. 6 参照。

＊＊ アメリカ社会には世界に提供しなければならないものがあるという、このような確信のとくに興味ある例は、マーガレット・ミードの場合である。彼女はかつてアメリカ国民にこう警告した。「言葉の違う何百万の新来者を短期間のうちに忠誠なアメリカ人に変えてしまうこのような社会の動きは、非常に貴重かつ有益なものだ」と性急に決めこんではいけない、と（*Anthropology: A Human Science*, 142）。しかし一九五三年の冷戦の緊張のなかで、彼女は次のように述べている（*New Lives For Old*, 19）。「アメリカ文明は、時代遅れのヨーロッパの歴史のうえに咲いた最後の花というだけではない、……それは新しい別種のものなのだ……アメリカ文明の建設者たちが変化の能力、それも必要に応じて速やかに変化する能力をそなえていたからだ」。そしてさらにつづけて次のように述べている。「われわれが変わることを学んだように、他の人びとにも変わることはできるのだ。彼らもきっと変わりたいと思っているだろうし、より良い生活様式を見さえすれば、手を伸ばして自分のものにしようとするだろう。古い習慣を破壊すれば何かよくない結果が起こるなどとは、われわれにはまったく信じられない……人間は他の人によって無理に変えられるものではない。光を見れば、進んでそれについていくものだ」

したこの大動乱の終結にあたってさまざまな考えや感情が入り乱れたのは当然のことだった。ネラ・ラストは記している。

過去六年のあいだ、自分では無意識に背負っていた石のような重荷が転がり落ちて――手足が自由になり、頭が軽くなったような気がした。それから原子爆弾のことを考えはじめた。この発明は人類にとって吉か凶か、世界の発展を早めるために二〇〇〇年ごとのサイクルでやってくる「変革」なのかと思いながら。だがそれはあまり歓迎できそうにない。(127)

真珠湾事件の翌日の『フリー・ネーデルラント』紙のように、「偉大な時代」の到来だと確信をもっていうことはできなかった。だが達成感、期待感がないわけではなかった。ウェルズさえも、絶望の思いにもかかわらず、啓蒙の子として「適応性の高いごく少数の人種」が「普通の人間」が死滅したあとも生き残るだろうという確信を表明せずにはいられなかった。「青年は『命』だ、彼らのほかに希望を託すべきものはない」と死に臨んでこの賢人は書いた。(128)激動と不安のなかでは、陳腐な言葉にも出番があるものなのである。

あとがき

「まえがき」で述べたように、一九四五年からのちの極東戦争の影響について検討することは、本書の目的外のことである。しかしながら戦後わずか二〇年あるいは三〇年のあいだに極東に生じた国際情勢の主要な発展のいくつかは、すくなくともこの戦争のあいだの動きが原因となって生まれたものだが、それらは日本の敗北を目撃した人びとのほとんどにとって、まったく予期しないものだったということは、強調しておいてよいだろう。なるほど一九四五年の夏には、アジアにおけるヨーロッパ諸国の地位は、一九四一年十二月以後の事態の動きによって永久に弱体化したと考えた人びとがいた。だがヨーロッパの帝国主義的存在そのものが、ほんの一〇年足らずのうちに、事実上駆逐されてしまうだろうと予想した人はほとんどいなかった。（この動きを阻止しようとした、一九四五年から五四年のあいだのオランダやフランスの行動は高価なものにつき、今から見ればとくに無駄で近視眼的に思われるが、イギリスの政治家にしてもほとんどが、戦争は自治領とのあいだの距離を縮小するどころか、むしろ拡大したということが理解できなかったし、根本的な変革の意味を理解するのは、彼らのほうがヨーロッパの政治家よりもむしろ遅かったのである）。[*] さらに一九四五年の中国情勢を特徴づけていた混沌と激しい政治的対立を目にして、四年足らずのうちにその国が（台湾は別として）共産主義のもとに統一され、外国人に従属を強いられてきた世紀に『終止符』を打つことになると予測した人は、なおいっそう少なかった。（ジョン・フォスター・ダレスも一九四五年三月、国民党支配の中国に関してひそかに次のように書いた。結局中国は「大国」ではないことがはっきりしてくるだろうから、新しい国際連合のなかの大国としての特別な地位は剝奪されなければならないと）*。まして、当時の日本の荒廃と比類ないアメリカの力を見れば、日本は二十世紀の終わりには生産力でアメリカをしのぐ「新生超大国」になると一九七〇年代の初めごろにいわれることだろうとか**、底知れぬアメリカの軍事力にセオドア・ホワイトのような人物までが小躍りしているが、そのアジアの戦いでおそらくアメリカ人は敗北を喫するだろうなどと誰かがいったとしても、どれだけの人がそれを受けいれただろうか？

　一九四一〜四五年戦争の国際的な影響については、事件そのものに非常に近い位置にあるわれわれだが、当時と現在とのあいだのどの時点に視座をおくかによって評価は異なるだろう***。「成功」か「失敗」か、「損」「得」計算はどうかという点について論じるとすれば、たんに将来の見通しだけではなく、価値や判断基準、さらにはそれぞれの国家の「国益」の定義に関しても前もって答が必要となるだろう。だが戦後の国際情勢に関する多くの解釈のなかには、実際に極東戦争に巻きこまれた人びとから見れば、首をかしげたくなるばかりか、まったくのこじつけとしか思われないものもあるということは、すくなくともいえるだろう。たとえ、後知恵の助けでそのような解釈の矛盾が説明できたとしても、真珠湾事件と日本の降伏とのあいだの歴然とした動きから見れば、われわれもまたそれらをこじつけと思わざるをえないのである。

中国を広大な範囲にわたって死と破壊の淵に追いこんだ戦争は、同時に国家の統一と再生をもたらすことになった。つづいて起こった共産主義者たちの運命の進展は、モスクワと国民政府のあいだの敵意をはるかにしのぐような中ソ間の対立を生み出した。イギリスと自治領をより深く結びつけた戦争が「イギリス連邦同盟」という自動機構の終焉を現実のものにしていった。日本は敗北したとはいえ、アジアにおける西欧帝国の終焉を早めた。帝国主義の衰退が容赦なく早められていったことは、当時は苦痛に満ちた衝撃的なものだったが、結局はヨーロッパ各国にとって利益だと考えられるよう

---

* ダービの『スエズ以東のイギリス防衛政策』(*British Defence Policy East of Suez, 1947-1968*) およびソーンの *Allies of a Kind*, 686-8参照。オランダでは、東インドを失えば、われわれは「デンマークの二の舞」になるだろうといわれた (H. Baudet, 'Nederland en de rang van Denemarken', in Fasseur, ed., *Geld en geweten*)。一九五六年にマクミランは、ナセルにスエズ運河の国有化を許せば、イギリスは「オランダの二の舞」のような恐ろしい運命に見舞われるだろうと予想した。このような心配や想像は、国際間の権力政治から見れば無理からぬことだが、「ホモ・サピエンス」の行動という点からいえば、滑稽なだけではなく、なにか哀れな感じがする。

---

* Thorne, *Allies*, 579参照。

** ハーマン・カーン著、坂本二郎、風間禎三郎訳『超大国日本の挑戦』ダイヤモンド社、一九七〇年、参照。この種の分析の全体を概観するには、エンディミヨン・ウィルキンソン著、徳岡孝夫訳『誤解＝日欧摩擦の歴史的解明』中央公論社、一九八二年、参照。

*** 最近、ある中国の歴史家がフランス革命の影響について問われ、まだ述べるには早すぎると答えたということである。一七八九年革命の二〇〇周年を控えて、この問題についての権威ある意見を、おそらく待ち望んでいる多くのヨーロッパ人の気持ちとしては、このような態度は少々極端だと思われるだろう。だが一九四一〜四五年戦争の影響に関しては、戦後わずかに四〇年を経た時点での判断は、たんに中間的なものにすぎないことを多くの人びとは認めてくれるだろう。

になった。日本自身は一時あのように落ちぶれたが、高価で無駄な軍事力増強の道を避け、かつて剣によって確保することのできたものよりもはるかに大きく、かつ永続的な富と力を得ることができた*。(日本の産業構造は改造された。一方戦争が中国や米ソ関係に及ぼした影響のためにワシントンにとって日本の価値は増大した)。アメリカは一九四一年には、使命感に燃えるルースたちが熱心に望んでいたようについに中国の側に立つことになったが、その後「目ざめた」新中国との関係は、すぐに厳しい敵対関係に変わっていった。そして「アジアで打席に立」ち、スティムソンやマッカーサーらが長いあいだ「世界のなかのわれわれの領分」と見なしていた地域の運命を(アメリカ自身のためだけではなく、他の国の人びとのためにも)切り開いて、アメリカの安全と繁栄が今後脅かされないようにし、そこでも恵み深い「アメリカ的生活様式」を擁護して、それをもっぱら必要としていると思われる人びとに分け与える、戦争の結果、そのような時がきたと信じるようになったアメリカ——一九四五年には極東戦争のまぎれもない「勝利者」だったアメリカ、そのアメリカが一九七〇年代にはある意味では、長期にわたる最大の「敗者」と見られるようになった。現在では、以上のような事態がどういうわけで起こったかは、われわれには明らかである。しかしそれはまた別の話である。

＊ 日本は「東洋」というよりもむしろ「西洋」ではないのか、あるいは、戦後、平和的手段によって「大東亜共栄圏」の実質を作り上げることができたのではないかという議論については、Miwa, 'Japan in Asia, Past and Present', loc. cit. 参照。「西欧文明」の本質と東西関係に関する議論については、Needham, *Within the Four Seas : The Dialogue of East and West* ; J. Ellul, *Trahison de l'Occident* (Paris, 1975) 参照。

訳者あとがき

第二次世界大戦中、日本は、一九四一～四五年のあいだアジアの地を舞台に、西欧諸国を相手に戦った。

著者ソーンは本書のなかで、この戦争にかかわった数多くの国家、社会の動きや人びとの意識の動きのなかから、世界史的な広範な流れをつかもうとする。それはまさに野心的な試みといえよう。

この戦争は、たんに太平洋をはさんでの日米両国間の戦いにとどまるものではなかった。

そこで著者は一般に使われている「太平洋戦争」という呼称を、地政学的な意義づけのうえからいって適切ではないとしてこれをしりぞけ、「極東戦争」という呼称を採用している。著者は述べている、この戦争は基本的にはイギリスと日本との戦いであり、アメリカは中国との関係からではなく、イギリスとの関係からこの戦争に介入したのだ、と。

私は本書を通読したとき、各国、各社会のさまざまな動きを関連づけ、比較対照し、そのなかから、この「極東戦争」という一大カタストロフィーに各国を導いていった歴史のなかの大きな流れを探っていこうとする著者の方法から、まるで多元連立方程式を解くような感じを受けた。

このような多重的な、そしてユニークな構造のなかに、上はローズヴェルトの言葉から、下はランカシャーの一主婦の日記にいたる、さまざまな事実や話が組みこまれている。それはまさに万華鏡を見る思いであった。

そのなかには、たとえば、アジアにファシズムがあったとすれば、それは蔣介石政権であるというような重要な指摘も見られる。またローズヴェルトの日本人に対する人種差別的な発言は、いかに戦時中のものとはいえ、私にとっては非常にショッキングであった。そして普通は読みとばされる傍註のなかにも、重要な指摘や興味ある事実が数多く見られるのである。

その間にあらわれる日本の姿は、国際舞台のうえに遅れて登場したものの悲劇的な姿である。そして、それを悲劇的なものにしたのは、一つにはアジアの人びとに対する無理解な態度であった。

昭和史最大の事件であるこの戦争の意味があらためて問われようとしている今日、本書は日本人読者にとっても裨益《ひえき》するところが非常に大きなものがあるだろう。

この訳書は訳者にとっては最初の訳業であり、それだけにいたらない点、つたない箇所が多いと思われる。読者の御指摘、御教示を乞いたい。

最後に、浅学の身にこのような内容の重い大冊の翻訳の機会を与えてくださった鈴木主税氏に感謝したい。

一九八九年一月

訳者

119) Ibid., 55.

120) Bozeman, *The Future of Law in a Multicultural World ;* Gong, 242ff.

121) 本文第２章および 222-223 ページ参照.

122) 戦後の国際情勢のこのような発展の概観については，the special, anniversary issue of *International Affairs,* Nov. 1970 参照.

123) Kerkvliet, 109.

124) *Chicago Tribune,* 8 Dec. 1944.

125) Reynolds and Hughes, *The Historian As Diplomat,* 77.

126) A. Camus, *The Rebel* (trans. A. Bower, London, 1962), 11, 270 ; Wilkinson, 263ff.

127) *Nella Last's War,* entry for 11 Aug. 1945.

128) H. G. Wells, *Mind at the End of Its Tether* (London, 1945), 28, 30, 34.

97) Smith, *The Ethnic Revival,* 74 ff,; Anderson, *Imagined Communities,* 17 ff.

98) Wang Gungwu, 'Nationalism in Asia', in Kamenka, *Nationalism,* 92.

99) Ibid., 93-4.

100) R. Wright, *The Colour Curtain* (London, 1956); R. Payne, *The Revolt of Asia* (London, 1948); Hay, *Asian Ideas of East and West.*

101) Gandhi, foreword to Bharatan Kumarappa's *Capitalism, Socialism or Villagism* (1945), *Collected Works,* Vol. LXXXI, 275; Gandhi to Narandas Gandhi, 20 May 1944, ibid., Vol, LXXVII, 277.

102) Gandhi, 'Constructive Programme', 13 Dec. 1941, ibid., Vol. LXXV, 146ff.; 'Village Swaraj', 18 July 1942, ibid., Vol. LXXVI, 308; speech to Congressmen, 29 June 1944, ibid., Vol. LXXVII, 341; on the 'Constructive Programme', 28 July 1944, ibid., 429; discussion with D. Ramaswami, Aug. 1944, ibid., Vol. LXXVIII, 6ff., 45, 68ff., 161ff.; speech of 1 Sept. 1944, ibid., 62ff.; discussions with Sec. of All India Spinners' Association, 10 Oct. 1944, ibid., 171 ff.; foreword to *The Cow in India* (1945), ibid., Vol. LXXX, 149; interview with Ramachandra Rao, 19 June 1945, ibid., 352.

103) 'How to Improve Village Industries', 21 May 1945, ibid., Vol. LXXX, 152.

104) Gandhi to Nehru, 5 Oct. 1945, ibid., Vol. LXXXI, 319.

105) Hauner, *India in Axis Strategy,* 589.

106) Payne, *Chiang Kai-shek,* 3-5, 258; Eastman, *Seeds of Destruction,* 217-8 and cap. 5; Thorne, *Allies,* 426. のちに陳立夫自身が評論集（その多くは国民党政権の弁護論だが）のなかで述べている注目すべき見解については，Sih, op. cit., 120 参照.

107) Gordon, *Collaboration,* 20, 44; Farmer, *Vichy,* passim.

108) Biddiss, *The Age of the Masses,* 200.

109) Thorne, 'The British Cause and Indian Nationalism: An Officer's Rejection of Empire', *Journal of Imperial and Commonwealth History,* Vol. X, No. 3, 1982. Cf. on 19th century European fascination for Indian religion and philosophy, Singhal, op. cit., cap. 20.

110) Clapper to Landon, 29 May 1942, Clapper Papers, box 50.

111) J. Monnet, *Mémoires* (Paris, 1976), 572.

112) J. Romein, *Aera van Europa: de Europese Geschiedenis als Afwijking van het Algemeen Menselijk Patroon* (Leiden, 1954).

113) Preface to F. Fanon, *The Wretched of the Earth* (trans. C. Farrington, London, 1965).

114) Payne, *The Revolt of Asia,* 300.

115) Giner, *Mass Society,* 75ff. and passim.

116) *Nella Last's War,* entry for 5 Aug. 1945.

117) Biddiss, 274; Nisbet, *History of the Idea of Progress,* 317ff.; Gong, 87ff.

118) Wilkinson, *The Intellectual Resistance,* 45.

72) Clapper cable, June 1943, Clapper Papers, box 37.

73) Perrett, 302.

74) Ibid., 339. Blum, *V Was For Victory,* 89.

75) *Azad Hind,* No. 3/4, 1943 ; Gandhi, quoted in Hutchins, *India's Revolution,* 195.

76) Speech of Oct. 1941, *Collected Works,* Vol. LXXV, 9.

77) Speech of 1 Sept. 1944, ibid., Vol. LXXVIII, 62ff. ; conversation with Mridula Sarabhai, 26 Oct. 1944, ibid., 232 ; note of 14 Nov. 1944, ibid, 301.

78) 福武，前掲書，68ページ.

79) 丸山，前掲書，160，161ページ. Havens, 150-1.

80) 丸山，前掲書，48ページ. 当時のフィジー諸島における小農村社会の崩壊の動きについては，Scarr, op. cit., 332 ff., 363参照.

81) Shillony, 140.

82) Takeda, *The Great East Asia War,* loc. cit.

83) J-P. Sartre, 'The Republic of Silence', quoted in S. Hawes and R. White (ed.), *Resistance in Europe, 1939-45* (London, 1976), 132 ; Wilkinson, op. cit., 33ff.

84) Wright, op. cit., 51, 80, 87 ; Milward, cap. 6 ; R. V. Jones, *Most Secret War* (London, 1978); Perrett, 110-12, 431 ; Hoffmann, *France,* 39ff., 54, 152ff.

85) Shillony, 134ff. ; K. Miwa, 'Japanese Images of War with the United States', in A. Iriye (ed.), *Mutual Images : Essays on American-Japanese Relations* (Cambridge, Mass., 1975); Kase, *Eclipse of the Rising Sun,* 9 ; Miwa, 'Japan in Asia, Past and Present', loc. cit.

86) Lal, 'India's Science Movement', *Asia and the Americas,* Jan. 1943.

87) Anup Singh to Nehru, 2 April 1942, Nehru Papers, Corresp., Vol. 13 ; *Bombay Chronicle,* 26 May 1942.

88) Hutchins, 292.

89) Banerji, 'International Importance of India's Independence', *Azad Hind,* Jan. 1943 ; Sengupta, 'Economic Causes of the Famine in India', ibid., No. 2, 1944 ; Bose, 'Free India and its Problems', ibid., No. 9/10, 1942.

90) Gordon, in S. K. Bose (ed.), *Nataji and India's Freedom* (Calcutta, 1975), 13.

91) Mohan Singh, 280 ; S. Ghose, 'Science and Anti-Science : the Cow Not So Sacred', *The Statesman,* (Calcutta) 28 Nov. 1979.

92) Grieder, 'Communism, Nationalism and Democracy', in Crowley, *Modern East Asia,* 220.

93) Reischauer, Fairbank and Craig, op. cit., 713 ; Ch'en, op. cit., 173ff. ; Thorne, *Allies,* 313, 425, 565, 707.

94) Marr, *Vietnamese Anti-Colonialism,* 276-7.

95) 福武，前掲書，110-115ページ.

96) Gellner, *Nations and Nationalism,* 18, 39ff., 111.

48) Clapper to Thurston, 14 Oct. 1943, Clapper Papers, box 51; 'CBI Master Narrative', p. 281, Stilwell Papers, box 1.

49) Roosevelt to Lamont, 29 March 1945, Lamont Papers, file 127/26.

50) Emmerson memo., 5 Feb. 1942, St. Dpt. files, 740.0011 PW/2037/ 6/8.

51) *L'Humanité,* 23 Aug. 1944; ibid., 23 Jan. 1945; *Libération,* 11 Jan. 1944; *L'Université Libre,* July 1944; *Aurore,* Oct. 1943; *Le Monde,* 2 Jan. 1945.

52) Hoffmann, *France, Change and Tradition,* 58.

53) Schram, *Mao Tse-tung,* 220ff.

54) Wright, op. cit., 266.

55) Report on Wartime Relations with Britain, AICC files, G-22 part 2.

56) S. Epstein, 'District Officers in Decline: the Erosion of British Authority in the Bombay Countryside, 1919 to 1947', *Modern Asian Studies,* Vol. 16, No. 3, 1982; Ghosh, 228ff.; Toye, 170ff.; Mohan Singh, 368; Donnison narrative in Tinker, *Burma: the Struggle for Independence,* 1005.

57) Sjahrir, 248; Wertheim, 78-9, 306-7; van der Kroef, *The Communist Party of Indonesia,* 26.

58) Dahm, 283; Aziz, 235.

59) Manila *Tribune,* 1 March, 19 May, 25 Nov. 1942; Steinberg, 75-7, 165-6.

60) *Le Temps,* 23 Feb. 1941; *L'Action* (Hanoi), 2 Sept. 1944; Hoffmann, op. cit., 36ff.; Farmer, op. cit., passim; Gordon, op. cit., 44; Paxton, op. cit., passim.

61) Thorne, *Allies,* 729.

62) Payne, *Chiang Kai-shek,* 250; Jaffe (ed.), *China's Destiny,* passim; Reischauer, Fairbank and Craig, op. cit., 713; Eastman, *Seeds of Destruction,* cap. 9.

63) Levenson, *Confucian China and its Modern State,* Vol. I, cap. X; Ch'en, *China and the West,* 452; Crowley, *Modern East Asia,* 280ff.

64) *Combat,* 25 Sept. 1943; *Cahiers du Témoignage Chrétien,* May and July 1943; *L'Aurore,* Oct. 1943; *L'Humanité,* 1 Jan. 1944.

65) Warmbrunn, 11ff., 34ff., 83ff., 131-2, 267ff.

66) Long diary, 27 July 1942 and 14 Aug. 1943; *Sydney Morning Herald,* 26 Aug. 1942.

67) Lacey to Curtin, 14 Jan. 1943, Prime Minister's Dpt. files, U/57/1/1.

68) 'Civilian Morale in North Queensland', 1 Feb. 1943: report by Prof. R. D. Wright and Dr. I. Hogbin, ibid., BA/29/1/2.

69) Long diary, 7 July 1942.

70) *Sydney Morning Herald,* 7 March, 15 July 1942; 17 May 1945; 17 and 21 Jan., 9, 14, 15 April, 16, 21 Dec. 1942; 2 Jan., 30, 31 March, 6, 8, 16 April 1943; 7, 27 Jan. 1944; Sydney *Daily Telegraph,* 28 Oct. 1944.

71) Sydney *Daily Telegraph,* 30 Oct. 1944.

20) Thorne, *Allies,* 150; Taylor, 508, 455.

21) Nash broadcast, 22 March 1942, loc. cit.

22) Israel, in Sih, op. cit., 139, 143.

23) Ibid., 343.

24) Ibid., 303.

25) Clubb, 254; Payne, 257; Johnson, *Peasant Nationalism,* 44 and passim.

26) Crowley, *Modern East Asia,* 281.

27) Thorne, *Allies,* 434ff., 567ff.

28) Cumings, xxi ff., 30ff., 48ff., 402. 金日成と朝鮮共産党の老幹部との隔たりを強調した分析としては，D. S. Suh, *The Korean Communist Movement, 1918-1948* (Princeton, 1967), cap. 9 参照.

29) Lancaster, 112ff.; Chen, *Vietnam and China,* cap. 2.

30) Iriye, *Power and Culture,* 176.

31) Hashikawa, 'Japanese Perspectives on Asia', in Iriye (ed.), *Chinese and Japanese,* 350-1; 家永，前掲書，251-252ページ.

32) Shillony, 119ff.

33) 福武，前掲書，4，133ページ.

34) Havens, 197, 202-5.

35) 福武，前掲書，99，181ページ.

36) Quoted in Shillony, 108-9; 家永，前掲書，252，253ページ；ライシャワー『ザ・ジャパニーズ』；R. Scalapino, *The Japanese Communist Movement, 1920-1966* (Berkeley, 1967); A. Cole, G. Totten and C. Uyehara, *Socialist Parties in Postwar Japan* (New Haven, 1966) 参照.

37) Sevareid notes, 22 Dec. 1943, Sevareid Papers, box D3; Clapper to Howard, 24 June 1942, Clapper Papers, box 50.

38) Winkler, 71 and passim; Polenberg, *War and Society,* 73ff., 91ff., 189ff.

39) F. A. Hayeck, *The Road to Serfdom* (London, 1944), 10, 18-20; Perrett, op. cit., 287ff.

40) Blum, *V Was For Victory,* 6, 13, 105ff., 234ff., 283ff., 332; Perrett, 325ff. 復員兵援護法のもたらした教育改革の例については，Terkel, 57-8, 145 参照.

41) S. P. Huntington, *The Soldier and the State* (New York, 1957), 335-6.

42) Blum, *V Was For Victory,* 27ff., 38-9, 53ff.; Winkler, 64 and passim; Catton, 80, 141, 169, 258.

43) Polenberg, *One Nation Divisible,* 57.

44) Perrett, 433.

45) Dillon speech, Indianapolis, 16 Nov. 1943, WRA files, box 282.

46) White, *In Search of History,* 223; Thorne, *Allies,* 138; Winkler, 154.

47) Perrett, 418.

Ordeal of Total War, 249ff; Stouffer et al., *The American Soldier: Combat and Its Aftermath,* caps. 4 and 9.

143) Hardie, op cit., entry for 12 July 1943.

144) J. L. Henderson (ed.), *Hiroshima* (London, 1974), 45-6.

145) Gavin Long diary, 16-23 Nov. 1943.

第９章　自己と未来を見つめて

1) Shillony, 43ff., 76-7, 87; Johnson, *MITI,* 31ff.; Havens, 203.

2) Shillony, 28. 44; Havens, 60ff.; 家永『太平洋戦争』123-128ページ.

3) Harvey, op. cit., entry for 27 Feb. 1942; ibid., entries for 12 and 14 Feb. 1942; Taylor, *English History,* 544; Addison, 206-10; Thorne, *Allies,* 133, 144.

4) Thorne, *Allies,* 93; Bullock, *Ernest Bevin, Foreign Secretary.*

5) L. Eastman, 'Regional Politics and the Central Government: Yunnan and Chungking', in Sih, op. cit.

6) L. N. Shyu, 'China's "Wartime Parliament": the People's Political Council, 1938-1945', in ibid.; Eastman, *Seeds of Destruction,* passim.

7) Boyle, *China and Japan at War,* 310ff.; R. Payne, *Chiang Kai-shek* (New York, 1969), 255ff.; Spence, op. cit., 320, 327ff.; Clubb, op. cit., 238; Schram, *Mao Tse-tung,* 233.

8) Hasluck, *The Government and the People, 1942-45,* 366-8.

9) Horner, *High Command,* 175.

10) Perrett. 247.

11) Polenberg, *War and Society,* 185; Catton, op. cit., 16.

12) L. de Jong, 'Les Pays-Bas Dans la Seconde Guerre Mondiale', *Histoire de la Deuxième Guerre Mondiale,* April 1963; J. Bank, *Opkomst en ondergang van de Nederlandse Volks Beweging* (Deventer, 1978); Warmbrunn, *The Dutch Under German Occupation,* 185ff.; Blom, 'The Second World War and Dutch Society', loc. cit.; W. Banning, *Hendaagse Sociale Bewegingen* (Arnhem, 1954); issues of *Je Maintiendrai,* passim.

13) Wright, *The Ordeal of Total War,* 147ff., 234ff.

14) Blom, op. cit., 238-9.

15) Hoffmann, *France: Change and Tradition,* 58-9.

16) Gordon, *Collaboration in France,* 147; Farmer, 216.

17) *Le Populaire,* 1 Oct. and 5 Nov. 1944; *L'Humanité,* 23 Jan. 1945; *Le Monde,* 28 July 1945; Michel and Guetzévitch, op. cit., passim; H. Michel, *Les Courants de Pensée de la Résistance* (Paris, 1962); Wilkinson, *The Intellectual Resistance,* 267 and passim.

18) 'Citizens of Britain', BWP No. 1, Nov. 1942, *The British Way and Purpose* (consolidated edition, Nos. 1-18, London, 1944).

19) Basil Wright, quoted in Short, *Film and Radio Propaganda in World War Two,* 63.

1942.

121) Smith, *The Shadow Warriors,* 380.

122) Polenberg, *One Nation Divisible,* 72-3.

123) OWI surveys of 16 March and 5 Aug. 1942, Roosevelt Papers, PSF, boxes 170 and 171; Ickes diary, 27 June 1943; Stimson diary, 24 June 1943.

124) White to War Dpt., 22 April 1944, NAACP Papers, box 577.

125) Motley, *The Invisible Soldier,* 39 and passim; Spector, 386ff.; Stouffer et al., *The American Soldier: Adjustment During Army Life,* cap. 10; Terkel, 264ff., 343ff., 366ff.

126) Cf. A. R. Buchanan, *Black Americans in World War II* (Oxford, 1977), 132-3; Myrdal, *An American Dilemma,* passim; N. A. Wynn, 'The Impact of the Second World War on the American Negro', *Journal of Contemporary History,* Vol. 6 No. 2, 1971; Blum, *V Was For Victory,* 182ff.; Anderson, *A. Philip Randolph,* 24ff.; Perrett, op. cit., 310ff.

127) Polenberg, *One Nation Divisible,* 78.

128) White memo., 12 Feb. 1945, NAACP Papers, box 583.

129) Cronon, *Black Moses,* cap. 2.

130) Thorne, 'Britain and the Black G. I's, *New Community,* Vol. III, No. 3, 1974; Terkel, 279.

131) White, 'Observations and Recommendations on Racial Relations in the European Theater of Operations', 22 April 1944, NAACP Papers, box 577.

132) Mohan Singh, 65.

133) Gilchrist, op. cit., 143.

134) Material on 'the Featherston mutiny', NZ Ext. Affs. files, 89/14/13 part 1; Mason, *Prisoners of War,* 358.

135) Warner and Sandilands, *Women Beyond the Wire,* 14, 105.

136) Cruickshank, op. cit.; Smith, *O. S. S.*; Smith, *The Shadow Warriors*; N. H. Barrett, *Chinghpaw* (New York, 1962); W. Peers and D. Brelis, *Behind the Burma Road* (London, 1964); Feldt, *The Coast Watchers*; J. Sainteny, *Histoire d'Une Paix Manquée.*

137) Sih, op. cit., 334.

138) I. Anders, *The Ledo Road* (Norman, Oklahoma, 1965); Motley, op. cit., 117ff.; Terkel, passim.

139) Mead, *New Lives For Old,* passim.

140) L. G. Daniels, 'The Evacuation of Schoolchildren in Wartime Japan', *Proceedings of the British Association for Japanese Studies,* Vol. 2 (1977); Calder, *The People's War,* 40-58 and passim; 丸山『現代政治の思想と行動』上，108ページ；福武『日本社会の構造』62，65ページ参照.

141) 福武，前掲書，73ページ.

142) Stephens, *Monsoon Morning,* 25. 戦時経験の心理的影響については，Wright, *The*

104) Purcell, *The Chinese in South East Asia,* 311ff., and *Memoirs of a Malayan Official,* 349 ; J. M. van der Kroef, *Communism in Malaysia and Singapore* (The Hague, 1967), 17ff. なかにはレジスタンス運動に加わったマレー人もいた．Cruickshank, *SOE in the Far East,* 207 参照.

105) Aziz, 171ff. ; Warner and Sandilands, *Women Beyond the Wire,* 114 ; van der Post, *Night of the New Moon,* 80.

106) Cruickshank, 69 and cap. 7 ; Tinker, *Burma : the Struggle for Independence,* doc. 286. 少数だが，日本軍の背後でイギリス軍部隊と協力していたビルマ人がいた．Ibid., 168.

107) Oral transcript of recollections by Major Abid Hasan Safradi (March 1976), Netaji Bureau archives ; Gill oral transcript, Nehru Library ; Bose, 'Free India and Her Problems', *Azad Hind,* No. 9/10, 1942 ; Mohan Singh, cap. 27.

108) *Bombay Chronicle,* 22 May 1942, and passim.

109) Gandhi, *Collected Works,* Vol. LXXVIII (Delhi, 1979), 101, 122.

110) Ibid., Vol. LXXVI, 45, 79 ; Vol. LXXVIII, 274, 277, 343.

111) Ibid., Vol. LXXV, 259 ; Vol. LXXX, 77, 223. ガンディーは，1945 年には「厄介な人種問題は，急速に解決に近づきつつある」と信じられるようにもなった．Ibid., 209.

112) *Bombay Chronicle,* 2 Feb. 1942, 21 Sept. 1944 ; Singhal, *History of the Indian People.*

113) Hane, 150.

114) Calder, 192-3, 574-5 ; Blum, *V Was For Victory,* 172ff. ; D. Farmer, *Vichy : Political Dilemma* (New York, 1955), 251ff. ; M. Marrus and R. Paxton, *Vichy France and the Jews* (New York, 1981) ; Warmbrunn, op. cit., 83ff. and 265 ; Blom, op. cit.

115) NZ Army Dpt. files, series 11, file 16/11, Security Intelligence Records.

116) *Standard* (Wellington), 26 Oct. 1944.

117) S. N. Stone (ed.), *Aborigines in White Australia* (London, 1974), 191.

118) D. R. Hughes and E. Kallen, *The Anatomy of Racism : the Canadian Dimension* (Montreal, 1974) ; K. Adachi, *The Enemy that Never Was* (Toronto, 1976).

119) Emmerson, *The Japanese Threat,* 149. リップマンの論説は，1942 年 2 月 12 日の『ワシントン・ポスト』に出ている．それが国務省に与えた影響については，DS 740.0011 PW/181 参照．日系アメリカ人に対する一般大衆の態度の分析については，War Relocation Authority files, boxes 140-2 参照．日本人に対してアメリカ市民権を禁じ，幾多の州で東洋人の土地所有を禁じようとした議会の動きについては，DS 740.00115 EW (1939) 3300 1/6, 711.99/10-1244 参照．イッキーズの憂慮については 1942 年 3 月 7 日の日記参照．全般については，Girdner and Loftus, op. cit. ; Blum, *V Was For Victory,* 147ff. 参照.

120) Modell (ed.), *The Kikuchi Diary,* entries for 7 Dec. 1941, 8 and 24 June, 8 and 29 July

ている．

72) Wright, *The Ordeal of Total War,* 247.

73) 福武『日本社会の構造』78，137，144 ページ．

74) Bullock, *Ernest Bevin, Foreign Secretary,* 703.

75) Hoffmann, *France : Change and Tradition,* 43, 51, 162ff.

76) S. de Beauvoir, *Force of Circumstance* (London, 1968), 179 ; Wilkinson, *The Intellectual Resistance,* 261.

77) Polenberg, *One Nation Divisible,* passim.

78) Wright, *The Ordeal of Total War,* 236ff. ; Perrett, 348 ; Steinberg, 165.

79) Havens, 45, 95-6.

80) Milward, 231, 243 ; Polenberg, *War and Society,* 159ff. ; Lichtenstein, op. cit., 133, ポーレンバーグの数字とは若干違っている．

81) Curtin statements of 17 and 18 May 1943, P. M.'s Dpt. files, S/35/1/1.

82) Croll, *Feminism and Socialism in China,* caps. 6 and 7 ; Siu, *Women of China,* 137ff.

83) Croll, 205.

84) Gandhi, *Collected Works,* Vol. LXXV, 146ff., Vol. LXXVIII, 212, 237.

85) *Bombay Chronicle,* 9 July 1942 ; *Azad Hind,* No. 3/4, 1942.

86) Manila *Tribune,* 14 June 1942, 11 July 1944.

87) Everett, *Women and Social Change in India,* cap. VII.

88) Gandhi, *Collected Works,* Vol. LXXVII, 306.

89) Sahgal oral transcript No. 277, Nehru Library ; Ghosh, op. cit., 156.

90) Gordon, *Collaboration in France,* 123.

91) Ch'en, *China and the West,* 380ff. ; Croll, cap. 6 ; Robins-Mowry, *The Hidden Sun,* 80ff.

92) Croll, 180.

93) Spence, op. cit., 328-30, 334, 363 ; Croll, 5, 510.

94) Everett, 179.

95) A. Myrdal and V. Klein, *Woman's Two Roles* (London, 1968).

96) Polenberg, *One Nation Divisible,* 268.

97) Robins-Mowry, 79, 308 ; 福武『日本社会の構造』119 ページ．

98) Croll, 210 ; Siu, 106, 112.

99) Chipp and Green, *Asian Women in Transition,* 161ff.

100) Robins-Mowry, 43, 82ff. ; Havens, 97, 106ff., 198.

101) Perrett, 343-5.

102) *Nella Last's War,* entries for 5 Dec. 1942, 1 Aug. 1943 ; Terkel, *"The Good War",* 10.

103) Steinberg, 127ff., and Kerkvliet, 65, 96 ; Eastman, *Seeds of Destruction,* 47ff. 戦時中のラオスにおける特権階級とその他の人びとのあいだの亀裂については，Toye, *Laos,* cap. 3.

19ff., 103; J. C. Blom, 'The Second World War and Dutch Society: Continuity and Change', in A. C. Duke and C. A. Tamse (ed.), *Britain and the Netherlands,* Vol. VI (The Hague, 1977).

52) Chi-ming Hou, loc. cit., 221.

53) J. W. Esherwick (ed.), *Lost Chance in China: the World War II Despatches of John S. Service* (New York, 1974): 'The Famine in Honan Province'; May, *China Scapegoat,* 87; Hinton, *Fanshen,* 35ff.; Eastman, *Seeds of Destruction,* 66ff.

54) Ride, *BAAG,* 113-4.

55) Esherwick, op. cit., 178ff.; L. van Slyke (ed.), *The Chinese Communist Movement: A Report of the United States War Department, July 1945* (Stanford, 1968), 147; Shewmaker, op. cit., 199ff.; Thorne, *Allies,* 440.

56) Endacott and Birch, 142-3.

57) Lebra, *JGEACS,* 136ff.; Aziz, 187ff.; Cumings, 66; Purcell, *Revolution,* 67; Wertheim, 121, 269.

58) Robins-Mowry, 82ff.; Havens, 80, 93ff., 100, 124ff., 145, and caps. 9 and 10; Shillony, 103ff.; Milward, 257-8, 287.

59) Havens, 94.

60) Reischauer, Fairbank and Craig, *East Asia,* 713; Eastman, *Seeds of Destruction,* cap. 2; Thorne, *Allies,* 177, 307, 556.

61) Aziz, 191.

62) Tomlinson, 94ff.; Prasad, *The Indian Revolt of 1942,* 41.

63) Polenberg, *War and Society,* 27-9; Milward, 107; Hancock and Gowing, 326-9, 343, 501-2, 511.

64) Milward, 238, 286; Calder, *The People's War,* passim.

65) Milward, 288.

66) Blum, *V Was For Victory,* 16, 90ff.; Polenberg, *War and Society,* 17; Milward, 63, 238.

67) Morris, *Corregidor*; Mason, *Official History of New Zealand in the Second World War: Prisoners of War*; R. Hardie, *The Burma-Siam Railway* (London, 1983); Montgomery, *Shenton of Singapore,* cap. VIII.

68) 1984年1月21日，8月16日付の池田清教授の著者への手紙による．教授には日本国内で著者のために数多くの調査の労をとっていただいた．

69) McLaine, op. cit., 250, and A. Marwick, 'World War II and Social Class in Great Britain', Duke and Tamse, op. cit.

70) Marwick, *Class: Image and Reality,* 229; Calder, passim; Addison, passim.

71) Polenberg, *One Nation Divisible,* 64-5; Marwick, *Class; Image and Reality,* 241ff.; A. J. P. テーラー（*English History, 1914-1945,* Oxford, 1965, 550）は，イギリスの経済的階層の一時的な平準化について「いわば，全国民が熟練工の水準に達した」と述べ

20) Milward, cap. 6 ; P. Calvocoressi and G. Wint, *Total War* (London, 1972), passim.

21) Milward, 67, 230 ; Polenberg, *War and Society,* 242.

22) Ray, *Industrialization in India,* 251ff., 364ff.

23) Milward, 84, 232, 258 ; Havens, 197.

24) Milward, 233 ; Polenberg, *War and Society,* 138-9.

25) Milward, 233.

26) Ibid., 253-4, 275, 290.

27) Ibid., 272-3, 275, Polenberg, *War and Society,* 139.

28) Milward, 291.

29) Tomlinson, *The Political Economy of the Raj.*

30) Hancock and Gowing, *British War Economy,* 541.

31) Johnson, *MITI,* 166ff.

32) Perrett, *Days of Sadness,* 356.

33) S. Hoffmann et al., *France : Change and Tradition* (London, 1963), 42ff.

34) Milward, 130-1.

35) Havens, 92, 199.

36) Johnson, *MITI,* 171 ; Rice, 'Economic Mobilization in Wartime Japan', loc. cit. ; Milward, 117-22.

37) Blum, *V Was For Victory,* 105ff., 145 ; Polenberg, *War and Society,* 139, 219, 237.

38) Ickes diary, 14 June, 5 and 26 July 1942 ; Catton, *The War Lords of Washington,* 37, 201. サマーヴェルについては，Thorne, *Allies,* 288, 336, 390, 433.

39) Lichtenstein, *Labor's War At Home,* 73 and passim ; Catton, op. cit., caps. 8 and 9.

40) Milward, 240-42.

41) Thorne, *Allies,* 278-9, 384-5, 504.

42) Puttick memo., 1 June 1945, NZ Ext. Affs. files, 86/1/6.

43) Havens, 101-3, 138.

44) Cumings, 28.

45) Milward, 217-8.

46) 'New Zealand War Effort', loc. cit. ; Mason, *A Matter of Honour,* 495.

47) Blum, *V Was For Victory,* 95 ; Milward, 219-20 ; 'New Zealand War Effort', loc. cit. ; Havens, 107, 198.

48) Cf. Milward, 211 ; Havens, 202.

49) Wilson, *When Tigers Fight,* 1 ; A. N. Young, *China and the Helping Hand* (Cambridge, Mass., 1963), 417-8 ; Johnson, *Peasant Nationalism,* 60ff ; Eastman, *Seeds of Destruction,* 136.

50) Petillo, 223-4.

51) W. Warmbrunn, *The Dutch Under German Occupation, 1940-1945* (Stanford, 1963),

E/45/1/10 and Z/45/2/1 ; Gavin Long diary, 4 June 1943 ; Spector, cap. 18 ; Moore, *Over-Sexed,* caps. 6, 8, 9, 11.

129) Long diary, 6 July 1943, 12 Aug. 1944.

130) Long notebooks, No. 19, p. 10 ; No. 38, p. 28 ; No. 40, p. 1ff. ; Cf. Moore, 96.

131) *Standard,* 20 Jan., 27 April, 1 June 1944, 13 Sept. 1945.

132) *Le Monde,* 9 Sept. 1945.

133) Harvey, op. cit., entries for 7 Jan., 20 Sept., 1 Dec. 1942, 14 June 1943.

134) *Chicago Tribune,* 3 Dec. 1942.

135) OSS R. and A., No. 617, 21 March 1942.

136) *Economist,* 21 Feb. 1942.

137) Thorne, *Allies,* 133 ; Harvey, op. cit., entry for 22 Feb. 1942.

138) Nicolson, *Harold Nicolson, Diaries and Letters, 1939-1945,* entry for 24 Feb. 1942.

第8章　生と死と変化

1) Crowley, *Modern East Asia,* 261.

2) Takeda, op. cit.

3) 国際的には，Gong, op. cit.

4) Spence, op. cit., 317. 中国人の「救いがたいほど穏やかな」性格とその結果についてのソースタン・ヴェブレンの論評（1917 年）を参照．M. Lerner (ed.), *The Portable Veblen* (New York, 1947), 576-7.

5) *Nella Last's War,* entry for 25 June 1942.

6) Milward, op. cit., 355 ; Wertheim, *Indonesian Society in Transition,* 117ff. ; Aziz, *Japan's Colonialism and Indonesia,* 189 ; Steinberg, *Philippine Collaboration,* 86ff.

7) Milward, 30-35.

8) Ibid., 165-7.

9) Ibid., 317-20 ; Havens, *Valley of Darkness,* 175.

10) Martin, *Deutschland und Japan,* 156ff. ; Meskill, *Hitler and Japan,* 112ff., 156ff.

11) Milward, 355.

12) Ibid., 67, 85 ; Havens, 175.

13) 'New Zealand's War Effort', NZ Ext. Affs. files, 81/1/14 part 2.

14) Hasluck, *The Government and the People, 1942-45,* 298ff., 414ff. ; Thorne, *Allies,* 365, 645 ; Horner, *High Command,* 274ff., 373ff.

15) Milward, 59, 67, 74.

16) Ibid., 355 ; Bell, *Unequal Allies,* 206.

17) Cumings, *The Origins of the Korean War,* 26, 48, 383.

18) Thorne, *Allies,* 605 ; Milward, 69-70.

19) Milward, 85-6. 194, 233 ; Johnson, *MITI,* 157.

Queensland, 1981).

108) Casey interview, 9 Jan. 1942, Australian P. M.'s Dpt. Papers, A 1608.

109) Curtin message, 8 June 1942, ibid.

110) Nash broadcast, 22 March 1942, NZ Ext. Affs. files, 64/3/1 part 1A.

111) Thorne, *Allies,* passim; H. G. Nicholas (ed.), *Washington Despatches, 1941-45* (London, 1981); Kersten, *Buitenlandse Zaken in ballingschap,* passim.

112) *New York Times,* 19 June 1942.

113) *Le Populaire,* 13 April 1945; *Standard,* 16 Nov. 1944; *Sydney Morning Herald,* 9 Nov. 1944; Thorne, *Allies,* 507.

114) M. Vioirst, *Hostile Allies: F. D. R. and Charles de Gaulle* (New York, 1975).

115) Thorne, *Allies,* 105, 145, 279, 508.

116) Ibid., 145.

117) Calder, *The People's War,* 309. Cf. Stouffer et al., *The American Soldier: Combat And Its Aftermath,* 576.

118) I. Jarvie, 'Fanning the Flames: Anti-American Reaction to Objective Burma (1945)', in *Historical Journal of Film, Radio and Television,* Vol. 1 No. 2, 1981.

119) J. Edwards, article in *The National Times* (Sydney), 30 Jan. -4 Feb. 1978.

120) Johnson-Hornbeck correspondence, passim, Hornbeck Papers, boxes 22, 157 and 267; Thorne, 'Letters From the Minister', *Melbourne Age,* 8 and 9 Jan. 1975.

121) L. H. Brereton, *The Brereton Diaries* (New York, 1946), entry for 18-19 Jan. 1942; Steward memo., 20 Jan. 1942, Hornbeck Papers, box 22; Johnson to Hornbeck, 20 May 1943, ibid., box 262: Moore, *Over-Sexed,* 42.

122) OSS R. and A., No. 566, 'Morale in Australia', 23 Feb. 1943; Hasluck, *The Government and the People,* Vol. II, 326ff.

123) さらにくわしくは, Thorne, 'MacArthur, Australia and the British, 1942-1943', *Australian Outlook,* Vol. 29, Nos. 1 and 2, April and Aug. 1975; Stimson diary, 3 and 29 Oct. 1942; Ickes diary, 1 Nov. 1942; J. Luvaas (ed.), *Dear Miss Em* (Westport, Conn., 1972), 31; Edwards, op. cit., *National Times* (Sydney); Horner, *Crisis of Command,* 87, 147. Cf. Gavin Long diary, 13 Aug. 1943.

124) Blamey to Curtin, 4 Dec. 1942, Blamey Papers, file 12; Gavin Long diary, 9 July 1942, 12 Jan. and 3 Oct. 1943; Long notebook No. 8, entry for 16 July 1943, Long Papers.

125) Long notebook No. 35, entry for 16 Dec. 1943.

126) Long diary, 31 Dec. 1943; Horner, *Crisis of Command,* 64, 135ff., 162ff., 227, 233, 244, 264, 268.

127) Horner, *Crisis of Command,* 264, and *High Command,* 285ff.; Luvaas, op. cit., 65.

128) 'Report on Disturbances Between Australian and American Troops', 4 Dec. 1942, Blamey Papers, file 5.2; material in Australian P. M.'s Dpt. Papers, files A/45/1/10,

Vol. 2, *The Road to Berlin,* 132, 156, 409-10.

87) Thorne, *Allies,* 374, 424 ; Langdon, memo., 'Some Aspects of the Question of Korean Independence', 20 Feb. 1942, Dpt. of State files, 895.01/79 ; OSS R. and A. no. 2211, 'Russia, China and the Far Eastern Settlement', 5 June 1944.

88) Thorne, *Allies,* 529.

89) Ibid., 525ff., 577-8 ; Far Eastern Division memo. for the Secretary of State, 'U.S. Interpretation of the Yalta Agreement', 13 July 1945, Dpt. of State files, 761.93/7-1345.

90) *New York Times,* 28 Aug. 1945 ; *Times,* 17 Aug. 1945 ; *Manchester Guardian,* 27 Aug. 1945 ; *New York Herald Tribune,* 28 Aug. 1945.

91) *Le Monde,* 7 April, 1945 ; Sydney *Morning Herald,* 27 July 1945 ; *Standard* (Wellington), 12 April 1945 ; Sydney *Daily Telegraph,* 18 July 1945.

92) Thorne, *Allies,* 528-9.

93) Ibid., 526ff., 577-8.

94) Kennedy, 'Mahan *versus* Mackinder', in his *Strategy and Diplomacy.*

95) Iriye, *Power and Culture,* 168ff., 220ff., 234ff. ; Butow, *Japan's Decision to Surrender,* cap. 6.

96) Martin, *Deutschland und Japan,* 172ff., Meskill, *Hitler and Japan,* 179ff. ; Erickson, *Stalin's War With Germany,* Vol. 1 *: The Road to Stalingrad* (London, 1975), 396 ; Vol. 2 *: The Road to Berlin,* 43, 154-5, 162.

97) Martin, 122ff, ; Meskill, 83, 108ff.

98) Martin, 76-7, 161ff. ; Meskill, 97ff., 121 ; Hauner, *India in Axis Strategy,* 562ff.

99) Martin, 93 ; Meskill, 101ff., 107-8.

100) Meskill, 183 ; Martin, 220.

101) Shillony, 15-16.

102) Meskill, 114 ; Presseisen, 'Le Racisme et les Japonais : un dilemme Nazi', *Histoire de la Deuxiéme Guerre Mondiale,* July 1963 ; Trevor Roper, *Hitler's Table talk,* entries for 5 and 7 Jan. 1942 ; *The von Hassell Diaries, 1938-1944* (London, 1948), entry for 21 Dec. 1941. ボースは否定しているが，ヒトラーがインドやインド人に対して人種差別的態度をずっととりつづけていたことについては，Hauner, op. cit., 29, 237ff., 357, 388, 435 参照.

103) *Times,* 6 July 1942.

104) Ibid., 29 July 1942.

105) OSS R. and A., No. 315, 'English Attitudes Toward the United States Since Pearl Harbor', 1942 (n. d.).

106) *Daily Express,* 6 July, 3 Aug., 10 Sept. 1942.

107) 'Australian Military Forces : notes for Service Personnel Visiting the U.S.A.', Blamey Papers, file 6.1. Cf. J. H. Moore, *Over-Sexed, Over-Paid, and Over Here* (St. Lucia,

and Diplomats, 109ff. 参照．オーストラリアの努力をめぐる広範な問題については，ibid., passim ; Watt, *The Evolution of Australian Foreign Policy,* passim.

66) Thorne, *Allies,* 479-80.

67) Communications between Fraser (Prime Minister) and others in NZ Ext. Affs. files, 81/1/13, and records of the ANZ Conference of Jan. 1944, ibid., 153/19/4 part 1.

68) Thorne, *Allies,* 482, 601.

69) Ibid., 485-6. 協定全文については，T. R. Reese, *Australia, New Zealand and the United States* (London, 1969) 32ff. オランダ政府内の意見は興味深い．Gerbrandy Office Papers, file 351. 88 (94) 32.

70) Bell, *Unequal Allies,* 160-1 ; ibid., cap. 7.

71) Annex to draft agenda for the Jan. 1944 ANZ Conference, NZ Ext. Affs. files, 153/19/4 part 1.

72) Ibid., record of discussions on the conference agenda.

73) Thorne, *Allies,* 140.

74) Ibid., 367, 487.

75) Ibid., 92, 101-2.

76) Correspondence on NZ-US trade relations, 1942-45, NZ Ext. Affs. files, 58/9/4 part 1.

77) Bell, op. cit., 131-2. この部分は主としてベル博士の研究によっている．なお，Australian Prime Minister's Dpt. records, file A/45/1/10 参照.

78) OSS R. and A., No. 1398, 'British Colonial Policy', 28 April 1944.

79) Sharp paper, 'The French Regime in Indochina Prior to 1940', Sept. 1945, State Dpt. files, 751. 51G/3-845 ; Thorne, 'The Indochina Issue Between Britain and the United States', loc. cit.

80) OSS R. and A., Nos. 2876 ('Dutch Attitudes Toward the Future of the N. E. I.', 2 Feb. 1945) ; 3215 (review of Logemann broadcast, 23 July 1945) ; 3232 (Japan and Indonesia, 24 Aug. 1945).

81) Ibid., Nos. 283 ('Social Conditions, Attitudes and Propaganda in India', 14 May 1942) ; 1253 ('The Problem of Law and Order in Reoccupied Burma', 14 March 1944).

82) Smith, *The Shadow Warriors,* 193.

83) Thorne, *Allies,* 404.

84) OSS R. and A., Nos. 265 ('Social Conditions, Attitudes and Propaganda in Indochina', 30 March 1942) ; 383 ('Basic Psychological Factors in the Far East', 3 Oct. 1942) ; 2424 ('British Interests in the Far East', n. d., 1944) ; Thorne, *Allies,* 121, 163, 180, 338, 340-3, 454, 536, 591, 595.

85) E. Barker, *Churchill and Eden at War* (London, 1978), 221 ; Iriye, *Power and Culture,* 171, 223.

86) Thorne, *Allies,* 276, 297, 407, 428-9, 497, 526 ; Erickson, *Stalin's War With Germany :*

43) Ibid., 242-5.

44) Ibid., 332ff., 409ff., 450ff.

45) Ibid., 614-21.

46) Ibid., 222-4 ; 本文 261-262 ページ参照.

47) Ibid., 13.

48) Ibid., 290.

49) Ibid., 400-1.

50) Ibid., 217-8, 349-50, 463-9, 621-33 ; Thorne, 'The Indochina Issue Between Britain and the United States, 1942-1945', *Pacific Historical Review,* Feb. 1976.

51) Kersten, *Buitenlandse Zaken in ballingschap,* 353ff.

52) Ibid. ; Thorne, *Allies,* 256, 265.

53) Ibid., 613-4. 連合国の会議で自国の利益を守ろうとしたオランダ政府の努力については, material in the van Mook Papers, Gerbrandy's Office Papers ; the Londens archief of the records of the Ministerie van Buitenlandse Zaken ; Thorne, 'Engeland, Australië en Nederlands Indië, 1941-1945', *Internationale Spectator* (The Hague), Aug. 1975.

54) *Trouw,* mid-July 1944 ; *de Bevrijding,* 12 April 1945.

55) Thorne, *Allies,* 252 ff.

56) Ibid., 256 ; J. Robertson, 'Australia and the "Beat Hitler First" Strategy', *Journal of Imperial and Commonwealth History,* Vol. XI, No. 3, 1983.

57) Thorne, *Allies,* 364ff., 480ff., 601-2, 645ff ; NZ High Commissioner in Australia to Fraser, 21 Oct. and 5 Dec. 1943, NZ Ext. Affs. files, 63/5/3 part 1 ; *Sydney Morning Herald,* 31 July 1945.

58) Eggleston to Evatt, 23 Jan. 1945, Legation to Washington records, file 325, Australian Commonwealth Archives ; Sturdee to Blamey, 28 May 1943, Blamey Papers, file 6. 1 ; Bell, *Unequal Allies,* 6, 64, 139.

59) Blamey to Minister for the Army, May 1943, Blamey Papers, file 5 ; Horner, *Crisis of Command,* 162ff., 268.

60) Horner, *High Command,* 209, caps. 7, 9, 11, 13, 335ff., 382ff.

61) Lt. Gen. E. K. Smart to Blamey, 6 June 1945, Blamey Papers, file 2. 1 ; *Sydney Morning Herald,* 1 March 1945.

62) Thorne, *Allies,* 479ff.

63) Blamey to Brooke, 29 Nov. 1943, Blamey Papers, file 2. 2.

64) Thorne, *Allies,* 650.

65) Bruce, Monthly War Files, entries for 2, 28, 30 May, 28 June, 25 Sept. 4 Nov. 1942 ; 15 Feb., 22 April, 6 July, 19 Oct. 1943 ; Thorne, *Allies,* 257-8. ブルースがロンドンで長期にわたってしばしば重要な役割を演じたことについては, Edwards, *Prime Ministers*

War II (New York, 1967).

21) Howard, op. cit., 116.

22) Fraser opening speech, ANZ Conference, 17 Jan. 1944, NZ Ext. Affs. files 153/19/4 part 1.

23) AICC Working Cttee. resolution, debates of 7-8 Aug. 1942, AICC Papers, file G-22 part 2.

24) *Le Populaire,* June 1943.

25) P. A. Reynolds and E. J. Hughes, *The Historian As Diplomat : Charles Kingsley Webster and the United Nations, 1939-46* (London, 1977); Harvey, *The War Diaries of Oliver Harvey,* passim.

26) Curtin speech of 6 June 1943, Tonkin Papers, box 8; A. H. Vandenberg (ed.), *The Private Papers of Senator Vandenberg* (London, 1953), entry for 4 Aug. 1943, and passim; Divine, *Second Chance,* passim.

27) *Sydney Morning Herald,* 8, 9, 11 Aug. 1945.

28) *Le Monde,* 15 Aug. 1945; 26 and 28 July, 11 Aug. 1945.

29) Harvey, op. cit., entry for 7 Aug. 1945; *Bombay Chronicle,* 8 Aug. 1945.

30) McDougall paper, 'The British Empire and the World', 4 March 1944, Bruce Monthly War Files. マクドゥーガルとその地位については，Edwards, *Prime Ministers and Diplomats,* 113-4; cf. ibid., 169ff. 参照.

31) *Le Monde,* 28 July 1945.

32) ウォレスの 1942 年 5 月 8 日の演説全文については，An appendix to J. M. Blum (ed.), *The Price of Vision : the Diary of Henry A. Wallace, 1942-1946* (Boston, 1973).

33) *La France, Libre,* April 1941; *Libération,* 20 April 1943.

34) Thorne, *Allies,* 144.

35) Ibid., 142; Blum, *V Was For Victory,* 285.

36) Moran, *Churchill,* 183, 254.

37) *Le Populaire,* 8 Aug. 1945; Evatt to Fraser, 24 Jan. 1944, NZ Ext. Affs. files, 153/19/4 part 1; *La France Libre,* April 1941.

38) Thorne, *Allies,* 511.

39) Ibid., passim.

40) Berendsen to Fraser, 22 Dec. 1944, NZ Ext. Affs. files, 81/1/13; Bruce record of conversation with van Kleffens, Monthly War Files, 9 June 1944; van Kleffens to Gerbrandy, 28 Dec. 1944, Gerbrandy Papers, Kersten, *Buitenlandse Zaken in ballingschap,* passim; A. Watt, *Australian Diplomat* (Sydney, 1972), 62ff.

41) Thorne, *Allies,* 503; the correspondence on this topic of Raymond Clapper, Clapper Papers, passim.

42) Thorne, *Allies,* 293.

119) W. Fairbank, *America's Cultural Experiment in China, 1942–49* (Washington, D. C., 1976), 5.

120) Fairbank memo., 4 Dec. 1942, Hornbeck Papers, box 113.

121) Thorne, *Allies,* 23.

122) Grummon memo., 13 Jan. 1942, Hornbeck Papers, box 113. パール・バックがそれによってアメリカの真髄を中国に伝えようとした本や映画のリストについては, *Asia,* Oct. and Nov. 1942 ; the *Washington Post* of 22 Sept. 1942.

123) 1942年2月のバックの演説 (1942年2月16日付『ニューヨーク・ヘラルド・トリビューン』); Cf. Minear, 'Cross-Cultural Perception and World War II', loc. cit.

124) Thorne, *Allies,* 555 ; 502–4. 536–7, 664–7.

第7章 友との戦い

1) Thorne, *Allies,* 138.

2) Polenberg, *War and Society,* 139, 241 (Blum, *V Was for Victory,* 90ff. の数字とはわずかだが違っている); A. S. Milward, *War, Economy and Society, 1939–1945* (London, 1977), 65, 274–5.

3) Milward, 92, 345–6.

4) G. Perrett, *Days of Sadness, Years of Triumph : the American People, 1939–1945* (New York, 1973), 29 ; Spector, cap. 1.

5) R. J. Bell, *Unequal Allies* (Melbourne, 1977), 205–6.

6) Hasluck, *The Government and the People,* Vol. II, 225.

7) 1944 correspondence, Australian Prime Minister's Dpt. files, A/45/1/10.

8) Milward, 89.

9) Thorne, *Allies,* 138, 278.

10) Ibid., 387.

11) Ibid., 388ff., 505–6.

12) Ibid., 280–1, 371, 391, 444, 512, 666, 700 ; M. B. Stoff, *Oil, War and American Security* (New Haven, 1980); Watt, *Succeeding John Bull.*

13) Thorne, *Allies,* 276.

14) Ibid., 499.

15) M. Howard, *War and the Liberal Conscience* (London, 1978), 41ff. and passim.

16) Bruce Monthly War Files, entry for 13 May 1942 ; Thorne, *Allies,* 109, 391.

17) OSS R. and A., No. 2218, 'British Security Interests in the Post-War World', 15 Sept. 1944.

18) Thorne, *Allies,* 513–15.

19) Ibid., 501.

20) R. Divine, *Second Chance : the Triumph of Internationalism in America During World*

102) *Trouw,* Dec. 1943 ; mid-July 1944.

103) *Défense de la France,* 20 Oct. 1943 ; R. Aron, 'Pour l'Alliance de l'Occident', *La France Libre,* 15 Jan. 1944 ; *L'Humanité,* Dec. 1940, 1 Jan. 1944, 11 Jan. 16 Sept. 1945 ; *Combat,* May 1942 ; *Libération* (zone Sud), 10 Jan. 1944 ; *Le Populaire,* 14 Nov. 1944 ; *Cahiers du témoignage Chrétien,* July 1944 ; *L'Aurore,* Oct. 1943 ; *J'accuse,* Feb. 1943 ; Michel and Guetzévitch, op. cit., 193ff. 339ff. ; J. Duclos, *Mémoires : Dans la Bataille Clandestine, Deuxiéme Partie, 1943-1945* (Paris, 1970) ; G. Madjarian, *La question coloniale et la politique du Parti communiste français, 1944-1947* (Paris, 1977).

104) Thorne, *Allies,* 222-4, 341-2, 455-7 ; J. E. Williams, 'The Joint Declaration on the Colonies', *British Journal of International Studies,* Vol. 2, 1976.

105) Thorne, *Allies,* 457 ; P. S. Gupta, *Imperialism and the British Labour Movement, 1914-1964* (London, 1973), 260, 272-3 ; papers of the Labour Party's Advisory Cttee. on Imperial Questions, Leonard Woolf Papers, boxes 35, 40.

106) J. Sainteny, *Histoire d'une Paix Manquée* (Paris, 1953), 47.

107) van Mook to Logemann, 31 July 1945, and to van Starkenborgh, 3 Sept. 1945, van Mook Papers, file 2 ; interviews with Mr J. G. Kist, Secretary to the Government of the Indies in Australia, Mr den Hollander, Naval Attaché to the Netherlands Senior Officer in Melbourne, and Dr J. E. van Hoogstraten, Chairman of the Netherlands Indies Commission in Australia.

108) 証拠を前にしても長いあいだのイメージを変えようとしない頑固さと，認識の変化を生み出しつつある周囲の情況については，the relevant sections of Kelman, op. cit. ; and Jervis, op. cit.

109) Thorne, *Allies,* 242.

110) White, *In Search of History,* 178.

111) D. MacArthur, *Reminiscences* (London, 1964), 32.

112) 'Social Conditions, Attitudes and Propaganda in Indochina', 30 March 1942, OSS R. and A. No. 265 ; 'Suggestions for American Orientation Toward the Thai', 19 June 1942, ibid., No. 301 ; 'Basic Psychological Factors in the Far East', 3 Oct. 1942, ibid., No. 383 ; 'British Interests in the Far East', 1944 (n. d.), ibid., No. 2424.

113) E. A. Clark, *Peoples of the China Seas* (New York, 1942), 6.

114) 本文 230 ページ参照 ; Thorne, *Allies,* 262 ; C. M. Petillo, *Douglas MacArthur ; the Philippine Years* (Bloomington, Indiana, 1981), 205-10, 219ff., 229ff.

115) Clapper broadcast, 31 March 1942, Clapper Papers, box 36 ; Issacs, *Scratches On Our Minds,* 174ff.

116) Thorne, *Allies,* 172, 425.

117) Ibid., 438, 571 ; Shewmaker, op. cit., passim.

118) M. Schaller, *The U.S. Crusade in China, 1938-1945* (New York, 1979), 2.

78) Ibid., 661 ; P. Darby, *British Defence Policy East of Suez, 1947-1968* (London, 1974).

79) Thorne, *Allies,* 490-1, 627-33, 664-7.

80) Ibid., 498-500, 598-600, 630-33 ; Smith, *The Shadow Warriors,* 322 ; Cumings, *The Origins of the Korean War,* cap. 4 ; O.S.S. memo., 'Problems and Objectives of U.S. Policy', 2 April 1945, Truman Papers. White House Central Files, O.S.S.

81) Thorne, *Allies,* 597.

82) *Asia and the Americas,* Nov. 1943.

83) Thorne, *Allies,* 208-9.

84) この問題全般については，L. C. Gardner, *Economic Aspects of New Deal Diplomacy* (Madison, 1964), cap. 13 参照.

85) O. Lattimore, *Solution in Asia* (London, 1945), 16.

86) *Amerasia,* 8 Sept. 1944.

87) *New York Herald Tribune,* 10 July 1944 ; H. Wallace, *Our Job in the Pacific* (New York, 1944).

88) Thorne, *Allies,* 293, 402.

89) Hornbeck Papers, box 56.

90) Thorne, *Allies,* 564.

91) Langdon memo., 'Post-war Status of Thailand', 10 Jan. 1945, Dpt. of State Files, 892. 00, 1-1045 ; Division of Special Research, 'Statement of Major Post-war Problems in the Pacific Area', 20 Feb. 1942, ibid., Pasvolsky files, box 2 ; Grew-Dunn memo., quoted in Thorne, *Allies,* 160.

92) Thorne, *Allies,* 160.

93) Miles staff conference, 29 May 1945, Naval Group China files, U. S. Navy Operational Archives.

94) Thorne, *Allies,* 5-6, 730 ; Moran, *Churchill,* 131, 559.

95) Lamont-Halifax correspondence, Lamont Papers, files 84/24 and 85/1 ; correspondence on India in ibid., files 99/15 and 99/16.

96) Clapper cable from India, n. d. (1942), Clapper Papers, box 36.

97) Thorne, *Allies,* 6.

98) Ibid., 103, 160, 214, 215, 231, 239, 247, 360, 368, 484, 592, 600, 714.

99) OSS R. and A., No. 760, 2nd edn., 1 Nov. 1943.

100) Thorne, *Allies,* 212-14 ; Thorne, 'Chatham House, Whitehall and Far Eastern Issues, 1941-1945', *International Affairs,* Jan. 1978 ; Louis, *Imperialism At Bay,* passim ; W. K. Hancock, *Argument of Empire* (London, 1943) ; Lord Hailey, *The Future of Colonial Peoples* (London, 1943).

101) *Die Waarheid,* 1 May 1943 ; *Je Maintiendrai,* 10 May 1943 ; van Namen (ed.) *Het Ondergroondse Vrij Nederland,* 219.

file 4.

61) D. B. Marshall, *The French Colonial Myth and Constitution-Making in the Fourth Republic* (New Haven, 1973), 102ff., 132ff.

62) Thorne, *Allies,* 69-70, 173, 178, 188, 194, 311, 319, 325, 432-4, 443-4, 565.

63) Ibid., 325.

64) Ibid., 360, 643.

65) Wavell, *The Viceroy's Diary,* entry for 1 July 1945 ; Thorne, 'Wartime British Planning for the Postwar Far East', loc. cit.

66) この点については，両国のレジスタンス運動の機関紙を調べれば明らかである．ドイツ占領下に過ごした人びとや，フランス解放委員会外務委員 M. レネ・マシグリとのインタビューによって，著者には問題がいっそう明らかとなった．

67) P. Sorlin, 'The Struggle for Control of French Minds', in Short (ed.), *Film and Radio Propaganda.*

68) Lee and Petter, *The Colonial Office, War and Development Policy,* 68, 85, 148 and passim.

69) Ickes to Truman, 17 July 1945, Office of Territories records, High Commissioner, Philippines, files, box 44 ; Lamont to Forbes, 13 Nov. 1945, Lamont Papers, file 94/14 ; Sayre-Roosevelt correspondence, Sayre Papers, box 7 ; Ickes diary, 17 May 1942, 5 Sept., 30 Oct. 1943, 1 and 10 Oct. 1944.

70) Thorne, *Allies,* 223.

71) Horner, *High Command,* 138 ; Edwards, *Prime Ministers and Diplomats,* cap. 5.

72) Thorne, *Allies,* 174, 182-3, 320-2, 326, 434ff., 556ff., 562ff.

73) Ibid., 161, 189, 191, 222, 315 ; Kersten, 'The Dutch and the American Anti-Colonialist Tide, 1942-1945'.

74) Thorne, *Allies,* 489-90, 661-2.

75) Thorne, *Allies,* 366, 481, 613 ; van Mook to Warners, 25 Aug. 1944 and Warners to van Mook, 19 Sept. 1944, van Mook Papers, folder 2 ; van Mook to Logemann, 30 June 1945, ibid. ; van Aerssen to Loudon, 12, 17 June 1944, ibid., folder 33 ; van Mook to Gerbrandy, 29 June 1944, Neths. Foreign Ministry files, Londens archief, Brandkast la 13 ; de la Valette report of conversation with van Mook, 5 March 1942, FO 371, file 31812.

76) P. M. Maas, *Indie verloren rampspoed geboren* (The Hague, 1984) ; C. Fasseur, 'Nederland en het Indonesische nationalisme. De balans nog eens opgemaakt', *Bijdragen en Mededingen Betreffende de Geschiedenis der Nederlanden,* Vol. 99, 1984, 21-44 ; S. L. van der Wal (ed.), *Officiële Bescheiden Betreffende de Nederlands Indonesische Betrekkingen, 1945-50,* Vol. 1 (The Hague, 1970).

77) Thorne, *Allies,* 553 ; ibid., 185, 196, 311, 314, 318, 338, 421-2, 444, 548, 553.

84/6/1, part 1.

41) *L'Action* (Hanoi), 24 April, 20 May, 27 June, 14 Sept. 1942; *L'Union* (Hanoi and Saigon), 26 April 1942.

42) Penton, 'Those Ties of Empire', *Asia and the Americas,* Jan. 1944.

43) *Sydney Morning Herald,* 13 Oct. 1942.

44) *Standard,* 9 Dec. 1943; *Dominion* (Wellington), 13 Jan. 1942.

45) *Standard,* 1 March 1945.

46) *Sydney Morning Herald,* 7 Sept. 1944; Australian Army Directorate of Research report, Sept. 1944, Blamey Papers, file 8. 3, China.

47) Documents and resolutions of the Australia-New Zealand conferences of January and October-November 1944, NZ Ext. Affs. files, 151/2/1 part 1, 153/19/4 part 1; Thorne, *Allies,* 601-3.

48) M. Perham, *Colonial Sequence* (London, 1967), passim; Maze to Pouncey, 10 April 1943, Maze papers, CLR, Vol. 15; Directorate of Army Education, *The British Way and Purpose,* no. 3, Jan. 1943; Thorne, *Allies,* 61, 157, 193, 196, 211. インド人の願望に対してカルカッタの『ステイツマン』のイギリス人編集者が示した同情的な態度（「インドを出てゆけ」運動に対しては別としても）については，Stephens, *Monsoon Morning,* passim 参照．また「あるイギリス人兵士」の同様な考えについては，Appendix II 参照．ダフ・クーパーが 1941-42 年にシンガポールにいた時の，アジア人に対する無関心に近い態度については，Montgomery, *Shenton of Singapore,* 98ff. 参照．

49) Thorne, *Allies,* 311, 547-8.

50) Ibid., 345, 459, 607ff.

51) Van Mook Paper on occupied territories in Southeast Asia, 13 Nov. 1944, loc. cit.; *Het Parool,* 28 May 1943.

52) Logemann to van Starkenborgh, 9 Oct. 1945, Gerbrandy Office Papers, 353.83.003; *De Vrije Katheder,* 13 Sept. 1943.

53) P. Moon (ed.), Wavell: *The Viceroy's Journal* (London, 1973), entry for 24 Oct. 1944 and passim.

54) Ibid., entry for 8 Oct. 1943.

55) Thorne, *Allies,* 597ff.; 630ff., 663ff.

56) Ibid., 456-7, 595-9.

57) Ibid., 178-9, 195-6, 307, 318, 421, 579.

58) Ibid., 368; Friend, *Between Two Empires,* 237; Ickes diary, 25 Sept., 10 Oct. 1943; Stimson diary, 27 Sept., 1 Oct. 1943.

59) Thorne, *Allies,* 607-10; Scarr, op. cit., passim.

60) Ibid., 218-9; drafts and other material relating to the broadcast in van Mook Papers,

and 313 ; A989/43/150/5/1/2 ; Robinson to Evatt, 12 Nov. 1942, Evatt Papers, Robinson file.

19) *Sydney Morning Herald,* 29 May 1943, 22 Sept. 1944, 11 July 1945 ; Sydney *Daily Telegraph,* 15 Nov. 1944 ; *Standard* (Wellington), 20 Jan. 1944.

20) OSS R and A, No. 760, loc. cit.

21) Material in Breckenridge Long Papers, box 89.

22) *Our Chinese Wall* (1943), Hornbeck Papers, box 19.

23) Thorne, *Allies,* 291.

24) Addison, *The Road to 1945*; Wright, *The Ordeal of Total War*; Polenberg, *War and Society*; Michel and Guetzévitch, *Les idées politiques et sociales de la Résistance.*

25) *Oregonian,* 14 Feb. 1943 (article and related papers in Hornbeck Papers, box 40); 'People, East and West', *Asia and the Americas,* June 1943.

26) Hulder, 'A Chinese Century ?', *Asia and the Americas,* July 1943.

27) G. E. Taylor, *Changing China* (I. P. R., New York, 1942), 85, 92-3.

28) Thorne, *Allies,* 242-3 ; Louis, *Imperialism At Bay,* passim ; D. C. Watt, 'American Anti-Colonial Policies and the End of European Colonial Empires', in A. N. den Hollander (ed.), *Contagious Conflict* (Leiden, 1973).

29) Thorne, *Allies,* 593.

30) Weiller, in *Asia and the Americas,* Feb. 1943.

31) P. E. Lilienthal and J. H. Oakie, *Asia's Captive Colonies* (IPR, New York, 1944); E. Janeway, 'The G. I. and Imperialism', *Asia and the Americas,* Nov. 1944 ; F. Sternberg, 'The Struggle for Asia's Future', ibid., March 1945.

32) Buck, 'Postwar China and the United States', *Asia and the Americas,* Nov. 1943. 革命と変革に対するアメリカの態度という広範な問題については，L. C. Gardner, *Covenant with Power* (New York, 1984), essay 1.

33) Bishop to State Dpt., 10 March 1944, State Dpt. files, 740.00119 PW/37.

34) G. Myrdal, *An American Dilemma,* Vol. II (New York, 1944), 1006.

35) J. Anderson, *A. Philip Randolph* (New York, 1973).

36) Johnson to Hornbeck, 8, 20 Jan. 1942. Hornbeck Papers, box 262 ; cable NR 41, 29 March 1942, MacArthur to Marshall, U.S. War Dpt. files, Exec. 10, item 7d ; 'Civilian Morale in North Queensland', report of 1 Feb. 1943, Australian P. M.'s Dept. files, BA/29/1/2, B45/1/20 ; material in NAACP Papers, box 625.

37) Material in NAACP Papers, boxes 316, 519, 576, 583, 623.

38) Thorne, *Allies.* 184ff., 237-8, 308ff., 318ff.

39) Ibid., 660, 221, 345, 459, 608ff.

40) Hart talk, 'The Future of the Netherlands Indies' (n. d. ; 1943 ?), Gerbrandy Office papers, 338. 13 ; Regional Political Warfare Directive, 1 June 1943, NZ Ext. Affs. file

Papers, FN-31B ; Gandhi observations, AICC debates, Aug. 1942, ibid., G-22, part 2 ; H. Tinker, 'A Forgotten Long March : the Indian Evacuation from Burma, 1942', *Journal of Southeast Asian Studies,* Vol. VI, no. 1, 1975.

128) Hunt and Harrison, 212.

129) Hart to van Mook, 15 April 1943, van Mook Papers, folder 2.

第6章　友と未来の獲得——西欧とアジア

1) Thorne, *Allies,* 207.

2) Van Mook policy outline regarding occupied territories in S. E. Asia, 13 Nov. 1944, van Mook Papers, folder 14.

3) 'Guidance for Action... on Political Warfare Against Japan', 17 Aug. 1942, Australian P. M.'s Dpt. files, K/57/1/1.

4) Thorne, *Allies,* 207.

5) *Standard,* 8 Feb. 1945.

6) Thorne, *Allies,* 8, 539.

7) Ibid., 157, 158, 359 ; Thorne, 'Chatham House, Whitehall and Far Eastern Issues', loc. cit. ; Janeway, 'Fighting a White Man's War', *Asia and the Americas,* Jan. 1943 ; Bruce, Monthly War Files, entry for 14 Sept. 1942, Bruce Papers.

8) Hornbeck to Hull, 20 Sept. 1943, Hornbeck Papers, box 4.

9) State Dpt. Cttee. on Colonial Problems, 15 Oct. 1943, State Dpt. files, Notter files, box 120 ; Ickes diary, 24 May 1942. アメリカの黒人向けの日本の宣伝については，Walter White, report on Pacific tour, 13 July 1945, NAACP Papers, box 576 ; *New York Times,* 17 Sept. 1943.

10) Smuts to Gillett, 7 June 1942, in J. van der Poel (ed.), *Selections From the Smuts Papers,* Vol. VI (Cambridge, 1973).

11) Thorne, *Allies,* 8.

12) Ibid., 175, 291, 359, 539.

13) R. Broad and S. Fleming (ed.), *Nella Last's War : A Mother's Diary, 1939-45* (London, 1981), entry for 14 Feb. 1943.

14) Thorne, *Allies,* 310.

15) Van Mook policy paper, 13 Nov. 1944, loc. cit. ; Lovink to van Mook, 10 July 1943, van Mook Papers, folder 2 ; Bruce Monthly War Files, entries for 29 Dec. 1942, 21 Nov. 1944, Bruce Papers ; Thorne, *Allies,* 190, 559.

16) Thorne, *Allies,* 259.

17) Meo, op. cit., 217.

18) Records of Jan. 1944 Australia-NZ Conference, NZ Dpt. of Ext. Affs., file 153/19/4 part 1 ; Australian Dpt. of Ext. Affs., files A989/44/655/25 and 37 ; A989/43/735/301

108) *Bombay Chronicle,* 5, 18, 30 May, 4 June, 10 July 1942.

109) Working Cttee. resolution, 14 July 1942, and draft of 7 Aug. 1942, AICC Papers, FN-31B; Bombay AICC debate, 7-8 Aug. 1942, ibid., G-22, part II; Gandhi, *Collected Works,* Vol. LXXVI, 253.

110) N. K. Krishnan (ed.), *National Unity for the Defence of the Motherland* (Bombay, 1943); B. T. Ranadive, *Report to the First Congress of the Communist Party of India ; the Working Class and National Defence* (Bombay, 1943).

111) Cf. R. Copeland, *Indian Politics, 1936-1942* (Oxford, 1944), 302, A. Prasad, *The Indian Revolt of 1942* (Delhi, 1958); F. G. Hutchins, *India's Revolution : Gandhi and The Quit India Movement* (Cambridge, Mass., 1973).

112) Hutchins, 199.

113) Hauner, op. cit., 542.

114) Hutchins, 273.

115) E. Hammer, *The Struggle for Indochina* (Stanford, 1954), 102; Lancaster, op. cit., 112ff.

116) Thorne, *Allies,* 611-12; N. Tarling, 'Lord Mountbatten and the Return of Civil Government to Burma', *Journal of Imperial and Commonwealth History,* Vol. XI, no. 2, 1983.

117) Steinberg, 127ff.; Ickes diary, 5 and 12 Sept., 11 Dec. 1943, 9 Sept., 1 and 6 Oct. 1944.

118) Gandhi to Jenkins, 29 Oct. 1945, *Collected Works,* Vol. LXXXI (Delhi, 1980), 438; Nehru press statement, April 1942, AICC Papers, G-26, part 2; Nehru statement of 10 Oct. 1946, ibid, file 60/1946; Toye, 171ff.; Ghosh, 214ff.

119) V. L. Pandit, *The Scope of Happiness* (London, 1979), cap. 28; Dennett memo., n. d., Institute of Pacific Relations Papers, box 362.

120) *Bombay Chronicle,* 29 Dec. 1941, 14 Jan., 7 March, 21 May, 8 July 1942; Nehru to Mme Chiang Kai-shek, 21 Dec. 1942, Nehru Papers, Corresp., Vol. 93; Nehru, 'India Can Learn From China', *Asia,* Jan. 1943.

121) Working Cttee. Resolutions of Aug. 1942, AICC Papers, G-22, part 2.「インドネシアとインドシナ」に関しては, 11 Dec. 1945, ibid., G-44 (1945); *Bombay Chronicle,* 9 Jan. 1945.

122) Mme. Chiang Kai-shek to Nehru, 22 Feb., 28 April, 2 May 1942, Nehru Papers, Corresp., Vol. 13; Shen Shi-hua to Nehru, 8 July 1942 (Chiang message for Gandhi), ibid., Vol. 93; Thorne, *Allies,* 237-8.

123) *Bombay Chronicle,* 12 June, 1942.

124) D'Encausse and Schram, op. cit.; Reardon-Anderson, op. cit.

125) Thorne, *Allies,* 9.

126) Ibid., 183, 325, 360, 643.

127) Working Cttee., 'The Lesson of Rangoon and Lower Burma', 27 April 1942, AICC

86) Endacott and Birch, 136, 318.

87) *Bombay Chronicle,* 26 Feb., 7 March 1942.

88) Mrs Rajkumari Amrit Kaur to Nehru, 22 May 1942, Nehru Papers, Corresp., Vol. 2; draft paper, 'The Lesson of Rangoon and Lower Burma', 27 April 1942, AICC Papers, FN-31B. 1942 年末の日本軍の空襲によるカルカッタのパニックについては, Stephens, *Monsoon Morning,* 80ff.

89) Eggleston to Evatt, 4 May 1942, Evatt Papers, Ext. Affs. Misc. Corresp.

90) Thorne, *Allies,* 608; G. R. Hess, *American Encounters India, 1941-1947* (Baltimore, 1971), 63; R. H. Smith, *O. S. S.* (Berkeley, 1972), 321ff.

91) *Bombay Chronicle,* 27, 28, July, 2 Aug. 1945.

92) Maung Maung, op. cit.

93) Hunt and Harrison, 175.

94) *Bombay Chronicle,* 23 April, 11 June, 1942.

95) Ibid., 18 Sept. 1944.

96) Ibid., 4 Dec. 1943.

97) Isaacs, *Scratches On Our Minds,* 176ff., 317; *No Peace For Asia* (Cambridge, Mass., 1967), 10ff.; E. Taylor, *Richer By Asia* (London, 1948), 89ff.; White, *In Search of History,* 150ff.; Thorne, *Allies,* 566.

98) Sih, *Nationalist China,* 147.

99) Thorne, *Allies,* 421.

100) Ibid., 325, 426-7, 729.

101) K. E. Shewmaker, *Americans and Chinese Communists, 1927-1945* (Ithaca, 1971); Thorne, *Allies,* 434ff., 566ff.

102) J. Reardon-Anderson, *Yenan and the Great Powers: the Origins of Chinese Communist Foreign Policy, 1944-1946* (New York, 1980); the relevant essays in D. Borg and W. Heinrichs (ed.), *Uncertain Years: Chinese-American Relations, 1947-1950* (New York, 1980).

103) S. Schram, *The Political Thought of Mao Tse-tung* (London, 1969), 372ff.; D'Encausse and Schram, op. cit., 93ff.

104) Working Cttee., June 1940, AICC Papers, file 55; Gandhi statement, 4 May 1941, ibid., file no. 2.

105) Gandhi, *Collected Works,* Vol. LXXVI (Delhi, 1979), 2, 51, 109, 187, 197: AICC debates, April and 7-8 Aug. 1942, AICC Papers, G-22 part II; *Bombay Chronicle,* 18, 30 May, 23 June 1942.

106) Nehru press statement, 12 April 1942, AICC Papers, G-26 part 2; Nehru to Roosevelt, 12 April 1942, Nehru Papers, Corresp., Vol. 89.

107) Working Cttee. drafts of 23 and 27 April 1942, AICC Papers, FN-31B.

64) Ba Maw, 179ff. ; Mohan Singh, 157 ; Tinker, *Burma : the Struggle for Independence,* doc. 367.

65) Sjahrir, 240 ; Aziz, 202.

66) Myers and Peattie, 208 ; ibid., 125.

67) Steinberg, 53 ; Kerkvliet. 66-8.

68) Benda, *Documents,* passim ; Lebra, *JGEACS,* xff. ; Iriye, *Power and Culture,* 63ff. ; Goodman, *Imperial Japan and Asia,* passim ; Lebra, *Japanese Trained Armies,* 80ff. ; Miwa, 'Japanese Policies and Concepts for a Regional Order in Asia', and the same author's other Sophia University research paper : 'Japan in Asia, Past and Present' (1981).

69) Benda, *Documents,* nos. 1 and 6.

70) Manila *Tribune,* 17 Feb. 1942 ; Lebra, *JGEACS,* 78ff.

71) 細谷千博教授および臼井勝美教授とのインタビュー，1979年7月.

72) Wertheim, 269, Lebra, *Japanese Trained Armies,* 147.

73) Aziz, 189, 191 ; Wertheim, 117ff. ; Lebra, *JGEACS,* 136ff.

74) Steinberg, 86ff. ; Kerkvliet, 75-7 ; Manila *Tribune,* 6 and 9 Jan., 24 Feb., 19 March, 16 May 1944.

75) Takeda, op. cit. ; Goodman, *An Experiment in Wartime Intercultural Relations,* passim.

76) Aziz, 166ff. ; Shillony, 134ff. ; Endacott and Birch, 138, 155 ;『昭南新聞』1942年9月29日，11月21日，1943年1月1日；Manila *Tribune,* 15 Feb., 29 March, 14 June, 22 Aug. 1942.

77) Dahm, 285ff. ; Wertheim, 153ff. ; Sjahrir, 242 ; Steinberg 60 ; Kerkvliet, 65, 96 ; Goodman, *Imperial Japan and Asia,* 68ff. ; van der Kroef, *The Communist Party of Indonesia,* 26ff.

78) *Bombay Chronicle,* 10 Dec. 1941.

79) Butcher, *The British in Malaya,* 277 ; F. S. Chapman, *The Jungle is Neutral* (London, 1949) ; 田坂専一中将の証言，IWM documents, 5009/8.

80) 『ペタ』やビルマ独立軍の反乱については，Lebra, *Japanese Trained Armies,* 146ff. ; Dahm, 307ff.

81) Thorne, *Allies,* 607ff. ; Ba Maw, 357ff. : Thakin Nu, 98ff. ; Maung Maung, 67ff. ; B. Sweet-Escott, *Baker Street Irregular* (London, 1965), 243ff. ; Cruickshank, *SOE in the Far East,* cap. 7 ; Tinker, *Burma : the Struggle for Independence,* docs. 42, 55, 181, and passim.

82) Thorne, *Allies,* 460-2, 614-6 ; A. Gilchrist, *Bangkok Top Secret* (London, 1970). 隣のラオスではヴェトナムとは違って，反日抵抗運動はしばしば親仏的傾向を帯びた. H. Toye, *Laos : Buffer State or Battleground* (London, 1971), cap. 3.

83) Chapman. 177.

84) Aziz, 143, 151 ; interviews with Anak Agung, Gde Agung, July 1980.

85) Thorne, *Allies,* 262.

35) Manila *Tribune,* 14 and 20 Jan., 24 May 1942 ; 21 Feb. 1943 ; 10 Aug. 1944 ; Steinberg, 52.

36) Purcell, *Revolution,* 71.

37) 『昭南新聞』1942 年 9 月 6 日，27 日.

38) Cf. Dahm, 263, 285 ; Aziz, 200ff. ; H. J. Benda, *The Crescent and the Rising Sun : Indonesian Islam under the Japanese Occupation, 1942-1945* (The Hague, 1958).

39) Okawa, 'The Establishment of the Greater East Asia Order' (1943), in Lebra, *JGEACS,* 36ff.

40) Takeda, op. cit.

41) Ba Maw, 264 and passim ; Thakin Nu, 38ff. ; Maung Maung, 47ff. ; Lebra, *Japanese Trained Armies,* 71ff. ; Tinker, *Burma : the Struggle for Independence,* docs. no. 17, 18.

42) Manila *Tribune,* 14 Oct. 1943.

43) Ibid., 21 Oct. 1943 ; Steinberg, 70ff.

44) Toye, 77ff. ; Hauner, 215 ; Bose, *Testament,* 62ff. ; *Azad Hind,* issues for 1943 and 1944, passim.

45) *Azad Hind,* no. 5/6, 1944 ; Lebra, *Jungle Alliance,* 124 ; Mohan Singh, 266, 275 ; Toye, 119ff.

46) V. Purcell, *The Memoirs of a Malayan Official* (London, 1965), 349.

47) Purcell, *The Chinese in South East Asia,* 311 ; Lebra, *JGEACS,* 141ff.

48) Lebra, *JGEACS,* 136ff. ; Dahm, 246ff., 275ff. ; Aziz, 233ff. ; Nish, *Indonesian Experience,* 60 ; Goodman, *Imperial Japan and Asia,* 68ff.

49) FO 371, F11097/6390/61.

50) Purcell, *The Chinese in South East Asia,* 551.

51) Tinker, *Burma : the Struggle for Independence,* doc. 36 ; Donnison narrative, p. 1000.

52) J. Dunn, *Timor : A People Betrayed* (Milton, Queensland, 1983), 22ff.

53) Toye, v, 9 ; Cruickshank, op. cit., 69 and cap. 7.

54) Purcell, *Memoirs,* 300.

55) Thorne, *Allies,* 206 ; Thakin Nu, 3.

56) Nish, *Indonesian Experience,* 58 ; Aziz, 149 ; Sjahrir, 231, 240 ; Cruickshank, 80 and cap. 5.

57) Toye, vi, 7ff.

58) Purcell, *Memoirs,* 299.

59) Sjahrir, 219.

60) Mohan Singh, 66, 111.

61) Gill interview, 1972, and oral history transcript no. 168, Nehru Library.

62) Goho report, 1945, K. P. K. Menon Papers, file 2.

63) Mohan Singh, op. cit. ; Gill, op. cit. ; K. P. K. Menon Papers, material in folders 7 and 8.

14) Lebra, *JGEACPS,* 48ff.

15) 『昭南新聞』1945年5月10日.

16) Manila *Tribune,* 20 April, 6 May 1944；東条の演説，1943年11月.

17) Bose, *Testament,* 214.

18) 『昭南新聞』1942年10月29日；*Tribune,* 3 and 6 Nov. 1943, 4 May, 23 Aug., 12 Sept. 1944, 26 Jan. 1945, Aziz, 219.

19) *Tribune,* 7 and 8 Aug., 12 Sept. 1944；『昭南新聞』1943年4月6日.

20) *Tribune,* 4 April, 11 Aug., 25 Oct. 1942；8 Aug., 22 Oct., 25 Nov. 1943；1 April 1944；『昭南新聞』1942年4月2日，10月2日，11月24日，1943年2月26日；*Azad Hind,* nos. 1 and 2, 1944.

21) Lebra, *JGEACS,* 122ff.；Lebra, *Japanese Trained Armies in Southeast Asia* (Hong Kong, 1977), 6-9；Fujiwara testimony, Imperial War Museum document collection, AL 827/9；藤原岩市『F機関』原書房，1966年，参照．藤原は回顧録のなかで，日本軍が中国や東南アジアで犯した残虐行為や日本軍が全体としてアジアの「住民の願望に対し理解と同情に欠けて」いたことを認めている．しかしなかには，いくつか宣伝的な箇所も見受けられ，インド国民軍の規模に関する数字は信用できない．

22) Lebra, *Japanese Trained Armies,* 80；Dahm, 234.

23) Ba Maw typescript address；'The Great Asian Dreamer' (1964), Netaji Bureau, Calcutta.

24) Toye, op. cit.；Lebra, *Japanese Trained Armies,* 19ff.；Lebra, *Jungle Alliance：Japan and the Indian National Army* (Singapore, 1971)；K. K. Ghosh, *The Indian National Army* (Meerut, 1969)；Mohan Singh, *Soldier's Contribution to Indian Independence* (New Delhi, 1975).

25) Maung Maung；Ba Maw, 138ff.；Lebra, *Japanese Trained Armies,* 39ff.

26) Lebra, *Japanese Trained Armies,* 91ff.；Lebra, *JGEACS,* 136ff.；Dahm, 239ff.；Aziz, 199ff.；I. Nish (ed.), *Indonesian Experience：the Role of Japan and Britain, 1943-1948* (London, 1979)；H. J. Benda et al., *Japanese Military Administration in Indonesia：Selected Documents* (henceforth：*Documents*；New Haven, 1965).

27) Steinberg, 62；Lebra, *Japanese Trained Armies,* 140ff.

28) R. B. Smith, *An International History of the Vietnam War,* Vol. 1 (London, 1983), 56.

29) Myers and Peattie, 208.

30) Goodman (ed.), *Imperial Japan and Asia,* 78.

31) Endacott and Birch, 124ff., 236ff.；Lindsay, *At The Going Down of the Sun,* 137.

32) Aziz, 198；Sjahrir, 248.

33) Lebra, *JGEACS,* 141ff.

34) Dept. of State files, 894.404/45, 46；A. H. Ion, 'The Formation of the *Nippon Kirisuto-kyodan*', in *Proceedings of the British Association for Japanese Studies,* vol. 5, part 1, 1980.

International Studies Quarterly, Dec. 1980.

138) Sansom to Ashley Clark, 29 Dec. 1942, FO 371, F186/186/61; material in ibid., file 35952; the article by H. V. Redman, 'The Political Problem of Japan', in *International Affairs,* Jan. 1944.

139) Foulds memo. 11 Sept. 1944, FO 371, F4015/1/11.

140) Buckley, 38, 67, 69-70, 196.

141) Thorne, *Allies,* 371ff., 489ff., 654ff.; Thorne, 'Chatham House, Whitehall and Far Eastern Issues, 1941-1945', *International Affairs,* Jan. 1978; Thorne, 'Wartime British Planning', in Nish, *Anglo-Japanese Alienation*; Iriye, *Power and Culture,* passim; Emmerson, op. cit., cap. 9.

142) Allied Cttee. in Australia on Political Warfare Against Japan, June 1944 directive, NZ Dpt. of Ext. Affs. files, 84/6/1, part 2.

143) 重慶や延安に存在した日本人の反戦グループについては，Emmerson, 180. 延安の朝鮮人部隊については，Cumings, op. cit., 412, 423 参照.

第5章　友と未来の獲得——日本とアジア

1) Manila *Tribune,* 10 March 1942.

2) ラジオや映画による宣伝については，G. Daniels, 'Japanese Radio and Cinema Propaganda, 1937-1945: an Overview', in Short, op. cit.

3) Manila *Tribune,* 17 Feb. 1942.

4) 『昭南新聞』1942年9月4日.

5) 同，1942年9月4日.

6) *Tribune,* 7 July, 8 Dec. 1942. 映画としては日本のニュース映画（インドシナ用にはフランス語の解説付き）IWM collection, JYY 046-01 and 02; 'Build New Philippines; Fight For Greater East Asia', ibid., JYY 046-03.

7) Aziz, 196.

8) 『昭南新聞』1942年9月4日.

9) *Tribune,* 3 Feb., 7 July 1942; Steinberg, 15ff., 49.

10) Steinberg, 36ff., 66, 77; *Tribune,* 8 Dec. 1942, 6 Nov. 1943; G. K. Goodman, *An Experiment in Wartime Intercultural Relations: Philippine Students in Japan, 1943-1945* (Ithaca, 1962), 6.

11) The relevant studies in Iriye (ed.), *Chinese and Japanese,* Maung Maung, op. cit.; Ba Maw, *Breakthrough in Burma*; Dahm, op. cit., 225ff.; Aziz, op. cit., 210.; Bose, *Testament,* passim.

12) Dahm, 249.

13) Dr Lakshmi Sahgal testimony, oral history collection, transcript no. 277, Nehru Library.

119) *Standard,* 19 Feb. 1942.

120) IWM film archive, no. ADM/7 ; F. Capra, *The Name Above the Title* (New York, 1971), 327 ; D. Culbert, 'Why We Fight : Social Engineering For A Democratic Society At War', in Short, *Film and Radio Propaganda.*

121) Emmerson memo., 'Japan's Government in Fact', loc. cit. ; Langdon memo., 28 March 1942, St. Dpt. files, 740.0011 PW/2677.

122) 'Pacific Thrust' (Verity Films, for the Ministry of Information, Jan. 1945), IWM film archive, CVN 229-01/02.

123) Thorne, *Allies,* 155, 290.

124) *Combat,* May 1942.

125) Ibid., *Les Petits Ailes de France,* 7 August 1941 ; *L'Aurore,* Oct. 1943.

126) *L'Humanité,* 3 Dec. 1943, 1 Jan. 1944, 11 Jan. 1945 ; *Le Populaire,* 8 Sept., 14 Nov. 1944 ; *Déstin,* May 1944 ; *L'Aurore,* Oct. 1943 ; *La France Libre,* 15 Feb. 1944 ; *Le Monde,* 12 Aug. 1945 ; *Le Temps,* 23 Dec. 1940, 15 Feb., 7 April, 14 May, 3 Nov. 1942 ; *L'Action Française,* 24 Dec. 1940, 31 July, 1941, 20 Feb., 28 April 1942, 4 March 1944.

127) *Die Waarheid,* 1 May 1943 ; *Trouw,* July, Dec. 1943, July 1944 ; *Vrij Nederland,* 30 July 1943 ; *Je Maintiendrai,* 10 May 1943 ; van Namen (ed.), *Het Ondergroondse Vrij Nederland,* 219.

128) Shillony, 103ff ; Kase, 67ff.

129) Takeda, op. cit. ; Manila *Tribune,* 4 Oct. 1942 ;『昭南新聞』1942 年 9 月 2 日.

130) R. Buckley, *Occupation Diplomacy : Britain, the United States and Japan, 1945-1952* (Cambridge, 1982), 15.

131) Merrill, 209.

132) Thorne, *Allies,* 8-9, 167-8.

133) Calder, op. cit., 563.

134) Thorne, *Allies,* 657.

135) Sydney *Daily Telegraph,* 13 Aug., 3 Sept. 1945 ; *Sydney Morning Herald,* 19 May, 12 Aug., 11, 12, 13, 15, 18, 19 and 26 Sept. 1945 ; *Standard* (Wellington), 20 Sept., 29 Nov. 1945 ; *Dominion* (Wellington), 18 Aug. 1945 ; 'New Zealand as a Pacific Country' notes received 3 Dec. 1945, NZ Dpt. of Ext. Affs. files, 56/1/1, part 2 ; Australian 'First List of Major Japanese War Criminals', 26 Oct. 1945, Washington Legation files, A3300, file 316 ; R. J. Bell, *Unequal Allies* (Melbourne, 1977), cap. 8 ; Buckley, op cit., passim ; Thorne, *Allies,* 654ff.

136) Emmerson, 'Japan's Philosophy of Life', loc. cit.

137) Mead, *Ruth Benedict,* 57ff. ; Benedict, *The Chrysanthemum and the Sword.* 最近の研究としては，Johnson, *American Attitudes,* いっそう批判的な，R. H. Minear, 'Cross-Cultural Perception and World War II : American Japanists and Their Images of Japan',

Affs. files, 84/6/1, part 1 ; material in Hornbeck Papers, box 21 ; Thorne, *Allies,* 156, 158 ; O. Lindsay, *At the Going Down of the Sun* (London, 1981), 148.

98) *Sydney Morning Herald,* 31 Jan. 1944 ; 20 Nov. 1944.

99) *The Standard* (Wellington), 7 May 1942.

100) *Sydney Morning Herald,* 15 Aug. 1945.

101) Ibid., 1, 3, 11 Sept. 1945 ; *Standard,* 20 Sept. 1945 ; *Dominion* (Wellington), 18 Aug. 1945 ; Col. R. W. Savage to Gavin Long, 8 Sept. 1945, Long Papers, Correspondence files. 問題の日本人の態度に対する論評としては，R. Benedict, *The Chrysanthemum and the Sword*(『菊と刀』) (London, 1967), 29 and 119.

102) *Sydney Morning Herald,* 3 April 1942 ; Walter Nash (NZ Minister to the U.S.) broadcast, 22 March 1942, NZ Ext. Affs. files, 64/3/3/1, part 1A.

103) P. Knightly, *The First Casualty* (New York, 1975).

104) J. M. Merrill, *A Sailor's Admiral* (New York, 1976), 53, 85, 209.

105) McLaine, 158-9.

106) N. Nicolson (ed.), *Harold Nicolson, The War Years : Diaries and Letters, 1939-1945* (London, 1967), entry for 19 Dec. 1941.

107) Sydney *Daily Telegraph,* 3 Sept. 1945 ; material in Curtin's correspondence, 1942, CP 156/1, Australian Commonwealth Archives ; A. Rhodes, *Propaganda : the Art of Persuasion : World War II* (London, 1976), 163, 258ff. ; films such as 'The Mask of Nippon' (Canada, 1942) and 'Know Your Enemy : Japan' (Frank Capra, U.S.A., 1945), IWM film archive, nos. AMY 517 and USA/004-01 ; *Standard* (Wellington), 26 March 1942.

108) Film : 'Know Your Enemy : Japan'.

109) 本文 173-174 ページ参照.

110) Thorne, *Allies,* 158-9, 167-8 ; Hrdlicka-Roosevelt correspondence, Hrdlicka Papers, Smithsonian Institution.

111) Hane, *Peasants, Rebels and Outcastes,* 237.

112) Rhodes, op. cit., 258-60 ; Takeda, op. cit. ; Meo, op. cit., 89.

113) Grew, 'Truth About Japan', 9 Sept. 1943, Grew Papers, Vol. 115 ; 本文 24-25 ページ参照.

114) Lamont to Grew, 15 Sept. 1942, Lamont Papers, 96/19.

115) Butow, *John Doe Associates,* 34ff., 157ff., 340ff.

116) P. Hasluck, *The Government and the People, 1942-1945* (Canberra, 1970), 39, 97ff., 156ff ; Sydney *Daily Mirror,* 16 Feb. 1942 ; Sydney *Daily Telegraph,* 27 Jan. 1942 ; Sydney *Century,* 23 Jan. 1942 ; *Sydney Morning Herald,* 24 Jan. 1942.

117) *Sydney Morning Herald,* 2 Jan., 10 and 20 Feb., 12 March 1942.

118) *Dominion,* 14 Feb, 1942 ; *Standard,* 7 May 1942.

78) S. A. Stouffer et al., *The American Soldier: Adjustment During Army Life* (Princeton, 1949), cap. 9, and *The American Soldier: Combat And Its Aftermath* (Princeton, 1949), 151; Blum, *V Was For Victory,* 65ff., 89; Winkler, *The Politics of Propaganda,* 5-6, 40ff., 54; B. Catton, *The War Lords of Washington* (New York, 1948), 189.

79) 'Beliefs of Average Japanese Soldiers in SWPA in 1942', 1 June 1943, NZ External Affairs files, 84/6/1, part 1.

80) Emmerson, 173; Havens, 6.

81) R. Broad and S. Fleming (ed.), *Nella Last's War: A Mother's Diary, 1939-1945* (London, 1981).

82) Australian Military Forces Weekly Intelligence Review no. 118, NZ External Affairs files, 84/6/1, part 3.

83) Bruce, Monthly War Files, entry for 24 Jan. 1944; FO 371, file 35951; Calwell to Curtin, 3 Feb. 1944, Australian P. M.'s Dept. files, E/57/1/1, part 2; Thorne, *Allies,* 290; Takeda, op. cit.

84) Havens. 10ff., 61ff.

85) 『昭南新聞』1942年10月3日.

86) Takeda, op. cit.

87) Guillain, 73-4. このような主張の例証の一つとしては『昭南新聞』1942年2月23日参照.

88) Bond (ed.), *Chief of Staff,* passim; W. Slim, *Defeat Into Victory* (London, 1958), 137ff.

89) Langdon, 'Elements of Weakness in the Japanese People and in the Japanese Position', 30 April 1942, Dpt. of State files, 890.00/1174.

90) Joint Anglo-U. S. Plan for Psychological Warfare Against Japan, Annex A, 1944, NZ External Affairs files, 84/6/1, part 2.

91) Blamey to Forde, 8 April 1943, Australian P. M.'s Dpt. files, K/41/1/1.

92) Imperial War Museum, London, film collection: no. USA/004-01.

93) Emmerson, 'Japan's Philosophy of Life', 26 Jan. 1942, Dpt. of State files, 740.0011 PW/2037 3/8; 'Japan's Government in Fact', 6 Feb. 1942, ibid., 740.0011 PW/2037 7/8; 'What the United States Has Done for Japan', 5 Feb. 1942, ibid., 740.0011 PW/2037 6/8, (このいちばん最後の文書の「太平洋を越える友好の手」的解釈としては, Iriye, *Power and Culture,* 58; Philip Roth, *The Great American Novel,* London, 1981, 102). N. Peffer, 'Roots of the Pacific Conflict', *Asia,* Feb. 1942.

94) 『昭南新聞』1942年9月22日, 10月25日.

95) Takeda, op. cit.

96) Manila *Tribune,* 19 Feb., 4 and 17 March, 28 April, 10 Aug. 1944; 『昭南新聞』1945年3月3日.

97) Political Warfare (Japan) Cttee., 'Plan of Propaganda to India', Jan. 1942, NZ Ext.

61) OSS Research and Analysis report no. 383 (October 1942). この報告の強調点は，日本が「他の国であれば当然降伏するような窮境にあっても，なおそれ以上，倒れるところまで戦う」だろうと思われるのはなぜかというところにあった. The R. and A. branch of the Office of Strategic Services（戦略事務局調査分析部）の性格と任務については，B. F. Smith, *The Shadow Warriors: OSS and the Origins of the CIA* (London, 1983), 121, 174ff., 209ff., 360ff. 参照. その極東での活動については，ibid., 193ff., 254ff., 307ff. 戦場における日本軍の士気に対する阻害活動や日本兵捕虜へのインタビューについては，J. K. Emmerson, *The Japanese Threat* (New York, 1978), 166ff., 221ff.; Winkler, *The Politics of Propaganda,* 137ff. 参照.

62) Butow, *Japan's Decision to Surrender,* caps. 3-5, ロンドンの見解については，FO 371, files 41804 and 46453.

63) Butow, 133ff., Thorne, *Allies,* 530-4; Emmerson, 232ff.

64) Thorne, *Allies,* 500; Emmerson, 239-40; M. J. Sherwin, *A World Destroyed: the Atomic Bomb and the Grand Alliance* (New York, 1975).

65) *The Times,* 3 Jan. 1976; S. Salaff, 'The Diary and the Cenotaph: Racial and Atomic Fever in the Canadian Record', *Bulletin of Concerned Asian Scholars,* Vol. 10, No. 2, 1978.

66) FO 371, AN 4/4/45.

67) 1945年9月の調査では，アメリカ人の54パーセントが8月の原爆投下に賛成だった. さらに23パーセントはもっと多くの原子爆弾をもっと早くに使用すべきだったという意見だった. J. E. Mueller, *War, Presidents and Public Opinion* (New York, 1973), 172-3. Cf. S. K. Johnson, *American Attitudes Toward Japan, 1941-1975* (Washington D.C., 1975), 33ff.

68) Thorne, *Allies,* 533-4.

69) Jervis, op. cit.; Kelman, op. cit.

70) Wertheim, 269-70; Dahm, 265ff.

71) *Time,* 24 March 1980; N. Crouter, *Forbidden Diary* (New York, 1980); Johnson, *American Attitudes,* 24ff.

72) A. Calder, *The People's War: Britain, 1939-1945* (London, 1971), 563; McLaine, op. cit., 274.

73) M. Anglo, *Service Newspapers in the Second World War* (London, 1977), 117.

74) Thorne, 'Wartime British Planning for the Postwar Far East', in Nish (ed.), *Anglo-Japanese Alienation,* 208-9.

75) The columns of *Le Populaire* for March 1945, and of the entire clandestine press throughout the war. このような意見は，一つにはフランス解放委員会外務委員M. レネ・マシグリとのインタビューに基づいたものである.

76) H. Isaacs, *Scratches on Our Minds* (New York, 1958), 37.

77) Dallek, 350.

44) Translation in the *Gaimusho* archives, Tokyo; Lebra, *JGEACS,* 92.

45) Iriye, *Power and Culture,* 115ff.

46) Thorne, *Allies,* 61, 78, 101-3; Reynolds, 213-4, 257-60.

47) Thorne, *Allies,* 160-1.

48) 朝鮮の将来に関するアメリカ政府部内のさまざまな考えについては，Cumings, op. cit., cap. 4.

49) Iriye, *Power and Culture,* 162-4.

50) *Tribune,* 19 Feb. 1944, 16 March 1944.

51) Lt. Col. Takeda Koji, *The Great East Asia War and Ideological Warfare* (Nov. 1943): translation and summary by Far Eastern Bureau, Ministry of Information, NZ External Affairs files, 84/6/1, part 3; Meo, *Japan's Radio War on Australia,* 106 ff, and N. Ryo, 'Japanese Overseas Broadcasting: a Personal View', in K. Short (ed.), *Film and Radio Propaganda in World War II* (Knoxville, 1983).

52) 『昭南新聞』1943年3月18日；Takeda. op. cit.

53) 重慶に対する日本の和平工作については，J. H. Boyle, *China and Japan at War, 1937-1945* (Stanford, 1972), 310ff.; Iriye, *Power and Culture,* 109ff.

54) 『昭南新聞』1945年2月8日，5月1日，7月18日；Manila *Tribune,* 11 July 1942, 1 and 4 Feb. 1944.

55) Iriye, *Power and Culture,* 180-1, 244ff.; T. Kase, *Eclipse of the Rising Sun* (London, 1951), 116, 154.

56) 『昭南新聞』1942年10月1日．

57) C. Cruickshank, *SOE in the Far Fast* (Oxford, 1983), 236-7. 対日謀略戦に関する分析，計画，実行については，the files of the Whitehall Cttee. on Political Warfare Against Japan (Foreign Office records, series 371, files 31760ff., 35878ff., 41700ff., 46313ff.); the relevant Research and Analysis papers produced by the OSS in Washington (National Archives, Washington), no. 383.

58) 'Guidance for Action on Aim 1 of the British and American Plan for Political Warfare Against Japan', 30 June 1942, Australian P. M.'s, Dept files, K 57/1/1.

59) Background Paper from Joint Intelligence Cttee., 28 Feb. 1942, for Political Wfre. Exec. (FO 371, F2121/289/61). この報告は，日本人は「根は子供」で，「自分に直接関係のない人に対してはきわめて冷たく，自分だけの観点からしかものを見ることができない．だが一方では忠誠心，献身の念は深く，自分にとって大事なもの，大事な人のためには，いつでも喜んで身を犠牲にする」と述べている．

60) FO 371, F3124/2000/61. G. F. ハドソン ('Note on Principles of Propaganda to Japan', 31 March 1942, ibid., F2766/289/61) は「暴力革命の宣伝は，日本に対してはきっと大きな効果があるだろう．しかしこの種の政治宣言は，イギリスはおそらく承知しないだろう……」と思っていた．

'Military Policy-Makers Behind Japanese Strategy Against Britain', in I. Nish (ed.), *Anglo-Japanese Alienation, 1919-1952* (Cambridge, 1982).

17) 戦争の特別な準備行動に関しては，the British official series: S. W. Kirby, *The War Against Japan* (4 vols., London, 1957-65); the relevant sections of Roskill, *The War At Sea*; アメリカ側の動きについては，S. E. Morison, *The Two-Ocean War* (Boston, 1963) が，この問題に関する彼の詳細かつ膨大な研究をまとめたものである．また Spector, *Eagle Against the Sun* は，全体を概観するには最良のものである．J. Costello, *The Pacific War* (London, 1981) は，多彩なくわしい描写に富んでいるが，正確ではない．

18) Thorne, *Allies,* 77-8, 134-5.

19) Ibid., 156.

20) Ibid., 136, 163, 165-6, 288-9, 295-6.

21) Ibid., 164.

22) Wilson, op. cit., cap. 15.

23) Thorne, *Allies,* 407.

24) Ibid., 294-5, 298ff., 349, 409, 450ff., 522-3, 565.

25) Ibid., 411ff.

26) Ibid., 521ff.

27) Wilson, 215; Eastman, *Seeds of Destruction,* cap. 6.

28) Thorne, *Allies,* 296-7, 526ff.; J. Erickson, *Stalin's War With Germany:* Vol. 2*: the Road to Berlin* (London, 1983), 500-3.

29) Thorne, *Allies,* 557; Ride, op. cit., 264ff.

30) Thorne, *Allies,* 565ff.

31) Havens, 176ff.

32) R. J. Butow, *Japan's Decision to Surrender* (Stanford, 1954).

33) Thorne, *Allies,* 532-3.

34) Butow, *Japan's Decision,* 3.

35) J. W. Morley (ed.), *Deterrent Diplomacy: Japan, Germany and the U.S.S.R., 1935-1940* (New York, 1976), appendix 7.

36) Lebra, *JGEACS,* 68ff.

37) Iriye, *Power and Culture,* 40ff.

38) Lebra, *JGEACS,* 78ff.

39) Iriye, *Power and Culture,* 117.

40) Ibid, 98ff.

41) Hauner, 560.

42) Toye, 77ff., 97.

43) Manila *Tribune,* 6 Nov. 1943.

185) F. Braudel, *The Mediterranean and the Mediterranean World in the Age of Philip II* (trs. S. Reynolds, 2 Vols., New York, 1972-74), Preface and passim.

186) T. S. Kuhn, *The Structure of Scientific Revolutions* (Chicago, 1970), 15ff., 109ff., and passim.

187) 'Aldous Huxley on war and intellectual survival', *Times Literary Supplement,* 11 June 1982. 引用したこのミッチソンの言葉に対して，ハックスレーは次のように答えた，「19 世紀的生活の基礎であった原理を，心理学者，小説家，記号論理学者たちが，まるで白蟻のようにせっせとかみ切っているのだ」

第２部　戦いのなかで

第４章　敵に直面して

1) Martin, op. cit., passim ; Hauner, op. cit., 377ff.

2) The British official history's *Grand Strategy* series of volumes ; Hall, *North American Supply*; M. Matloff and E. Snell, *Strategic Planning for Coalition Warfare, 1941-1942* (Washington, D.C., 1953); M. Matloff, *Strategic Planning for Coalition Warfare, 1943-1944* (Washington, 1959).

3) P. Calvocoressi, *Top Secret Ultra* (London, 1980); H. Hinsley, et al., *British Intelligence in World War II* (London, 1979 et seq.). とくに極東に関しては，ルウィンの前掲書；Horner, *High Command,* cap. 11 ; Spector, *Eagle Against the Sun,* cap. 20.

4) 「オーストラリアの防衛外交政策における指導と調整の欠如」については，Horner, *High Command,* 325, 434ff. ; アメリカ内部の争いについては，Spector, cap. 7 and passim.

5) Thorne, *Allies,* 273.

6) Ibid., 274.

7) Ibid., passim.

8) Ibid., 412.

9) Ibid., 113-4, 283, 395, 508-9.

10) M. Howard, *The Mediterranean Strategy in World War Two* (London, 1968).

11) Thorne, *Allies,* 190-2, 306, 316.

12) Ibid., 411ff.

13) B. Bond (ed.), *Chief of Staff : the Diaries of Lieutenant-General Sir Henry Pownall,* Vol. II (London, 1974), entry for 29 April 1944.

14) Thorne, *Allies,* 407, 485, 537.

15) Ibid., 171ff., 305ff.

16) Ikeda Kiyoshi, 'Japanese Strategy and the Pacific War, 1941-5', and Nomura Minoru,

passim ; Gavin Long Papers (Australian War Memorial Library), passim.

159) Warmbrunn, op. cit., 131-2 ; 本文 46-48 ページ参照.

160) J. Bank, *Opkomst en Ondergang van de Nederlandse Volks Beweging* (Deventer, 1978) ; Blom, op. cit. ; A. G. Vromans, 'Les Pays-Bas Dans la Seconde Guerre Mondiale', *Histoire de la Deuxiéme Guerre Mondiale,* April 1963.

161) A. Cobban, *The Crisis of Civilisation* (London, 1941), quoted in *International Affairs,* Sept. 1941.

162) *Sydney Morning Herald,* 15 March 1941.

163) Review of L. Dennis, *The Dynamics of War and Revolution, in International Affairs,* Dec. 1940-March 1941.

164) H. Michel and B. Mirkine Guezévitch (eds.), *Les idées politiques et sociales de la Résistance* (Paris, 1954).

165) S. Schram, *The Political Thought of Mao Tse-tung* (1969) ; Spence, op. cit.

166) A. H. van Namen (ed.), *Het Ondergroondse Vrij Nederland* (Baarn, 1970) ; Warmbrunn, op. cit. ; Blom, op. cit.

167) Bruce to Halifax et al., 21 July 1940, Bruce Papers, Monthly War Files. Cf. Foot, op. cit., 332 ; McLean, 59 ; Thorne, *Allies,* 97.

168) Thorne, *Allies,* 144.

169) May, 59-62.

170) Sjahrir, entry for 14 Aug. 1936.

171) Jansen, *Changing Japanese Attitudes,* 85-9 ; cf. ライシャワー, 前掲書, 409, 415 ページ.

172) *Bombay Chronicle,* 7 Jan. 1942 ; M. Bose, op. cit., 59. 61.

173) Policy draft of 23 April 1942, AICC Papers, FN-31B.

174) Sjahrir, entries for 24 Nov. 1935 and 28 Oct. 1938.

175) Duiker, 36, 140.

176) Roff, 57, 150.

177) C. P. Fitzgerald, *The Chinese View of Their Place in the World* (London, 1964).

178) Eastman, *Abortive Revolution,* 158-9 ; Spence, 142, 217, 303 ; Eastman, *Seeds of Destruction,* 90.

179) Levenson, Vol. 1, 717ff.

180) A. ジイド (新庄嘉章訳)『ジイドの日記』新潮文庫, II, 72 ページ, IV, 226 ページ.

181) *Combat,* No. 1, Dec. 1941.

182) *Résistance,* 8 Dec. 1942.

183) *Sydney Morning Herald,* 19 July 1941.

184) Ibid., 30 Nov. 1940 ; the issue for 9 Nov. 1940.

139) R. Manvell, *Films and the Second World War* (London, 1974), 45ff.

140) Wilson, op. cit., 111.

141) Ibid., 1; F. Schurmann and O. Schell, *China Readings: Republican China* (London, 1968), 252ff.; Spence, 315; Sih, *Nationalist China,* 98ff.

142) 日本に対する朝鮮からの米の輸出は，1938年の170万トンから40年には6万6000トンに減少したが，その間にインドシナからの輸入は130万トンに増大した. Cumings, op. cit., 51.

143) W. Warmbrunn, *The Dutch Under German Occupation, 1940-1945* (Stanford, 1963); J. C. H. Blom, 'The Second World War and Dutch Society: Continuity and Change', in A. S. Duke and C. A. Tamse (eds.), *Britain and the Netherlands,* Vol. VI (The Hague, 1977).

144) イギリス社会と戦争については，A. Calder, *The People's War: Britain, 1939-1945* (London, 1969); A. Marwick, *Britain in the Century of Total War* (London, 1968); McLean, op. cit.

145) 'New Zealand War Effort', New Zealand Ministry of External Affairs files, 81/1/14, part 2.

146) W. K. Hancock and M. M. Gowing, *British War Economy* (London, 1949), 83ff.

147) Havens, 75ff.

148) Johnson, *MITI,* 139; Shillony, 9ff.; R. Rice, 'Economic Mobilization in Wartime Japan: Business, Bureaucracy and Military in Conflict', *Journal of Asian Studies,* Aug. 1979.

149) I. H. Anderson, *The Standard-Vacuum Oil Company and United States East Asian Policy, 1933-1941* (Princeton, 1975).

150) A. M. Schlesinger, *The Imperial Presidency* (London, 1974). この問題に対するローズヴェルトの寄与については控え目に述べられている.

151) R. Polenberg, *War and Society, The United States, 1941-1945* (Philadelphia, 1972), 89ff.; J. M. Blum, *V Was For Victory: Politics and American Culture During World War II* (New York, 1976), 105ff.

152) N. Lichtenstein, *Labor's War at Home: the CIO in World War II* (Cambridge, 1982), 26ff., 33f.

153) McLean, 63ff., 93ff., 136; A. Marwick, *Class: Image and Reality in Britain, France and the U.S.A. Since 1930* (London, 1980), 220.

154) Lee and Petter, op. cit., 31-2.

155) Ibid., 80, 101ff., 113.

156) Ibid., 75.

157) Tonkin Papers, box 28, passim; Haslehurst, op. cit., 190-4, 257; Hasluck, op. cit., 159ff., 254ff., 272ff. 政策立案諮問機関については，Edwards, *Prime Ministers and Diplomats,* 130ff.

158) Horner, op. cit., 23 and passim; Wilkinson diary (Churchill College, Cambridge),

Colorado, 1983), caps, 2-3; Hane, op. cit., 79ff.; 福武, 前掲書, 30 ページ. S. A. Chipp and J. T. Green (ed.), *Asian Women in Transition* (Pennsylvania, 1980), passim; Scarr, *Fiji*, 105.

118) Robins-Mowry, 80; Everett, 76ff., 110; Croll, 5, and cap. 6; V. Mehta, *Daddyji. Mamaji* (London, 1984).

119) Chipp and Green, 159ff.; Everett, 80-1; Spence, op. cit., 84; Ch'en, op. cit., 380ff.

120) J. D. Wilkinson, *The Intellectual Resistance in Europe* (Cambridge, Mass., 1981), 7; R. H. S. Crossman (ed.), *The God That Failed* (New York, 1954), 4.

121) Ch'en, 70, 82, 90; Jansen, *The Japanese and Sun Yat-sen*; Tang, op. cit.; Crowley, *Modern East Asia*, 215ff.

122) ライシャワー, 前掲書; 丸山, 前掲書; Scalapino, op. cit.; Crowley, *Modern East Asia*, 180ff.

123) Purcell, *Revolution*, 55-6.

124) 本文 116 ページ; Kerkvliet, op. cit.; フィリピン駐在アメリカ大使の戦後の回想として, C. E. Bohlen, *Witness to History* (London, 1973), 452.

125) Dahm, 43, 68-9, 107-8.

126) Duiker, passim; Chen, *Vietnam and China*, 15ff.

127) ビルマの政治情勢におけるタキン党などの動きについては, the Introduction to H. Tinker (ed.), *Burma: the Struggle for Independence, 1944-1946*, Vol. 1 (London, 1983).

128) S. Schram, *Mao Tse-tung* (London, 1967).

129) D'Encausse and Schram, section III.

130) 当時の調査としては, Royal Institute of International Affairs, *Nationalism* (Oxford, 1939); 本文 88-91 ページ; アジアの民族主義者にとってのマルクス主義の魅力については, Wang Gungwu, 'Nationalism in Asia', in Kamenka (ed.), *Nationalism: the Nature and Evolution of an Idea*, 90.

131) *Le Temps*, 23 Feb. 1941; Paxton, op. cit.

132) Eastman, *Abortive Revolution*, 41, 66ff.; Eastman, *Seeds of Destruction*, cap. 4.

133) Ogata, op. cit.; Storry, op. cit.; International Military Tribunal for the Far East, document no. 1908 B.

134) R. Hoftstadter, *The Paranoid Style in American Politics* (New York, 1967), 23.

135) Ickes diary, 30 Nov. 1941.

136) Gordon, op. cit.

137) L. van Slyke (ed.), *The Chinese Communist Movement: a Report of the U.S. War Department, July 1945* (Stanford, 1968), 82, 105; Boyle, op. cit., 209, 222, 289ff.; Crowley, *Modern East Asia*, 277ff.; Johnson, *Peasant Nationalism*, 136-40.

138) D. Wilson, *When Tigers Fight: the Story of the Sino-Japanese War, 1937-1945* (London, 1982), 8.

100) Breuilly, *Nationalism and the State,* 229.

101) 当時のアメリカにおける黒人の地位については，G. Myrdal, *An American Dilemma* (2 Vols.; New York, 1944); Polenberg, *One Nation Divisible*; Smith, *The Ethnic Revival,* 160ff.

102) R. Hunt and J. Harrison, *The District Officer in India, 1930-1947* (London, 1980), 161; Tate, 130-1.

103) Tate, 235, 463; Roff, passim; V. Purcell, *The Chinese in Southeast Asia* (Oxford, 1965).

104) Morris, *Corregidor,* 3, 189; Endicott and Birch, passim; Smith, *The Ethnic Revival,* 141ff.

105) 次につづく部分は，J. G. Butcher, *The British in Malaya, 1860-1941* (Kuala Lumpur, 1979) による．

106) Ibid., 122. 19 世紀のインドにおける同様の問題については，K. Ballhatchet, *Race, Sex and Class under the Raj* (London, 1980), 心理学的側面については，Mannoni, *Prospero and Caliban.*

107) Roff, 101.

108) Tate, 476; Steinberg, 23; Kerkvliet, cap. 2. この寡頭支配とマッカーサーとの関係については，the Ickes diary (Library of Congress), passim. フクバラハップ運動については本文 207 ページ傍註＊参照.

109) Clapper report, 1942, Clapper Papers, box 36.

110) M. Hane, *Peasants, Rebels and Outcastes: the Underside of Modern Japan* (New York, 1982), 139ff. 宗教的哲学的信条との関連におけるインドのカースト制度の発展については，D. P. Singhal, *A History of the Indian People* (London, 1983) 参照.

111) Eastman, *Abortive Revolution,* 239ff., 248ff; May, *China Scapegoat,* 72; White, *In Search of History,* 72.

112) T. Zeldin, *France, 1848-1945,* Vol. 1 (Oxford, 1974), section 3.

113) M. Foot, *Aneurin Bevan,* Vol. 1, 1897-1942 (London, 1975), 148ff.

114) Curtin statement of 19 Oct. 1939; letter to Bishop of Newcastle, 12 July 1940, Tonkin Papers, box 28.

115) 当時アメリカに存在していた差別については，Polenberg, *One Nation Divisible,* 24ff.

116) シモーヌ・ド・ボーヴォワール（朝吹登水子，二宮フサ訳）『女ざかり』上，紀伊國屋書店，1963 年，341 ページ；M. Mead, *Ruth Benedict* (New York, 1974), 17.

117) E. Croll, *Feminism and Socialism in China* (London, 1978), caps. 2-4; B. Siu, *Women of China: Imperialism and Woman's Resistance, 1900-1949* (London, 1982), cap. 4 and 128ff.; J. M. Everett, *Women and Social Change in India* (New Delhi, 1981), caps. IV-VI; Bose, op. cit., 66; D. Robins-Mowry, *The Hidden Sun: Women of Modern Japan* (Boulder,

73) Park, 'Culture and Civilization', in *Race and Culture.*

74) Iriye, *Power and Culture,* 34 ; G. M. Wilson, 'Reflections on Japanese Imperialist Ideology', in Goodman (ed.), *Imperial Japan and Asia,* 48-9.

75) Toynbee, loc. cit. Cf. Margaret Mead's essay, 'World Culture', in *Anthropology : A Human Science.*

76) Murphey, 2ff., 27.

77) Purcell, *The Revolution in Southeast Asia,* 11.

78) ライシャワー，前掲書，233 ページ.

79) 同，133 ページ.

80) M. Gandhi, 'Hind Swaraj', in his *Collected Works,* Vol. X (Delhi, 1963), 18-24.

81) Tagore, *Nationalism.*

82) Crowley, *Modern East Asia,* 90.

83) Ibid., 118-9 ; Jansen, *Changing Japanese Attitudes,* passim.

84) A. Iriye, 'The Ideological Background of Japan's War Against Asia and the West', *International Studies,* 1982, II.

85) この問題全般については，Smith, *The Ethnic Revival,* 96ff.

86) Duiker, 104ff., 177ff. ; D. G. Marr, *Vietnamese Anti-Colonialism, 1885-1925* (Berkeley, 1971).

87) Wyatt, *The Politics of Reform in Thailand,* quoted in Gong, op. cit., 244 ; Roff, 87.

88) Crowley, *Modern East Asia,* 176, 214.

89) S. Schram, in *Times Literary Supplement,* 19 Aug. 1983 ; Ch'en, 173, 204, 428, 432, 437-8 ; Spence, op. cit., passim.

90) Levenson, *Confucian China,* Vol. I, 59ff., 95ff. ; Spence, 213-16 ; Hay, *Asian Ideas,* caps. 2 and 6.

91) Crowley, *Modern East Asia,* 158.

92) Eastman, *Abortive Revolution,* 214. ジョンソン（*Peasant Nationalism,* 69 and passim）は，「1937 年以前の農民の政治的受動性」を過大評価し，彼らの政治化の国内要因を過小評価している.

93) The article by Rewi Alley (a New Zealander who did much to assist the industrial cooperative movement) in *Asia,* Jan. 1940 ; Thorne, *Allies,* 68, 193.

94) Mme Chiang to Nehru, 22 April 1942, Nehru Papers, Correspondence, Vol. 13.

95) Eastman, *Abortive Revolution,* 310.

96) J. Needham, *Chinese Science* (London, 1945) ; *Science Outpost* (London, 1948).

97) Needham Papers, section 15 ; S. H. Frankel, quoted in Gilpin, op. cit., 64.

98) R. Polenberg, *One Nation Divisible : Class, Race and Ethnicity in the United States Since 1938* (London, 1980), 17.

99) Tate, 464.

52) Cumings, op. cit., 27-8, 42ff. 日本の帝国主義支配の社会的結果の評価については，Myers and Peattie, 35ff., 43ff., 380ff.

53) Endacott and Birch, *Hong Kong Eclipse,* 11, 329, 361.

54) W. R. Roff, *The Origins of Malay Nationalism* (New Haven, 1967), 124 ; Tate, op. cit., 241 ; D. Scarr (ed.), *Fiji : The Three-legged Stool : The Selected Writings of Ratu Sir Lala Sukuna* (London, 1984), 1ff., 74ff., 131, 212ff.

55) J. M. Lee and M. Petter, *The Colonial Office, War, and Development Policy* (London, 1982), 25.

56) D'Encausse and Schram, op. cit., 13ff.

57) Duiker, op. cit., 45.

58) Nehru, *Toward Freedom,* 278.

59) M. Bose, *The Lost Hero* (London, 1982), 30, 76 ; the issues of Bose's own journal, *Forward Bloc.*

60) Garvey, op. cit., on 'World Materialism ; Cronon, op. cit., on Garvey's ill-fated Negro Factories Corporation and Black Star shipping line.

61) オーストラリア労働党党首で戦時中の首相ジョン・カーティンは，これのみが社会主義政策を実行できる手段だと強調した．Statements by Curtin, 19 Aug. 1942, 24 April 1944, Prime Minister's Papers (A 1608), D/41/1/5 and A21/1/2, Australian National Archives.

62) A. Toynbee, introduction to his *Survey of International Affairs, 1931* (Oxford, 1932).

63) Tennyson, 'Locksley Hall' and 'Locksley Hall Sixty Years After' respectively.

64) Clarke, op. cit. ; Cruickshank, op. cit. ; J. U. Nef, *War and Human Progress* (London, 1950) ; R. Caillois, *Bellone, ou la pente de la guerre* (Brussels, 1963).

65) Giner, op. cit. ; M. D. Biddiss, *The Age of the Masses : Ideas and Society in Europe since 1870* (Hassocks, 1977).

66) Cruickshank, 31, 89, 125 ; R. Wohl, *The Generation of 1914* (London, 1980) ; E. J. Leed, *No Man's Land : Combat and Identity in World War One* (Cambridge, 1979) ; P. Fussell, *The Great War in Modern Memory* (London, 1975) ; M. Eksteins, 'When Death Was Young', in R. J. Bullen et al. (ed.), *Ideas Into Politics* (London, 1984).

67) L. Mumford, *Technics and Civilization* (London, 1946), 273.

68) Liang Qichao, quoted in J. D. Spence, *The Gate of Heavenly Peace : the Chinese and their Revolution, 1895-1980* (London, 1982), 206.

69) Treadgold, Vol. 1, 85ff., 166ff. ; Gong, op. cit., 99ff.

70) Lord Kinross, *Atatürk : the Rebirth of a Nation* (London, 1964), 377ff.

71) R. Carr, *Spain, 1808-1939* (Oxford, 1966), 530-1.

72) Ch'en, op. cit., 33 ; Murphey, op. cit., 28ff. ; Jansen, *Changing Japanese Attitudes,* 205ff. ; 311ff.

30) P. H. W. Sitsen, *Industrial Development of the Netherlands Indies* (New York, 1944); W. F. Wertheim, *Indonesian Society in Transition* (The Hague, 1964), 101ff.; J. M. van der Kroef, *The Communist Party of Indonesia* (Vancouver, 1965), 19.

31) R. C. Ray, *Industrialization in India: Growth and Conflict in the Private Corporate Sector, 1914-1947* (Delhi, 1979), 1ff., 45, 52, 251, 354ff.; B. R. Tomlinson, *The Political Economy of the Raj, 1914-1947* (London, 1979), 1-56; R. von Albertini, *European Colonial Rule, 1880-1940: the Impact of the West on India, Southeast Asia, and Africa* (trans. J. G. Williamson; Westport, Conn., 1982), 58ff., 504.

32) Cumings, *The Origins of the Korean War,* xxii, 13ff., 26, 54; S. Pao-San Ho, 'Colonialism and Development: Korea, Taiwan and Kwantung', in Myers and Peattie, op. cit.

33) P. K. Sih (ed.), *Nationalist China During the Sino-Japanese War, 1937-1945* (Hicksville, N.Y., 1977), 205.

34) Jansen, *Changing Japanese Attitudes Toward Modernization,* passim.

35) 丸山，前掲書，77 ページ；C. Johnson, *MITI and the Japanese Miracle* (Stanford, 1982), 96ff., 113.

36) 福武，前掲書，21 ページ.

37) Johnson, *MITI,* 6, 155-7; Allen, *Appointment in Japan,* 73-4, 160.

38) Johnson, *MITI,* 119ff.

39) Havens, *Valley of Darkness,* 35.

40) Morley, *Dilemmas of Growth,* Ogata, *Defiance in Manchuria.*

41) 福武，前掲書，32 ページ.

42) 同，67 ページ.

43) 同，16，25，41，44，48，66 ページ．この部分は基本的には福武教授の分析による．一見民主的な日本政治の弱点については，R. Scalapino, *Democracy and the Party Movement in Prewar Japan* (Berkeley, 1962).

44) 丸山，前掲書，160 ページ.

45) 福武，前掲書，16 ページ.

46) Ray, 339ff.

47) Tate, *The Making of Modern South East Asia,* Vol. 2 (Kuala Lumpur, 1979), 34, 94-5; オランダ人のあいだでの議論については，van der Kroef, op. cit.; Schmultzer, op. cit.

48) Tate, 345ff.

49) L. E. Bouzon, *Philippine Agrarian Reform, 1880-1965: the Revolution that Never Was* (Singapore, 1975); Tate, op. cit., 438, 474ff.; C. Porter, *Philippine Emergency* (New York, 1941), 31; B. J. Kerkvliet, *The Huk Rebellion: a Study of Peasant Revolt in the Philippines* (Berkeley, 1977), 22ff. and cap. 2.

50) Albertini, op. cit., 121.

51) Eastman, *Abortive Revolution,* 181ff.

な主張で損なわれている．

6) *Nations and Nationalism,* 111.

7) B. Anderson, *Imagined Communities: Reflections on the Origins and Spread of Nationalism* (London, 1983).

8) E. Kedourie, *Nationalism* (London, 1960); H. Kohn, *The Idea of Nationalism* (New York, 1946); J. Breuilly, *Nationalism and the State* (Manchester, 1982).

9) Breuilly's comparison of Japan and China in this respect: op. cit., 215ff.

10) J. Plamenatz, 'Two Types of Nationalism', in E. Kamenka (ed.), *Nationalism: the Nature and Evolution of an Idea* (London, 1976).

11) マックス・ウェーバー（梶山力，大塚久雄訳）『プロテスタンティズムの倫理と資本主義の精神』上，岩波文庫，第１章，参照．

12) R. E. Park, *Race and Culture* (New York, 1950), 9, 249.

13) Sjahrir, op. cit., 144.

14) 福武直『日本社会の構造』東京大学出版会，1981年，３ページ．

15) Sjahrir, op. cit., 124, 159.

16) D. Hay, *Europe: the Emergence of an Idea* (Edinburgh, 1968).

17) J. Marquand, in *Asia,* July 1941.

18) 陸奥宗光『蹇蹇録』59ページ．

19) Jansen, *The Japanese and Sun Yat-sen*; Iriye (ed.), *The Chinese and the Japanese.*

20) Murphey, *The Outsiders,* 7, 9, 72-4; Cohen, *Discovering History in China*; cf. Jansen, *Changing Japanese Attitudes Toward Modernization,* 277ff.; J. R. Levenson, *Confucian China and its Modern State,* 3 Vols. (London, 1958, 1964, 1965).

21) この観点から見た日本については，丸山『現代政治の思想と行動』35-37ページ参照．

22) K. Hayashi, 'Japan and Germany in the Interwar Period', in Morley, *Dilemmas of Growth in Pre-War Japan.* 丸山，前掲書，35-37ページ参照．

23) B. A. Shillony, *Politics and Culture in Wartime Japan* (Oxford, 1981), 11, 175.

24) L. E. Eastman, *The Abortive Revolution: China Under Nationalist Rule, 1927-1937* (Cambridge, Mass., 1974).

25) Nisbet, *History of the Idea of Progress*; I. F. Clarke, *The Pattern of Expectation* (London, 1979).

26) M. H. Hunt, in W. I. Cohen (ed.), *New Frontiers in American-East Asian Relations* (New York, 1983), 19; Cohen, *Discovering History,* cap. 2 and passim.

27) The relevant essays in *New Cambridge Modern History,* Vol. XIII;「世界市場経済」の発展については，Gilpin, op. cit., 127ff. 参照．

28) Murphey, op. cit., 24.

29) Duiker, op. cit., 103ff., 134ff., 190ff.

162) M. Howard, *War and the Liberal Conscience* (London, 1978).

163) Thorne, *Limits,* 308-9, and *Documents Diplomatiques Français, 1932-1939, 1re série, Tome 1* (Paris, 1964), Nos. 250, 268, 272, 273, 286.

164) Thorne, *Limits,* 22, 37-8; S. N. Ogata, *Defiance in Manchuria* (Berkeley, 1964); Morley, *Dilemmas of Growth.*

165) Thorne, *Limits,* 418-9.

166) 二極構造の新しい国際体制の永続的性格に関する2人の優れた学者の予言，M. Wight, 'The Balance of Power', in H. Butterfield and M. Wight (eds.), *Diplomatic Investigations* (London, 1966); F. H. Hinsley, *Power and the Pursuit of Peace* (Cambridge, 1967), 349参照.

167) J. Joll, 'The Ideal and the Real: Changing Concepts of the International System, 1815-1982', *International Affairs,* Spring 1982.

168) Ibid.; H. Bull and A. Watson (ed.), *The Expansion of International Society* (Oxford, 1984), このような情勢の理論的な検討については，R. Gilpin, *War and Change in World Politics* (Cambridge, 1981), esp. caps. 2 and 5.

169) Lord Moran, *Winston Churchill: the Struggle for Survival, 1940-1965* (London, 1966), 405.

170) Thorne, *Limits,* 40-1.

171) *League of Nations Official Journal, Special Supplement No. 93,* 49-50.

172) R. Emerson, 'Colonialism and the U. N.', in *International Organisation,* 1965.

173) A. B. Bozeman, *The Future of Law in a Multicultural world* (Princeton, 1971). 反論としては，R. P. Dore, 'Unity and Diversity in World Culture', in Bull and Watson, op. cit.; Mead, 'World Culture', in *Anthropology: A Human Science.*

第3章　国内的情況

1) Storry, *The Double Patriots,* 38. 日本の下層中間層ないしは「擬似インテリ」の，日中戦争や極東戦争に対する支持についての丸山の論評を参照．前掲書，65ページ.

2) P. Mason, *Prospero's Magic: Some Thoughts on Class and Race* (London, 1962). 本文99-100ページ参照.

3) Wolf, *Europe and the People Without History.*

4) この問題全般に関しては，F. Braudel, *On History* (trs. S. Matthews, London, 1980; P. Burke, 'Concepts of Continuity and Change in History'. *New Cambridge Modern History,* Vol. XIII (Cambridge, 1979).

5) E. Gellner, *Nations and Nationalism* (Oxford, 1983); *Thought and Change* (London, 1964). D. ベルがこの分野に関してその著，*The Cultural Contradictions of Capitalism* (New York, 1976) のなかで展開したせっかくの議論も，歴史に関する数多くの安易

van Denemarken', in C. Fasseur (ed.), *Geld en geweten,* Vol. 2 (The Hague, 1980).

142) Reynolds, op. cit.; Thorne, *Allies;* C. Barnett, *The Collapse of British Power* (London, 1972).

143) Neidpath, op. cit.; Haggie, op. cit.; the relevant essays in P. Kennedy, *Strategy and Diplomacy, 1870-1945* (London, 1983).

144) これらの点に関する両海軍の態度については，Marder, op. cit.; S. W. Roskill, *Naval Policy Between the Wars,* Vol. II (London, 1976).

145) Lee, op. cit., 46-7.

146) Thorne, *Limits,* 42.

147) P. Hasluck, *The Government and the People,* Vol. I, *1939-41* (Canberra, 1952); A. Watt, *The Evolution of Australian Foreign Policy, 1938-1965* (Cambridge, 1967); Holland, op. cit.; Horner, *High Command,* caps. 4, 5, 6; Thorne, *Allies,* 62-4; P. G. Edwards, *Prime Ministers and Diplomats: the Making of Australian Foreign Policy, 1901-1949* (Melbourne, 1983).

148) Steinberg, op. cit.; T. Friend, *Between Two Empires* (New Haven, 1965).

149) Clapper cable (n. d., 1942) on talks with Nehru, Clapper Papers, box 36; Sayre memo. of talk with Quezon, 8 Jan. 1940, Sayre Papers, box 7.

150) *Asia,* Jan. 1940.

151) Thorne, *Limits,* 58, and *Allies,* 52, 54, 101, 208-9.

152) この問題全般については，R. Jervis, *Perception and Misperception in International Politics* (Princeton, 1976) 参照.

153) Ike, 139, 207.

154) M. Mayo, 'Attitudes Toward Asia and the Beginnings of the Japanese Empire', in G. K. Goodman (ed.), *Imperial Japan and Asia: A Reassessment* (New York, 1967); Iriye, 'Imperialism in East Asia', in Crowley, *Modern East Asia;* Miwa, 'Japanese Policies and Concepts for a Regional Order in Asia, 1938-1940', loc. cit.

155) Thorne, *Limits,* caps. 7 and 12.

156) Ibid., 246.

157) Ibid., 409; T. Jones, *A Diary with Letters* (London, 1954), 93.

158) C. Thorne, 'Viscount Cecil, the Government and the Far Eastern Crisis of 1931', *Historical Journal,* vol. 14, no. 4, 1971, and *Limits,* 380-4.

159) この問題全般については，K. N. Waltz, *Man, the State and War* (New York, 1959) 参照.

160) Thorne, *Limits,* 117. 1927 年の国際連盟経済会議の重要性については，the essay by J. Halperin, in *The League of Nations in Retrospect* (Berlin, 1983) 参照.

161) Reynolds, op. cit., 281; R. N. Gardner, *Sterling Dollar Diplomacy* (Oxford, 1956), passim.

Lebra, *JGEACS*), x-xi; J. Crowley, 'A New Deal for Japan and Asia: One Road to Pearl Harbor', in Crowley, *Modern East Asia.*

123) アメリカ，日本，中国の関係のさらにつっこんだ研究については，Iriye, *Across The Pacific.*

124) 丸山眞男『現代政治の思想と行動』上，未来社，1956年，154ページ.

125) 陸奥宗光『蹇蹇録』岩波文庫，59ページ.

126) ライシャワー，前掲書，75ページ.

127) Thorne, *Limits,* 419, 48.

128) Gong, *The Standard of 'Civilisation',* 63; Myers and Peattie, op. cit., 77. この問題に対する日本人の怒りについては，G. C. Allen, *Appointment in Japan* (London, 1983), 55-6, 180参照.

129) A. Iriye, *After Imperialism: The Search for a New Order in the Far East, 1921-1931* (Cambridge, Mass., 1965), 87, 300-3 and passim.

130) J. W. Morley (ed.), *Dilemmas of Growth in Inter-War Japan* (Princeton, 1972), 107.

131) Gong, op. cit., 146ff.

132) 全般的には，the relevant essays in W. I. Cohen (ed.), *New Frontiers in American-East Asian Relations* (New York, 1983); アメリカと中国については，W. I. Cohen, *America's Response to China* (New York, 1971), とくに1930年代については，D. Borg, *The United States and the Far Eastern Crisis of 1933-1938* (Cambridge, Mass., 1964); D. Borg, *Historians and American Far Eastern Policy* (New York, 1966) 参照.

133) Thorne, *Limits,* 72-5, 390.

134) J. K. Fairbank, '"American China Policy" to 1898: a Misconception', *Pacific Historical Review,* November 1970.

135) P. S. Tang, *Russian and Soviet Policy in Manchuria and Outer Mongolia, 1911-1931* (Durham, N. C., 1959).

136) Hosoya, 'The Japanese-Soviet Neutrality Pact', in Morley, *Fateful Choice.*

137) Fox, op. cit.

138) Ike, op. cit., 157-9.

139) ヨーロッパの植民地帝国に関する当時の対照的な見解については，D. K. Fieldhouse, *The Colonial Empires: a Comparative Survey from the Eighteenth Century* (2nd edn., London, 1982), V. G. Kiernon, *European Empires from Conquest to Collapse, 1815-1960* (London, 1982).

140) H. Tint, *The Decline of French Patriotism, 1870-1940* (London, 1964); J. B. Duroselle, *La Décadence, 1932-1939* (Paris, 1979), 267, 435.

141) Manning, op. cit.; H. Daalder, 'The Netherlands and the World, 1940-1945', in J. H. Leurdijk (ed.), *The Foreign Policy of the Netherlands* (Alphen, 1978); A. E. Kersten, *Buitenlandse Zaken in ballingschap* (Alphen, 1981); H. Baudet, 'Nederlands en de rang

London, 1926); L. Mumford, *Technics and Civilization* (London, 1946); S. Giner, *Mass Society* (London, 1976); S. N. Hay, *Asian Ideas of East and West: Tagore and His Critics in Japan, China, and India* (Cambridge, Mass., 1970), cap. 4.

101) C. H. Pearson, *National Life and Character* (London, 1894), 137.

102) J. Crowley (ed.), *Modern East Asia: Essays in Interpretation* (New York, 1970), 133.

103) C. Thorne, *Racial Aspects of the Far Eastern War of 1941-1945* (London, 1982), 339.

104) H. Massis, *Défence de l'Occident* (Paris, 1927), 14-15, 69.

105) レーニン「量は少なくても質のよいものを」レーニン3巻選集，第3巻第3分冊，大月書店，1965年，1182ページ．

106) H. M. Hyndman, *The Awakening of Asia* (London, 1919), vii-viii, 107, 143, 155, 197-8, 278, 282-3.

107) B. A. Lee, *Britain and the Sino-Japanese War, 1937-1939* (Stanford, 1973), 94.

108) R. Tagore, *Nationalism* (London, 1917); Hay, *Asian Ideas,* cap. 2 and 319ff.

109) Dahm, op. cit., 62-3, 69; Bose, *Testament,* v-vi.

110) Sjahrir, entry for 19 Aug. 1937, entries for 28 June and 16 Nov. 1936, 28 Oct. 1937.

111) Ch'en, op. cit., 70, 89, 278ff; Hay, *Asian Ideas,* cap. 1.

112) Iriye, *Pacific Estrangement,* 98; B. N. Pandey, *The Break-Up of British India* (London, 1969), 68; K. M. Panikkar, *Asia and Western Dominance* (London, 1953); K. C. Chen, *Vietnam and China, 1938-1945* (Princeton, 1969), 15.

113) M. B. Jansen, *The Japanese and SunYat-sen* (Cambridge, Mass., 1954). ヴェトナム民族主義者の同様の面については，Duiker, op. cit., 38ff.

114) D'Encausse and Schram, op. cit., 41ff.

115) Ibid., 83.

116) Chiang Kai-shek to Gandhi, 21 Nov. 1939; Mme Chiang to Nehru, 10 Sept. 1940 and 28 Aug. 1941, Nehru Papers, Vol. 13.

117) Nehru to Tagore, 19 Aug. 1939, ibid., Vol. 90.

118) P. J. Garvey (ed.), *Philosophy and Opinions of Marcus Garvey* (New York, 1967); E. O. Cronon, *Black Moses: the Story of Marcus Garvey and the Universal Negro Improvement Association* (Madison, 1969).

119) ライシャワー，前掲書；R. Storry, 'Changing Japanese Attitudes to the West', in Iyer, op. cit.; M. B. Jansen (ed.), *Changing Japanese Attitudes Toward Modernization* (Princeton, 1965); W. G. Beasley, 'Japan and the West in the Mid-Nineteenth Century', *Proceedings of the British Academy,* Vol. LV (London, 1971).

120) Crowley, *Modern East Asia,* 114.

121) Jansen, *Changing Japanese Attitudes,* 243ff., 441.

122) Storry, *Double Patriots*; J. C. Lebra (ed.), *Japan's Greater East Asia Coprosperity Sphere in World War II: Selected Readings and Documents* (Kuala Lumpur, 1975; hereafter,

88) Sjahrir, op. cit., 186, 209 ; Thorne, *Limits,* 268.

89) The comments on the notion of 'Asiatic society' of Dr R. Iyer in his editor's introduction to *The Glass Curtain Between Asia and Europe* (London, 1965). この問題全般については，M. Banton, *The Idea of Race* (London, 1977); 西欧対中国の関係に関しては，R. Dawson, *The Chinese Chameleon* (London, 1967), 90ff 参照.

90) Maze to Little, 12 July 1939, Maze Papers, Private Correspondence.

91) この巨大な問題については，J. Ch'en, *China and the West* (London, 1979); R. Murphey, *The Outsiders : the Western Experience in India and China* (Ann Arbor, 1977); d'Encausse and Schram, op. cit. ; P. A. Cohen, *Discovering History in China* (New York, 1984); D. W. Treadgold, *The West in Russia and China,* Vols. 1, 2 (Cambridge, 1973); E. W. Blyden, *Christianity, Islam and the Negro Race* (first published 1887 ; Edinburgh 1967); E. W. Said, *Orientalism* (London, 1978) (though cf. B. Lewis 'The Question of Orientalism', *New York Review of Books,* 24 June 1982); A. B. Bozeman, *Politics and Culture in International History* (Princeton, 1960). J. Needham, *Within the Four Seas* (London, 1969); V. G. Kiernon, *The Lords of Human Kind* (London, 1969); O. Mannoni, *Prospero and Caliban : the Psychology of Colonization* (New York, 1964); G. W. Gong, *The Standard of 'Civilization' in International Society* (Oxford, 1984).

92) M. F. A. Montagu, *Man's Most Dangerous Myth : the Fallacy of Race* (New York, 1974), 3 ; first published 1942.

93) *Documents on British Foreign Policy, 1919-1939, Second Series,* Vol. VIII (London, 1960), No. 12.

94) C. A. Ronan, *The Shorter Science and Civilization in China,* Vol. 1 (Cambridge, 1978).

95) W. R. Louis, *British Strategy in the Far East, 1919-1939* (Oxford, 1971), 233-4.

96) M. Howard, 'Empire, Race and War in Pre-1914 Britain', in H. Lloyd Jones et al. (ed.), *History and Imagination* (London, 1981); van der Kroef, op. cit. ; E. J. M. Schmutzer, *Dutch Colonial Policy and the Search for Identity in Indonesia, 1920-1931* (Leiden, 1977).

97) R. F. Weston, *Racism in U.S. Imperialism* (Columbia, South Carolina, 1972); R. Drinnon, *Facing West : the Metaphysics of Indian-Hating and Empire-Building* (New York, 1980).

98) Thorne, *Limits,* 44-7, 55-7. かつてイギリスでもしばらくのあいだ反植民地運動が盛んであったように，アメリカでもフィリピンの領有に関心を示さず，あるいは積極的に反対した人びとがかなり多く存在した．A. P. Thornton, *The Imperial Idea and Its Enemies* (London, 1966).

99) P. Valéry, 'Le Yalou', as discussed in J. Cruickshank, *Variations on Catastrophe : Some French Responses to the Great War* (Oxford, 1982).

100) R. Rolland, *Inde Journal, 1915-1943* (Paris, 1960). ヨーロッパの全般的な情況については，O. Spengler, *The Decline of the West : Form and Actuality* (trans. C. Atkinson ;

68) *New York Times,* 20 April 1941 ; Needham Papers, section 14.

69) *Vérité,* 5 Sept. 1941 ; *Le Temps,* 15 June 1940.

70) Thorne, *Allies,* 71-2 ; Clunies Ross paper, 'Australia and the United States : the Problems of Establishing Closer Relations', 22 Jan. 1940, Australian-American Relations file, Bruce Papers.

71) A. E. Kersten, 'The Dutch and the American Anti-Colonialist Tide, 1942-1945', in R. Jeffreys-Jones (ed.), *Eagle Against Empire : American Opposition to European Imperialism, 1914-1982* (Aix-en-Provence, 1983).

72) Clapper to Taylor, 14 Jan. 1941, Clapper Papers, box 9 ; Reynolds, op. cit., 252-4.

73) Chevalier to Hornbeck, 8 Dec. 1941, Hornbeck Papers, box 6.

74) J. Neidpath, *The Singapore Naval Base and the Defence of Britain's Eastern Empire, 1919-1941* (Oxford, 1981).

75) S. W. Roskill, *Naval Policy Between the Wars,* Vol. 1 (London, 1968); S. W. Roskill, *Hankey, Man of Secrets,* Vol. III (London, 1974).

76) Thorne, *Allies,* 37 ; K. Sansom, *Sir George Sansom and Japan : A Memoir* (Tallahassee, 1972), 116 ; C. Hosoya, 'George Sansom : Diplomat and Historian', *Hitotsubashi Journal of Law and Politics,* Vol. 8, March 1979.

77) 1931-33 年の危機のあいだのフーバー大統領と国務長官スティムソンとの意見の相違については，Thorne, *Limits.* 1930 年代のドイツの極東政策における複雑に対立する動きについては，J. P. Fox, *Germany and the Far Eastern Crisis of 1931-1938* (Oxford, 1982) 参照.

78) A. Iriye, *Pacific Estrangement* (Cambridge, Mass., 1972).

79) Ibid., 18ff. ; Peattie, 'The Nan'yo : Japan in the South Pacific, 1885-1945', in Myers and Peattie, op. cit. ; A. K. Weinberg, *Manifest Destiny* (Chicago, 1963), 275.

80) Thorne, *Limits,* 237.

81) J. Crowley, *Japan's Quest for Autonomy* (Princeton, 1966); Thorne, *Limits,* cap. 11 ; K. Miwa, 'Japanese Policies and Concepts for a Regional Order in Asia, 1938-1940', Institute of International Relations research paper, Sophia University, Tokyo, 1983.

82) H. Carrère d'Encausse and S. Schram, *Le Marxism et l'Asie, 1853-1964* (Paris, 1965), passim.

83) Iriye, *Pacific Estrangement,* 148.

84) Thorne, *Limits,* 399-402.

85) Iriye, *Pacific Estrangement,* caps. VI and VIII ; Weinberg, op. cit., 234ff., 259-60.

86) Iriye, *Pacific Estrangement,* cap. VII ; M. Hunt, *Frontier Defense and the Open Door* (New Haven, 1973); B. Hashikawa, 'Japanese Perspectives on Asia', in Iriye (ed.), *Chinese and Japanese.*

87) Dahm, op. cit., 68.

Betreffende de Buitenlandse Politiek van Nederland, 1919-1945, periode C, 1940-1945, Vols. I-III (The Hague, 1976-80).

47) J. Nehru, *Toward Freedom* (New York, 1942), 345ff., 359, 369.

48) Nehru to Gandhi, 24 Jan. and 4 Feb. 1940, Nehru Papers, Vol. 26.

49) Sjahrir, 219. Also interviews with Dr Anak Agung Gde Agung.

50) W. J. Duiker, *The Rise of Nationalism in Vietnam, 1900-1941* (Ithaca, 1976), 257ff., 275.

51) Ike, op. cit., 139ff., 208ff.; Iriye, *Power and Culture,* cap. 1.

52) Bruce, Monthly War Files, entries for 18 July 1940 and 28 Jan. 1941, Bruce Papers.

53) D. M. Horner, *Crisis of Command: Australian Generalship and the Japanese Threat, 1941-1943* (Canberra, 1978), 17ff.; Horner, *High Command,* caps. 1 and 2.

54) *The Standard* (Wellington), 4 Dec. 1941.

55) Cohen, *The Chinese Connection,* 242; Dallek, op. cit., 301ff.

56) *L'Union,* 3 May 1941.

57) Roosevelt to Sayre, 31 Dec. 1941, Sayre Papers, box 7.

58) Ickes diary, 26 April, 10 May, 22 June, 30 Nov. 1941; J. M. Blum, *Roosevelt and Morgenthau* (Boston, 1970), 391ff., 418. モーゲンソーは，部下の一人ハリー・デクスター・ホワイトが提案した日本とのあいだの暫定協定案を支持したが，その意味についてはおそらく十分考えていなかった.

59) G. May, *China Scapegoat: the Diplomatic Ordeal of John Carter Vincent* (Washington D. C., 1979), 62.

60) *Bombay Chronicle,* 2 and 16 Sept. 1939; 4 and 6 Dec. 1941.

61) B. Dahm, *Soekarno and the Struggle for Indonesian Independence* (Ithaca, 1969), 122-4, 212-16. ボースについては前掲各書と，H. Toye, *The Springing Tiger: a Study of a Revolution* (London, 1959) 参照.

62) *L'Humanité Clandetine, 1939-1944* (Paris, 1975): edition of December 1940.

63) Thorne, *Allies,* 58-9; M. Perham, *Colonial Sequence, 1930-1949* (London, 1967), 189; P. S. Gupta, *Imperialism and the British Labour Movement, 1914-1964* (London, 1975); J. M. Lee and M. Petter, *The Colonial Office, War and Development Policy* (London, 1982).

64) McLaine, op. cit., 105; *International Affairs,* articles in issues of e. g. June 1940 and Sept. 1941; Bruce to Halifax, 21 July 1940, Monthly War Files, Bruce Papers.

65) 極東に対するソ連の重要性を強調した例としては，F. Steinberg, 'Russia and Asia's Future, in *Asia, February 1940.* イギリスの極東政策立案にあたってソ連問題が重要な役割を果たしたことについては，P. Lowe, *'The Soviet Union in Britain's Far Eastern Policy, 1941', International Studies* (London School of Economics), 1981, 1.

66) Thorne, *Allies*; Reynolds, op. cit., passim.

67) Thorne, *Allies,* 104.

Ministry of Information in World War II (London, 1979), 158 参照.

24) Cohen, 'The Role of Interest Groups', in Borg and Okamoto, op. cit., 447-9.

25) Alexander report, April 1940, Hornbeck Papers, box 22.

26) C. Brown, *Suez to Singapore* (New York, 1943), 126, 157.

27) Ride, op. cit., 2.

28) Eggleston Papers, MS. 27, series 9/395.

29) Morris, op. cit., 10.

30) C. Haselhurst, *Menzies Observed* (Sydney, 1979), 181; Horner, *High Command,* 31ff.

31) Thorne, *Allies,* 82-3; J. Thompson in Borg and Okamoto, op. cit., 102.

32) Thorne, *Allies,* 4.

33) プランゲ，前掲書；Manchester, op. cit., 185-6.

34) L. Allen, *Singapore, 1941-1942* (London, 1977), 63-4.

35) S. W. Roskill, *The War at Sea,* Vol. 1 (London, 1954); Marder, op. cit., cap. VIII; P. Haggie, *Britannia at Bay* (Oxford, 1981), cap VIII.

36) A. E. Kersten (ed.), *Het Dagbook van dr. G. C. H. Hart* (The Hague, 1976), entry for 21 Feb. 1941.

37) R. J. Butow, *John Doe Associates : Backdoor Diplomacy for Peace, 1941* (Stanford, 1974).

38) E. O. ライシャワー（國弘正雄訳）『ザ・ジャパニーズ』文藝春秋，1979 年，411 ページ；G. R. Storry, *The Double Patriots* (London, 1957).

39) 家永三郎『太平洋戦争』岩波書店，182-184 ページ；R. H. Myers and M. R. Peattie (ed.), *The Japanese Colonial Empire, 1895-1945* (Princeton, 1984), 119ff. and passim.

40) 家永，同書 76 ページ；Havens, 104; Iriye (ed.), *Chinese and Japanese.*

41) Iriye, 'The Hsin-min Hui', in Iriye (ed.), *Chinese and Japanese.*

42) J. H. Boyle, *The Sino-Japanese War, 1937-1945* (Stanford, 1972); S. H. Marsh, 'Chou Fo-hai' in Iriye, *Chinese and Japanese*; Johnson, *Peasant Nationalism,* 41ff.

43) B. M. Gordon, *Collaboration in France in the Second World War* (Ithaca, 1980), 18-19; E. Weber, *Action Française* (Stanford, 1962).

44) Lloyd Eastman, 'Facets of an Ambivalent Relationship', in Iriye, *Chinese and Japanese,* 298-303; W. Hinton, *Fanshen. A Documentary of Revolution in a Chinese Village* (New York, 1968), 73ff.

45) B. Cumings, *The Origins of the Korean War : Liberation and the Emergence of Separate Regimes, 1945-1947* (Princeton, 1981), 9, 22, 28, 30ff,; Cumings, 'The Legacy of Colonialism in Korea', in Myers and Peattie, op. cit.

46) A. F. Manning, 'The Position of the Dutch Government in London up to 1942', *Journal of Contemporary History,* Vol. 13 (1978); Sjahrir, op. cit., 217; J. M. van der Kroef, *The Dialectic of Colonial Indonesian History* (Amsterdam, 1963), 31-3. 1940～41 年のオランダの政策の詳細については，A. F. Manning and A. E. Kerston (ed.), *Documenten*

5)　この事件は，「日本の要求」という言葉の陰にひそむ当時の複雑な内部抗争の絶好の見本を提供している．I. Hata, 'The Army's Move into Northern Indochina', in J. W. Morley (ed.), *The Fateful Choice : Japan's Advance into Southeast Asia, 1939-1941* (New York, 1980).

6)　S. Nagaoka, 'The Drive into Southern Indochina and Thailand', in ibid.

7)　S. Nagaoka, 'Economic Demands on the Dutch East Indies', in ibid.

8)　C. Hosoya, 'The Japanese-Soviet Neutrality Pact', in ibid.

9)　T. Nakamura, 'Japan's Economic Thrust into North China, 1933-1938', in A. Iriye (ed.), *The Chinese and the Japanese* (Princeton, 1980); T. R. Havens, *Valley of Darkness : The Japanese People and World War Two* (New York, 1978), 34ff., 135; J. Morley (ed.), *The China Quagmire : Japan's Expansion on the Asian Continent, 1933-1941* (New York, 1983), passim; C. A. Johnson, *Peasant Nationalism and Communist Power* (Stanford, 1963), 39.

10)　Iriye, *Power and Culture,* 28 参照．ローズヴェルト自身はそのような思い切った措置に出るつもりはなかったが，政府の一部によって既成事実が作られた．Dallek, op. cit., 274-5.

11)　Morley, op. cit.: R. J. Butow, *Tojo and the Coming of War* (Princeton, 1961); D. Borg and S. Okamoto, *Pearl Harbor as History* (New York, 1973); N. Ike (ed.), *Japan's Decision for War* (Stanford, 1967); Martin, op cit.

12)　C. Hosoya, 'Britain and the United States in Japan's View of the International System', in I. Nish (ed.), *Anglo-Japanese Alienation, 1919-1952* (Cambridge, 1982).

13)　J. W. Chapman, *The Price of Admiralty : the War Diary of the German Naval Attaché in Japan, 1939-1943,* Vol. 1 (Ripe, 1982), xii.

14)　R. F. Holland, *Britain and the Commonwealth Alliance, 1918-1939* (London, 1981); D. M. Horner, *High Command : Australia and Allied Strategy, 1939-1945* (Sydney, 1982), caps. 1 and 2. イギリスとますます独断的な態度をとるようになってきた自治領との関係に関する当時の評言については，*Asia,* July 1940 参照.

15)　Thorne, *Limits,* 247.

16)　Thorne, *Allies,* 71.

17)　D. Reynolds, *The Creation of the Anglo-American Alliance, 1937-41* (London, 1981), 264.

18)　Thorne, *Allies,* 110-11.

19)　Dallek, op. cit., cap. 11.

20)　Reynolds, op. cit., 217-20.

21)　Ibid., 230ff.

22)　Ike, op. cit., 77ff.; 208ff.

23)　イギリスについては，I. McLaine, *Ministry of Morale : Home Front Morale and the*

30) *Draft Statement of the All-India Students' Federation on the Anti-Fascist Peoples' War* (n. d.).

31) *Sydney Morning Herald,* 9, 10, 30 Dec. 1941 ; 2 Jan. 1942 ; Prange, op. cit., 558.

32) *Combat,* No. 1, Dec. 1941 ; *L'Université Libre,* 9 Dec. 1941.

33) T. White, *In Search of History* (New York, 1978), 130.

34) Lamont to Lippmann, 13 Nov. 1941, Lamont Papers, box 105/3 ; Lamont to Halifax, 17 Nov. 1941, ibid., box 84/23 ; W. I. Cohen, *The Chinese Connection* (New York, 1978).

35) ローズヴェルトは真珠湾攻撃を予知していてそのまま攻撃させておいたのだという，繰り返しいわれる「陰謀説」については，証拠にも常識にも合致しないというプランゲの評は適切である．(Op. cit., xi). R. ルウィン（白須英子訳）『日本の暗号を解読せよ』草思社，1988 年，第 3 章；R. H. Spector, *Eagle Against the Sun : the American War With Japan* (New York, 1984), cap. 5.

36) ルウィン，同書，第 2 章，第 3 章；プランゲ，前掲書；Spector, cap. 20.

37) Stimson diary, 25 Nov., 2, 7 Dec. 1941.

38) R. Dallek, *Franklin D. Roosevelt and American Foreign Policy, 1932-1945* (New York, 1979), 310-11.

39) Thorne, *Allies,* 3-4 ; 56. 真珠湾前にイギリス，アメリカのあいだで，極東に関する秘密情報がどの程度把握されていたかについては，ルウィン，前掲書；F. H. Hinsley et al., *British Intelligence in the Second World War,* Vol. 1 (London, 1979), 454 参照.

40) J. Harvey (ed.), *The War Diaries of Oliver Harvey, 1941-1945* (London, 1978), entry for 8 Dec. 1941.

41) W. S. Churchill, *The Second World War,* Vol. III (London, 1950), 539 ; Thorne, *Allies,* 75.

42) *Vrij Nederland* (London edition), 13 Dec. 1941.

第 2 章　国際的情況

1) H. L. Stimson and M. Bundy, *On Active Service in Peace and War* (New York, 1948), 221 ; C. Thorne, 'Viscount Cecil, the Government and the Far Eastern Crisis of 1931', *Historical Journal,* Vol. 14 No. 4, 1971 ; C. Thorne, *The Limits of Foreign Policy : the West, the League and the Far Eastern Crisis of 1931-1933* (London and New York, 1972 ; hereafter *Limits*), cap. 12.

2) 連合国国際軍事法廷の全記録のコピーは，ロンドンの Imperial War Museum に保管されている．編集版としては，F. J. and S. Z. Pritchard, *The Tokyo War Crimes Trial* (New York, 1981).

3) H. D. Hall, *North American Supply* (London, 1955), 206.

4) A. W. DePorte, *Europe between the Superpowers* (New Haven, 1979).

12) E. Morris, *Corregidor: the Nightmare in the Philippines* (London, 1982); W. Manchester, *American Caesar: Douglas MacArthur, 1880-1964* (London, 1979), cap. 5; L. H. Brereton, *The Brereton Diaries* (New York, 1976), entries from 4 Dec. 1941 onwards.

13) Interviews with M. J. Meijer and Anak Agung Gde Agung; M. Aziz, *Japan's Colonialism and Indonesia* (The Hague, 1955), 143.

14) Thorne, *Allies of a Kind* (hereafter *Allies*), 74-5; J. K. Emmerson, *The Japanese Threat* (New York, 1978), 123; Grew to English (a daughter), 30 Oct. 1941; Grew to Moffat (a daughter), 16 Feb. 1941; Grew to Castle, 7 Jan. 1941, Grew Papers, Vol. 111.

15) *L'Humanité,* 20 April and 12 Dec. 1941. 極東のニュースの報道にも非常に気乗り薄だった.

16) *L'Indépendence Tonkinoise* (Hanoi), 20 Dec. 1941; *L'Union* (Saigon), 21 Dec. 1941.

17) *Le Temps,* 31 July, 9 Dec. 1941, 23 Jan. 1942; *L'Union,* 14 Dec. 1941, 11 Jan. 1942; *L'Action Française,* 15 June, 31 July, 20 and 29 Dec. 1941; R. O. Paxton, *Vichy France: Old Guard and New Order, 1940-1944* (New York, 1972), 41 ff.

18) B. Martin, *Deutschland und Japan im Zweiten Weltkrieg* (Göttingen, 1969), 34 ff.; J. M. Meskill, *Hitler and Japan: the Hollow Alliance* (New York, 1966), 41 ff.; H. Trevor-Roper (ed.), *Hitler's Table Talk* (London, 1953), entries for 18 Dec. 1941 and 5 Jan. 1942.

19) S. C. Bose, *Crossroads* (Bombay, 1962), 291; Bose, *Testament* (New Delhi, 1946), v; N. G. Jog, *In Freedom's Quest* (New Delhi, 1969), 202.

20) 日本の中国攻撃に対するボースの初期の批判については，彼の *Testament,* v-vi 参照. その後の態度については同書，219，225 ページ，およびタイプ打ちのエッセイ. 'If I Were Chinese', 5 Dec. 1944, Bose Papers; *Azad Hind* (Berlin), No. 3/4 of 1942 and No. 9/10 of 1944.

21) M. Hauner, *India in Axis Strategy: Germany, Japan and Indian Nationalists in the Second World War* (Stuttgart, 1981), 237ff., 357ff., 576ff. 1943 年初めごろには，在欧インド軍団は 3000 をようやく超す程度であった.

22) S. Sjahrir, *Out of Exile* (New York, 1949), 209, 219, 231-2.

23) R. Guillain, *La Guerre au Japan* (Paris, 1979), 23-5.

24) *Proceedings of the British Association for Japanese Studies,* Vol. 2, (1977), 92, 133-5; A. Iriye, *Power and Culture* (Cambridge, Mass., 1981), 36ff.

25) B. A. Shillony, *Politics and Culture in Wartime Japan* (Oxford, 1981), 97, 175.

26) *Bombay Chronicle,* 9 Dec. 1941.

27) D. J. Steinberg, *Philippine Collaboration in World War Two* (Ann Arbor, 1967), 27-9.

28) A. Iriye, *Across the Pacific* (New York, 1967), 232.

29) S. Schram, *Mao Tse-tung* (London, 1967), 224.

原　註

第１部　迫り来る戦争

第１章　最初の反応

1) A. J. Marder, *Old Friends, New Enemies : The Royal Navy and the Imperial Japanese Navy* (Oxford, 1981), 294. プランゲは真珠湾にいたるまでの日本とアメリカの計画過程について適切な比較をしている.「理論的にはアメリカ軍の計画はほとんど改善の余地のないほど立派なものだった……（しかし）真にそう思わなければ生まれてこない迫力に欠けていた……反対に，日本軍の計画は……空想的で……自殺行為にも等しい計画だった……しかし，山本や源田をはじめ多数の人びとが異常な熱意をもって計画に生命を吹きこんだ結果，機動部隊はその任務を達成することができたのである」. G. W. プランゲ（土門周平，高橋久志訳）『真珠湾は眠っていたか』I，講談社，1986年，318ページ.
2) 辻政信『シンガポール』東西南北社，1952年，77ページ.
3) Maung Maung, *Aung San of Burma* (The Hague, 1962).
4) 家永三郎『太平洋戦争』岩波書店，1968年，170ページ；*Proceedings of the British Association for Japanese Studies,* Vol. 2, (1977), 134-5; 阿川弘之『山本五十六』新潮社，1966年，244ページ.
5) *Sydney Morning Herald,* 7 Oct., 29 Nov., 6 and 9 Dec. 1941.
6) *The Standard* (Wellington), 4 and 11 Dec. 1941.
7) Johnson to Hornbeck, 20 Jan. 1942, Hornbeck Papers, box 262; Hutchinson to State Dpt., 12 Jan. 1942, ibid., box 22.
8) Clapper journal, 9 Dec. 1941, Clapper Papers, box 9.
9) A. Girdner and A. Loftus, *The Great Betrayal : the Evacuation of the Japanese Americans During World War II* (Toronto, 1969), 6.
10) War Conditions Sub-Cttee. rpt., 28 Dec. 1941, AICC Papers, file No. 1, part 1.
11) G. B. Endacott and A. Birch, *Hong Kong Eclipse* (Hong Kong, 1978), 27. ヨーロッパ人の防衛ぶりについては，O. Lindsay, *The Lasting Honour* (London, 1978) 参照. 将校の行動に対する軽蔑については，the diary of Regimental Sergeant Major (subsequently Major) E. C. Ford : document AL 5294, Imperial War Museum archive, London ; E. Ride, *British Army Aid Group : Hong Kong Resistance 1942-1945* (Hong Kong, 1981) 参照.

and 9 Jan. 1975.

'Evatt, Curtin and the United States', *The Age* (Melbourne), 30 June and 1 July, 1974.

'MacArthur, Australia and the British', *Australian Outlook*, April and August, 1975.

'Engeland, Australië en Nederlands Indië, 1941-1945', *Internationale Spectator* (The Hague), Aug. 1975.

'The Indochina Issue Between Britain and the United States, 1942-1945', *Pacific Historical Review*, Feb. 1976.

'Chatham House, Whitehall and Far Eastern issues, 1941-1945', *International Affairs*, Jan. 1978.

'The British Cause and Indian Nationalism in 1940: an Officer's Rejection of Empire', *Journal of Imperial and Commonwealth History*, Vol. X, No. 3, 1982.

Tinker, H., 'A Forgotten Long March: the Indian Exodus from Burma, 1941', *Journal of Southeast Asian Studies*, March 1975.

Tsurumi, E. P., 'Education and Assimilation in Taiwan Under Japanese Rule, 1895-1945', *Modern Asian Studies*, Vol. 13, No. 4, 1979.

Venkataramani, M. and Shrivastava, B., 'The United States and the Cripps Mission', *India Quarterly*, Vol. XIX, No. 3.

Vromans, A. G., 'Les Indes Néerlandaises, 1929-1945', *Histoire de la Deuxième Guerre Mondiale*, April 1963.

Watt, D. C., 'Every War Must End: Wartime Planning for Post-War Security in Britain and America in the Wars of 1914-18 and 1939-45: the Roles of Historical Example and of Professional Historians', *Transactions of the Royal Historical Society*, 5th Series, Vol. 28, 1978.

'American Anti-Colonial Policies and the End of European Colonial Empires', in A. N. den Hollander (ed.), *Contagious Conflict* (Leiden, 1973)

Williams, J. E., 'The Joint Declaration on the Colonies', *British Journal of International Studies*, vol. 2, 1976.

Wynn, N. A., 'The Impact of the Second World War on the American Negro', *Journal of Contemporary History*, vol. 6, No. 2, 1971.

J　未刊行文書

Addis, J., 'The Philippines Under Japanese Occupation: the Hukbalahap Movement' (St. Antony's College, Oxford, seminar paper, 1982)

George, M. L., 'Australian Attitudes and Policies Towards the Netherlands East Indies and Indonesian Independence, 1942-49' (Ph. D. thesis, A. N. U., Canberra, 1973)

Manning, A. F., 'The Position of the Dutch Government in London Up to 1942', *Journal of Contemporary History*, Vol. 13, 1978.
Minear, R. H., 'Cross-Cultural Perception and World War II : American Japanists and Their Images of Japan', *International Studies Quarterly*, Dec. 1980.
Miwa, K., 'Japan on the Periphery of Both East and West', Institute of International Relations research papers, No. A-34, Sophia University, Tokyo, 1979.
'Japan in Asia, Past and Present', Institute of International Relations research papers, No. A-42, Sophia University, 1981.
'Japanese Policies and Concepts for a Regional Order in Asia, 1938-1940', Institute of International Relations research papers, No. A-46, Sophia University, 1983.
Morton, L., 'War Plan Orange : Evolution of a Strategy', *World Politics*, Jan. 1959.
Peterson, A., 'Britain and Siam : the Latest Phase', *Pacific Affairs*, Dec. 1946.
Phelps, Brown, E. H., 'Morale, Military and Industrial', *Economic Review*, March 1949.
Presseisen, E. L., 'Le Racisme et les Japonais : un Dilemme Nazi', *Histoire de la Deuxième Guerre Mondiale*, July 1963.
Rice, R., 'Economic Mobilisation in Wartime Japan', *Journal of Asian Studies*, August, 1979.
Robertson, J., 'Australia and the "Beat Hitler First" Strategy, 1941-42', *Journal of Imperial and Commonwealth History*, May 1983.
Salaff, S., 'The Diary and the Cenotaph : Racial and Atomic Fever in the Canadian Record', *Bulletin of Concerned Asian Scholars*, Vol. 10, No. 2, 1978.
Shai, A., 'Le conflit anglo-japonais de Tientsin, 1939', *Revue d'Histoire Moderne et Contemporaine*, April-June 1975.
Shillony, B-A., 'Japanese Intellectuals During the Pacific War', *Proceedings of the British Association for Japanese Studies*, Vol. 2, 1977.
Stephan, J., 'The Tanaka Memorial (1927) : Authentic or Spurious ?, *Modern Asian Studies*, XII, No. 4, 1973.
Tarling, N., '"A Vital British Interest": Britain, Japan and the Security of the Netherlands Indies During the Inter-War Period', *Journal of Southeast Asian Studies*, September 1978
'Lord Mountbatten and the Return of Civil Government to Burma', *Journal of Imperial and Commonwealth History*, January 1983.
Thorne, C., 'Viscount Cecil, The Government and the Far Eastern Crisis of 1931', *Historical Journal*, Vol. 14, No. 4, 1971.
'Britain and the Black G. I. s : Racial Issues and Anglo-American Relations in 1942', *New Community*, Vol. III, No. 3, 1974.
'Australia and the Americans : Letters from the Minister', *The Age* (Melbourne), 8

No. 5, 1971.
Daniels, G., 'Japanese Broadcasting in the Pacific War', *Proceedings of the British Association for Japanese Studies*, Vol. 6, Part 1, 1981.
'The Evacuation of Schoolchildren in Wartime Japan', ibid, Vol. 2, 1977.
De Jong, L., 'Les Pays-Bas Dans La Seconde Guerre Mondiale', *Histoire de la Deuxième Guerre Mondiale*, April, 1963.
Dulles, F. and Ridinger, G., 'The Anti-Colonial Policies of Franklin D. Roosevelt', *Political Science Quarterly*, March 1955.
Edwards, J., 'The War Behind the War', *National Times* (Sydney), Jan. 30-Feb. 4, 1978.
Epstein, S., 'District Officers in Decline : the Erosion of British Authority in the Bombay Countryside, 1919 to 1947', *Modern Asian Studies*, Vol. 16, No. 3, 1982.
Fasseur, C., 'Nederland en het Indonesische nationalisme. De balans nog eens opgemaakt', in *Bijdragen en Mededingen betreffende de Geschiedenis der Nederlanden*, Vol. 99, 1984.
'Een Wissel op de Toekomst : de Rede van Koningen Wilhelmina van 6/7 December 1942', in van Arooij, F. (ed.), *Between People and Statistics : Essays on Modern Indonesian History* (The Hague, 1979)
Homan, G., 'The United States and the Indonesian Question, 1941-1946', *Tijdschrift voor Geschiedenis*, No. 93, 1980.
Hosoya, C., 'George Sansom : Diplomat and Historian', *Hitotsubashi Journal of Law and Politics*, Vol. 8, 1979.
International Affairs, 1970 : fiftieth anniversary issue.
Ion, A. H., 'The formation of the*Nippon Kirisutokyodan*, 1941', *Proceedings of the British Association for Japanese Studies*, Vol. 5, Part 1, 1980.
Jarvie, I., 'Fanning the Flames : Anti-American Reactions to "Objective Burma" (1945), *Historical Journal of Film, Radio and Television*, Vol. 1, No. 2, 1981.
Joll, J., 'The Ideal and the Real : Changing Concepts of the International System, 1815-1982', *International Affairs*, Spring 1982.
Kimball, W., 'Churchill and Roosevelt : the Personal Equation', *Prologue*, Fall 1974.
Lawry, J., 'A Catch on the Boundary : Australia and Free French Movement in 1940', *Journal of Pacific History*, Vol. 10, 1975.
Lafeber, W., 'Roosevelt, Churchill and Indochina, 1942-1945', *American Historical Review*, LXXX, 1975.
Lewis, B., 'The Question of Orientalism', *New York Review of Books*, 24 June 1982.
Lowe, P., 'The Soviet Union in Britain's Far Eastern Policy, 1941', *International Studies* (London School of Economics), 1981.

Wheeler-Bennett, J., *King George VI* (London, 1958)

John Anderson, Viscount Waverley (London, 1962)

Wilkinson, E., *Japan versus Europe : A History of Misunderstanding* (London, 1983)

Williams, W. A., *The Roots of the Modern American Empire* (New York, 1969)

From Colony to Empire (New York, 1972)

Williamson, J. D., *The Intellectual Resistance in Europe* (Cambridge, Mass., 1981)

Wilson, D., *When Tigers Fight : the Story of the Sino-Japanese War, 1937-1945* (London, 1982)

Winkler, A. M., *The Politics of Propaganda : the Office of War Information, 1942-1945* (New Haven, 1978)

Wint, G., *The British in Asia* (New York, 1954)

Winterbotham, F. W., *The Ultra Secret* (London, 1974)／F・W・ウィンターボーザム『ウルトラ・シークレット：第二次大戦を変えた暗号解読』平井イサク訳，早川書房，1976 年

Wiseman, H. V., *Political Systems : Some Sociological Approaches* (London, 1966)

Wohl, R., *The Generation of 1914* (London, 1980)

Wohlstetter, R., *Pearl Harbor : Warning and Decision* (Stanford, 1962)／ロベルタ・ウールステッター『パールハーバー：トップは情報洪水の中でいかに決断すべきか』岩島久夫・岩島斐子訳，読売新聞社，1987 年

Wolf, E. R., *Europe and the People Without History* (Berkeley, 1982)

Wolfers, A., *Discord and Collaboration* (Baltimore, 1965)

Woodward, L., *British Foreign Policy in the Second War, Vols. I-V* (London, 1970-76)

Wright, G., *The Ordeal of Total War, 1939-1945* (New York, 1968)

Wright, Q., *A Study of War* (Chicago, 1942)

Wright, R., *The Colour Curtain* (London, 1956)

Yergin, D., *Shattered Peace : the Origins of the Cold War and the National Security State* (London, 1978)

Young, A. N., *China and the Helping Hand, 1937-1945* (Cambridge, Mass., 1963)

I　記事

Allen, L., 'Japanese Literature in the Second World War', *Proceedings of the British Association for Japanese Studies*, Vol. 2, 1977.

Beasley, W. G., 'Japan and the West in the Mid-Nineteenth Century', *Proceedings of the British Academy*, Vol. LX, 1980.

Chan Lau Kit-Ching, 'The Hong Kong Question During the Pacific War', *Journal of Imperial and Commonwealth History*, Vol. 2, No. 1, 1973.

Dallek, R., 'Franklin Roosevelt As World Leader', *American Historical Review*, Vol. 76,

Thomas, J. N., *The Institute of Pacific Relations* (Seattle, 1974)

Thorne, C., *The Limits of Foreign Policy* (London, 1972)

Allies of a Kind (London, 1978)／クリストファー・ソーン『米英にとっての太平洋戦争』市川洋一訳，草思社，1995 年

Racial Aspects of the Far Eastern War of 1941-1945 (London, 1982)／クリストファー・ソーン『太平洋戦争における人種問題』市川洋一訳，草思社，1991 年

Thornton, A. P., *The Imperial Idea And Its Enemies* (London, 1966)

Tinker, H., *Race, Conflict and the International Order* (London, 1977)

Tint, H., *The Decline of French Patriotism, 1870-1940* (London, 1964)

Tokayer, M. and Swartz, M., *The Fugu Plan* (London, 1979)

Tomlinson, B. R., *The Political Economy of the Raj, 1914-1947* (London, 1979)

Toye, H., *The Springing Tiger : a Study of a Revolution* (London, 1959)

Laos : Buffer State or Battleground (London, 1971)

Treadgold, D. W., *The West in Russia and China : Vol. I, Russia, 1472-1917* (Cambridge, 1973)

Vol. II, China, 1582-1949 (Cambridge, 1973)

Trotter, A., *Britain and East Asia, 1933-1937* (Cambridge, 1975)

Tuchman, B., *Sand Against the Wind : Stilwell and the American Experience of China, 1911-1945* (London, 1971)

Tugwell, R., *In Search of Roosevelt* (Cambridge, Mass., 1972)

van der Kroef, J., *The Dialectic of Colonial Indonesian History* (Amsterdam, 1963)

The Communist Party of Indonesia (Vancouver, 1965)

Communism in Malaya and Singapore (The Hague, 1967)

Varg, P., *Missionaries, Chinese and Diplomats* (Princeton, 1958)

The Making of a Myth : the United States and China, 1897-1912 (East Lansing, Michigan, 1968)

Viorst, M., *Hostile Allies : F. D. R. and Charles de Gaulle* (New York, 1975)

Warmbrunn, W., *The Dutch Under German Occupation, 1940-1945* (Stanford, 1963)

Warner, L. and Sandilands, J., *Women Behind the Wire* (London, 1982)

Watt, A., *The Evolution of Australian Foreign Policy* (Cambridge, 1967)

Watt, D. C., *Succeeding John Bull : America in Britain's Place, 1900-1975* (Cambridge, 1984)

Weber, E., *Action Française* (Stanford, 1962)

Weinberg, A. K., *Manifest Destiny* (Baltimore, 1935)

Wertheim, W. F., *Indonesian Society in Transition* (The Hague, 1964)

Weston, R. F., *Racism in U. S. Imperialism* (Columbia, S. C., 1972)

Wheeler, G. E., *Prelude to Pearl Harbor* (Columbia, Missouri, 1963)

Smith, R. B., *Vietnam and the West* (Ithica, N. Y., 1971)
An International History of the Vietnam War, Vol. 1 (London, 1984)
Smith, R. H., *O. S. S.* (Berkeley, 1972)
Sorokin, P. A., *Social and Cultural Dynamics, Vol. 3: Fluctuation of Social Relationships, War and Revolution* (New York, 1937)
Spector, R. H., *Eagle Against the Sun* (New York, 1984)／ロナルド・H・スペクター『鷲と太陽：太平洋戦争勝利と敗北の全貌』(上・下) 毎日新聞外信グループ訳, TBS ブリタニカ, 1985 年
Spence, J. D., *The Gate of Heavenly Peace : the Chinese and Their Revolution 1895-1980* (London, 1982)
Steele, A. T., *The American People and China* (New York, 1966)
Steinberg, D. J., *Philippine Collaboration in World War II* (Ann Arbor, Michigan, 1967)
Stevenson, W., *A Man Called Intrepid* (New York, 1976)／ウィリアム・スティーヴンスン『暗号名イントレピッド』(上・下) 寺村誠一・赤羽竜夫訳, 早川書房, 1985 年
Stoff, M. B., *Oil, War and American Security* (New Haven, 1980)
Stone, S. N. (ed.), *Aborigines in White Australia* (London, 1974)
Storry, G. R., *A History of Modern Japan* (London, 1962)／リチャード・ストーリー『日本現代史』松本俊一訳, 時事通信社, 1961 年
The Double Patriots (London, 1957)／リチャード・ストーリィ『超国家主義の心理と行動：昭和帝国のナショナリズム』内山秀夫訳, 日本経済評論社, 2003 年
Japan and the Decline of the West in Asia (London, 1979)
Stouffer, S. A., et al., *The American Soldier : Adjustment During Army Life* (Princeton, 1949)
The American Soldier : Combat and Its Aftermath (Princeton, 1949)
Suh, D-S., *The Korean Communist Movement, 1918-1948* (Princeton, 1967)
Sykes, C., *Orde Wingate* (London, 1959)
Tang, P. S., *Russian and Soviet Policy in Manchuria and Outer Mongolia, 1911-1931* (Durham, N. C., 1959)
Tang Tsou, America's Failure in China, 1941-50 (Chicago, 1962)
Tate, D. J., *The Making of Modern South-East Asia, Vol. Two* (Kuala Lumpur, 1979)
Taylor, A. J. P., *English History, 1914-1945* (Oxford, 1965)／ A・J・P・テイラー『イギリス現代史：1914-1945』都築忠七訳, みすず書房, 1987 年
Beaverbrook (London, 1972)
Taylor, A. J. P. et al., *Churchill, Four Faces and the Man* (London, 1969)
Taylor, L., *A Trial of Generals : Homma, Yamashita, MacArthur* (South Bend, Indiana, 1981)

Naval Policy Between the Wars, Vols. I-II (London, 1968-76)
Churchill and the Admirals (London, 1977)
Said, E. W., *Orientalism* (London, 1978)／エドワード・W・サイード『オリエンタリズム』今沢紀子訳，平凡社，1986 年
Sainteny, J., *Histoire d'Une Paix Manquée* (Paris, 1953)
Scalapino, R. A., *Democracy and the Party Movement in Pre-War Japan* (Berkeley, 1962)
The Japanese Communist Movement, 1920-1966 (Berkeley, 1967)
Schaller, M., *The U. S. Crusade in China, 1938-1945* (New York, 1979)
Schelling, T. C., *Arms and Influence* (New Haven, 1966)
Schlesinger, A. M., *The Imperial Presidency* (London, 1974).
Schmultzer, E. J., *Dutch Colonial Policy and the Search for Identity in Indonesia, 1920-1931* (Leiden, 1977).
Schram, S., *Mao Tse-tung* (London, 1967)／スチュアート・シュラム『毛沢東』石川忠雄・平松茂雄訳，紀伊國屋書店，1967 年
Shai, A., *Origins of the War in the East* (London, 1976)
Britain and China, 1941-1947 (London, 1984)
Sherwin, M., *A World Destroyed : the Atomic Bomb and the Grand Alliance* (New York, 1977)／マーティン・J・シャーウィン『破滅への道程：原爆と第二次世界大戦』加藤幹雄訳，TBS ブリタニカ，1978 年
Sherwood, R. G., *Roosevelt and Hopkins* (New York, 1948)／ロバート・シャーウッド『ルーズヴェルトとホプキンズ』村上光彦訳，みすず書房，1957 年
Shewmaker, K. E., *Americans and Chinese Communists, 1927-1945* (Ithica, N. Y., 1971)
Shillony, B. A., *Politics and Culture in Wartime Japan* (Oxford, 1981)／ベン・アミー・シロニー『Wartime Japan : ユダヤ人天皇学者が見た独裁なき権力の日本的構造』古葉秀訳，五月書房，1991 年
Short, K. R. (ed.), *Film and Radio Propaganda in World War II* (Knoxville, Tenn., 1983)
Sih, P. K. (ed.), *Nationalist China During the Sino-Japanese War, 1937-1945* (Hicksville, N. Y., 1977)
Singhal, D. P., *A History of the Indian People* (London, 1983)
Siu, B., *Women of China : Imperialism and Women's Resistance, 1900-1949* (London, 1982)
Smith, A. D., *The Ethnic Revival in the Modern World* (Cambridge, 1981)
Smith, B. F., *The Shadow Warriors : O. S. S. and the Origins of the C. I. A.* (London, 1983)
Smith, G., *American Diplomacy During the Second World War* (New York, 1965)

Prasad, A., *The Indian Revolt of 1942* (Delhi, 1958)
Presseisen, E. L., *Germany and Japan : A Study in Totalitarian Diplomacy, 1933-1941* (The Hague, 1958)
Purcell, V., *The Revolution in Southeast Asia* (London, 1962)
The Chinese in Southeast Asia (Oxford, 1965)
Range, W., *Franklin D. Roosevelt's World Order* (Athens, Georgia, 1959)
Rappaport, A., *The Navy League of the United States* (Detroit, 1962)
Ray, R. K., *Industrialisation in India : Growth and Conflict in the Private Corporate Sector, 1914-1947* (New Delhi, 1979)
Reardon-Anderson, J., *Yenan and the Great Powers : the Origins of Chinese Communist Foreign Policy, 1944-1946* (New York, 1980)
Reese, T. R., *Australia, New Zealand and the United States* (London, 1969)
Reischauer, E. O., *The Japanese* (Cambridge, Mass., 1978)／エドウィン・O・ライシャワー『ザ・ジャパニーズ：日本人』國弘正雄訳，文藝春秋，1979年
Reischauer, E., Fairbank, J. and Craig, A., *East Asia : the Modern Transformation* (London, 1965)
Reynolds, D., *The Creation of the Anglo-American Alliance, 1937-1941* (London, 1981)
Reynolds, P. and Hughes, E., *The Historian as Diplomat : Charles Kingsley Webster and the United Nations, 1939-46* (London, 1977)
Rhodes, A., *Propaganda : The Art of Persuation : World War II* (London, 1976)
Richard, D. E., *United States Naval Administration of the Trust Territory of the Pacific Islands* (Washington, D. C., 1957)
Ride, E., *B. A. A. G. : Hong Kong Resistance, 1942-1945* (Hong Kong, 1981)
Robins-Mowry, D., *The Hidden Sun : Women of Modern Japan* (Boulder, Colorado, 1983)
Roff, W. R., *The Origins of Malay Nationalism* (New Haven, 1967)
Rolph, C. H., *Kingsley* (London, 1973)
Romanus, C. and Sunderland, R., *Stilwell's Mission to China* (Washington, D. C., 1953)
Stilwell's Command Problems (Washington, 1956)
Time Runs Out in C. B. I. (Washington, 1959)
Romein, J., *Aera van Europa : de Europese Geschiedenis als Afwijking van het Algemeen Menselijk Patroon* (Leiden, 1954)
Ronan, C. A., *The Shorter Science and Civilisation in China, Vol. 1* (Cambridge, 1978)
Rose, S., *Britain and Southeast Asia* (London, 1962)
Roskill, S. W., *The War At Sea, Vols. I-III* (London, 1954-61)
Hankey, Man of Secrets, Vols. II-III (London, 1972-74)

Japanese Foreign Policy, 1869-1942 (London, 1977)／I・ニッシュ『日本の外交政策 1869-1942：霞が関から三宅坂へ』宮本盛太郎監訳，ミネルヴァ書房，1994 年
(ed.) *Indonesian Experience: the Role of Japan and Britain, 1943-1948* (London, 1979)
(ed.) *Anglo-Japanese Alienation, 1919-1952* (Cambridge, 1982)
Offner, A., *American Appeasement* (Cambridge, Mass., 1969)
Ogata, S. N., *Defiance in Manchuria* (Berkeley, 1964)
Ogburn, W. F., *On Culture and Social Change* (Chicago, 1964)
Osgood, R. E., *Ideals and Self-Interest in America's Foreign Policy* (Chicago, 1953)
Alliances and American Foreign Policy (Baltimore, 1971)
Pandey, B. N., *The Break-Up of British India* (London, 1969)
Panikkar, K. M., *Asia and Western Dominance* (London, 1953)／K・M・パニッカル『西洋の支配とアジア：1498-1945』左久梓訳，藤原書店，2000 年
Paxton, R. O., *Vichy France: Old Guard and New Order, 1940-1944* (New York, 1972)／ロバート・O・パクストン『ヴィシー時代のフランス：対独協力と国民革命 1940-1944』渡辺和行・剣持久木訳，柏書房，2004 年
Payne, R., *The Revolt of Asia* (London, 1948).
Chiang Kai-shek (New York, 1969)
Peden, G. C., *British Rearmament and the Treasury, 1932-1939* (Edinburgh, 1979)
Pelling, H., *Winston Churchill* (London, 1974)
Pelz, S. E., *Race to Pearl Harbor* (Cambridge, Mass., 1974)
Perret, G., *Days of Sadness, Years of Triumph: the American People, 1939-1945* (New York, 1973)
Petillo, C. M., *Douglas MacArthur: the Philippine Years* (Bloomington, Indiana, 1981)
Pocock, J. G., *Politics, Language and Time* (London, 1972)
Pogue, F. C., *George C. Marshall: Ordeal and Hope, 1939-1942* (New York, 1966)
George C. Marshall: Organizer of Victory, 1943-1945 (New York, 1973)
Polenberg, R., *War and Society: the United States, 1941-1945* (Philadelphia, 1972)
One Nation Divisible: Class, Race and Ethnicity in the United States Since 1938 (New York, 1980)
Potter, D. M., *The People of Plenty* (Chicago, 1968)／D・M・ポッター『アメリカの富と国民性』渡辺徳郎訳，国際文化研究所，1957 年
Potter, E. B., *Nimitz* (Annapolis, Maryland, 1976)／E・B・ポッター『提督ニミッツ』南郷洋一郎訳，フジ出版社，1979 年
Prange, G. W., *At Dawn We Slept* (London, 1982)／ゴードン・W・プランゲ『真珠湾は眠っていたか』(全 3 巻) 土門周平・高橋久志訳，講談社，1986，1987 年

Moore, J. H., *Over-Sexed, Over-Paid, and Over Here : Americans in Australia, 1941-1945* (St. Lucia, Queensland, 1981)
Morison, E. E., *Turmoil and Tradition* (Boston, 1960)
Morison, S. E., *Two-Ocean War* (Boston, 1963)／サミュエル・E・モリソン『モリソンの太平洋海戦史』大谷内一夫訳，光人社，2003 年
Morley, J. W. (ed.), *Dilemmas of Growth in Pre-War Japan* (Princeton, 1972)／ジェームズ・W・モーリ編『日本近代化のジレンマ：両大戦間の暗い谷間』小平修・岡本幸治監訳，ミネルヴァ書房，1974 年
Deterrent Diplomacy : Japan, Germany and the U. S. S. R., 1935-1940 (New York, 1977)
The Fateful Choice : Japan's Advance Into Southeast Asia, 1939-1941 (New York, 1980)
The China Quagmire : Japan's Expansion on the Asian Continent, 1933-1941 (New York, 1983)
Morris, E., *Corregidor : the Nightmare in the Philippines* (London, 1982)
Morton, L., *Strategy and Command : the First Two Years* (Washington, D. C., 1962)
Mueller, J. E., *War, Presidents and Public Opinion* (New York, 1973)
Murphey, R., *The Outsiders : the Western Experience in India and China* (Ann Arbor, Michigan, 1977)
Myers, R. and Peattie, M. (ed.), *The Japanese Colonial Empire, 1895-1945* (Princeton, 1984)
Myrdal, A. and Klein, V., *Woman's Two Roles* (London, 1968)／A・ミュルダール，V・クライン『女性の二つの役割：家庭と仕事』大和チドリ・桑原洋子訳，ミネルヴァ書房，1985 年
Myrdal, G., *An American Dilemma, Vol. II* (New York, 1944)
Nagai, Y. and Iriye, A. (ed.), *The Origins of the Cold War in Asia* (Tokyo, 1977)
Needham, J., *Within the Four Seas* (London, 1969)
Nef, J. U., *War and Human Progress* (London, 1950)
Nedipath, J., *The Singapore Base and the Defence of Britain's Eastern Empire, 1919-1941* (Oxford, 1981)
Neumann, W. L., *America Encounters Japan* (Baltimore, 1963)／ウィリアム・L・ニューマン『アメリカと日本：ペリーからマッカーサーまで』本間長世他訳，研究社出版，1986 年
Nicholas, H. G., *The United States and Britain* (Chicago, 1975)
Nisbet, R., *History of the Idea of Progress* (New York, 1980)
Nish, I., *The Anglo-Japanese Alliance* (London, 1966)
Alliance in Decline (London, 1972)

Thought and Behaviour in Modern Japanese Politics (London, 1963)
Marwick, A., *Britain in the Century of Total War* (London, 1968)
Class : Image and Reality in Britain, France and the U. S. A. Since 1930 (London, 1980)
Mason, P., *Prospero's Magic* (London, 1962)
A Matter of Honour (London, 1974)
Patterns of Dominance (London, 1971)
Mason, W. W., *Prisoners of War* (Wellington, N. Z., 1954)
Mastny, V., *Russia's Road to the Cold War* (New York, 1979)
Matloff, M. and Snell, E., *Strategic Planning for Coalition Warfare, 1941-1942* (Washington, D. C., 1953)
Matloff, M., *Strategic Planning for Coalition Warfare, 1943-1944* (Washington, 1959)
Maung Maung (ed.), *Aung San of Burma* (The Hague, 1962)
May, E. R., *Imperial Democracy : the Emergence of America as a Great Power* (New York, 1961)
'Lessons' of the Past (London, 1975)／アーネスト・メイ『歴史の教訓：アメリカ外交はどう作られたか』進藤榮一訳，岩波書店（岩波現代文庫)，2004 年
May, E. R. and Thomson, J. (ed.), *American-East Asian Relations* (Cambridge, Mass., 1972)
May, G., *China Scapegoat : the Diplomatic Ordeal of John Carter Vincent* (Washington, D. C., 1979)
McLaine, I., *Ministry of Morale : Home Front Morale and the Ministry of Information in World War II* (London, 1979)
Mead, M., *Anthropology : a Human Science* (Princeton, 1964)
New Lives For Old : Cultural Transformation : Manus, 1928-1953 (New York, 1961)
Ruth Benedict (New York, 1974)／M・ミード編著『人類学者ルース・ベネディクト：その肖像と作品』松園万亀雄訳，社会思想社，1977 年
(ed.), *Cultural Patterns and Technical Change* (New York, 1955)
Meo, L. D., *Japan's Radio War on Australia, 1941-1945* (Melbourne, 1968)
Merrill, J. M., *A Sailor's Admiral* (New York, 1976)
Meskill, J. M., *Hitler and Japan : the Hollow Alliance* (New York, 1966)
Michel, H., *Les Courants de Pensée de la Résistance* (Paris, 1962)
Milward, A. S., *War, Economy and Society, 1939-1945* (London, 1977)
Minear, R. H., *Victor's Justice* (Princeton, 1971)／リチャード・H・マイニア『勝者の裁き：戦争裁判・戦争責任とは何か』安藤仁介訳，福村出版，1972 年
Montgomery, B., *Shenton of Singapore : Governor and Prisoner of War* (London, 1984)
Moore, B., *Injustice : the Social Bases of Obedience and Revolt* (London, 1978)

1937-1941 (Chapel Hill, 1977)
Levenson, J. R., *Confucian China and Its Modern State : Vols. I-III* (London, 1958-65)
Levi, W., *American-Australian Relations* (Minneapolis, 1947)
Lewin, R., *Churchill As Warlord* (London, 1973)
Slim : The Standbearer (London, 1976)
The Other Ultra : Codes, Ciphers and the Defeat of Japan (London, 1982)
Lichtenstein, N., *Labor's War At Home : the C. I. O. in World War Two* (Cambridge, 1982)
Lichteim, G., *Imperialism* (London, 1971)
Lindsay, O., *The Lasting Honour : the Fall of Hong Kong, 1941* (London, 1978)
At the Going Down of the Sun (London, 1981)
Lingeman, R., *Don't You Know There's A War On ?* (New York, 1970)
Liska, G., *Imperial America* (Baltimore, 1967)
Nations in Alliance (Baltimore, 1962)
Lissington, M. P., *New Zealand and the United States, 1840-1944* (Wellington, 1972)
Lohbeck, D., *Patrick J. Hurley* (Chicago, 1956)
Louis, W. R., *British Strategy in the Far East, 1919-1939* (Oxford, 1971)
Imperialism At Bay (Oxford, 1977)
Lovell, J. P., *Foreign Policy in Perspective* (New York, 1970)
Lowe, P., *Great Britain and Japan, 1911-1915* (London, 1969)
Great Britain and the Origins of the Pacific War (Oxford, 1977)
Britain in the Far East (London, 1981)
Manchester, W., *American Caesar : Douglas MacArthur, 1880-1964* (London, 1979)／ウィリアム・マンチェスター『ダグラス・マッカーサー』(上・下) 鈴木主税・高山圭訳, 河出書房新社, 1985 年
Mannoni, O., *Prospero and Caliban : the Psychology of Colonization* (trans. P. Powesland ; New York, 1964)
Mansergh, N., *The Commonwealth Experience* (London, 1969)
Manvell, R., *Films and the Second World War* (London, 1974)
Marder, A. J. *Old Friends, New Enemies : the Royal Navy and the Imperial Japanese Navy* (Oxford, 1981)
Marr, D., *Vietnamese Anti-Colonialism, 1885-1925* (Berkeley, 1971)
Marrus, M. and Paxton, R., *Vichy France and the Jews* (New York, 1981)
Marshall, D. B., *The French Colonial Myth and Constitution-Making in the Fourth Republic* (New Haven, 1973)
Martin, B., *Deutschland und Japan im Zweiten Weltkrieg* (Göttingen, 1969)
丸山真男『現代政治の思想と行動』未来社, 1956 年, 1957 年／ Maruyama, M.,

Kennan, G., *American Diplomacy, 1900-1950* (New York, 1951)／ジョージ・F・ケナン『アメリカ外交50年』近藤晋一・飯田藤次・有賀貞訳，岩波書店（岩波現代文庫），2000年
Kerkvliet, B. J., *The Huk Rebellion: a Study of Peasant Revolt in the Philippines* (Berkeley, 1977)
Kersten, A. E., *Buitenlandse Zaken in ballingschap* (Alphen, 1981)
Kiernon, V. G., *The Lords of Human Kind* (London, 1969)
European Empires, From Conquest to Collapse, 1815-1960 (London, 1982)
Kimball, W., *The Most Unsordid Act* (Baltimore, 1969)
(ed.) *Franklin D. Roosevelt and the World Crisis, 1937-1945* (Lexington, Mass., 1973)
Kinross, Lord, *Atatürk: The Rebirth of a Nation* (London, 1964)
Kirby, S. W., *The War Against Japan, Vols. I-V* (London, 1957-69)
Singapore: The Chain of Disaster (London, 1971)
Knapp, W., *A History of War and Peace, 1939-1965* (London, 1967)
Knightly, P., *The First Casualty* (New York, 1975)／フィリップ・ナイトリー『戦争報道の内幕：隠された真実』芳地昌三訳，中央公論新社（中公文庫），2004年
Koen, R. Y., *The China Lobby in American Politics* (New York, 1974)
Kohn, H., *The Idea of Nationalism* (New York, 1946)
Kolko, G., *The Politics of War* (London, 1968)
Kubek, A., *How the Far East Was Lost* (Chicago, 1953)
Kuhn, T. S., *The Structure of Scientific Revolutions* (Chicago, 1970)／トーマス・クーン『科学革命の構造』中山茂訳，みすず書房，1971年
Lancaster, D., *The Emancipation of French Indochina* (London, 1961)
Langer, W., *Our Vichy Gamble* (New York, 1947)
Lash, J. P., *Roosevelt and Churchill, 1939-1941* (London, 1977)
Latham, A. J., *The International Economy and the Underdeveloped World, 1865-1914* (London, 1978)
Lebra, J. C., *Japanese-Trained Armies in Southeast Asia* (Hong Kong, 1977)
Jungle Alliance: Japan and the Indian National Army (Singapore, 1971)
Lee, B. A., *Britain and the Sino-Japanese War, 1937-1939* (Stanford, 1973)
Lee, J. M. and Petter, M., *The Colonial Office, War and Development Policy* (London, 1982)
Leed, E. J., *No Man's Land: Combat and Identity in World War One* (Cambridge, 1979)
M. Lerner (ed.), *The Portable Veblen* (New York, 1948)
Leurdijk, J. H. (ed.), *The Foreign Policy of the Netherlands* (Alphen, 1978)
Leutze, J. R., *Bargaining For Supremacy: Anglo-American Naval Collaboration,*

Power and Culture : the Japanese-American War (Cambridge, Mass., 1981)
The Cold War In Asia (Englewood Cliffs, N. J., 1974)
(ed.) *Mutual Images : Essays in American-Japanese Relations* (Cambridge, Mass., 1975)／『日本とアメリカ：相手国のイメージ研究』加藤秀俊・亀井俊介編，日本学術振興会，1991 年
(ed.) *The Chinese and the Japanese* (Princeton, 1980)
Isaacs, H. R., *Scratches On Our Minds* (New York, 1963)
No Peace for Asia (Cambridge, Mass., 1967)
Ishii, O., *Cotton-Textile Diplomacy : Japan, Great Britain and the United States, 1930-1936* (Ann Arbor, Michigan, 1977)
Iyer, R. (ed.), *The Glass Curtain Between Asia and Europe* (London, 1965)
James, R. R., *Churchill, A Study in Failure, 1900-1939* (London, 1970)
Jansen, M. B., *The Japanese and Sun yat-sen* (Cambridge, Mass., 1954)
(ed.) *Changing Japanese Attitudes Toward Modernisation* (Princeton, 1965)／マリウス・B・ジャンセン編『日本における近代化の問題』細谷千博編訳，岩波書店，1968 年
Jeffreys-Jones, R. (ed.), *Eagle and Empire : American Opposition to European Imperialism, 1914-1982* (Aix-en-Provence, 1983)
Jervis, R., *Perception and Misperception in International Politics* (Princeton, 1976)
Jog, N. G., *In Freedom's Quest* (New Delhi, 1969)
Johnson, C., *MITI and the Japanese Miracle* (Stanford, 1982)／チャーマーズ・ジョンソン『通産省と日本の奇跡』矢野俊比古監訳，TBS ブリタニカ，1982 年
Peasant Nationalism and Communist Power : the Emergence of Revolutionary China, 1937-1945 (Stanford, 1963)／C・ジョンソン『中国革命の源流：中国農民の成長と共産政権』田中文蔵訳，弘文堂新社，1967 年
Johnson, S. K., *American Attitudes Toward Japan, 1941-1945* (Washington D. C., 1975)／シーラ・ジョンソン『アメリカ人の日本観：ゆれ動く大衆感情』鈴木健次訳，サイマル出版会，1986 年
Joll, J., *The Second International, 1889-1914* (London, 1975)／ジェイムズ・ジョル『第二インター：1889-1914』池田清・祇園寺則夫訳，木鐸社，1976 年
Europe Since 1870 : An International History (London, 1973)／ジェイムズ・ジョル『ヨーロッパ 100 年史』池田清訳，みすず書房，1975, 1976 年（2 冊）
Kahn, E. J., *The China Hands* (New York, 1975)
Kamenka, E. (ed.), *Nationalism : the Nature and Evolution of an Idea* (London, 1976)
Kedourie, E., *Nationalism* (London, 1960)／E・ケドゥーリー『ナショナリズム』小林正之・栄田卓弘・奥村大作訳，学文社，2003 年
Kelman, H., *International Behavior* (New York, 1966)

凡社，1972 年
Hodgart, A., *The Economics of European Imperialism* (London, 1977)
Hoffmann, S., *Gulliver's Troubles* (New York, 1968)
Hoffmann, S. et al., *France : Change and Tradition* (London, 1963)
Hofstadter, R., *The American Political Tradition* (New York, 1967)／リチャード・ホーフスタッター『アメリカの政治的伝統』田口富久治・泉昌一訳・岩波書店，1992 年
The Paranoid Style in American Politics (New York, 1964)
Anti-Intellectualism in American Life (New York, 1963)／リチャード・ホーフスタッター『アメリカの反知性主義』田村哲夫訳，みすず書房，2003 年
Holland, R. F., *Britain and the Commonwealth Alliance, 1918-1939* (London, 1981)
Holland, W. L. (ed.), *Asian Nationalism and the West* (New York, 1953)
Horner, D. M., *High Command : Australia and Allied Strategy, 1939-1945* (Sydney, 1982)
Crisis of Command : Australian Generalship and the Japanese Threat, 1941-1943 (Canberra, 1978)
Horrowitz, D., *From Yalta to Vietnam* (London, 1967)
Howard, M., *Grand Strategy, Vol. IV* (London, 1972)
The Continental Commitment (London, 1972)
The Mediterranean Strategy in World War Two (London, 1968)
War and the Liberal Conscience (London, 1978)／マイケル・ハワード『戦争と知識人：ルネッサンスから現代へ』奥村房夫他訳，原書房，1982 年
Hudson, G. F., *The Far East in World Politics* (London, 1939)
Questions of East and West (London, 1953)
Hughes, D. and Kallen, E., *The Anatomy of Racism : the Canadian Dimension* (Montreal, 1974)
Hunt, M., *Frontier Defense and the Open Door* (New Haven, 1973)
Huntington, S. P., *The Soldier and the State* (Cambridge, Mass., 1957)／サミュエル・ハンチントン『軍人と国家』(上・下) 市川良一訳，原書房，1978-1979 年
Hutchins, F. G., *India's Revolution : Gandhi and the Quit India Movement* (Cambridge, Mass., 1973)
Hyde, H. M., *The Quiet Canadian* (London, 1962)
家永三郎『太平洋戦争』岩波書店，1968 年／ Ienaga, S., *Japan's Last War* (Oxford, 1979)
Iriye, A., *Pacific Estrangement* (Cambridge, Mass., 1972)
Across the Pacific (New York, 1967)
After Imperialism (Cambridge, Mass., 1965)

シナ現代史』河合伸訳，みすず書房，1970 年

Hancock, W., *Smuts, The Fields of Force, 1919-1950* (Cambridge, 1968)

Hancock, W. and Gowing, M., *British War Economy* (London, 1949)／W・K・ハンコック，M・M・ガウイング『第 2 次大戦を中心とする英国の戦争経済』経済企画庁計画部編，経済企画庁計画部（謄写版），1956 年

Hane, M., *Peasants, Rebels and Outcastes : the Underside of Modern Japan* (New York, 1982)

Harrod, R. F., *The Life of John Maynard Keynes* (London, 1951)／R・F・ハロッド『ケインズ伝』（上・下）塩野谷九十九訳，東洋経済新報社，1967 年

Hasluck, P., *The Government and the People, 1939-41* (Canberra, 1952)

The Government and the People, 1942-45 (Canberra, 1972)

Hathaway, R. M., *Ambiguous Partnership : Britain and America, 1944-1947* (New York, 1981)

Hauner, M., *India in Axis Strategy : Germany, Japan and Indian Nationalists in the Second World War* (Stuttgart, 1981)

Havens, T. R., *Valley of Darkness : the Japanese People and World War Two* (New York, 1978)

Hawes, S. and White, R., *Resistance in Europe, 1939-1945* (London, 1975)

Hay, D., *Europe : the Emergence of an Idea* (Edinburgh, 1968)

Hay, S. N., *Asian Ideas of East and West* (Cambridge, Mass., 1970)

林田達雄『悲劇の英雄：チャンドラ・ボーズの生涯』新樹社，1968年／Hayashida, T., *Netaji Subhas Chandra Bose : His great Struggle and Martyrdom* (Bombay, 1970)

Haslehurst, C., *Menzies Observed* (Sydney, 1979)

Headrick D. R., *Tools of Empire : Technology and European Imperialism in the Nineteenth Century* (New York, 1981)／D・R・ヘッドリク『帝国の手先：ヨーロッパ膨張と技術』原田勝正・多田博一・老川慶喜訳，日本経済評論社，1989 年

Heinrichs, W. H., *American Ambassador* (Boston, 1965)／ウォルド・H・ハインリックス『グルー大使と日米外交』麻田貞雄訳，グルー基金，2000 年

Hess, G. R., *America Encounters India, 1941-1947* (Baltimore, 1971)

Hetherington, J., *Blamey* (Melbourne, 1954)

Hilvert, J., *Blue-Pencil Warriors : Censorship and Propaganda in World War Two* (St. Lucia, Queensland, 1984)

Hinsley, F. H., et al., *British Intelligence in the Second World War, vols. I-III* (London, 1979-84)

Hinton, W., *Fanshen : A Documentary of Revolution in a Chinese Village* (New York, 1968)／W・ヒントン『翻身：ある中国農村の革命の記録』加藤祐三他訳，平

Gardner, R. N., *Sterling Dollar Diplomacy* (Oxford, 1956)／リチャード・N・ガードナー『国際通貨体制成立史：英米の抗争と協力』（上・下）村野孝・加瀬正一訳，東洋経済新報社，1973 年
Gellner, E., *Nations and Nationalism* (Oxford, 1983)／アーネスト・ゲルナー『民族とナショナリズム』加藤節監訳，岩波書店，2000 年
Ghosh, K. K., *The Indian National Army* (Meerut, 1969)
Gibbs, N., *Grand Strategy, Vol. I* (London, 1976)
Gilbert, M., *Winston S. Churchill, Vols. V and VI* (London, 1976,'83)
Gilpin, R., *War and Change in World Politics* (Cambridge, 1981)
Giner, S., *Mass Society* (London, 1976)
Girdner, A. and Loftus, A., *The Great Betrayal: the Evacuation of the Japanese-Americans During World War II* (Toronto, 1969)
Gittings, J., *China and the World, 1922-1972* (London, 1974)
The Role of the Chinese Army (London, 1967)／ジョン・ギッチングス『中共軍の役割』前田寿夫訳，時事通信社，1969 年
Gong, G. W., *The Standard of 'Civilization' in International Society* (Oxford, 1984)
Goodman, G. K. (ed.), *Imperial Japan and Asia: A Reassessment* (New York, 1967)
An Experiment in Wartime Intercultural Relations: Philippine Students in Japan, 1943-1945 (Ithica, N. Y., 1962)
Goodspeed, S. S., *The Nature and Function of International Organization* (New York, 1967)
Gopal, S., *Jawaharlal Nehru* (London, 1975)
Gordon, B. M., *Collaboration in France in the Second World War* (Ithica, N. Y., 1980)
Gowing, M., *Britain and Atomic Energy, 1939-1945* (London, 1964)／マーガレット・ガウイング『独立国家と核抑止力：原子力外交秘話』柴田治呂・柴田百合子訳，電力新報社，1993 年
Grattan, C. H., *The United States and the Southwest Pacific* (Cambridge, Mass., 1961)
Greenfield, K. R., *Command Decisions* (London, 1960)／K・R・グリーンフィールド編『歴史的決断』（上・下）中野五郎訳，筑摩書房（ちくま学芸文庫），2004 年
Grimal, H., *La Decolonisation, 1919-1963* (Paris, 1965)
Gull, E. M., *British Economic Interests in the Far East* (London, 1943)
Gupta, P. S., *Imperialism and the British Labour Movement, 1914-1964* (London, 1975)
Gwyer, J. M., *Grand Strategy, Vol. III, pt. 1* (London, 1964)
Haggie, P., *Britannia At Bay: the Defence of the British Empire Against Japan, 1931-1941* (Oxford, 1981)
Hall, W. H., *North American Supply* (London, 1955)
Hammer, E., *The Struggle for Indochina* (Stanford, 1954)／エレン・ハマー『インド

Fairbank, W., *America's Cultural Experiment in China, 1942-1949* (Washington, D. C., 1976)

Farmer, P., *Vichy: Political Dilemma* (New York, 1955)

Fasseur, C. (ed.), *Geld en geweten* (The Hague, 1980)

Feis, H., *The Road to Pearl Harbor* (Princeton, 1950)／ハーバート・ファイス『眞珠灣への道』大窪愿二訳，みすず書房，1956 年

Churchill, Roosevelt and Stalin (Princeton, 1967)

Between War and Peace (Princeton, 1960)

The China Tangle (Princeton, 1972)

Japan Subdued (Princeton, 1961)

Feldt, E., *The Coast Watchers* (London, 1946)

Fieldhouse, D. K., *The Colonial Empires: a Comparative Survey from the Eighteenth Century* (London, 1982)

Fifield, R. H., *Southeast Asia in United States Policy* (New York, 1963)／R・H・フィフィールド『アメリカの東南アジア政策』鹿島守之助訳，鹿島研究所出版会，1965 年

Fishel, W. R., *The End of Extraterritoriality in China* (Berkeley, 1952)

Fisher, A. G. B., *The Clash of Progress and Security* (London, 1935)

Economic Progress and Social Security (London, 1946)

Fitzgerald, C. P., *The Chinese View of Their Place in the World* (London, 1964)

The Birth of Communist China (London, 1964)

Foot, M., *Aneurin Bevan, 1897-1945* (London, 1975)

Fox, J. P., *Germany and the Far Eastern Crisis, 1931-1938* (Oxford, 1982)

Friedel, F., *Franklin D. Roosevelt: the Apprenticeship* (Boston, 1952); *The Ordeal* (1954); *The Triumph* (1956); *Launching the New Deal* (1973)

Friend, T., *Between Two Empires* (New Haven, 1965)

福武直『日本社会の構造』東京大学出版会，1981 年／Fukutake, T., *The Japanese Social Structure: its Evolution in the Modern Century* (trans. R. P. Dore, Tokyo, 1982)

Fussell, P., *The Great War in Modern Memory* (London, 1975)

Gaddis, J. L., *The United States and the Origins of the Cold War, 1941-1947* (New York, 1972)

Gallie, D., *Social Inequality and Class Radicalism in France and Britain* (Cambridge, 1983)

Gardner, L. C., *Economic Aspects of New Deal Diplomacy* (Boston, 1971)

Architects of Illusion (Chicago, 1972)

A Covenant With Power (New York, 1984)

1956)
Drachman, E. R., *United States Policy Toward Vietnam, 1940-1945* (Rutherford, N. J., 1970)
Drinnon, R., *Facing West : the Metaphysics of Indian-Hating and Empire Building* (New York, 1980)
Duiker, W. J., *The Rise of Nationalism in Vietnam, 1900-1941* (Ithica, N. Y., 1976)
Duke, A. C. and Tamse, C. A. (ed.), *Britain and the Netherlands, Vol. VI : War and Society* (The Hague, 1977)
Dunn, F. S., *Peacemaking and the Settlement with Japan* (Princeton, 1963)
Dunn, J., *Timor : A People Betrayed* (Milton, Queensland, 1983)
Duroselle, J. B., *La Politique Extérieure de la France, 1914 à 1945* (Paris, 1965)
La Décadence, 1932-1939 (Paris, 1979)
Eastman, L. E., *The Abortive Revolution : China Under Nationalist Rule, 1927-1937* (Cambridge, Mass., 1974)
Seeds of Destruction : Nationalist China in War and Revolution, 1937-1949 (Stanford, 1984)
Edwards, C., *Bruce of Melbourne* (London, 1965)
Edwards, P. G., *Prime Ministers and Diplomats : the Making of Australian Foreign Policy, 1901-1949* (Melbourne, 1983)
Ehrman, J., *Grand Strategy, Vol. V* (London, 1956)
Grand Strategy, Vol. VI (London, 1956)
Elias, N. and Dunning, E., *The Civilizing Process, Vol. 2 : State Formation and Civilization* (trans. E. Jephcott, Oxford, 1982)／ノルベルト・エリアス，エリック・ダニング『スポーツと文明化：興奮の探求』大平章訳，法政大学出版局，1995年
Ellul, J., *Trahison de l'Occident* (Paris, 1975)
Elsbree, W. H., *Japan's Role in Southeast Asian Nationalist Movements, 1940-1945* (Cambridge, Mass., 1953)
Endacott, G. and Birch, A., *Hong Kong Eclipse* (Hong Kong, 1978)
Endicott, S. C., *Diplomacy and Enterprise : British China Policy, 1933-37* (Manchester, 1975)
Erickson, J., *The Soviet High Command* (London, 1962)
Stalin's War With Germany, Vols. 1 and 2 (London, 1975-83)
Everett, J. M., *Women and Social Change in India* (New Delhi, 1981)
Fairbank, J. K., *The United States and China* (Cambridge, Mass., 1971)／J・K・フェアバンク『中国』(下)「アメリカと中国」市古宙三訳，東京大学出版会，1973年
China Perceived (New York, 1974)

Craig, A. and Shively, D. (ed.), *Personality in Japanese History* (Berkeley, 1970)／A・M・クレイグ，D・H・シャイヴリ編『日本の歴史と個性』(上・下) 本山幸彦，金井圓・芳賀徹監訳，ミネルヴァ書房，1973，1974 年
Croll, E., *Feminism and Socialism in China* (London, 1978)
Cronon, E. D., *Black Moses : Marcus Garvey and the Universal Negro Improvement Association* (Madison, Wisconsin, 1969)
Crossman, R. H. (ed.), *The God That Failed* (New York, 1954)／アンドレ・ジイド他『神は躓ずく』リチャード・クロッスマン編，村上芳雄訳，国際文化研究所，1956 年
Crowley, J. B., *Japan's Quest For Autonomy* (Princeton, 1966)
(ed.) *Modern East Asia : Essays in Interpretation* (New York, 1970)
Cruickshank, C., *SOE in the Far East* (Oxford, 1983)
Cruickshank, J., *Variations on Catastrophe : Some French Responses to the Great War* (Oxford, 1982)
Cumings, B., *The Origins of the Korean War : Liberation and the Emergence of Separate Regimes, 1945-1947* (Princeton, 1981)／ブルース・カミングス『朝鮮戦争の起源：解放と南北分断体制の出現：1945 年-1947 年』(全 2 巻) 鄭敬謨・林哲・加地永都子共訳，シアレヒム社，1989-1991 年
Dahm, B., *Sukarno and the Struggle for Indonesian Independence* (Ithica, N. Y., 1969)
Dallek, R., *Franklin D. Roosevelt and American Foreign Policy, 1932-1945* (New York, 1979)
The American Style of Foreign Policy (New York, 1983)／ロバート・ダレック『20 世紀のアメリカ外交：国内中心主義の弊害とは』林義勝訳，多賀出版，1991 年
Darby, P., *British Defence Policy East of Suez, 1947-1968* (London, 1974).
Dawson, R., *The Chinese Experience* (London, 1978)
The Chinese Chameleon (London, 1967)／レイモンド・ドーソン『ヨーロッパの中国文明観』田中正美・三石善吉・末永国明訳，大修館書店，1971 年
De Conde, A. (ed.), *Isolation and Security* (Durham, N. Carolina, 1957)
de Kadt, J., *De Indonesische Tragedie : Het Treurspel der Gemiste Kansen* (Amsterdam, 1949)
DePorte, A. W., *Europe Between the Superpowers* (New Haven, 1979)
Devilliers, P., *Histoire du Viêt-Nam, 1940-1952* (Paris, 1952)
Divine, R., *Second Chance : the Triumph of Internationalism in America During World War II* (New York, 1967)
Roosevelt and World War II (Baltimore, 1969)
Donnison, F. S., *British Military Administration in the Far East, 1943-46* (London,

Calder, A., *The People's War, Britain, 1939-45* (London, 1969)
Caillois, R., *Bellone, ou la pente de la guerre* (Brussels, 1963)／ロジェ・カイヨワ『戦争論：われわれの内にひそむ女神ベローナ』秋枝茂夫訳，法政大学出版局，1974年
Calvocoressi, P., *Top Secret Ultra* (London, 1980)
Calvocoressi, P. and Wint, G., *Total War* (London, 1972)／P・カルヴォコレッシー，G・ウイント，J・プリチャード『トータル・ウォー：第二次世界大戦の原因と経過』（上・下）八木勇訳，河出書房新社，1993年
Carlton, D., *Anthony Eden* (London, 1981)
Carr, R., *Spain, 1808-1939* (Oxford, 1966)
Castles, F. G., *Pressure Groups and Political Culture* (London, 1967)
Catton, B., *The War Lords of Washington* (New York, 1948)
Charlesworth, J. C., *Contemporary Political Analysis* (New York, 1968)／J・C・チャールスワース編『現代政治分析』田中靖政・武者小路公秀編訳，岩波書店，1971年
Ch'en, J., *China and the West* (London, 1979)
Chen, K. C., *Vietnam and China, 1938-1954* (Princeton, 1969)
Chipp, S. and Green, J. (ed.), *Asian Women in Transition* (Pennsylvania, 1980)
Clarke, I. F., *Voices Prophesying War, 1763-1984* (Oxford, 1966)
The Pattern of Expectation (London, 1979)
Clemens, D., *Yalta* (New York, 1970)
Clubb, O. E., *20th Century China* (New York, 1964)
Cohen, P. A., *Discovering History in China : American Historical Writing on the Recent Chinese Past* (New York, 1984)／ポール・A・コーエン『知の帝国主義：オリエンタリズムと中国像』佐藤慎一訳，平凡社，1988年
Cohen, W. I., *America's Response to China* (New York, 1971)
The Chinese Connection (New York, 1978)
(ed.), *New Frontiers in American-East Asian Relations* (New York, 1983)
Cole, A., Totten, G. and Uyehara, C., *Socialist Parties in Postwar Japan* (New Haven, 1966)
Collis, M., *First And Last In Burma* (London, 1956)
Connell, J., *Wavell, Scholar and Soldier* (London, 1964)
Cook, C., *The Life of Richard Stafford Cripps* (London, 1957)
Cosgrave, P., *Churchill At War, Vol. 1* (London, 1974)
Costello, J., *The Pacific War, 1941-1945* (London, 1981)
Cotta, M., *La Collaboration, 1940-1945* (Paris, 1964)
Coupland, R., *Indian Politics, 1936-1942* (Oxford, 1944)

Borg, D., and Okamoto, S. (ed.), *Pearl Harbor As History* (New York, 1973)
Borg, D. and Heinrichs, W. (ed.), *Uncertain Years: Chinese-American Relations, 1947-1950* (New York, 1980)
Bose, M., *The Lost Hero* (London, 1982)
Bose, S. K. (ed.), *Netaji and India's Freedom* (Calcutta, 1975)
Bowle, J., *The Imperial Achievement: The Rise and Transformation of the British Empire* (London, 1974)
Boyle, A., *Poor, Dear Brendan* (London, 1974)
Boyle, J. H., *China and Japan At War, 1937-1945* (Stanford, 1972)
Bozeman, A. B., *Politics and Culture in International History* (Princeton, 1960)
The Future of Law in a Multicultural World (Princeton, 1971)
Braudel, F., *On History* (trans. S. Matthews, London, 1980).
Brecher, M., *The Foreign Policy System of Israel* (London, 1972)
Breuilly, J., *Nationalism and the State* (Manchester, 1982)
Buchanan, A. R., *Black Americans in World War II* (Oxford, 1977)
Buckley, R., *Occupation Diplomacy: Britain, the United States and Japan, 1945-1952* (Cambridge, 1982)
Buhite, R. D., *Patrick Hurley and American Foreign Policy* (Ithica, N. Y., 1973)
Bull, H., *The Anarchical Society: A Study of Order in World Politics* (London, 1977)／ヘドリー・ブル『国際社会論：アナーキカル・ソサイエティ』臼杵英一訳，岩波書店，2000年
Bull, H. and Watson, A. (ed.), *The Expansion of International Society* (London, 1984)
Bullen, R. J. et al. (ed.), *Ideas Into Politics: Aspects of European History, 1880-1950* (London, 1984)
Bullock, A., *The Life and Times of Ernest Bevin, Vol. II* (London, 1967)
Ernest Bevin, Foreign Secretary (London, 1983)
Burke, P. (ed.), *New Cambridge Modern History, Vol. VIII* (Cambridge, 1979)
Burns, J. M., *Roosevelt: The Soldier of Freedom, 1940-1945* (London, 1971)／ジェームズ・バーンズ『ローズベルトと第二次大戦：1940-1945 自由への戦い』（上・下）井上勇・伊藤拓一訳，時事通信社，1972年
Butcher, J. G., *The British In Malaya* (Kuala Lumpur, 1979)
Butler, J. R. M., *Grand Strategy, Vol. II* (London, 1957)
Grand Strategy Vol. III pt. II (London, 1964)
Butow, R. J. C., *Japan's Decision to Surrender* (Stanford, 1954)／ロバート・J・C・ビュートー『終戦外史：無条件降伏までの経緯』大井篤訳，時事通信社，1958年
Tojo and the Coming of War (Princeton, 1961)
John Doe Associates: Backdoor Diplomacy for Peace, 1941 (Stanford, 1974)

Bank, J., *Opkomst en ondergang van de Nederlandse Volks Beweging* (Deventer, 1978)
Banning, W., *Hendaagse Sociale Bewegingen* (Arnham, 1954)
Banton, M., *The Idea of Race* (London, 1977)
Barker, E., *Churchill and Eden at War* (London, 1978)
Barnard, E., *Wendell Willkie: Fighter For Freedom* (Marquette, Michigan, 1980)
Barnett, C., *The Collapse of British Power* (London, 1972)
Bauzon, L. E., *Philippine Agrarian Reform, 1880-1965: the Revolution That Never Was* (Singapore, 1975)
Beitzell, R., *The Uneasy Alliance: America, Britain and Russia, 1941-1943* (New York, 1972)
Bell, D., *The Cultural Contradictions of Capitalism* (New York, 1976)／ダニエル・ベル『資本主義の文化的矛盾』(上・中・下) 林雄二郎訳, 講談社, 1976年, 1977年
Bell, R. J., *Unequal Allies* (Melbourne, 1977)
Bellanger, C., *Presse Clandestine, 1940-1944* (Paris, 1966)
Beloff, M., *Imperial Sunset, Vol. 1* (London, 1969)
Benda, H. J., *The Crescent and the Rising Sun: Indonesian Islam Under the Japanese Occupation, 1942-1945* (The Hague, 1958)
Benedict, R., *Patterns of Culture* (London, 1968)／ルース・ベネディクト『文化の型』米山俊直訳, 社会思想社, 1973年
The Chrysanthemum and the Sword (London, 1967)／ルース・ベネディクト『菊と刀：日本文化の型』長谷川松治訳, 社会思想社, 1972年
Berlin, I., *Mr Churchill in 1940* (London, 1950)
Betts, R. F., *Uncertain Dimensions: European Overseas Empires in the Twentieth Century* (forthcoming)
Biddiss, M. D., *The Age of the Masses* (London, 1977)
Birkenhead, Lord, *The Prof. in Two Worlds* (London, 1961)
Halifax (London, 1965)
Bishop, J., *F. D. R.'s Last Year* (New York, 1974)
Blum, J. M., *V was For Victory: Politics and American Culture During World War II* (New York, 1976)
Boardman, R., *Britain and the People's Republic of China, 1949-1974* (London, 1976)
Bond, B., *British Military Policy Between the Two World Wars* (Oxford, 1980)
War and Society in Europe, 1870-1970 (London, 1984)
Borg, D., *The United States and the Far Eastern Crisis of 1933-1938* (Cambridge, Mass., 1964)
Historians and American Far Eastern Policy (New York, 1966)

Wheeler-Bennett, J. (ed.), *Action This Day: Working With Churchill* (London, 1968)
Special Relationships (London, 1975)
White, T. H., *In Search of History* (New York, 1978)／セオドア・H・ホワイト『歴史の探求：個人的冒険の回想』(上・下) 堀たお子訳，サイマル出版会，1981年
White T. H. and Jacoby, A., *Thunder Out Of China* (London, 1947)
Wiart, C. de, *Happy Odyssey* (London, 1950)
Williams, F., *A Prime Minister Remembers* (London, 1961)
Winant, J. G., *A Letter From Grosvenor Square* (London, 1947)

H　一般刊行物

Adachi, K., *The Enemy That Never Was* (Toronto, 1976)
Addison, P., *The Road to 1945* (London, 1975)
Adler, S., *The Isolationist Impulse* (New York, 1960)
阿川弘之『山本五十六』新潮社，1994年／ Agawa, H., *The Reluctant Admiral: Yamamoto and the Imperial Navy* (trans. J. Bester, Tokyo, 1979)
Albertini, R. von, *European Colonial Rule, 1880-1940: the Impact of the West on India, Southeast Asia and Africa* (trans. J. Williamson, Westport, Conn., 1982)
Allen, G. C. and Donnithorne, A. G., *Western Enterprise in Far Eastern Economic Development* (London, 1962)
Allen, H. C., *Great Britain and the United States* (London, 1954)
Allen, L., *The End of the War in Asia* (London, 1976)／ルイス・アレン『日本軍が銃をおいた日：太平洋戦争の終焉』長尾睦也・寺村誠一訳，早川書房，1976年
Singapore, 1941-1942 (London, 1977)
Almond, G. A., *The American People and Foreign Policy* (New York, 1965)
Ambrose, S., *Rise to Globalism: American Foreign Policy, 1938-1980* (London, 1980)
Anders, L., *The Ledo Road* (Norman, Oklahoma, 1965)
Anderson, B., *Imagined Communities: Reflections on the Origins and Spread of Nationalism* (London, 1983)／ベネディクト・アンダーソン『想像の共同体：ナショナリズムの起源と流行』白石さや・白石隆訳，NTT出版，1997年
Anderson, I. H., *The Standard-Vacuum Oil Company and United States East Asian Policy, 1933-1941* (Princeton, 1975)
Anderson, J., *A Philip Randolph* (New York, 1973)
Anglo, M., *Service Newspapers of the Second World War* (London, 1977)
Aron, R., *Peace and War: A Theory of International Relations* (London, 1966)
The Imperial Republic (London, 1975)
Aziz, M-A., *Japan's Colonialism in Indonesia* (The Hague, 1955)
Ballhatchet, K., *Race, Sex and Class Under the Raj* (London, 1980)

Sainteny, J., *History d'une Paix Manquée* (Paris, 1953)
Sansom, K., *Sir George Sansom and Japan: A Memoir* (Tallahassee, Florida, 1972)
Service, J. S., *The Amerasia Papers* (Berkeley, 1971)
重光葵『昭和の動乱』(上・下) 中央公論新社, 2001 年／ Shigemitsu, M., *Japan and Her Destiny* (London, 1958)
Slim, W., *Defeat Into Victory* (London, 1960)
Smedley, A., *Battle Hymn of China* (London, 1943)／ A・スメドレー『中国の歌ごえ』(上・下) 高杉一郎訳, 筑摩書房 (ちくま文庫), 1994 年
Snow, E., *Journey to the Beginning* (London, 1959)／エドガー・スノー『目ざめへの旅：エドガー・スノー自伝』松岡洋子訳, 筑摩書房, 1988 年
Stein, G., *The Challenge of Red China* (London, 1945)／ガンサー・スタイン『延安：一九四四年』野原四郎訳, みすず書房, 1962 年
Stephens, I., *Monsoon Morning* (London, 1966)
Stettinius, E. R., *Roosevelt and the Russians* (London, 1950)／エドワード・R・ステチニアス『ヤルタ會談の秘密』中野五郎訳, 六興出版社, 1953 年
Stimson, H. L. and Bundy, M., *On Active Service In Peace And War* (New York, 1948)
Strang, Lord, *At Home And Abroad* (London, 1956)
Sweet-Escott, B., *Baker Street Irregular* (London, 1965)
Taylor, E., *Richer By Asia* (London, 1948)
Awakening From History (London, 1971)
Tedder, Lord, *With Prejudice* (London, 1966)
Terkel, S. (ed.), *"The Good War". An Oral History of World War Two* (New York, 1984)／スタッズ・ターケル『よい戦争』中山容訳, 晶文社, 1985 年
Thakin Nu, *Burma Under the Japanese* (London, 1954)
Thompson, R. W. (ed.), *Churchill and Morton* (London, 1976)
辻政信『シンガポール：運命の転機』東西南北社, 1952 年／ Tsuji, M., *Singapore: the Japanese Version* (London, 1972)
Truman, H. S., *Year of Decisions, 1945* (London, 1955)
van der Post, L., *The Night of the New Moon* (London, 1970)
van Mook, H. J., *Indonesië, Nederland en de Wereld* (Amsterdam, 1949)
The Status of Democracy in Southeast Asia (New York, 1950)
Watt, A., *Australian Diplomat* (Sydney, 1972)
Wavrin, A. de, *Souvenirs, Vol. I* (Monte Carlo, 1947)
Wedermeyer, A. C., *Wedemeyer Reports* (New York, 1958)／ A・C・ウェデマイヤー『第二次大戦に勝者なし：ウェデマイヤー回想録』(上・下) 妹尾作太男訳, 講談社, 1997 年
Welles, S., *A Time For Decision* (London, 1944)

Kase, T., *Eclipse of the Rising Sun* (London, 1951)
Kemp, P., *Alms for Oblivion* (London, 1961)
Kennan, G., *Memoirs, 1925-1950* (London, 1968)／ジョージ・F・ケナン『ジョージ・F・ケナン回顧録：対ソ外交に生きて』(上・下) 清水俊雄・奥畑稔訳, 読売新聞社, 1973年
Kennedy, J., *The Business of War* (London, 1957)
Kennedy, M. D., *The Estrangement of Great Britain and Japan* (Manchester, 1969)
King, E. J. and Whitehill, W., *Fleet Admiral King* (London, 1953)
Lapwood, R. and N., *Through the Chinese Revolution* (London, 1954)
Leahy, W. D., *I Was There* (London, 1950)
Lindsay, M., *The Unknown War: North China, 1937-1945* (London, 1975)
Luuvaas, J. (ed.), *Dear Miss Em.* (Westport, Conn., 1972)
MacArthur, C., *Reminiscences* (London, 1964)／ダグラス・マッカーサー『マッカーサー回想記』(上・下) 津島一夫訳, 朝日新聞社, 1964年
Macmillan, H., *The Blast of War, 1939-1945* (London, 1967)
Mason, P. M., *A Shaft of Sunlight* (London, 1978)
Masters, J., *The Road Past Mandalay* (London, 1961)
Mehta, V., *Daddyji. Mamaji* (London, 1984)
Menzies, R. G., *Afternoon Light* (London, 1967)
Miles, M. E., *A Different Kind of War* (New York, 1967)
Mohan Singh, *Soldier's Contribution to Indian Independence* (New Delhi, 1975)
Monnet, J., *Mémoires* (Paris, 1976)
Moran, Lord, *Winston Churchill: The Struggle For Survival, 1940-1965* (London, 1966)
Motley, M. P. (ed.), *The Invisible Soldier: the Experience of the Black Soldier in World War II* (Detroit, 1975)
Needham, J., *Chinese Science* (London, 1945)
Science Outpost (London, 1948)／ジョゼフ・ニーダム『科学の前哨：第二次大戦下の中国の科学者たち』ドロシー・ニーダム編, 山田慶児・牛山輝代訳, 平凡社, 1986年
Peers, W. and Brelis, D., *Behind the Burma Road* (London, 1964)
Peterson, M., *Both Sides of the Curtain* (London, 1950)
Phillips, W., *Ventures in Diplomacy* (London, 1955)
Purcell, V., *The Memoirs of a Malayan Official* (London, 1965)
Roosevelt, E., *As He Saw It* (New York, 1946)
Rosenman, *Working With Roosevelt* (London, 1952)
Sabattier, G., *Le Destin de l'Indochine* (Paris, 1952)

2004年
de Gaulle, C., *War Memoirs : Unity, 1942-1944* (London, 1960)／シャルル・ド・ゴール『ド・ゴール大戦回顧録：統一』村上光彦訳，みすず書房，1999年
War Memoirs : Salvation, 1944-1946 (London, 1960)／シャルル・ド・ゴール『ド・ゴール大戦回顧録：救済』村上光彦訳，みすず書房，1999年
Dixon, P. (ed.), *Double Diploma : the Life of Sir Pierson Dixon* (London, 1968)
Duclos, J., *Mémoires : Dans la Bataille Clandestine* (Parts 1 and 2 ; Paris, 1970)
Eichelberger, R. L., *Our Jungle Road to Tokyo* (New York, 1950)
Eldridge, F., *Wrath in Burma* (New York, 1946)
Emmerson, J. K., *The Japanese Thread* (New York, 1978)／ジョン・エマーソン『嵐のなかの外交官：ジョン・エマーソン回想録』宮地健次郎訳，朝日新聞社，1979年
Evatt, H. V., *Australia in World Affairs* (Sydney, 1946)
Feis, H., *Seen From E. A.* (New York, 1947)
Field, H., *'M'Project for F. D. R. : Studies in Migration and Settlement* (Ann Arbor, 1962)
Freedman, M. (ed.), *Roosevelt and Frankfurter* (London, 1967)
藤原岩市『F機関：インド独立に賭けた大本営参謀の記録』原書房，1966年／Fujiwara, I., *F. Kikan* (trans. Y. Akashi ; Hong Kong, 1983)
Gilchrist, A., *Bangkok Top Secret* (London, 1970)
Gladwyn, Lord, *Memoirs* (London, 1972)
Gore-Booth, P., *With Great Truth and Respect* (London, 1974)
Grew, J. C., *Ten Years in Japan* (London, 1945)／ジョセフ・C・グルー『滞日十年：日記・公文書・私文書に基く記録』石川欣一訳，毎日新聞社，1948年
Turbulent Era, Vol. 2 (London, 1953)
Guillain, R., *La Guerre au Japon* (Paris, 1979)／ロベール・ギラン『日本人と戦争』根本長兵衛，天野恒雄訳，朝日新聞社，1979年
Harriman, W. A. and Able, E., *Special Envoy to Churchill and Stalin, 1941-1946* (London, 1976)
Hassett, W. D., *Off the Record with F. D. R.* (New Brunswick, N. J., 1958)
Hayter, W., *A Double Life* (London, 1974)
Hull, C., *Memoirs, Vol. II* (London, 1948)／コーデル・ハル『ハル回顧録』宮地健次郎訳，中央公論新社，2001年
Hunt, R. and Harrison, J. (ed.), *The District Officer in India, 1930-1947* (London, 1980)
Ismay, Lord, *Memoirs* (London, 1960)
James R. R., *Chindit* (London, 1980)

Allen, G. C., *Appointment in Japan* (London, 1983)
Amery, J., *Approach March* (London, 1973)
Amery, L. S., *My Political Life, Vol. III* (London, 1955)
Arnold, H. H., *Global Mission* (London, 1951)
Arnold R., *A Very Quiet War* (London, 1962)
Attlee, C. R., *As It Happened* (London, 1954)／C・R・アトリー『アトリー自傳』和田博雄，山口房雄訳，新潮社，1955年
Avon, Lord, *Memoirs : the Reckoning* (London, 1965)
Ba Maw, *Breakthrough in Burma* (New Haven, 1968)／バー・モウ『ビルマの夜明け：バー・モウ（元国家元首）独立運動回想録』横堀洋一訳，太陽出版，1995年
Band, C. and W., *Dragon Fangs* (London, 1947)
Barrett, D. D., *The Dixie Mission* (Berkeley, 1976)
Barrett, N. H., *Chinghpaw* (New York, 1962)
Baruch, B., *The Public Years* (London, 1961)
Bertram, J., *The Shadow of a War* (London, 1947)
Bohlen, C. E., *Witness to History* (London, 1973)
Butler, R. A., *The Art of the Possible* (London, 1971)
Byrnes, J. F., *Speaking Frankly* (London, 1947)／ジェームズ・F・バーンズ『率直に語る：今次大戦外交秘史』中部日本新聞社外信部・中部日本新聞社東京総局渉外部訳，中部日本新聞社，1947年
Casey, Lord, *Personal Experience* (London, 1962)
Chandos, Lord, *Memoirs* (London, 1962)
Chapman, F. S., *The Jungle is Neutral* (London, 1949)
Chennault, C. L., *Way of a Fighter* (New York, 1949)
Churchill, W. S., *The Second World War, Vols. I-VI* (London, 1948-54)／W・S・チャーチル『第二次世界大戦』（全4巻）佐藤亮一訳，河出書房新社（河出文庫），2001年
Craigie, R., *Behind the Japanese Mask* (London, 1946)
Cunningham, Lord, *A Sailor's Odyssey* (London, 1951)
Dalton, H., *Memoirs, 1931-1945 : the Fateful Years* (London, 1957)
Davies, J. P., *Dragon By The Tail* (New York, 1972)
Deane, J. R., *The Strange Alliance* (London, 1947)
de Beauvoir, S., *The Prime of Life* (London, 1962)／シモーヌ・ド・ボーヴォワール『女ざかり：ある女の回想』（上・下）朝吹登水子・二宮フサ訳，紀伊國屋書店，2004年
Force of Circumstance (London, 1965)／シモーヌ・ド・ボーヴォワール『或る戦後：ある女の回想』（上・下）朝吹登水子・二宮フサ共訳，紀伊國屋書店，

Sir John Keswick, British Special Operations Executive in China; Counsellor of Embassy in Chungking.

J. G. Kist, Secretary to the Government of the Netherlands Indies in Australia.

Professor Owen Lattimore, Personal Adviser to Chiang-Kai-shek; Director, Pacific Operations for U. S. Office of War Information; member of Wallace mission to China.

Dr Philip Mason, Secretary of the Chiefs of Staff Committee, India; Head of Conference Section. S. E. A. C.

René Massigli, Commissioner for Foreign Affairs, French Committee of Liberation; Ambassador in London.

H. Freeman Matthews, Chief of the Division of European Affairs, U. S. Department of State.

Marinus Meijer, internee in the Netherlands East Indies.

Sir Robert Menzies, Prime Minister of Australia, subsequently Leader of the Opposition.

Earl Mountbatten of Burma, Supreme Allied Commander, S. E. A. C.

Dr Joseph Needham, British Scientific and Cultural Mission in China.

Dame Margery Perham, involved in the training of British colonial administrators.

A. D. C. Peterson, Deputy Director of Psychological Warfare, S. E. A. C.

General Sir Sydney Rowell, Commander of Australian forces in New Guinea.

John S. Service, American Foreign Service Officer in China.

Sir Horace Seymour (with Lady Seymour), British Ambassador to China.

Dr T. Dale Stewart, colleague of Dr Hrdlicka, Division of Physical Anthropology, Smithsonian Institution.

Colonel Hugh Toye, British Army investigator of I. N. A.

Dr J. E. van Hoogstraten, Chairman of the Netherlands Indies Commission in Australia.

Dr E. N. van Kleffens, Netherlands Minister for Foreign Affairs.

Dr J. H. van Roijen, Permanent Head of the Netherlands Foreign Ministry; subsequently escaped to London.

Sir John Wheeler-Bennett, British Political Warfare Mission in U. S. A.

Sir Alan Watt, Counsellor of the Australian Legation in Washington.

G　回顧録

Acheson, D., *Present At the Creation* (London, 1970)／ディーン・アチソン『アチソン回顧録』吉沢清次郎訳，恒文社，1979 年

Adamson, I., *The Forgotten Men* (London, 1965)

Wallace, H., *Our Job in the Pacific* (New York, 1944)
Weber, M., *The Protestant Ethic and the Spirit of Capitalism* (trans. T. Parsons, New York, 1958)／マックス・ヴェーバー『プロテスタンティズムの倫理と資本主義の精神』大塚久雄訳，岩波書店（岩波文庫），1989年
Wells, H. G., *Mind At The End Of Its Tether* (London, 1945)
White, T. H. (ed.), *The Stilwell Papers* (New York, 1948)

F　面接取材および書簡

Dr Anak Agung Gde Agung, Prince of Bali
Eric Battersbee, A. D. C. to the Governor of Burma.
Sir Isaiah Berlin, British Embassy, Washington.
Dr Hank Bethe, Dutch Resistance.
M. S. Bharat, Indian National Army.
Dr Dorothy Borg, Institute of Pacific Relations.
Sir Ronald Campbell, Minister of the British Embassy, Washington.
Sir Olaf Caroe, Secretary of the External Affairs Department, Government of India.
Sir Ashley Clark, Head of the Far Eastern Department, British Foreign Office.
Lord Coleraine, as Richard Law, M. P., Minister of State at the British Foreign Office.
John Paton Davies, American Foreign Service Officer in China.
Mr den Hollander, Attaché to Netherlands Senior Naval Officer in Melbourne.
Major General R. H. Dewing, Commander of U. K. Army and Air Force Liaison Staff in Australia.
Sir Reginald Dorman-Smith, Governor of Burma.
Professor J. K. Fairbank, U. S. Cultural Relations programme in China.
W. D. Forsyth, Head of Postwar Planning Section, Australian Ministry of External Affairs.
Sir Berkeley Gage, British Embassy, Chungking.
Lord Gladwyn, Head of the Economic and Reconstruction Department of the British Foreign Office.
Leo Handley-Derry, British Military Mission to China.
W. Averell Harriman, special representative of President Roosevelt in London, and U. S. Ambassador in Moscow.
Sir William Hayter, British Embassy, Washington.
Konrad Hsu, British intelligence, with special reference to the Far East.
Professor Ikeda Kiyoshi, Imperial Japanese Navy.
George Kennan, Counsellor, U. S. Embassy in London; Minister-Counsellor, U. S. Embassy in Moscow.

Nicolson, N. (ed.), *Harold Nicolson: The War Years, 1939-1945: Diaries and Letters* (London, 1967)

Park, R. E., *Race and Culture* (New York, 1950)

Pearson, C., *National Life and Character* (London, 1894)／チャールス・ヘンリー・ペアソン『國民性情論』大日本文明協會編輯，大日本文明協會，1909年

Perham, M., *Colonial Sequence, 1930-1949* (London, 1967)

Ranadive, B. T., *Working Class and National Defence: Report to First Congress of the Communist Party of India, 1943* (Bombay, 1943)

Rolland, R., *Inde Journal, 1915-1943* (Paris, 1960)／ロマン・ロラン『インド：日記 1915-1943』『インド補遺：日記 1915-1943；日記抄』宮本正清他訳，みすず書房，1982年

Roosevelt, E. (ed.), *FDR: His Personal Letters, 1928-1945, Vol. II* (New York, 1950)

Scarr, D. (ed.), *Fiji: The Three-Legged Stool: The Selected Writings of Ratu Sir Lala Sukuna* (London, 1984)

Schram, S. (ed.), *The Political Thought of Mao Tse-tung* (London, 1969)

Schurmann, H. and Schell, O. (ed.), *Republican China* (London, 1968)

Seeley, J. R., *The Expansion of England* (London, 1883)／シーリー『英國發展史論』古田保譯，第一書房，1942年

Sitsen, H. W., *Industrial Development of the Netherlands Indies* (New York, 1944)

Sjahrir, S., *Out of Exile* (New York, 1949)

Snow, E., *Red Star Over China* (London, 1937)／エドガー・スノー『中国の赤い星』松岡洋子訳，筑摩書房，1975年

Spengler, O., *Decline of the West: Form and Actuality* (trans. C. Atkinson, London, 1926)

Stone, I. F., *The Truman Era* (New York, 1973)

Tagore, R., *Nationalism* (London, 1917)

Takeda, Lt. Col. Koji, *The Great East Asia War and Ideological Warfare* (1943; summary and translated extracts, Japanese Translation Series, No. 242, Far Eastern Bureau, British Ministry of Information, New Delhi, 1944: NZ External Affairs files, 84/6/1 part 3)

Tojo, Gen. Hideki, address to Greater East Asia Conference, Tokyo, November 1943 (translation in Gaimusho archives, Tokyo).（1943年11月に東京で開かれた大東亜会議における東条英機首相の演説．翻訳は外務省文書による）

Toynbee, A. J., *Survey of International Affairs, 1931* (Oxford, 1932)

Vandenberg, A. (ed.), *The Private Papers of Senator Arthur Vandenberg* (London, 1953)

van der Poel, J. (ed.), *Selections from the Smuts Papers, Vol. VI* (Cambridge, 1973)

van Namen, A. H. (ed.), *Het Ondergroondse Vrij Nederland* (Baarn, 1970)

Joshi, P. C., *For the Final Bid for Power! Freedom Programme of Indian Communists* (Bombay, 1946)
Kersten, A. E. (ed.), *het Dagboek van dr. G. H. C. Hart* (The Hague, 1976)
Krishnan, N. K. (ed.), *National Unity for the Defence of the Motherland* (Bombay, 1943)
Lattimore, O., *Solution in Asia* (London, 1945)
Lebra, J. C. (ed.), *Japan's Greater East Asia Co-Prosperity Sphere in World War II: Selected Readings and Documents* (Kuala Lumpur, 1975)
Lenin, V. I., 'Better Fewer, But Better', *Collected Works, Vol. 33* (Moscow, 1965)／『レーニン全集 33 巻』ソ同盟共産党中央委員会付属マルクス＝エンゲルス＝レーニン研究所編，マルクス＝レーニン主義研究所訳，大月書店，1953-1969 年
Leutze, J. (ed.), *London Observer: The Journal of General Raymond E. Lee* (London, 1972)
Lippmann, W., *United States War Aims* (London, 1944)
Malraux, A., *La Tentation de l'Occident* (Lausanne, 1962)／アンドレ・マルロオ『西欧の誘惑』小松清，松浪信三郎訳，新潮社（一時間文庫），1955 年
Les Conquérants (Paris, 1927)／アンドレ・マルロー『マルロー』「征服者」沢田閏他訳，中央公論社，1994 年
La Condition Humaine (Paris, 1933)／アンドレ・マルロオ『上海の嵐：人間の条件』小松清，新庄嘉章訳，本の友社，2002 年（復刻版）
Masaryk, T. G., *The New Europe: The Slav Viewpoint* (Washington D. C., 1918)
Massis, H., *Défense de l'Occident* (Paris, 1927)
Michel, H., and Mirkine-Guetzévitch, B. (ed.), *Les idées politiques et sociales de la Résistance* (Paris, 1954)
Millis, W. (ed.), *The Forrestal Diaries* (London, 1952)
Modell, J. (ed.), *The Kikuchi Diary: Chronicle From An American Concentration Camp* (Urbana, Illinois, 1973)
Montagu, A., *Man's Most Dangerous Myth: the Fallacy of Race* (5th edn., New York, 1974)
Moon, P. (ed.), *Wavell: The Viceroy's Journal* (London, 1973)
Morgenthau, H. Jr., *Diary, China, Vols. I and II* (Washington D. C., 1965)
Morrison, I., *Malayan Postscript* (London, 1942)
Mumford, L., *Technics and Civilization* (London, 1946)／ルイス・マンフォード『技術と文明』生田勉訳，美術出版社，1972 年
陸奥宗光『蹇蹇録：日清戦争外交秘録』中塚明校注，岩波書店（岩波文庫），1993 年／ Berger, G. M. (ed.), *Kenkenroku: A Diplomatic Record of the Sino-Japanese War, 1894-95* (Tokyo, 1982)
Nehru, J., *Toward Freedom* (New York, 1942)

ータイ鉄道建設捕虜収容所：医療将校ロバート・ハーディ博士の日誌 1942-45』河内賢隆・山口晃訳，而立書房，1993年
Harvey, J. (ed.), *The Diplomatic Diaries of Oliver Harvey, 1937-1940* (London, 1970).
The War Diaries of Oliver Harvey, 1941-1945 (London, 1978)
Henderson, J. C. (ed.), *Hiroshima* (London, 1974)
Hitler, A., *Table Talk* (intr. H. R. Trevor-Roper, London, 1953)／アドルフ・ヒトラー『ヒトラーのテーブル・トーク：1941-1944』吉田八岑監訳，三交社，1994年
Hornbeck, S. K., *The United States in the Far East* (Boston, 1942)
Hyndman, H. M., *The Awakening of Asia* (London, 1919)
Ickes, H. L., *The Secret Diary of Harold L. Ickes, Vol. III* (London, 1955)
Institute of Pacific Relations (American Council of)／太平洋問題調査会：
I. P. R. in Wartime (New York, 1944)
Window on the Pacific (New York, 1947)
Asia's Captive Colonies (by P. Lilienthal and J. Oakie, New York, 1944)
Meet the Anzacs! (by W. Holland and P. Lilienthal, New York, 1944)
Pacific Islands in War and Peace (by M. Keesing, New York, 1944)
Korea for the Koreans (by A. Grajelanzer, New York, 1943)
Philippine Emergency (by C. Porter, New York, 1941)
What Are We Doing With Japan? (by A. W. Johnstone, New York, 1946)
Spotlight on the Far East (by J. M. Bernstein et al., St. Louis, 1945)
Our Far Eastern Record (by W. Lockward, New York, 1940)
America's Stake in the Far East (by M. Farley, New York, 1941) ／太平洋問題調査部『米國極東政策の經濟的基礎』日本國際協會，1939年（米国太平洋問題調査会が機関雑誌 Far Eastern Survey (fortnightly) の1936年7-8月に連載した論文の翻訳）
The ABC's of Modern Japan (by W. Morris, New York, 1946)
America's Role in China (by E. Hawkins, New York, 1947)
Changing China (by G. Taylor and M. Steward, St. Louis, 1942)
Modern Japan (by W. Chamberlain, St. Louis, 1942)
Twentieth Century India (by K. Mitchell and K. Goshal, St. Louis, 1944)
Peoples of the China Seas (by E. Clark, St. Louis, 1942)
Israel, F. L. (ed.), *The War Diaries of Breckenridge Long* (Lincoln, Nebraska, 1966)
Jaffe, P. (ed.), Chiang Kai-shek: *China's Destiny and Chinese Economic Theory* (New York, 1947)
Japanese oral testimonies and documents: collection held by Imperial War Museum, London
（ロンドンの帝国戦争博物館に収集されている日本の口頭証言および文書）

Blyden, E. W., *Christianity, Islam, and the Negro Race* (1887 ; Edinburgh, 1967)
Bond, B. (ed.), *Chief of Staff : the Diaries of Lt. Gen. Sir Henry Pownall, Vol. II* (London, 1974)
Bose, S. C. *Correspondence, 1924-1932* (Calcutta, 1967)
Crossroads (Bombay, 1962)
Testament (Delhi, 1946)
Through Congress Eyes (Allahabad, 1937)
Brereton, L. H., *The Brereton Diaries* (New York, 1946)
Broad, R. and Fleming, S. (ed.) *Nella Last's War : A Mother's Diary, 1939-1945* (London, 1981)
Brown, C., *Suez to Singapore* (New York, 1942)
Bryant, A., *The Turn of the Tide, 1939-1943* (London, 1957)／アランブルック原著, アーサー・ブライアント『参謀総長の日記：英帝国陸軍参謀総長アランブルック元帥 1939～1943』新庄宗雅訳, フジ出版社, 1980 年
Triumph in the West, 1943-1946 (London, 1959)
Campbell, T. and Herring, G. (ed.), *The Diaries of Edward R. Stettinius Jr. 1943-1946* (New York, 1975)
Cantril, H. and Strunk, M., *Public Opinion, 1935-1946* (Princeton, 1951)
Chapman, J. W. (ed.), *The Price of Admiralty : the War Diary of the German Naval Attaché in Japan, 1939-1943, Vol. 1* (Ripe, Sussex, 1982)
China Association, *Annual Reports : 1941-42 ; 1942-3 ; 1943-4 ; 1944-5 ; 1945-6* (London, 1942-46)
Crouter, N., *Forbidden Diary* (New York, 1980)
D'Encausse, H. C. and Schram, S., *Le Marxisme et L'Asie, 1853-1964* (Paris, 1965)
Dilks, D. (ed.), *The Diaries of Sir Alexander Cadogan* (London, 1971)
Directorate of Army Education, *The British Way and Purpose, Nos. 1-18* (London, 1944)
Gallup Poll archives, London
Gandhi, M. K., *Collected Works, Vols. X* (Delhi, 1963) ; *LXXV* (1979) ; *LXXVI* (1979) ; *LXXVII* (1979) ; *LXXVIII* (1979) ; *LXXIX* (1980) ; *LXXX* (1980) ; *LXXXI* (1980)
Garvey, A. J. (ed.), *Philosophy and Opinions of Marcus Garvey* (New York, 1967)
Gide, A., *Journals, 1889-1949* (London, 1967)／アンドレ・ジイド『ジイドの日記 1889-1949』(全 5 巻) 新庄嘉章訳, 新潮社
Guénon, R., *East and West* (trs. W. Massey, London, 1941)
Hailey, Lord, *The Future of Colonial Peoples* (London, 1943)
Hancock, W. K., *Argument of Empire* (London, 1943)
Hardie, R., *The Burma-Siam Railway* (London, 1983)／ロバート・ハーディ『ビルマ

Syonan Shimbun (Singapore ; Netaji Bureau)

6. オランダ (All save as indicated Rijksinstituut voor Oorlogsdocumentatie, Amsterdam)

   De Bevrijding; *Je Maintiendrai*; *Het Parool*; *Trouw*; *Vrij Nederland*; *Vrij Nederland* (London ; National Library, The Hague); *De Vrije Katheder*; *Die Waarheid.*

7. ニュージーランド (General Assembly Library, Wellington)

   The Dominion; *The Standard.*

8. フィリピン

   The Tribune (Manila ; Gaimusho archives, Tokyo)

9. アメリカ (Library of Congress, and Chatham House Press Library, except as otherwise indicated)

   Asia/Asia and the Americas (Columbia University Library); *Chicago Tribune*; *Christian Science Monitor*; *New York Herald Tribune*; *New York Times*; *San Francisco Examiner*; *Washington Post.*

D　映像フィルム

(Imperial War Museum, London)

1. カナダ

   'Fortress Japan' ; 'Mask of Nippon'.

2. イギリス

   'China' ; 'Common Cause' ; 'Pacific Thrust' ; 'This was Japan' ; 'War in the Pacific'.

3. 日本

   'La Jeunesse Feminine Nippone' ; Newsreels, various ; 'Nippons Wilder Adler' ; 'La Vie Industrielle du Japon' ; 'Der Weg Nach Hawaii'.

4. アメリカ

   'Japanese Relocation' (or 'America Moves Her Japs'); 'Know Your Enemy : Japan' ; 'The Stilwell Road' ; 'Why We Fight' ('Prelude to War' ; 'Battle of China' ; 'War Comes to America')

E　その他の資料

Benda, H. J., et al. (ed.) *Japanese Military Administration in Indonesia : Selected Documents* (New Haven, 1965)

Berle, B., and Jacobs, T. (ed.), *Navigating the Rapids : From the Papers of Adolph Berle* (New York, 1973)

Blum, J. M. (ed.), *From the Morgenthau Diaries : Years of War, 1941-45* (Boston, 1967) *The Price of Vision : The Diary of Henry A. Wallace, 1942-1946* (Boston, 1973)

6. アメリカ

Congressional Record, June, 1948; Chennault Testimony (Washington, 1948)

Esherwick, J. W. (ed.), *Lost Chance in China: the World War Two Despatches of John S. Service* (New York, 1974)

Foreign Relations of the United States (all published Washington): *Japan, 1931-1941, Vol. II* (1943); *U. S. Relations With China* (1949); *1941, Vol. IV* (1956); *Conferences at Washington and Casablanca* (1968); *1942, Vol. I* (1960); *1942, China* (1956); *Conferences at Washington and Quebec, 1943* (1970); *1943, China* (1957); *1943, vols. III and IV* (1963-4); *Conferences at Cairo and Tehran, 1943* (1961); *Conference at Quebec, 1944* (1972); *1944, Vols. III, V, VI* (1965-67); *Conferences at Malta and Yalta, 1945* (1955); *1945, Vols. I, VI, VII* (1967-69); *Conference at Berlin, Vols. I and II* (1960)

Notter, H. A. (ed.), *Post-war Foreign Policy Preparation* (Washington, 1949)

van Slyke, L. (ed.), *The Chinese Communist Movement: A Report of the U. S. War Department* (Stanford, 1968)

7. 国際関係

Kimball, W. F. (ed.), *Churchill and Roosevelt: The Complete Correspondence* (3 vols., Princeton, 1984)

C 新聞および雑誌

1. オーストラリア (National Library, Canberra)

Daily Telegraph (Sydney); *Sydney Morning Herald.*

2. フランスおよびフランス領インドシナ (Bibliothèque Nationale, Paris)

J'accuse; *L'Action* (Hanoi); *L'Action Française*; *L'Aurore*; *Cahiers du Témoignage Chrétien*; *Combat*; *Défense de la France*; *Destin*; *La France Libre* (London); *L'Humanité*; *L'Indépendence Tonkinoise* (Hanoi); *Les Letters Française*; *Libération*; *Le Monde*; *Le Nouveau Laos* (Vientiane); *Le Nouvelliste de l'Indochine* (Saigon); *Les Petits Ailes de France*; *Le Populaire*; *La République* (Hanoi); *Résistance*; *Le Temps*; *L'Union* (Hanoi and Saigon); *L'Université Libre*; *Vérité*; *La Vérité Française.*

3. イギリス (British Museum Newspaper Library, Colindale, and Chatham House Press Library)

Daily Express; *Daily Herald*; *Daily Telegraph*; *Economist*; *International Affairs*; *Manchester Guardian*; *Times.*

4. インド

Azad Hind (Berlin; Netaji Bureau, Calcutta); *Bombay Chronicle* (Nehru Memorial Library, New Delhi); *Forward Bloc* (Calcutta; Netaji Bureau)

5. 日本

Sayre, Francis B. (Library of Congress.)
Sevareid, Eric (Library of Congress.)
Stilwell, General Joseph W. (Hoover Institute.)
Stimson, Henry L. (Sterling Memorial Library, Yale University.)
Taussig, Charles W. (Roosevelt Library.)
Truman, Harry S. (Truman Memorial Library, Independence, Missouri.)
United China Relief Inc. (Princeton University.)
Wallace, Henry A. (Roosevelt Library.)
White, Harry Dexter (Princeton University.)

B 公刊された公式文書

1. ドイツ

Documents on German Foreign Policy, 1918-1945, Series D: Vols. VIII-XIII (London, 1956-64)

2. イギリス

Documents on British Foreign Policy, 1919-1939, Second Series: Vol. VIII (London, 1973); *Third Series, Vols. VIII and IX* (London, 1955)

Hansard, House of Commons Debates, 5th Series, vols. 374-411 (London, 1942-45)

Mansergh, N. (ed.), *The Transfer of Power, 1942-7: Vol. 1, The Cripps Mission* (London, 1970)

Mountbatten, Lord, *Report to the Combined Chiefs of Staff* (London, 1951)

Nicholas, H. G. (ed.), *Washington Despatches, 1941-45: Weekly Political Reports from the British Embassy* (London, 1981)

Tinker, H. (ed.), *Burma: the Struggle for Independence, 1944-48: Vol. 1* (London, 1983)

3. 日本

Ike, N. (ed.), *Japan's Decision For War* (Stanford, 1967)

4. オランダ

A. F. Manning and A. E. Kersten (ed.), *Documenten Betreffende de Buitenlandse Politiek van Nederland, 1919-1945, periode C, 1940-1945, Vols. 1-3* (The Hague. 1976-1980)

van der Wal, S. L. (ed.), *Bescheiden Betreffende de Nederlands-Indonesische Betrekkingen, 1945-1950, Vol. 1* (The Hague, 1971)

5. ニュージーランド

Documents Relating to New Zealand's Participation in the Second World War, Vols. I-III (Wellington, 1949-63) van Mook, Dr H. J. (Algemeen Rijksarchief.)

(f) ニュージーランド

Fraser, Peter (National Archives, Wellington.)

(g) アメリカ

Alsop, Joseph (Library of Congress, Washington D. C.)

Arnold, General of the Army H. H. (Library of Congress.)

Ballantine, Joseph W. (Hoover Institute, Stanford.)

Barrett, Col. David D. (Hoover Institute.)

Baruch, Bernard (Princeton University.)

Chennault, Maj. Gen. Claire L. (Hoover Institute.)

Clapper, Raymond (Library of Congress.)

Connally, Tom (Library of Congress.)

Dulles, John Foster (Princeton University.)

Forrestal, J. V. (Princeton University.)

Frankfurter, Felix (Library of Congress.)

Gardiner, W. H. (Houghton Library, Harvard University.)

Goodfellow, Col. Preston (Hoover Institute.)

Grew, Joseph C. (Houghton Library.)

Hamilton, Maxwell M. (Hoover Institute.)

Hopkins, Harry (Roosevelt Memorial Library, Hyde Park, N. Y.)

Hornbeck, Stanley K (Hoover Institute.)

Hrdlicka, Ales (Smithsonian Institution.)

Hull, Cordell (Library of Congress.)

Ickes, Harold (Library of Congress.)

Institute of Pacific Relations (Columbia University.)

Johnson, Nelson T. (Library of Congress.)

King, Fleet Admiral Ernest J. (U. S. Navy Operational Archives, Washington D. C.)

Knox, Frank (Library of Congress.)

Lamont, Thomas W. (Baker Library, Harvard Business School.)

Leahy, Fleet Admiral Wiliam D. (Library of Congress.)

Long, Breckenridge (Library of Congress.)

MacArthur, General of the Army Douglas (MacArthur Library, Norfolk, Virginia.)

Morgenthau, Henry Jr. (Roosevelt Library.)

National Association for the Advancement of Colored Peoples (Library of Congress.)

Phillips, William (Houghton Library.)

Roosevelt, Franklin D. (Roosevelt Library.)

Rosenman, Samuel I. (Roosevelt Library.)

(b) 中国

Wunsz King (Hoover Institute.)

(c) イギリス

Alexander, A. V. (Churchill College, Cambridge.)

Attlee, C. R. (Churchill College, and New College, Oxford.)

Beaverbrook, Lord (House of Lords Record Office.)

Bevin, Ernest (Churchill College.)

Brooke-Popham, Air Chief Marshal Sir Robert (King's College, London.)

Chatfield, Admiral of the Fleet Lord (National Maritime Museum, Greenwich.)

Cherwell, Lord (Nuffield College, Oxford.)

China Association (China Association, London.)

Clark Kerr, Sir Archibald (Public Record Office.)

Cripps, Sir Stafford (Nuffield College.)

Crozier, W. P. (Manchester University Library.)

Cunningham, Admiral of the Fleet Sir Andrew (British Museum.)

Dalton, Hugh (London School of Economics.)

Dorman-Smith, Sir Reginald (India Office Library.)

Grigg, Sir P. J. (Churchill College.)

Halifax, Lord (Public Record Office; and Churchill College.)

Hankey, Lord (Churchill College.)

Ismay, General Sir Hastings (King's College, London.)

Linlithgow, Lord (India Office Library.)

Martin, Kingsley (University of Sussex.)

Maze, Sir Frederick (School of Oriental and African Studies, London.)

Needham, Dr Joseph (Cambridge University.)

Royal Institute of International Affairs (Chatham House, London.)

Somerville, Admiral of the Fleet Sir James (Churchill College.)

Wilkinson, Lt. Col. G. W. (Churchill College.)

Woolf, Leonard (University of Sussex.)

(d) インド

All India Congress Committee (Nehru Memorial Library, New Delhi.)

Bose, Subhas Chandra (Netaji Bureau, Calcutta.)

Menon, K. P. K. (Nehru Memorial Library.)

Nehru, Jawaharlal (Nehru Memorial Library.)

Oral history transcripts, various (Nehru Memorial Library.)

(e) オランダ

Gerbrandy, P. S. (Algemeen Rijksarchief, The Hague.)

Council of Ministers. (Algemeen Rijksarchief, The Hague; also the following.)
Gerbrandy Office Papers.
Ministry of Foreign Affairs: Londens archief: Political Reports, Chungking and Washington; French files; IPR files; Washington Embassy files; van Kleffens and Bylandt files.
Ministry of Warfare.

(e) ニュージーランド

Army Department. (National Archives, Wellington; also the following.)
Cabinet: war decisions and minutes.
Department of External Affairs.

(f) アメリカ

China Theater, Wedemeyer files. (Federal Archives, Suitland, Maryland.)
South East Asia Command, War Diary. (Suitland.)
U. S. Navy: Double Zero; Leahy; China; Naval Group China; War Plans Division; General Board Studies; New Caledonia report. (Operational Archives, Naval Dockyard, Washington D. C.)
Office of Territories. (National Archives, Washington D. C.; also the following.)
Office of High Commissioner, Philippines.
Office of Strategic Services.
War Relocation Authority.
Joint Chiefs of Staff.
State-War-Navy Coordinating Committee and Sub-Committees.
U. S. Army: Operational Plans Division.
Department of State: decimal files; Notter Files; Pasvolsky files; Matthews-Hickerson files; Secretary's Staff Committee.

2. 非公式文書

(a) オーストラリア

Blamey, General Sir Thomas (Australian War Memorial Library, Canberra.)
Bruce, Stanley (Australian Commonwealth Archives.)
Curtin, John (Commonwealth Archives.)
Eggleston, Sir Frederick (Australian National Library, Canberra.)
Evatt, H. V. (Flinders University, Adelaide.)
Latham, Sir John (Australian National Library.)
Long, Gavin (Australian War Memorial Library.)
Officer, Keith (Australian National Library.)
Page, Sir Earle (Australian National Library.)
Watt, Alan (Australian National Library.)

参考文献

A　未公刊資料

1. 公式文書

(a)　国際関係

International Military Tribunal for the Far East. (Imperial War Museum, London.)

(b)　オーストラリア

Advisory War Council.

Department of Defence.

Department of External Affairs.

Prime Minister's Department.

War Cabinet.

Washington Legation. (All Commonwealth Archives, Canberra.)

(c)　イギリス

Burma Office. (India Office Library, London.)

India Office. (India Office Library.)

Colonial Office. (Public Record Office, London; and all the following.)

Dominions Office.

Prime Minister's Office.

Cabinet conclusions and memoranda.

Cabinet Committees and documents: on India; Indian finance; Indian food grains; Malaya and Borneo; Armistice and Post-War; Defence. (Operations)

Far Eastern Committee and Far Eastern (Ministerial) Committee.

Pacific War Council. (London.)

Cabinet Office documents on arrangements in event of war with Japan.

Hankey, official files.

Chiefs of Staff Committee.

Chiefs of Staff: inter-Allied conferences.

Joint Plannning Sub-Committee.

Combined Chiefs of Staff, and Combined Staff Planners.

Foreign Office departments: Economic; Reconstruction; Economic and Reconstruction; Far Eastern; French; General; North American.

(d)　オランダ

Colonial Ministry. (Ministerie van Binnenlandse Zaken, The Hague.)

普及版
太平洋戦争とは何だったのか
1941〜45年の国家、社会、そして極東戦争

訳者との申し合わせにより検印廃止

2005年7月 7 日　第1刷発行
2015年5月29日　第4刷発行

著　者　クリストファー・ソーン
訳　者　市川洋一
装幀者　間村俊一
発行者　藤田　博
発行所　株式会社　草思社
〒160-0022　東京都新宿区新宿5-3-15
電　話　営業03(4580)7676　編集03(4580)7680
振　替　00170-9-23552
印　刷　株式会社三陽社
カバー　中央精版印刷株式会社
製　本　大口製本印刷株式会社
ISBN 978-4-7942-1410-2
Printed in Japan

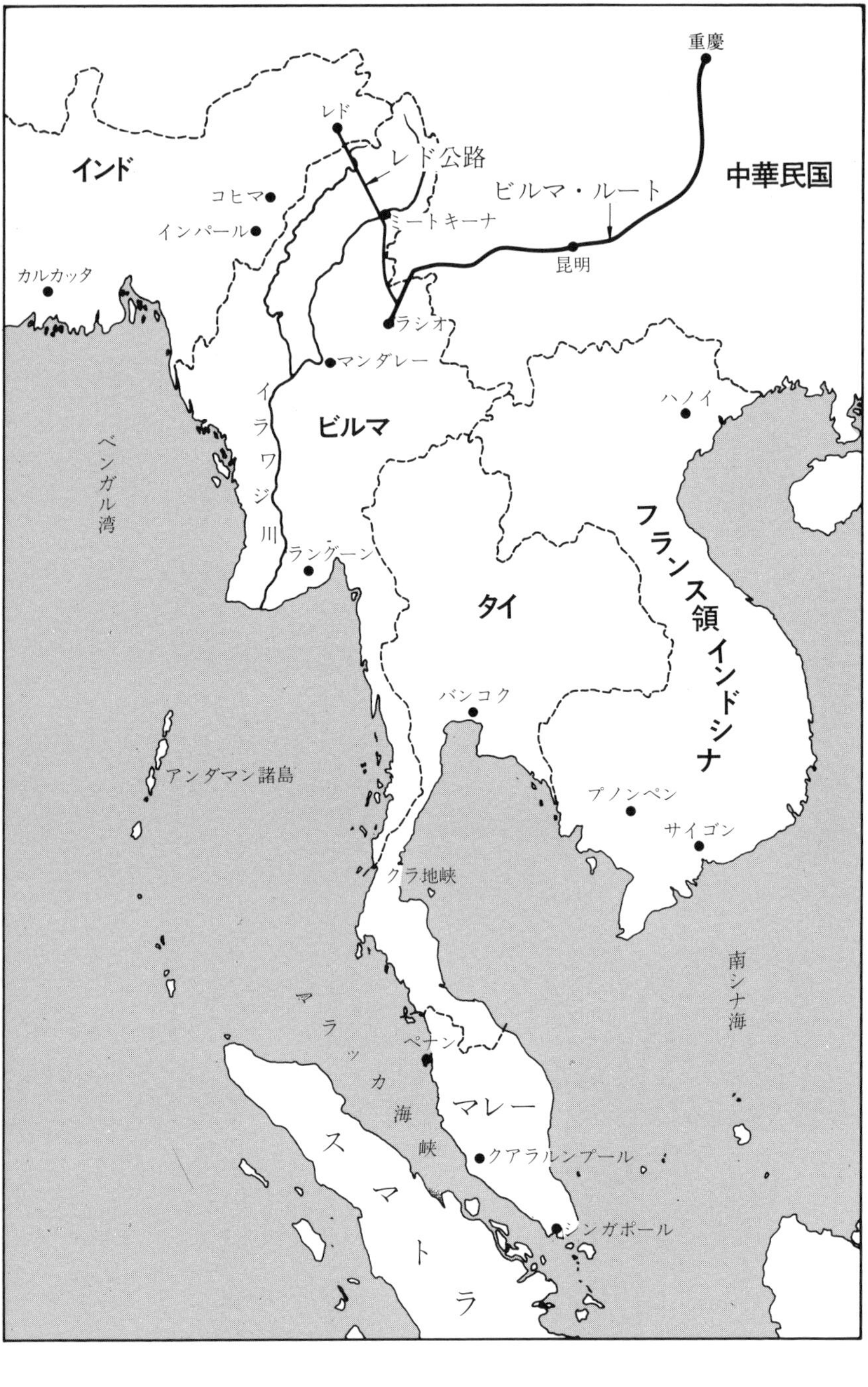

地名	日本語
インド	インド
中華民国	中華民国
レド	レド
レド公路	レド公路
コヒマ	コヒマ
インパール	インパール
ビルマ・ルート	ビルマ・ルート
ミートキーナ	ミートキーナ
重慶	重慶
昆明	昆明
カルカッタ	カルカッタ
ラシオ	ラシオ
マンダレー	マンダレー
ビルマ	ビルマ
ハノイ	ハノイ
イラワジ川	イラワジ川
ベンガル湾	ベンガル湾
ラングーン	ラングーン
フランス領インドシナ	フランス領インドシナ
タイ	タイ
バンコク	バンコク
プノンペン	プノンペン
サイゴン	サイゴン
アンダマン諸島	アンダマン諸島
クラ地峡	クラ地峡
南シナ海	南シナ海
ペナン	ペナン
マラッカ海峡	マラッカ海峡
マレー	マレー
クアラルンプール	クアラルンプール
スマトラ	スマトラ
シンガポール	シンガポール

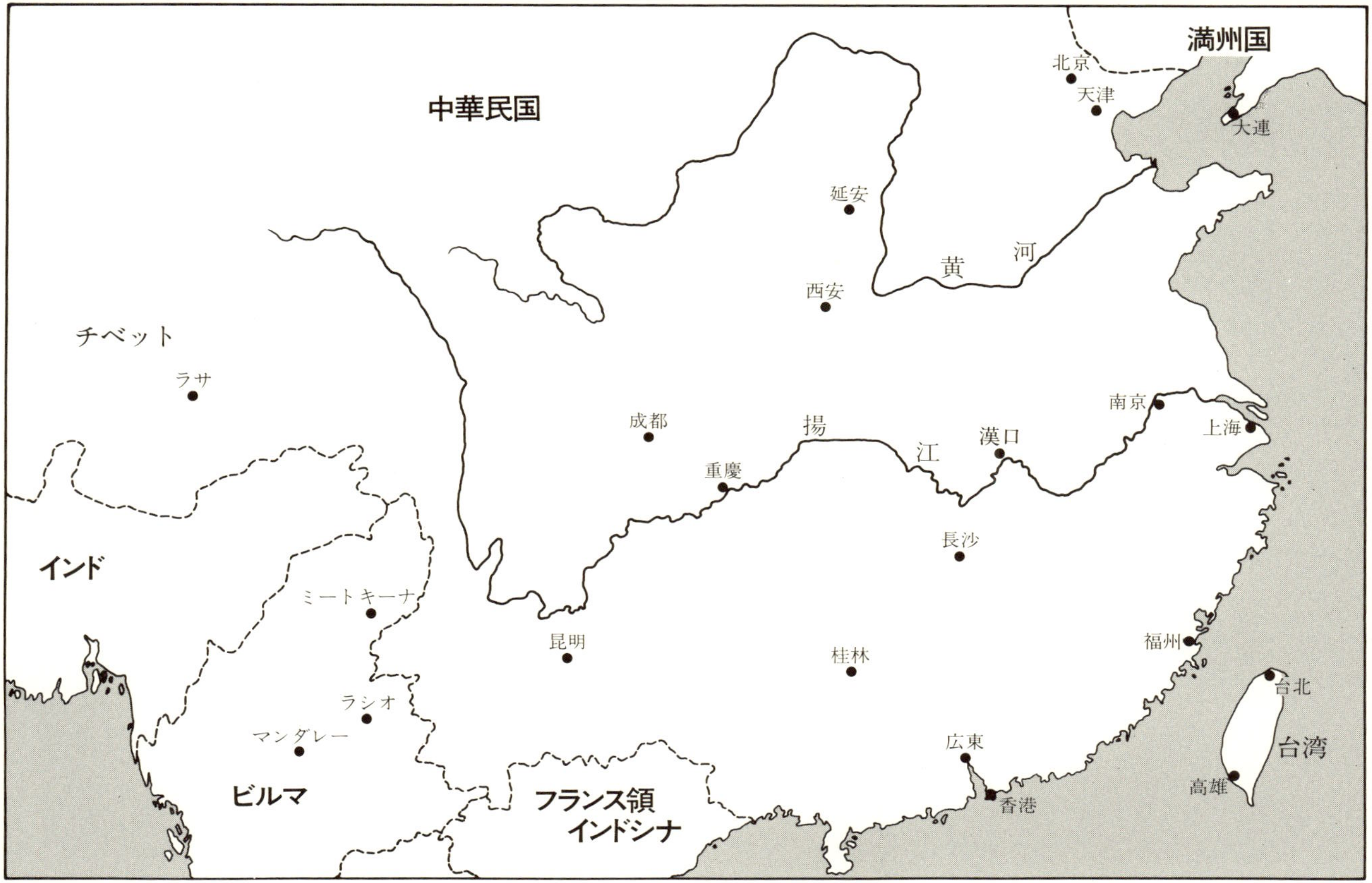
中華民国
満州国
北京
天津
大連
延安
黄
河
西安
チベット
ラサ
成都
揚
江
漢口
南京
上海
重慶
長沙
インド
ミートキーナ
昆明
桂林
福州
台北
ラシオ
マンダレー
台湾
広東
高雄
ビルマ
フランス領
インドシナ
香港